KB082702

에코의
함 정

에코의 함정
– 녹색 탈을 쓴 소비 자본주의

지은이 _ 헤더 로저스
옮긴이 _ 추선영
펴낸이 _ 이명회
펴낸곳 _ 도서출판 이후
편집 _ 김은주, 신원제, 유정언
편집도움 _ 성지희
마케팅 _ 김우정

첫 번째 찍은 날 2011년 12월 16일
두 번째 찍은 날 2012년 6월 8일

등록 | 1998. 2. 18(제13-828호)
주소 | 121-754 서울시 마포구 동교동 165-8 엘지팰리스빌딩 1229호
전화 | 대표 02-3141-9640 편집 02-3141-9643 팩스 02-3141-9641
홈페이지 | www.ewho.co.kr

ISBN 978-89-6157-054-1-03300

이 도서의 국립중앙도서관 출판시도서목록(CIP)은 e-CIP홈페이지(http://www.nl.go.kr/ecip)와 국가자료공동목록시스템
(http://www.nl.go.kr/kolisnet)에서 이용하실 수 있습니다.(CIP제어번호: CIP2011004938)

에코의
함 정
녹색 탈을 쓴 소비 자본주의
헤더 로저스 지음
추선영 옮김
Green Gone Wrong
How Our Economy is Undermining the
Environmental Revolution
이후

■ 일러두기

1. 한글과 외래어 표기는 〈국립국어원〉 표준국어대사전 표기 및 '외래어 표기법'을 따랐다. 단, 원칙대로 표기할 경우 현실과 지나치게 동떨어진 음이 나오면 실용적 표기를 취했다.
2. 단행본, 정기간행물에는 겹낫쇠(『 』)를, 논문이나 기고문, 에세이 등에는 홑낫쇠(「 」)를, 단체명과 영화명의 경우 꺽쇠(〈 〉)를 사용했다. 그 외, 영문 단행본이나 정기간행물은 이탤릭체로, 영문 논문은 큰따옴표(" ")로 표시했음을 밝힌다.
3. 옮긴이가 매끄러운 번역을 위해 첨언한 부분은 대괄호([ ])로 묶었으며, 저자가 본문에 덧붙인 삽입구(혹은 본문에는 삽입구가 아니지만 한글 번역에는 삽입구 처리하는 것이 자연스러운 부분)는 소괄호(( ))로 묶었다.
4. 원서의 단위 가운데 고친 것들은 다음과 같다.
   1) 길이 단위: 인치inch(=2.54센티미터), 피트feet(=30.48센티미터), 야드yard(=0.91미터)
   2) 온도 단위: 화씨Fahrenheit(=(1.8×섭씨)+32)
   3) 부피 단위: 갤런gallon(=3.78리터), 부셸bushel(35.24리터), 쿼터quarter(=290.95리터)
   4) 넓이 단위: 에이커acre(=4046.85제곱미터)
   5) 무게 단위: 온스ounce(=28.35그램), 파운드pound(=453.59그램)

차례

감사의 글

책이 한 권 나오기까지 정말 많은 사람들의 손길이 필요하다. 책상머리에 앉아 가장 많은 시간을 보내는 장본인은 물론 글쓴이겠지만 그렇다고 글쓴이 혼자 책을 만들 수는 없다. 이 책 『에코의 함정』을 쓰기 위해 여러 곳을 돌아다니면서 지식 면에서나 정서적, 금전적으로도 그 어느 때보다 많은 사람에게서 지원을 받았다.

다라 그린월드Dara Greenwald와 에밀리 데보티Emily DeVoti는 이 책을 쓰면서 고비가 찾아올 때마다 다양한 방식으로 나를 격려해 주었고 많은 도움을 주었다. 이 책을 쓰는 모든 과정에 반짝이는 조언을 아끼지 않은 브렌다 코글린Brenda Coughlin은 정말 멋진 친구이자 동반자였다. 내 사촌 찰리Charlie는 그 명석한 두뇌로 농업과 막 등장하고 있는 녹색 경제에 대해 고찰해 나에게 조언해 주었는데, 매우 유익했던 그의 의견은 이 책 구석구석에 녹아들어 있다. 이 책을 쓰며 고생하는 나에게 근사한 의견을 내어 주고 따스한 격려를 아끼지 않은 조쉬 맥피Josh MacPhee에게 진심으로 감사드린다. 날카로운 눈으로 초고를 검토하고 이 책을 넘어 내가 하고 있는 모든 작업에 열정을 불어넣은 앤서니 아노브Anthony Arnove에게도 감사 인사를 드린다. 패트릭 본드Patrick Bond의 가치 있는 조언 덕분에 탄소 상쇄라는 난해한 사업을 더 깊이 이해할 수 있었다. 사실 확인 작업을 맡아 진행한 사려 깊은 제시 핀프록Jesse Finfrock은 문장의 미묘한 차이까지 짚어 내는 최고의 편집자였다. 자료 조사에 정성을 쏟은 엘리자베스 홉킨스Elizabeth Hopkins에게도 감사드린다. 이 책을 쓰는 과정에서 큰 도움을 준 메건 맥더모트Meghan McDermott, 매덜레나 폴레타Maddalena Polletta, 윌리엄스 콜Williams Cole, 아티쿠스 콜Atticus Cole, 월터 루드빅Walter Ludwig, 페드로 디에즈Pedro Diez, 케빈 캐플릭키Kevin Kaplicki, 에릭 트리안타필루Eric Triantafillou, 이고르 바모스Igor Vamos, 요아힘 쾨스터Joachim Koester, 셰인 맥케나Shane McKenna, 에린 두란트Erin Durant에게도 진심으로 감사드린다.

〈국립 연구 기금 재단Investigative Fund of Nation Institute〉에 감사를 표한다. 연구비를 지원받지 못했다면 해외 사례를 주로 다루는 이 책은 세상의 빛을 볼 수 없었을 것이다. 연구 기금 담당자 에스더 캐플란Esther Kaplan과 조 코나손Joe Conason, 재단 직원 해밀턴 피쉬Hamilton Fish의 끊임없는 재정 지원과 격려에 감사드린다. 〈국제 월리스 기금Wallace Global Fund〉의 아낌없는 지원에도 감사드린다. 덕분에 이 책을 쓰는 어려운 과제를 수행하는 데 필요한 시간을 확보할 수 있었다.

베스 웨엄Beth Wareham, 위트니 프릭Whitney Frick, 〈스크라이브너Scribner〉 출판사 편집팀과 함께 일할 수 있어서 영광이었다. 특히 무한한 열정과 애정으로 이 책을 편집한 베스에게 이루 말할 수 없는 감사를 드린다. 이 책을 〈스크라이브너〉 출판사에 소개한 사람이자 편집자인 콜린 로빈슨Colin Robinson에게도 감사드린다. 이 책이 나오기까지 로빈슨이 쏟은 노력은 그 무엇에도 비할 수 없을 것이다. 날카로운 시선으로 이 책에 관련된 법적 문제를 검토하고 조언한 앰버 허스번즈Amber Husbands의 의견은 큰 도움이 되었다. 마크 엘링엄Mark Ellingham과 던컨 클락Duncan Clark은 초고를 읽고 없어서는 안 될 조언을 주었다. 국제적 시각으로 생태 문제를 바라보는 두 전문가 덕분에 이 책의 내용이 더 풍성해졌다. 〈와일리 에이전시Wylie Agency〉 소속 앤드루 와일리Andrew Wylie, 레베카 네이젤Rebecca Nagel, 제임스 풀런James Pullen이 도와주지 않았다면 이 책을 쓸 엄두도 내지 못했을 것이다. 이 책의 중심을 잡아 준 세 분께 진심으로 감사드린다. 진보 성향 연구소 〈데모스Demos〉와 〈경제 및 사회 변화 연구 센터Center for Economic Research and Social Change〉의 지원에도 깊은 감사를 드린다.

『소셜리스트 레지스터*Socialist Register*』 편집자 리오 파니치Leo Panitch와 콜린 레이스Colin Leys는 이 책의 가닥을 잡는 데 큰 도움이 된 실마리를 주었다. 책을 쓰기 시작할 무렵 제이슨 슈워츠Jason Schwartz는 〈말로 앤 선스Marlow & Sons〉의 규정을 조정해 나에게 책을 쓸 충분한 시간을 만들어 주었다. 로라 하버Laura Haber가 일리노이 주립대학 어바나-샴페인 캠퍼스 알렌 홀 1관Allen Hall's Unit One에 자리 하나를 마련해 준 덕분에 초고를 완성할 수 있었다. 알렌 홀 1관은 책을 쓰기에 정말 좋은 장소였다. 샘 시너Sam Siner와 에릭 그린Eric Green을 비롯한 여러 대학생들과 책에 들어갈 내용에 대해 의견을 나눌 수 있었고 그들과 나눈 대화는 책을 쓰는 데 많은 도움이 되었다.

이 책 내용 가운데 일부는 과거에 발표한 글에서 차용한 것이다. 4장 대부분은 『마더 존스*Mother Jones*』 2009년 3/4월호에 실린 "나무를 베고 불태우기: 바이오 연료가 열대우림 최대의 적인 이유Slash and Burn: Why Biofuels Are the Rainforest's Worst Enemy"에 이미 실린 내용이다. 『마더 존스』에서 내 글을 편집하는 모니카 바우어라인Monikz Bauerlein과 레이첼 모리스Rachel Morris는 귀중한 시간을 내어 보르네오섬의 복잡한 상황을 깔끔하게 정리하는 일을 도와주었다. 두 사람에게서 정말 많은 것을 배울 수 있었다. 5장과 정리 부분의 일부 내용은 2007년 6월 3일 『뉴욕 타임스 매거진*New York Times Magazine*』에 실린 "최근 동향: 전기에 의존하는 생활을 창조한 대부 토머스 에디슨은 당대의 첨단 녹색주의자였나?Current Thinking: Was Thomas Edison, the godfather of electricity-intensive living, green ahead of his time?"에 이미 게재된 바 있다. 이 글을 잘 편집해 더욱 빛나게 한 알렉스 스타Alex Star에게 감사드린다.

방문한 곳마다 많은 분들이 도움을 주었다. 무엇보다 나에게 큰 호의를 베풀고 자신들의 현실을 설명해 주었으며 자신의 생각이나 의견을 내준 수많은 지역 주민들에게 큰 빚을 졌다.

뉴욕 윈드폴 농장Windfall Farms의 모스 피츠Morse Pitts와 팀 워슨Tim Wersan, 위그노 농장Huguenot Farms과 "자연 친화 재배 인증Certified Naturally Grown"의 대표 론 코슬라Ron Khosla와 나눈 많은 대화는 정말 유익했다. 플라잉피그 농장Flying Pigs Farm의 제니퍼 스몰Jennifer Small과 마이클 예지Michael Yezzi, 플라이셔 정육점Fleisher's Grass-Fed and Organic Meats의 조슈아 애플스톤과 제시카 애플스톤 부부Joshua and Jessica Applestone에게 깊은 감사를 드린다. 그 외에도 〈말로 앤 선스〉의 캐럴라인 피단자Caroline Fidanza, 앤드루 탤로Andrew Tarlow, 톰 마일런Tom Mylan, 데이브 굴드Dave Gould, 션 렘볼드Sean Rembold, 마크 퍼스Mark Firth와 함께 일하게 되어 행운이었다. 이분들에게서 식품에 대한 지식을 전수받은 덕분에 관행적 방식을 지양하는 농업의 정치 동학을 제대로 이해해 책에 반영할 수 있었다.

남아메리카를 방문했을 당시 시간을 내어 길잡이가 되어 주고 귀한 의견을 내어 준 〈그린피스Greenpeace〉 아르헨티나 지부 활동가 에밀리아노 에즈쿠라Emiliano Ezcurra에게 감사드린다. 아르헨티나에서 취재한 내용은 이 책에 반영되지 않았지만 아르헨티나에서 경험한 내용은 토착 생태계 파괴의 환경적, 사회적 동학을 이해하는 데 큰 도움이 되었다. 뉴욕의 조셉 허프-해논Joseph Huff-Hannon, 아르헨티나 타르타갈Tartagal의 존 팔머John Palmer, 브라질의 오스마르 코엘류 필류Osmar Coelho Filho에게도 감사드린다.

독일에서 만난 엘사 게지엘Elsa Gheziel, 안드레아스 델레스케Andreas Delleske, 마르쿠스 노이만Marcus Neumann, 〈프라이부르크 푸투어Freiburg FuTour〉, 올라프 주버와 겐비베 주버 부부Olaf and Genvieve Zuber, 클레멘스 박 박사Dr. Clemens Back, 도리스 뮐러Doris Müller, 아헴 홈바흐Achem Hombach 역시 나를 위해 귀중한 시간을 내어 주었다.

인도네시아 폰티아낙Pontianak에서 만난 공동체 활동가와 환경 단체 활동가들은 개간이 진행되고 있는 인도네시아의 복잡한 열대우림을 안내해 주었다. 〈인도네시아 환경 포럼Indonesian Forum for Environment〉 소속 활동가 샤반 스티아완Shaban Stiawan, 아리 무니르Ari Munir, 토리 코스와르도노Torry Koswardono, 〈렘바가 게마완Lembaga Gemawan〉의 렐리 카이르누르Lely Khairnur 사무국장, 〈다야콜로기 연구소Dayakologi〉 소속 줄리아 캄Julia Kam과 존 밤바John Bamba의 도움도 큰 힘이 되었다. 〈열대우림 행동 네트워크Rainforest Action Network〉 활동가 레일라 살라자르-로페즈Leila Salazar-Lopez와 브리하날라 모건Brihannala Morgan, 〈국제 산림 연구 센터Center for International Forestry Research〉 소속 엘리자베스 린다Elizabeth Linda와 부디 크리스탄티Budhy Kristanti, 그 외에도 수미 래Sumi Rae, 아드리아니 자카리아Adriani Zakaria, 마이클 탬부넌Michael Tambunan, 위라 디나타Wira Dinata에게 감사드린다.

디트로이트를 방문했을 때 다이앤 필리Dianne Feely와 벡 영Bec Young이 베풀어 준 호의에 감사드린다. 또한 댄 조지어카스Dan Georgakas에게도 감사드린다.

〈그린피스〉 인도 지부 활동가 니르말라 카루난Nirmala Karunan의 도움으로 인도를 누비고 다닐 수 있었다. 방갈로르Bangalore에서 활동하는 〈환경 지원 단체Environmental Support Group〉 소속 레오 살다나Leo Saldanha와 바르가비 라오Bhargavi Rao에게도 감사드린다. 통찰력 넘치는 라케시 쿠마르Rakesh Kumar

는 능숙한 솜씨로 통역을 맡아 주었다. 인도를 취재하는 동안 좋은 동반자가 되어 준 쿠마르에게 정말 큰 빚을 지고 말았다.

취재를 다니거나 집에서 책을 쓰는 동안 가족들이 물심양면으로 많은 도움을 주었다. 이 책에 직간접적으로 기여한 가족들, 아버지 찰리Charlie, 어머니 레세 루드빅Resse Ludwig, 그리고 홀리Holli에게 진심으로 감사드린다. 먼 곳에 머물면서 취재하는 동안 가족들이 보내 준 끊임없는 격려, 애정, 책에 대한 이런저런 조언은 이루 말할 수 없이 큰 도움이 되었다. 호기심 많고 사려 깊은 사촌 켈리Kelly는 자료 조사를 도와주었다. 마지막으로 언급하지만 기여도는 앞에 나온 사람들 못지않은 마이크Mike 삼촌에게 큰 빚을 졌다. 삼촌 덕분에 이 책이 이토록 근사한 제목을 가지게 되었으니 말이다.

서론

녹색 꿈

2007년 초 멕시코에서 폭동이 일어났다. 불과 1년 사이 토르티야의 주재료인 옥수수 가격이 80퍼센트 넘게 치솟았기 때문이다. 가난한 사람은 물론이고 임금 생활자조차 밥상을 차릴 수 없게 되자 성난 노동자와 농민 수만 명이 거리로 나섰다. 성난 군중은 그 유명한 소칼로Zócalo 광장으로 이어지는 멕시코시티의 주요 도로를 행진하면서 '토르티야 폭동'이라고 불리게 된 시위를 벌였다. 펠리페 칼데론Felipe Calderón 멕시코 대통령은 이 소란을 잠재우기 위해 옥수수 가격을 동결하겠다고 공표할 수밖에 없었다.[1] 그 다음 달 세계는 이집트, 소말리아, 콜롬비아, 인도네시아, 태국, 베트남, 카메룬, 아이티를 비롯한 30여 개국에서 일어난 폭력 시위로 요동쳤다.[2] 사람들이 목숨까지 바쳐 가며 저항에 나서게 된 배경에는 전 세계를 휩쓴 식량 위기가 있다. 이 식량 위기를 불러온 주범 가운데 하나는 식용작물을 이용해 바이오 연료를 생산하는 정제 공장이다. 주로 운송용으로 사용되는 바이오 연료는 생태계를 해치지 않는 연료라고 알려져 있어 사람들은 화석연료를 바이오 연료로 대체하면 지구온난화의 주요 원인인 이산화탄소 배출이 줄어들 것으로 기대한다. 문제는 바이오 연료의 원료가 옥수수, 콩, 사탕수수, 팜유 같은 식용작물이라는 점이다. 해당 작물을 식용으로 판매하는 것보다 바이오 연료의 원료로 판매하는 것이 수익이 더 높은데다가 정부 보조금과 높은 유가까지 영향을 주어 바이오 연료 수요가 늘어나자 해당 작물을 재배하는 생산자와 농업 기업은 이윤을 더 많이 낼 수 있는 거래처인 바이오 연료 기업에 작물을 판매했다.

덕분에 2008년 봄 식료품 가격은 더 높아져 1년 전에 비해 50퍼센트 넘게 치솟았다.[3] 식료품 가격이 천정부지로 치솟자 지구촌 곳곳에서 사람들의 불만이 쌓여 갔다. 개발도상국에서는 식물성 기름, 밀, 쌀, 기타 기본적인 식료품 가격이 사람들이 감당할 수 있는 범위를 훌쩍 뛰어넘어 대부분의 사람들이 소득의 절반 이상을 식비로 쓰게 되었다.[4] 식료품 가격 상승을 둘러싼 갈등이 심화되는 가운데 카메룬에서는 40여 명이 목숨을 잃었다.[5] 아이티에서는 식료품 부족과 가격 상승에 항의하는 거리 시위가 일어나 적어도 네 명의 시위대가 총에 맞아 숨지고 총리가 물러났다.[6] 중국에서는 물건 값을 내린 슈퍼마켓에 사람들이 한꺼번에 몰리는 바람에 손님 세 명이 목숨을 잃었고 31명이 부상당했다.[7] 인도네시아 시장의 소상인들은 사용한 식물성 기름을 새것으로 둔갑시켜 소비자들에게 팔았다. 기름을 구입한 사람들은 상인들이 조리 과정에서 검게 변한 기름을 투명하게 만들기 위해 가정용 표백제를 쓴[8] 사실을 까맣게 모른 채 그 기름으로 음식을 만들어 먹었을 것이다.

식용작물로 만든 바이오 연료가 초래한 끔찍한 사회적 파장이 점점 더 커지자 사람들은 바이오 연료가 생태계 보존에 기여할 것이라는 전망에 의문을 제기하기 시작했다. 코넬 대학교 생태·농업학 교수인 데이비드 피멘틀David

Pimentel은 바이오 연료를 통해 얻을 수 있는 에너지보다 옥수수를 재배하고 옥수수 에탄올을 정제하는 데 들어가는 에너지가 더 많다고 주장했다. 피멘틀 교수 외에도 많은 연구자들이 옥수수 에탄올은 이산화탄소 배출을 방지하는 데 도움이 되지 않는다는 결과를 발표했다.[9] 〈열대우림 행동 네트워크〉와 〈지구의 친구들Friends of the Earth〉을 비롯한 여러 환경 단체는 오래 전부터 생태계 보존에 기여한다고 여겨지는 연료에 반대하는 운동을 조직적으로 펼쳐 왔다. 이 단체들은 바이오 연료 수요가 늘어나면서 농업 기업이 열대우림 지역으로 사업을 확장해 산림이 더 빠르게 파괴되고 있다고 주장했다. 이 연쇄반응을 세부적으로 조명한 보고서 두 편이 2008년 초 『사이언스*Science*』에 실렸다.[10] 두 보고서는 일부 바이오 연료를 생산하는 과정에서 대기 중으로 배출되는 이산화탄소가 앞으로 계속 휘발유나 경유로 자동차 연료통을 채우고 다닐 경우 배출되는 이산화탄소보다 더 많다고 명시했다.

같은 해 브라질의 산림 파괴율이 급격히 높아졌다.[11] 브라질과 마찬가지로 산림이 심각하게 파괴된 인도네시아는 최근 중국과 미국의 뒤를 이어 이산화탄소 배출 세계 3위 자리에 올랐다.[12] 인도네시아에서 배출되는 이산화탄소 대부분은 바이오 연료의 원료가 되는 작물을 재배할 공간을 확보하기 위해 열대우림을 개간하거나 숲을 태우면서 발생한다. 수백만 헥타르에 이르는 울창한 열대우림이 눈앞에 펼쳐져 있다고 생각해 보라. 세계에서 가장 다양한 동식물들로 가득 찬 그곳에 벌목용 동력 사슬톱을 손에 든 인부들과 불도저가 나타나 빼곡한 나무 사이로 좁다란 길을 낸다. 통로가 만들어지면 인부들이 본격적으로 나무를 베어 평지를 조성하기 시작한다. 오랑우탄 같은 멸종 위기종을 비롯한 야생동물들이 필사적으로 도망치는 가운데 불도저가 나무토막들을 한쪽으로 모아 대충 쌓아 두면 인부들이 몇 킬로미터에 걸쳐 있는 장작더미에 불을 붙인다. 맹렬한 기세로 타오르는 불꽃이 그곳을 휘감고 지나가면 한때 역동적인 생명의 그물망이 자리했던 곳은 이산화탄소 가득한 연무와 침묵만이 감도는 숯 덩어리 황무지로 변한다. 숲이 사라진 뒤에는 그곳에 무엇이 있었는지 상상조차 할 수 없게 된다.

폭력을 동반한 사회적 격변이 일어나고 살아 숨 쉬는 생태계가 파괴되는 이 같은 결과는 어떤 해결책이든 무비판적으로 받아들이면 위험할 수 있다는 일종의 경고다. 그렇다면 사태를 악화시키지 않으면서 우리 앞에 닥친 심대한 생태 문제를 해결할 방법은 무엇일까?

더 많은 것이 더 적은 것

돌아보면 2006년은 정말 대단한 해였다. 지구온난화로 위력이 더 거세진 허리케인 카트리나[13]가 휩쓸고 지나간 뉴올리언스가 무려 1년 넘게 복구에 매진하고 있던 바로 그해에, 지구온난화 현상을 끝까지 인정하지 않고 버티던 미국 정부와 산업이 마침내 굴복했다. 영국 정부의 위탁을 받아 작성, 발간된 『스턴 보고서*Stern Review*』는 기후변화가 경제와 금융에 미칠 암담한 영향과 위험을 밝힌 가장 중요한 문서가 되었고, 앨 고어Al Gore가 제작한 다큐멘터리 영화 〈불편한 진실An Inconvenient Truth〉은 지구온난화가 인간이 만들어 낸 결과며 가상현실이 아니라 실제 상황이라는 사실을 주류에 널리 알리는 데 기여했다. 1988년 유엔이 창설한 국제 조직 〈기후변화에 관한 정부 간 패널(Intergovernmental Panel on Climate Change, IPCC)〉에서 활동하는 과학자와 정부 관계자들은 대기과학 분야의 최신 연구 성과를 집대성한 보고서를 통해 산업사회가 지구온난

화를 앞당기는 데 중요한 역할을 하고 있음을 확인했다.[14]

지금과 같은 수준으로 온실가스를 배출할 경우 위험한 사태가 초래될 수 있다는 사실을 인정하는 분위기가 자리 잡았고 신문과 잡지, 토크쇼와 웹사이트들은 이 문제에 대해 쉴 새 없이 떠들어댔다. 롤링스톤스Rolling Stones, 케이티 턴스털KT Tunstall, 데이브 매튜스 밴드Dave Mattews Band 같은 주요 록 그룹은 공연 활동과 앨범 발매 때문에 배출된 이산화탄소를 상쇄하기 위해 나무를 심기 시작했고, 힐러리 클린턴Hillary Clinton, 리어나도 디캐프리오Leonardo DiCaprio, 음반 제작자 리처드 브랜슨Richard Branson도 행동에 나서야 하는 이유를 설파하는 데 앞장섰다. 지구온난화를 부인하기로 악명 높던 조지 W. 부시George W. Bush 대통령마저 2007년 연두교서에서 마침내 '기후변화'라는 단어를 입에 올렸다.[15]

2007년으로 접어들면서 지구온난화는 엄연한 사실이 되었고 더 많은 사람들이 해결책을 찾아 나섰다. 그해 CNN 인터내셔널의 오후 뉴스는 최근 나타난 현상들을 생생하게 방송했다. 주요 뉴스에서는 얼음 벌판을 배경으로 깔끔한 차림의 취재 기자가 등장해 북극의 얼음이 사라지는 비극적 상황을 실감나게 보도했다. 기자는 휑한 주위 풍경과는 어울리지 않게 생동감 넘치는 어조로, 극지방의 기온이 지구의 다른 지역보다 더 빠르게 상승하고 있으며 그 속도도 과거에 예상했던 것보다 더 빠르다고 전했다. 가장 최근에 나온 예측에 따르면 2040년 여름에는 얼음이 완전히 사라지고 그에 따라 일부 동물종도 자취를 감추게 될 것이라고 한다. 다음 뉴스는 세계 최대 유통 업체 〈월마트Wal-Mart〉가 생태계 훼손을 걱정하고 있다는 보도였다. 〈월마트〉는 매장에서 사용하는 에너지를 줄이고, 연비가 더 높은 트럭을 활용하며, 1억 8천만 〈월마트〉 고객에게 생태계 보존에 기여하는 제품을 더 많이 구입하도록 독려하겠다고 약속했다. 이처럼 생태계 보존에 기여하는 제품을 사고파는 차세대 환경주의가, 기후 위기라는 대단히 심각하고 우울한 문제에 대한 해답으로 제시되고 있다.

얼마 전까지만 해도 밀눈, 태양광 패널, 소형 전기차는 환경 운동가, 히피, 대안을 추구하는 기술자의 영역이었다. 그러나 최근 일반 대중도 환경 파괴 문제에 대해 관심을 가지게 되면서 이전 세대의 대처법은 공격적이라는 비난을 받게 되었다. 대신 그 자리를 차지한 것은 게으른 환경주의라는 말로 대변되는 새로운 녹색 물결이다. 주로 소비재 영역에서 큰 힘을 발휘하는 이른바 안락의자 환경주의는 자신을 희생할 마음이 없는 대중에게 안성맞춤이다. 앞서 간 환경 운동가들은 공기, 물, 토양의 질을 마구잡이로 훼손하는 원흉이라는 이유로 자유 시장을 거부했지만 새로 등장한 자연주의자는 그러지 않는다. 신흥 자연주의자는 바른 제품을 구입한다면 우리의 경제체제가 생태의 시대로 진입하게 될 것이라 믿으며, 경제를 성장·발전시키는 세력이 생태계 파괴의 길을 떠나 재생의 길로 향하기를 염원한다. 갈등을 피하려 하고 낙관주의에 파묻혀 버린 이들은, 비교적 쉽고 즐겁게 생태계를 돌보면서 지구를 구할 방법이 있는데 왜 굳이 스파르타식 실천법을 택해야 하느냐고 반문한다.

지난 몇 년 사이 **녹색**이라는 단어는 단순히 색깔을 의미하는 단어를 넘어 지구의 자연을 보호하는 데 필요한 자질을 갖춘 무언가를 의미하는 단어가 되었다. 이제 **녹색**은 녹색 자동차, 녹색 건축, 녹색 패션, 녹색 투자, 녹색 에너지처럼 수식어로 사용되어, 해당 제품이 지구 환경까지 고려한 더 건강한 제품임을 나타낸다. 한편 녹색은 동사로도 사용되어 주택, 자동차, 심지어는 삶까지도 녹색으로 만들 수 있다. 당연히 녹색 제품도 엄청난 인기를 누리게 되었다. 2008년과 2009년의 경제공황을 예고한 지난 10년 동안의 불황에도 친환경 제품은 당당하게 시장을 정복했다. 암울한 경제 상황에서도 자연주의 식료품 유통 업체 〈홀푸드Whole Foods〉는 월가Wall Street가 사랑하는 회사가 되었다.[16] 〈제너럴밀스General Mills〉, 〈크래프트Kraft〉, 〈유니레버Unilever〉 같은 대형 식품 가공업체가 유기농 제품 생산에 뛰어드는가 하면, 〈월마트〉는 유기농 식료품 유통 업계의 선두주자가 되었다.[17] 같은 기간 유기농 식품 산업은 매년 두 자릿수의 성장을 거듭해[18] 매년 3퍼센트 미만의 성장에 머문 통상적 식품 산업의 성장세를 크게 앞질렀다.[19] 부동산 시장 전반이 침체의 늪에서 빠져나오려 애쓰는 와중에도[20] 주택 구입자와 상업 용지를 개발하는 건축주는 생태계 보존을 고려한 건축[21]을 요구했고 이런 경향은 계속 확산되었다. 에너지 효율을 높이고, 오염 배출을 줄이며, 자연 훼손을 최소화하고, 생태계 보존에 기여하는 자재를 활용한 친환경 설계와 친환경 건축법이 명예의 상징이자 지위의 상징으로 여겨지게 되면서 건축 업계의 필수 사항이 되었다.

자동차로 눈을 돌려 보자. 오늘날 대부분의 주요 자동차 제조사는 휘발유-전기 하이브리드 자동차와 바이오 연료로 주행하는 자동차를 모두 구비하고 있다. 〈토요타Toyota〉와 〈제너럴모터스General Motors〉는 연비가 매우 높은 차세대 자동차로 각광받는 플러그인 휘발유-전기 하이브리드 자동차를 양산할 준비를 마쳤다. 급격한 내리막길을 걷고 있는 자동차 업계의 현실을 감안할 때 다양한 차종 중 어떤 것이 살아남을지는 불분명하지만 자동차 회사가 생산해야 할 필수 차종에 생태 문제를 더 고려하는 차종이 들어가게 되었다는 것만은 틀림없다. 운송 연료인 바이오 연료 생산은 3년 동안 꾸준히 급격한 성장세를 보이다가 경기 침체의 여파로 유가가 곤두박질한 2009년부터 혼돈에 빠졌다. 그럼에도 석유 대기업과 대형 농업 기업은 식물을 원료로 하는 바이오 연료 생산을 멈추지 않았다. 바이오 연료 부문에 거의 투자하지 않던 BP는 2007년, 논란이 분분한 가운데 일리노이 주립대학 어바나-샴페인 캠퍼스의 연구소와 협력 관계인 캘리포니아 주립대학 버클리 캠퍼스 〈바이오 연료 연구소〉에 5억 달러를 쏟아부으면서 바이오 연료 부문의 선두주자를 자처했다. 그 뒤에도 BP는 다양한 식물을 원료로 바이오 연료를 생산하는 벤처기업에 15억 달러가 넘는 자금을 투자하기로 약속했다.[22] 빠르게 성장하고 있는 전기 자동차는 석유 업계의 경쟁자라고 할 수 있는 화석연료 발전소가 생산하는 전기를 이용한다. 그러므로 바이오 연료 자동차 덕분에 운전자들이 연료를 절약할 수 있다면[23] 운전자들이 굳이 전기 자동차를 구입할 필요가 없으므로 석유 업계로서는 바람직한 일이 아닐 수 없다. 정부가 기업에 주는 혜택이나 보조금 정책을 감안할 때 영국,[24] EU, 미국, 브라질, 인도네시아, 중국의 일부 지역[25]에서 성업 중인 바이오 연료 사업이 사라질 가능성은 낮아 보인다.[26] 더 일반화해 말하자면 정부가 녹색 일자리 창출과 태양에너지, 풍력, 에너지 보존 기술 같은 재생에너지 개발에 자원과 투자를 아끼지 않기 때문에 생태 문제를 고려하는 산업은 앞으로도 계속 성장할 것이다. 대중이 어떤 상품을 소비하느냐의 문제가 생태계 파괴 문제와 관련된다는 인식이 더 커질수록 판매되는 제품의 종류도 변한다는 사실에는 의심의 여지가 없다.

사람들은 더러운 제품을 녹색 제품으로 교체하면 일상생활에 아무런 지장을 받지 않은 채 손쉽게 지구온난화를 멈출 수 있다고 생각한다. 휘발유-전기 하이브리드 자동차를 운전하는 일이나 석유로 주행하는 일반적인 자동차를 운전하는 일은 큰 차이가 없고 에탄올과 바이오디젤은 휘발유와 마찬가지로 노즐을 통해 분사되는 연료이므로 [에탄올 겸용] 플렉스 자동차flex-fuel vehicle나 바이오디젤 자동차는 하나도 다르지 않다. 아침으로 유기농 곡물로 만든 시리얼을 먹는 일도 낯설지 않다. 시리얼에 설탕이 입혀져 있고 만화가 그려진 박스에 담겨 있기 때문이다. 비행기 표를 끊을 때 비행 중 배출되는 이산화탄소를 상쇄하기 위해 요금을 약간 더 내는 일에도 별다른 노력이 필요 없다. 한편 오늘날 지구의 생명을 지키기 위해 사람들이 가장 애용하는 도구는 재활용 장바구니다. 비닐봉지를 쓰지 않으려고 장보러 갈 때 장바구니를 가져가는 사람들이 점점 늘어나고 있다. 장바구니에는 보통 나무나 동물 그림이 그려져 있어 자연 친화적인 느낌을 주거나 "비닐봉지여 안녕" 또는 "지구 지킴이" 같은 자부심 넘치는 문구가 새겨져 있다. 이 장바구니야 말로 오늘날의 대중적 환경주의를 잘 보여 주는 전형이다. 장바구니를 사용하면서 얻는 좋은 점도 있을 것이다. 그러나 거기에 무엇이 담기는지, 담긴 물건의 금액이 얼마나 되는지, 그 장바구니를 얼마나 자주 사용하는지 같은 더 중요한 문제는 책임감의 상징인 장바구니에 묻혀 가려지고 만다.

기존 방식 바꾸기

과학계의 주류 의견은 지구온난화가 진행 중이라고 오래 전부터 경고해 왔다. 그러나 불만 가득한 정치인, 산업계를 이끌어 온 사장과 임원은 지난 20여 년을 한결같이 입을 모아 그 경고에 의문을 제기해 왔다. 과학자들은 100년 전에 이미 인간의 활동으로 배출되는 이산화탄소가 지구를 덥히고 있다는 사실을 깨달았다. 20세기로 넘어오던 시기에 활동한 스웨덴 화학자 스반테 아레니우스Svante Arrhenius는 스웨덴 최초로 노벨상을 수상한 인물이다.(그가 저명한 우생학자[27]였다는 점은 아쉬운 대목이다.) 많은 저술을 남긴 아레니우스는 1896년 작성한 보고서에서 화석연료를 태울 때 발생하는 이산화탄소가 지구온난화의 원인일 수 있다는 주장을 최초로 제기했다. 그러나 아레니우스는 기온이 더 높아지면 또 다른 빙하기가 도래하지 않을 것이라고 생각했기 때문에 지구온난화를 바람직한 현상으로 보았다. 어느 강연에서 아레니우스는 이렇게 말했다. "물론 여러 세대를 거친 뒤의 일이겠지만 우리 후손은 오늘날 우리에게 허락된 것보다 더 평온한 하늘과 더 비옥한 자연 환경 속에서 살아갈지도 모릅니다. 우리에게는 이처럼 기분 좋은 생각에 푹 빠져들 권리가 있습니다."[28] 아레니우스가 죽고 60년 뒤 미 항공우주국(NASA) 소속의 존경받는 기후학자 제임스 핸슨James Hansen은 지구온난화에 엄청난 파괴력이 있을 수 있다는 다소 비관적인 입장을 표명했다. 1988년 어느 타는 듯 더운 여름날, 핸슨은 미 상원 위원회에 증인으로 출석해 그 자리에 모인 의원들 앞에서 기후변화가 실재하며 세계가 더워지고 있음을 "99퍼센트 확신한다"고 증언했다.[29]

오염을 가장 많이 배출하는 세력과 그 동지들이 합세해 기후변화가 실재한다는 주장에 의혹을 제기하려고 애쓰고 있지만 오늘날 대부분의 사람들은 기후변화가 실재한다는 사실에 동의한다. 이 책은 이 논란이 일단락되었다는 전제에서 출발한다. 그렇기 때문에 지구온난화나 자연 세계가 겪고 있는 여러 가지 가혹한 고통에 대해 이야기하지 않는다. 이 책은 그 다음 이야기로 넘어가 생태 위기에 대처할 방안으로 제시된 해결책을 비판적인 시각에서 평가해 보려 한다.

이 책은 쓰레기 문제를 다룬 나의 최근작을 소개하는 강연을 다니다가 구상하게 되었다. 미국, 캐나다, 영국 등 나라를 불문하고 강연을 하러 가면 바른 제품을 소비하면 생태계가 앓는 병을 치유할 수 있는 것 아니냐고 묻는 사람이 꼭 한 명씩은 있었다. 즉석에서 답할 수 있는 간단한 질문이 아니라고 여겼기에 결국 이 책을 쓰기로 마음먹게 되었다. 결론부터 말하자면 나는 시장이 해결책이라고 선전하는 대책들에는 생물 다양성을 온전히 보존하고 지구가 뜨거워지는 것을 막을 힘이 없다고 생각한다. 이제부터 나는 독자와 함께 전 세계 곳곳의 숲, 평야, 공장, 중역 회의실을 돌아다니면서 이 해결책이 가져온 예상치 못한 결과, 이 해결책에 내재되어 있는 장애물, 친환경 제품 이면에 있는 성공 비법을 밝힐 것이다. 각 장마다 각기 다른 지역을 찾아가 취재한 뒤, 모든 조각을 한데 모아 오늘날 지구 전체에서 환경주의라는 이름 아래 무슨 일이 벌어지고 있는지를 그리려 한다.

내가 책을 쓴답시고 차나 비행기를 타고 돌아다니며 온실가스 배출에 크게 기여했다고 비난할 독자도 있을 것이다. 나 또한 이 책을 쓰는 과정에서 생태계에 충격을 미쳤다는 사실이 안타깝다. 하지만 이 취재 여행은 아무런 소득이 없는 무가치한 여행은 아니었다. 여행 전에는 이산화탄소 상쇄 전문 기업에 온실가스 '중화' 비용을 지불해 평소에 비해 두 배로 늘어난[30] 탄소 발자국을 쉽게 줄일 수 있다고 생각했지만 연구를 마친 지금은 이 방법이 과연 효력이 있을지 확신할 수 없다. 그러므로 이 여행이 나에게 준 소득이 전혀 없었다고 할 수는 없을 것이다. 평범한 미국인이 배출하는 이산화탄소는 유럽인의 두 배,[31] 평범한 중국인의 다섯 배지만 그것이 개인의 선택에 따른 결과는 아니다. 이번 여행에서 나는 내가 배출한 유독성 기체에 대한 책임이 온전히 나에게만 있는 것이 아니라, 오염을 유발해야 이득을 볼 수 있는 더 너른 사회·경제체제와 연관되어 있다는 사실을 깨달았다. 우리 사회는 자연에서 자원을 끊임없이 추출하고 자연에 쓰레기를 끊임없이 내다 버릴 수밖에 없는 구조를 갖고 있다. 손익을 따져 보면 그렇게 하는 비용보다 생태계의 건강을 지키는 비용이 더 비싸다. 즉 생태계 훼손이 더 이득이 된다. 미국은, 적어도 지금까지는 세계 최대 경제국[32]이자 가장 많이 낭비하는 소비국이다. 전 세계 인구의 5퍼센트에 불과한 미국인이 전 지구 에너지의 20퍼센트를 소비한다.[33] 또한 미국은 중국과 더불어 온실가스 최대 배출국이다.[34]

지난 반세기 동안 우리 사회는 생태 문제를 진지하게 고민하는 단계와 모르는 게 약인 단계를 오가며 살아왔다. 인간의 탐욕도 하나의 요인일 수 있겠지만 탐욕 때문에 전진과 후퇴가 반복된 것은 아니다. 1960년대 후반부터 1970년대 사이에는 환경 보존에 대한 관심이 높아지면서 환경 운동이 상승세를 탔지만 화석연료 산업과 제조 업계에서 아무런 문제가 없다고 선전하고 정치적 압력까지 더해져 환경 운동이 힘을 잃었다. 1980년대 후반과 1990년대 초반에 이 문제가 다시 대중의 관심을 받았지만 또 다시 기득권자들에게 허를 찔리고 말았다. 그리고 지금 다시 생태계 파괴 문제의 해답을 찾고자 하는 대중의 열망이 조금씩 되살아나고 있다. 석유 산업이라는 역사상 가장 막강한 산업에 몸담고 있는 부유한 자들이 그 열망을 억누르려고 애쓰고 있지만 역부족인 것 같다. 문제는 최근 되살아난 자각의 힘이 어느 방향으로 나아갈 것인가 하는 것이다. 지구온난화와 그에 따른 생태적 병폐를 치유할 진정한 해결책이 없는 것 같아 보이지만 분명 해결책은 있다. 하지만 정말 쓸모 있는 해결책을 찾으려면 먼저 우리가 싸워야 할 상대에 대해 알아야 한다.

우리가 일상생활에서 사용하고 필요로 하는 것들의 기본적인 측면을 살펴보고자 먹을거리, 주거, 운송이라는 주제를 선택했다.

먹을거리 문제를 파헤치는 1부에서는 지역에서 재배하는 유기농 식품과 서구 세계의 수요를 맞추기 위해 먼 곳에서 재배하는 유기농 식품의 의미를 살펴봤다. 이를 위해 두 번의 취재 여행을 다녀왔다. 첫 번째 목적지는 서구에서 가장 큰 농민 장터가 열리는 지역 중 한 곳인 뉴욕 주New York State 허드슨 밸리

Hudson Valley였다. 그곳에서 나는 화학물질을 뿌리지 않아 생물 다양성을 극대화하면서 작물을 재배하고, 호르몬이나 항생제를 투여하지 않고 가축을 기르는 소규모 유기농민이 어렵사리 이어 나가는 하루하루의 삶을 알아보려 했다. 새 세대의 건강한 소비자는 산업적 농업이 지구에 입힌 치명적인 상처들을 대안 재배 방식을 통해 치유할 수 있다고 믿으면서 지역에서 기른 먹을거리를 구입한다. 기존 질서를 뒤엎을 잠재력을 가졌다고 여겨지지만 돈 벌이가 되지 않기 때문에 유기농업의 성장 전망은 어둡다. 가장 성공한 생산자라 하더라도 인건비를 비롯한 생산 비용이 빠르게 상승하는 것을 막을 수는 없다. 부유한 고객들만 감당할 수 있을 정도로 비싼 가격에 농축산물을 판매하는데도 대부분의 유기농민은 적자를 면하는 수준에서 농사를 짓는다. 그러므로 생태계가 앓고 있는 병을 낫게 해 줄 중요한 치료제가 바로 유기농 먹을거리, 지역에서 재배된 먹을거리라고 생각한다면 소규모 유기농민의 경제적 분투도 간과해서는 안 될 것이다.

지난 10년 사이 유기농 식품 수요가 폭발적으로 증가하면서 친환경 식품을 가공하고 유통하는 업체는 라틴아메리카와 아시아에서 생산된 유기농 식품을 그 어느 때보다 많이 취급하게 되었다. 2장에서는 통상적 식품을 되도록 피하고 이왕이면 유기농 식품을 구입하는 소비자의 행동이 무슨 의미를 가지는지 알아보기 위해 세계 최대 유기농 사탕수수 재배지이자 수출처[35]에 속하는 남아메리카 파라과이로 떠났다. 농업이 자연의 순환 체계를 따르는 방식으로 바뀌어야 지구온난화와 생태계 파괴 문제가 해결될 것이라고 생각하는 사람들은 유기농법이 대안이라고 믿는다. 그러나 유기농업에 뛰어드는 주체들이 늘어나 〈제너럴밀스〉 같은 주요 식품 가공업체나 〈월마트〉 같은 유통 업체까지 이 시장에 뛰어들어 관행 농업에 가까운 농법을 활용해 먹을거리를 재배하는 생산자에게서 무늬만 유기농인 유기농 먹을거리를 구매한다는 사실은 문제가 아닐 수 없다.

서구의 식품 가공업체와 유통 업체가 유기농 식품 분야에서마저도 최저 가격을 찾아 헤매는 현상이 나타나면서, 땅 값과 임금이 싸고 환경 규제가 느슨한 개발도상국을 찾아가 그곳의 생산자에게서 대량으로 식재료를 공급받는 일이 점점 늘어나고 있다. 중국, 동남아시아의 여러 나라, 일부 라틴아메리카 나라 등 놀랄 만큼 많은 곳에서 이런 일이 벌어진다. 파라과이에는 유기농 기준을 정함에 있어 세계적인 권위를 인정받는 단체인 〈세계 유기농업 운동 연맹(International Federation of Organic Agriculture Movements, IFOAM)〉과 미 농무부가 정한 유기농 기준을 준수하지 않는 사탕수수 플랜테이션이 공존한다. 한눈에도 단일경작법을 이용해 작물을 재배하고 있다는 사실을 알아볼 수 있었다. 같은 땅에 계속해서 같은 작물을 재배하는 단일경작법은 토양침식을 일으키거나 토양의 영양분을 빼앗아 버릴 수 있으며 지하수 고갈의 원인이 되기도 한다. 유기농 작물을 재배할 농경지를 확보하기 위해 본래 있던 숲을 개간한 곳을 찾아냈을 때는 더 큰 충격을 받았다. 이 또한 국제 유기농 기준이 금지하는 일이다. 공정 무역업체로 등록된 소규모 유기농민과 인터뷰하면서 이들이 서구의 소비자가 생각하는 것만큼 높은 소득을 올리지 못한다는 점도 확인했다. 유기농이라 불리지만 소비되는 곳과 동떨어진 곳에서 이뤄지는 농업의 실상은 제대로 파악하기 어렵다. 그곳에서는 규정을 임의로 해석할 가능성이 높고 노골적으로 부정을 저지를 여지가 커진다.

주거 문제를 다루는 2부에서는 세 곳의 생태 마을을 방문했다. 한 곳은 런던 시 교외에, 다른 두 곳은 독일 프라이부르크 시에 있다. 선진국 도시 중에서 생태계의 지속 가능성을 가장 크게 증진하는 공동체들이다. 3장에서는 에너지를 거의 사용하지 않고 살아간다는 것이 무엇을 의미하는지 살펴보고 이 세 곳에서 활성화되어 있는 녹색 주택이 만들어지게 된 계기와 이런 녹색 건축을 가능하게 하는 조건에 대해 알아보았다.

생태 건축의 선구는 1960년대와 1970년대에 지어진 어스쉽earthship과 지오데식 돔geodesic dome이다. 그러나 오늘날 생태계에 이로운 주택은 일반적인 주택과 흡사하게 단순하고 근대적인 모습으로 지어진다. 친환경 주택은 에너지 효율이 높은 가정용 기기를 설치하고, 화학 처리를 하지 않은 페인트로 마감하며, 태양열을 이용한 온수 설비를 설치한 집을 의미하기도 한다. 생태계의 지속 가능성을 해치지 않고 숲을 훼손하지 않으며 숲에 거주하는 사람들을 내쫓지 않는 방식으로 채취한 목재가 가장 인기 있는 건축자재다. 녹색 지붕 또한 중요한 요소다. 식물, 잔디, 이끼로 이뤄진 옥상 정원은 겨울에는 집 안의 열을 보존하는 데 기여하고 여름에는 집 안의 공기를 식히는 천연 담요 역할을 한다. 친환경 주택 가격은 평범한 사람들도 감당할 수 있는 수준으로 낮아지는 추세이며 문화적으로도 어색하지 않다. 친환경 주택은 더이상 열성적인 히피나 괴팍한 부자의 전유물이 아닌 것이다. 미국에서 배출하는 이산화탄소의 40퍼센트가 건물에서 배출된다[36]는 말을 들으면 깜짝 놀라겠지만 빛과 열을 만들어 내거나 실내 온도를 낮추는 데 사용되는 화석연료, 그중에서도 석탄이야말로 온실가스를 발생시키는 가장 큰 요인이다.[37] 내가 방문한 영국과 독일의 공동체들은 이산화탄소를 상당히 감축하는 성과를 거두면서도 아주 기능적이고 안락한 주거 공간을 창조했다. 이런 일이 가능한 까닭은 무엇이며 더 많은 곳에 그런 주택이 만들어지지 못하는 이유는 무엇일까?

운송은 연료, 자동차, 온실가스 배출과 관련된다. 그래서 운송 문제를 다룬 3부를 쓰기 위해서는 세 번의 취재 여행을 떠나야 했다. 2007년에서 2008년 발생한 폭동이 보여 주듯이 곡물을 원료로 삼는 바이오 연료는 먹을거리 공급에 지장을 줄 뿐 아니라 지구상에 살아 숨 쉬는 생태계에도 부담을 준다. 이 문제에 대해 알아보기 위해 4장에서는 세계 최대 팜유 생산지인 인도네시아로 떠났다. 식물성 기름인 팜유는 바이오디젤의 원료로 그 중요성이 더해지고 있다. 대부분의 팜유는 인도네시아 보르네오섬의 열대우림을 베어 내고 불태운 자리에 조성된 기름야자oil palm 나무 플랜테이션에서 생산된다. 탄소를 머금은 지구 최후의 열대우림인 이곳은 심각한 멸종 위기에 처한 오랑우탄의 유일한 서식지[38]이자 다야크족Dayaks 등 고대 원시사회 부족들의 고향이다. 보르네오섬의 자연은 지구 대기의 탄소 평형상태를 유지하는 데도 꼭 필요하다. 그러나 세계 최대 경제국이 바이오 연료를 생산하기 위한 작물의 재배 기지로 보르네오섬을 점찍은 이상 보르네오섬이 빠른 속도로 개간되지 못하게 막을 방법은 없을 것이다.

5장에서는 자동차 산업의 중추신경이었던 유서 깊은 장소 디트로이트 시를 방문했다. 자동차 산업이 출범한 때부터 2009년 말까지 전 세계 자동차 시장을 주도해 온 미국의 주요 자동차 제조사가 생태계를 덜 파괴하는 자동차를 한 구석에 밀어 놓고 판매하지 않는 까닭을 밝히고 싶었다. 1997년 일본에서, 그리고 3년 뒤 미국과 유럽에서 선보인 〈토요타〉의 프리우스Prius는 공전의 히트를 기록했지만 자동차 제조 대기업이 생산하는 주요 차종은 여전히 휘발유와 경유로 움직이며 이런 현실은 향후 10년간 요지부동일 것으로 생각된다. 미 연방 정부가 정한 목표 연비 기준은 2009년 리터당 11.7킬로미터였는데 오바마 정부는 2016년까지 리터당 15.1킬로미터로 강화하겠다고 발표했다.[39] 연비를 더 높이자는 정책의 취지는 바람직하다. 그러나 미국 자동차 기업이 리터당 최대 34킬로미터에 이르는, 연비가 상당히 높은 차종을 해외에서 판매하고 이윤을 남긴다는 점을 감안하면 이번 조치는 약해도 너무 약하다.

화석연료 연소는 이산화탄소 배출의 가장 큰 원인이다. 그런데 왜 자동차 제조사는 미국의 운전자에게 더 청정한 자동차를 판매하지 않을까? 많은 사람들은 미국의 3대 자동차 회사인 〈포드Ford〉, 〈제너럴모터스〉, 〈크라이슬러Chrysler〉가 변화를 피하기 위해 생태계 보존에 기여하는 자동차 기술을 의도적으로 사장시켜 왔다고 생각한다. 실제로 〈제너럴모터스〉는 〈누가 전기 자동차를 죽였나?Who Killed the Electric Car?〉라는 다큐멘터리 영화에 그려진 대로 자신이 제작한 최초의 전기 자동차를 불과 몇 년 만에 폐기해 버렸다. 그러므로 더 청정한 차가 도로 위를 주행하게 만드는 문제는 비단 기술의 문제만은 아니다. 흔히 이야기하듯 "바른 기술은 아주 가까운 곳에 있어서" 연비가 매우 높은 자동차는 이미 존재한다. 우리가 여전히 휘발유 먹는 하마를 타고 다닐 수밖에 없는 이유는 녹색 자동차로는 자동차 제조사가 충분한 이윤을 남길 수 없기 때문이다. 1909년 〈포드〉가 최초로 선보인 자동차, 모델 T의 연비가 당시에 이미 리터당 11.1킬로미터였다는 점을 감안하면 소비자 또한 공모자임을 부인할 수 없다. 소비자들이 문제 많은 연료인 석유를 중심으로 돌아가는 경제를 용인하고 받아들여 준 탓에 기업들이 경각심을 느끼지 못하는 것이다.

새로운 녹색 소비의 물결이 연비가 더 높은 차를 만들려는 자동차 산업의 노력을 견인하면서 변화의 조짐이 보인다. 프리우스가 선두 주자라면 최근 〈제너럴모터스〉가 내놓은 신차 쉐보레 볼트Chevy Volt는 떠오르는 샛별이다. 〈제너럴모터스〉의 주장에 따르면 최첨단 기술로 만들어진 플러그인 휘발유-전기 하이브리드 자동차 쉐보레 볼트는 리터당 97.8킬로미터의 연비를 자랑한다. 근사한 말이다. 하지만 그런 연비는 특정한 조건에서만 달성될 수 있다. 에드먼즈닷컴Edmunds.com에 따르면 운전자의 운전 습관에 따라 리터당 16.3킬로미터라는 충격적인 연비[40]가 나오기도 한다. 게다가 자동차에 직접 전기를 충전하는 방식은 생태계와 조화를 이룰 수 있는 친환경 자동차의 진정한 모습은 어떤 것인가라는 좀 더 궁극적인 문제를 생각해 보게 한다. 2007년 미국에서 배출된 이산화탄소의 42퍼센트가 화석연료를 태워 전기를 만드는 발전소에서 나왔다.[41] 풍력이나 태양에너지 같은 자원에서 얻는 재생에너지로 대부분의 전기를 생산하는 날이 오기 전에는 전기 자동차도 진정한 친환경 자동차일 수 없다.

유기농도, 친환경 주택과 친환경 자동차도 진짜 해결책이 아니라면, 소비자는 자신이 유발한 이산화탄소를 제거해 주겠다고 약속하는 새로운 형태의 서비스로 눈을 돌릴 수 있다. 바로 탄소 상쇄권이라 부르는 상품이다. 탄소 상쇄 전문 기업은 탄소 상쇄권을 구입하면 비행이나 자동차 여행같이 화석연료를 많이 사용하는 활동을 함으로써 배출되는 오염을 상쇄해 탄소 균형을 유지할 수 있다고 주장한다. 소비자는 자신이 유발하는 이산화탄소 양에 따라 요금을 지불하고 탄소 상쇄 전문 기업은 소비자가 지불한 돈을 숲 재생을 위한 식목 사업이나 재생에너지 설비 건설 사업에 투자한다. 6장에서는 이산화탄소 상쇄 서비스가 이뤄지는 방식과 운영 실태를 알아보기 위해 인도로 떠났다. 지구 전역에서 이뤄지는 탄소 상쇄 사업의 25퍼센트가 인도에 자리 잡고 있기 때문이다.[42] 막상 찾아가 보니 일부 사업은 아예 시작조차 하지 않았고, 실행 중인 사업도 형편없었으며, 심지어는 또 다른 생태적 피해를 불러오는 사업도 있다는 사실을 알게 되었다. 그러나 누구나 진출할 수 있는 자발적 사업이어서 아무런 규제를 받지 않기 때문에 이런 사정은 쉽게 감춰진다. 탄소를 물리적으로 제거하는 것이 아니기 때문에 상쇄권을 거래한다는 구상 자체가 잘못이라고 비판하는 사람들도 있다. 탄소가 대기 중에서 사라진다 해도 상쇄권 사업이 실행되는 동안 조금씩 중화될 뿐이지 발생 즉시 중화되는 것도 아니다. 어느 소비자가 비행 때문에 배출된 이산화탄소를 상쇄하기 위해 상쇄권을 구입했다고 생각해 보자. 만일 그 돈이 숲 재생 사업에 쓰인다면 이 소비자가 여행하는 동안 유발된 이산화탄소는 새로 심은 나무가 자라는 동안 조금씩 흡수될 것이다.[43] 수종에 따라 짧게는 30년에서 50년, 길게는 100년, 혹은 그 이상이 걸릴 수도 있다. 게다가 이 온실가스는 실제로 사라지는 것도 아니다. 온실가스는 오염을 억제해야 하는 바로 그 순간에는 대기 중에 남아 있다가 조금씩 나무에 흡수될 뿐이다. 탄소 상쇄권 구매자 대부분은 믿고 싶지 않겠지만, 설혹 탄소를 물리적으로 없애는 것이 기술적으로 가능해진다 해도 오늘날 우리가 유발하는 탄소를 우리 시대에 모두 제거할 수는 없다.

많은 사람들이 지구온난화라는 문제를 인식하게 되면서 숨어 있던 환경 운동가, 생태 기업가, 정부 등 각계의 반응이 물결쳤다. 버락 오바마Barack Obama 대통령이 2009년 경기 부양책으로 제시한 "미국의 경기회복 및 재투자 계획American Recovery and Reinvestment Plan"은 생태계에 이로운 해결책을 제시하는 부문에 그 어느 때보다 많은 예산을 배정했다. 따라서 유기농 식품, 에너지 효율이 높은 주택, 바이오 연료, 녹색 자동차, 이산화탄소 상쇄 산업같이 새로 등장하게 된 녹색 시장은 성장일로를 걸을 것이다. 한 가지 짚고 넘어가야 할 점은 이 새로운 상품들이, 자신이 일상생활에서 사용하는 물건이 어떤 경로를 거쳐 왔는지 그 과정을 알고 소비하려는 소비자의 자연스러운 열망을 반영해 만들어지고 유통된다는 점이다. 이제 더 많은 소비자가 브랜드 산업에서는 '신뢰의 표식'으로 통하는 유기농 인증 표식, 공정 무역 표식, 그 외 다양한 표식을 살펴보고 물건을 구입한다. 이 표식들은 해당 제품이 생태 친화적이라는 점과 그 출처가 도덕적으로 순수하다는 점을 보증한다. 그러나 제품의 특성을 명확히 보여 주어야 할 이 표식이 오히려 진행 중인 파괴 행위를 덮어 버리는 경우가 다반사다.

이 책에서 다루는 생태 문제에 대한 해결책이 주류로 부상할수록 사람들은 더 많은 것을 알고 싶어할 것이고 또 알아야 한다. 물론 이 책이 오늘날 이뤄지는 모든 해결책을 고려한다는 말은 아니다. 녹색 일자리, 기존 건물의 단열 강화 같은 문제는 이 책에 등장하지 않는다. 하지만 여기서 제시하는 의견이 이 책에서 다루지 않은 영역에도 두루 적용될 수 있는 유용한 견해이기를 바란다.

이 책은 점점 심각해지는 생태 위기를 기회로 삼으려는 독자의 마음에 호소한다. 한발 물러서서 진실한 마음으로 선택지를 검토할 수 있다면 과거에 내렸던 결정보다 더 나은 결정을 내릴 수 있을 것이다. 우리가 선택했던 무엇이, 그리고 어떤 구조적 힘이 우리를 이토록 위험한 세계로 이끌었는지 돌아보자. 그리고 이곳에서 벗어나 어디를 향해 갈 것인지 검토하기 위해 가능한 접근 방법이라면 무엇이든 고려해 보자. 역사도 중요한 고려 대상이겠지만, 이 책은 기본적으로 현재에 초점을 맞춘다. 현재의 해결책을 검토함으로써 오늘날 가장 인기 있는 해결책이 그 과제를 해결하는 데 적합한지 아닌지 판단해 보아야 한다. 검토 결과 밝혀진 사실 때문에 맥이 풀린 사람도 있을 것이다. "이런 해결책이 다 소용없는 것이라면 우리가 할 수 있는 것은 아무 것도 없지 않습니까!" 하지만 희망과 그릇된 희망은 다른 것이다. 이 책 『에코의 함정』을 통해 더 진전된 논의가 시도되고, 그럼으로써 가능성을 넓혀 나가며, 실제로 결과를 내는 해결책에 더 많은 관심을 가지기를 바란다. 우리에게는 해결책을 찾을 능력이 있다. 그러나 해결책은 단순히 물건을 사서 쓰는 데 있는 것이 아니다. 진정한 해결책은 우리의 생활 방식을 바꾸는 데서 그리고 바라는 세계의 모습을 실현해 가려는 노력에 있을 것이다.

Green Gone Wrong
How Our Economy is Undermining the
Environmental Revolution

1부 먹을거리

1장

지역 유기농, 시장이라는 독배를 마시다

여름 해가 뜨자마자 주변 지역에서 농사를 짓는 독립 농업인 수십 명이 트럭과 밴에 싣고 온 농산물을 내리고 가판대를 설치한다. 신선한 채소, 과일, 육류, 생선, 치즈, 빵, 벌꿀, 생화가 가판대에 놓인 채 손님을 기다린다. 100여 곳의 장이 서는 뉴욕 시 농민 장터는 미국 내 농민 장터 중 규모가 가장 큰데[1] 이곳 유니언 스퀘어 그린마켓은 그 100여 곳의 뉴욕 시 농민 장터 중에서도 단연 돋보인다. 공간을 비교적 많이 차지한 가판대도 있고 '혁명적인 유기농 식품'이라는 이름을 새긴 탑차 벽체에 낡은 차양을 비스듬하게 쳐 지붕을 매단 가판대도 있다. 흰색 덮개를 새로 설치해 불규칙하게 흩어지는 빛이 가판대 아래 보관해 둔 과일과 채소 더미를 비추도록 꾸민 맵시 있는 모양의 가판대도 있다. 주름이 자글자글한 호박꽃, 반짝반짝 빛나는 무, 명아주, 에일룸 토마토가 가지런히 놓여 저마다의 자태를 뽐낸다. 이곳에 진열된 먹을거리는 고만고만한 크기에 고만고만한 모습을 하고 식료품 가게에서 판매되는 먹을거리와 생김새부터 전혀 다르다. 몇 년 전만 하더라도 이 북적이는 도심의 시장 서쪽 끄트머리에서는 농업 기업이 생산한 가공식품을 판매하고 있었지만 이제 형형색색의 가판대가 가지런히 줄지어 서서 지역에서 생산된 먹을거리를 판매한다. 그런 변화도 있지만 그때나 지금이나 물건을 사고판다는 점에서는 변한 것이 없다.

유니언 스퀘어에 자리 잡은 농민 장터는 윤리적 측면을 내세워 지지를 호소한다. 그것은 지구온난화를 걱정하는 오늘날 환경주의의 특징이기도 하다. 이곳에서 먹을거리를 구입하는 일은 바른 행동이다. 이 시장에서는 해당 먹을거리를 재배한 농민을 직접 만나 어떤 농법으로 재배했는지 물어볼 수 있고 그들의 노고에 보답하는 차원에서 먹을거리를 구입해 직접적인 지원을 할 수도 있다. 한편 이곳에서 농산물을 구입하는 일은 곧 유독한 농업용 화학물질 사용을 거부하고, 에너지를 더 적게 소모하며, 오염 물질을 더 적게 배출하고, 장기적으로는 토양의 건강을 증진해 생태계의 지속 가능성도 증진하는 농업을 지원해 자연보호에 기여한다는 의미를 지닌다. 직접 재배할 수 없다면, 녹색 시장도 의미 있는 대안이다.

최근 미국에서는 농민 장터가 갑작스레 큰 인기를 누리게 되었다. 1994년 2천 개소를 밑돌던 농민 장터는 지난해 5천 개소에 달해 무려 150퍼센트 넘게 성장하는 기염을 토했다.[2] 2005년 농민 장터가 벌어들인 소득은 10억 달러에 불과했지만[3] 이듬해 미국 내 천연 제품 및 유기농 제품 판매는 170억 달러를 넘어섰고[4] 2007년 전 세계 유기농 시장은 480억 달러 규모에 달하게 되었다.[5] 들판에서 출발한 먹을거리가 각 가정의 식탁에 오를 때까지 이동한 거리를 의미하는 '푸드 마일'과 먹을거리 운송으로 인해 배출되는 온실가스 문제를 더 많은 사람들이 인식하게 되었고, 여기에 생태 재앙이 닥칠 것이라는 공포가 더

해져 집 가까운 곳에서 재배한 건강한 먹을거리에 대한 사람들의 관심이 자연스레 급증했고 산업적 농업, 조금 더 기묘하게 표현하자면 '관행 농업'에 대한 비판이 쏟아졌다. 관행 농업이 야기한 생태 재앙을 뒤엎을 영웅, 지역 유기농민이 폭풍 속에서 서서히 모습을 드러내고 있다.

반세기 넘는 시간 동안 서구 사회는 유독 물질을 사용해 먹을거리를 재배하는 농경법을 용인해 왔다. 농민들은 거의 모든 생물을 죽이는 석유화학 계열의 살충제를 뿌려 작물 외의 모든 생물을 인위적으로 없애 버린 농지에서 작물을 재배한다. 이렇게 조성된 농지에서 재배되는 작물은 자연의 순환 체계에 따라 열매를 맺는 것이 아니라 합성 비료와 물을 낭비하는 관개시설의 명령에 따라 열매를 맺는다.(『이코노미스트*Economist*』에 따르면 "인간이 소비하는 물의 약 70퍼센트가 농업에 쓰인다."[6]) 가축 사육도 비슷한 방식으로 이뤄진다. 산업적 목축은 물건을 대량생산하는 제조업체와 비슷한 방식으로 가축을 대량 사육한다. 화학 물질을 합성해 만든 항생제와 성장호르몬을 흠뻑 맞은 가축은 빠른 속도로 몸집을 불린다. 비정상적으로 빨리 성장한 가축이 순전히 자신의 근육 무게를 이기지 못해 다리가 부러지는 등의 부작용을 겪는 경우도 다반사지만 기업은 최단 시간에 몸집을 불린 가축 덕분에 더 큰 이윤을 남긴다.

관행 농업이 빚어내는 결과는 유해하고 파괴적이다. 밭에 뿌리는 합성 비료에는 보통 다량의 질소와 인이 함유되어 있는데, 대부분 씻겨 나가 연안으로 흘러들어 조류藻類가 이상 증식하는 원인이 된다.[7] 이상 증식한 조류가 바다를 점령해 산소를 빨아들이면 물고기나 바다 생물 대부분은 질식해 죽고 만다. 오늘날 멕시코만, 미국 동부 해안 전역, 발트해, 흑해 대부분이 조류의 이상 증식 현상 때문에 바다 생물이 사라진 '죽음의 바다'[8]가 되었고 오스트레일리아, 남아메리카, 중국, 일본의 바다도 질식하기 시작했다.

강, 호수, 대양으로 흘러가지 않은 살충제는 먹을거리에 남는다.[9] 미 농무부가 검사한 과일 8종과 채소 12종 중 적게는 73퍼센트에서 많게는 90퍼센트가 살충제 범벅이었고 조사 대상의 절반가량에서 독성을 지닌 복수의 화학물질이 검출되었다. 유기농 먹을거리가 관행 농업으로 재배된 먹을거리에 비해 영양소를 더 풍부하게 함유하고 있는지, 그래서 건강에 더 이로운지 조사한 2009년 연구에서는 조사 대상 사이에 큰 차이가 없는 것으로 밝혀졌지만 영국판 『가디언*Guardian*』의 보도에 따르면 이 연구를 수행한 연구자들은 어이없게도 관행 농업으로 재배된 먹을거리에서 항상 발견되는 비료와 살충제 잔여물 검사를 누락했다.[10] 가장 널리 사용되는 농업용 살충제는 신경계에 영향을 주고, 피부·눈·폐를 손상시키며, 다양한 암을 유발하고, 유전자를 훼손하며, 생식기를 망가뜨리고, 정상적인 호르몬 기능을 교란해 인간의 건강을 망친다.[11] 오늘날 유기농법을 활용해 농사를 짓는 소농민은 생태계를 정복할 목적으로 구축된 먹을거리 체계를 거부하고 자연과 근본적으로 양립할 수 있는 농업을 구축하려 한다.

하지만 살충제나 제초제를 쓰지 않고 호르몬이나 항생제를 투여하지 않는다고 해서 유기농업에 들어가는 비용이 적은 게 아니다. 화학물질 등을 쓰지 않으면서 지역에서 재배하는 먹을거리가 더, 때로는 아주 많이 비싸다. 유니언 스퀘어에서 화학물질을 사용하지 않고 재배한 먹을거리를 판매하는 어느 농민은 우유 3.8리터를 20달러에, 계란 열두 개를 14달러에 판매한다. 다른 농민은 토마토 약 500그램을 5달러에, 또 다른 농민은 녹색 채소 약 500그램을 20달러 가까운 가격에 판매한다.(겨울이 오면 하우스에서 재배한 같은 품종의 채소를 두 배 높은 가격에 판매한다.) 육류도 비싸기는 마찬가지여서 방목해 기른 돼지고기로 만든 이탈리아식 신선 소시지 약 500그램의 가격은 12.5달러다. 이 가격을 일반 식료품점에서 판매되는 육류나 채소 가격과 비교해 보면 믿을 수 없을 만큼 큰 차이가 난다는 것을 알 수 있다. 집 근처에 있는 슈퍼마켓에서 최근 발송한 광고 전단에는 계란 열두 개에 1달러 50센트, 완숙 토마토 약 500그램에 1달러 99센트, 이탈리아식 신선 소시지 약 500그램에 1달러 99센트라는 가격이 적혀 있다. 유기농이라는 이름으로 더 받을 수 있는 가격은 통상적 식품 가격의 10퍼센트 정도가 적절하지만 지금 본 것처럼 실제 가격차는 최대 500퍼센트 정도에 이르기도 한다. 일반 소비자뿐 아니라 유기농 먹을거리 지지자도 유기농법으로 농사를 짓는 지역 농민이 먹을거리를 매우 비싼 가격에 판매하므로 소득도 높을 것이라고 생각한다. 그러나 혁명을 일으킬 영웅으로 추앙받는 이 농민들은 생계 임금조차 벌지 못한다. 대부분의 생산자는 자신이 재배한 먹을거리조차 구입할 능력이 없는 것이 현실이다.

생산량만 신경 쓰면 되는 산업적 농업에 비해 자연을 돌보는 농업은 더 노동 집약적이기 때문에 유기농법으로 재배한 먹을거리 가격이 높을 수밖에 없다. 아이오와 주립대학 〈지속 가능한 농업을 위한 레오폴드 센터Leopold Center for Sustainable Agriculture〉의 리처드 파이록Richard Pirog 부소장은 이렇게 설명한다. "관행 농업은 생태계나 사람의 건강에 관련된 비용을 모두 외부화하기 때문에 더 저렴합니다.[12] 유기농업은 이런 비용을 모두 내부화하기 때문에 비싸질 수밖에 없죠." 유기농민은 살충제나 제초제를 쓰지 않고 벌레와 잡초를 제거해야 하기 때문에 노동력에 의존할 수밖에 없다. 작물을 재배하는 데 더 많은 인력과 더 많은 시간이 투입되므로 자연히 비용도 상승한다. 가축을 기르는 경우도 마찬가지다. 가축을 방목하면 가축을 살찌우는 데 들어가는 시간이 곡물을 먹여 키울 때보다 훨씬 더 많이 필요하다. 풀을 먹여 키운 가축이 '도축 가능 무게'에 도달하는 데 걸리는 시간은 평균 30개월 안팎인 반면[13] 관행적으로 길러진 소는 12개월이면 충분하다.[14] 도축에 이르는 시간이 길어지는 만큼 육류의 가격도 비싸진다. 무엇보다 하루에도 수백, 수천 마리의 가축을 도축하는 대형 농업 기업에 비해 일주일에 고작 몇 마리를 도축하는 소농민은 육류 가공에도 상당히 비싼 비용을 지불해야 한다.

유기농법으로 먹을거리를 재배하는 유기농민은 홍보나 유통에도 어려움을 겪는다. 홍보 절차나 유통 절차가 대단히 부적절하고 효율이 무척 낮아서 비용이 많이 들기 때문이다. 또한 도시 인근에서 농사를 짓기 때문에 땅 값도 더 높고 이자나 재산세도 더 많이 내야 한다. 이런 비용도 모두 농산물 가격에 반영된다. 악천후, 병충해, 변덕스런 시장 상황 등, 농민이라면 누구나 이겨내야 하는 부담도 있다. 유기농민이 받는 경제적 압력이 너무나 크기 때문에 높은 가격을 받고 유기농산물을 판매하는데도 대부분의 소규모 유기농민은 언제든 불안정한 상황으로 내몰릴 수 있다는 불안감을 안고 살아간다.

지역에서 제철 먹을거리를 재배하는 농업이 『뉴요커*New Yorker*』, 『마더 존스』, 『뉴욕 타임스*New York Times*』 같은 언론의 주목을 받고 여러 서적을 통해 소개되면서 먹을거리 운동이 새롭게 각광받고 있다. 사람들은 소규모 유기농민들이 먹을거리 체계를 재정비하는 일에 주도적으로 나설 것이라고 기대한다. 하지만 소규모 유기농민 대부분은 간신히 생계를 유지해 나갈 정도로 심각한 경제적 어려움에 처해 있다. 먹을거리 체계 개혁의 선봉에 선 소규모 유기농민이 온갖 어려움을 이겨내고 산업적 농업 체계라는 거인을 물리칠 수 있을까? 농업 기업에 맞서 싸웠던 선배 유기농업인들도 유기농업을 지켜내지 못했는데 무슨 근거로 오늘날의 소규모 유기농 가족 농장이 유기농업을 지켜낼 수 있다고 주장하는가? 유기농업이라는 대안 농업이 환경이라는 측면에서는 지속 가능한 것이 분명하지만 경제적으로도 지속 가능한 것은 아니다. 지역의 유기농민이 생태계를 구원할 지도자로 추앙받을지는 모르지만 생존을 위협하는 어려움까지 피할 수 있는 것은 아니다.

윈드폴 농장

2007년 7월 4일 수요일 오후 일곱 시 모스 피츠를 만났다. 카드놀이용 탁자를 적당한 크기로 잘라 만든 가판대 네 개에는 각각 어린 채소, 아루굴라, 호박, 자주색 당근, 금빛 토마토가 쌓여 있다. 독립기념일 휴일인데다가 오후 내내 추적추적 비까지 내렸기 때문에 여느 때와 다르게 시장이 한산하다. 손님이 적은 날에는 판매도 부진하기 마련이어서, 피츠는 늦게까지 남아 있다. 이것은 직거래의 단점이기도 하다. 가판대에서 이미 열세 시간째 일하고 있는 직원들이 마지막 판매에 열을 올린다. "하나 사면 하나 더 드려요!" 미소 띤 얼굴로 케빈Kevin이 외친다. "5달러에 두 개 드립니다." 동료인 팀Tim도 목청을 높인다. "무살충제요!" 케빈이 말을 받자 "제초제도 안 뿌려요!" 팀도 질세라 외친다. 늘 그래 온 것처럼 마지막엔 입을 모아 외친다. "사람에게 절대 무해합니다!"

다가온 손님들이 의심 반 호기심 반인 눈초리로 가판대를 유심히 살핀다. "어떻게 요리해 먹어요? 이것들은 **다 뭐구요?**" 한 남자가 꼬투리째 먹는 완두콩 봉지를 슬쩍 집어 들면서 묻는다. 한 여성은 우아한 한련화를 보면서 어떻게 요리하는지 궁금해 한다. 흔히 먹는 녹색 채소들과는 다른 종류들이라 믿음이 가지 않는지 대부분의 손님들은 물건을 만지작거리기만 할 뿐 뭘 살지 정하지 못한다. 가판대에서 하는 일 대부분이 광범위한 대중 교육과 관련된 것임을 금세 알아차릴 수 있었다.

사무직 옷차림의 한 여성이 어린 민들레 싹이 든 봉지를 집어 들고 유기농 상품이 맞는지 팀에게 묻는다.

"유기농보다 더 좋아요." 팀이 재치 있게 말한다.

"유기농 인증을 못 받은 거라면 사지 않을래요." 손님이 말한다.

"유기농 인증은 아무 의미가 없어요, 손님." 팀은 이미 골백번도 더 했던 말들을 다시 읊는다. "어떤 종류의 화학물질도 쓰지 않고 키운 채소예요. 유기농 인증만 안 받았을 뿐이죠." 팀은 미 농무부가 인증 제도를 도입한 뒤로 유기농 기준이 완화되었기 때문에 이제는 유기농 인증이 아무 의미가 없다는, 다소 복잡한 설명을 하기 시작했다. 팀은 윈드폴 농장이 뉴욕 주에서 활동하는 2,350곳의 다른 유기농 농장[15]과 마찬가지로 공식 유기농 인증을 받지 않았지만 현재 미 농무부가 제시하는 규제 기준보다 훨씬 더 까다로운 자체 기준을 바탕으로 생태계의 지속 가능성을 추구하면서 먹을거리를 재배한다고 설명한다.

그러나 이미 마음이 떠난 여자 손님은 팀이 설명을 미처 끝내기도 전에 돌아서고 만다.

일을 마친 피츠와 직원들은 짐을 정리해 트럭에 싣고 도시의 북쪽 외곽을 향해 달린다. 허드슨강Hudson River을 건널 무렵 독립기념일을 축하하는 불꽃놀이가 멀리 어두운 밤하늘을 수놓는다.

윈드폴 농장은 뉴욕 주 오렌지카운티의 작은 마을 몽고메리 끄트머리에 있다. 피츠는 윈드폴 농장에서 무려 27년 동안 유기농법만을 고집하며 땅을 일궈왔다. 이 땅은 오래 전 피츠가 코흘리개이던 시절, 그의 삼촌이 피츠 가족에게 물려주었다. 지금은 돌아가셨지만 살아생전 삼촌은 이웃에게 이 땅의 경작권을 주면서 자신이 죽으면 가족들에게 돌려주라고 부탁했다고 한다. 기술자였던 피츠의 부친도 몇 십 년 동안 까맣게 모르고 있다가 뜻밖의 땅을 물려받았다. 그런데다 아들이 농부가 되겠다고 나서다니 아버지는 또 한 번 놀라지 않을 수 없었다. 피츠는 이렇게 말한다. "어릴 때부터 무엇이든 키워 보고 싶었어요. 세 살 때 이 공터에 박하를 옮겨 심어 보았는데 홀딱 반하고 말았죠."[16]

50대로 접어든 피츠는 미혼이라 자녀가 없지만 항상 친구들에 둘러싸여 외롭지 않게 지낸다. 피츠는 키가 크고 회색 빛 머리칼과 눈동자를 지녔다. 피츠는 서로 농담을 주고받는 편안한 분위기에서도 항상 진지해 보이며 사람들의 품성을 잘 포착해 내는 사려 깊은 성품의 소유자다. 캘리포니아만을 중심으로 활동하며 오랫동안 언론의 주목을 받았고, 농업계와 요식업계에서 존경받는 인물이자 지역에서 재배한 유기농 먹을거리 운동의 원로로 널리 알려진 앨리스 워터스Alice Waters 같은 요리사가 피츠에게 찬사를 보내기도 했다.[17]

시골 정취가 가득한 농가 2층에 짐을 풀고 하룻밤 묵었다. 아침에 일어나 보조 주방, 사무실, 냉동 창고, 농산물 처리 시설이 있는 지하실을 구경하고 밖으로 나가 피츠와 직원들이 무슨 일을 하는지 보러 가려는 참에 피츠가 나타났다. 시간은 오전 9시 30분. 집으로 들어가 아침을 먹으며 지금 들에서 무슨 일을 하고 있는지 물었더니 아직 일을 시작하지 않았다고 한다. 다음날 아침에 내다 팔 농산물을 준비하는 화요일과 금요일은 하루 종일 정신없이 일하지만 목요일은 비교적 평온하게 보낸다.

몇 년 동안 피츠는 누구도 따라할 수 없을 만큼 열심히 사업의 기초를 닦았다. 농민 장터에 가판대를 열고 농산물을 판매하기 전에는 식당에 식재료를 납품했다. 납품 일을 하면 고정 고객이 확보되기 때문에 처음에는 괜찮은 생각 같아 보였다. 하지만 물량을 고르게 확보하기가 쉽지 않아 시장에서 빵과 버터를 사다가 자기 농장 닭장에서 나온 계란을 더해 만든 토스트를 내다 팔아 식당에 납품할 채소로 바꿔오는 지경에 이르자 더 이상은 이런 방식이 좋게 보이지 않았다. "식당에 식재료를 납품하는 일은 기본적으로 수익성이 없는 불안정한 사업입니다. 언젠가 갚아야 할 빚만 잔뜩 진 채 끝나게 됩니다. 미래가 아주 불투명하죠." 식당에 식재료를 납품하기 시작한 지 몇 년 만에 피츠는 25개 금융기관에 무려 4만 달러나 되는 빚을 지게 되었고 결국 식재료 납품을 그만두기로 결심했다. 그 뒤 몇 년을 고투한 끝에 마침내 유니언 스퀘어 시장에서도 사람들이 가장 탐내는 자리 하나를 얻어 가판대를 열었다. 피츠가 가판대를 설치한 농민 장터는 도시 중심가, 그것도 맨해튼 시 주요 지하철 역 인근에 위치했기 때문에 가장 붐비고 수익성이 높은 시장이다. 피츠는 이제 유니언 스퀘어 시장에서만 농산물을 판매하며 그를 찾는 손님은 대부분 단골이다. 뉴욕현대미술관New York Museum of Modern Art 구내식당이나 가판대에서 직접 농산물을 구입하는 식당 주방장 같은 기업 고객과도 거래하는데, 그들도 모두 일주일 안에[18] 대금을 결제하는 방식으로 거래한다.

피츠는 물려받은 56헥타르의 땅 중에서 6헥타르의 토지만을 농지로 사용한다. 아침 식사를 마치자마자 피츠는 길 건너편에 있는 5헥타르의 농지를 구경시켜 주었다. 자욱한 안개 속으로 햇살이 흩어지는 아침 공기가 무겁다. 꼬투리째 먹는 완두콩, 회향, 바질, 근대로 가득한 들판이 풍성하다. 구획을 깔끔하게 나누어 나란히 정리된 밭에 채소를 심기도 하고 구획을 나누지 않은 밭에 여러 채소를 한꺼번에 심기도 한다. 여기저기 잡초도 섞여 있어 채소를 심은 밭고랑 경계가 희미하다. 질서정연한 경작이란 일시적일 뿐이라는 말이 새삼 떠오른다.

밭 안쪽으로 더 들어가자 녹색 채소는 사라지고 흑갈색의 토양이 모습을 드러낸다. 이곳에서는 대부분의 활동이 땅 아래에서 이뤄진다. 머리를 내밀고 올라오려고 애쓰고 있는 짧은 옥수수 줄기들은 다음 달이나 되어야 모습을 온전히 드러낼 것이다. 옥수수를 심은 곳 너머에는 당근을 심었고 검은 흙 담요가 덮인 곳에는 케일과 다양한 종류의 겨자잎을 심었다. 그 작물들도 늦여름이나 초가을이 되면 모습을 드러낼 것이다. 이 다양한 녹색 채소들은 밤 기온이 내려가기 시작할 때가 가장 맛있다. 식물은 추위에서 자신을 보호하려고 당분을 만들기 때문에 날이 추워지면 맛이 달콤해진다. 시장에 있을 때 피츠는 이런 말을 했다. "첫서리가 내린 직후가 가장 맛있습니다." 그 너머에는 최근 '쟁기로 갈아엎은' 너른 농경지가 있다. 피츠는 며칠 안으로 인근의 말 농장에서 거름을 가져다가 이곳에 뿌린 뒤 풋거름으로 쓰는 녹비작물인 메밀을 파종할 계획이다. 메밀은 잡초의 성장을 저해하고, 토양침식을 억제하며, 다음 작물을 심기 전에 토양에 영양분을 공급하는 기능을 한다.[19] 농장에 뿌리는 유일한 물질은 말똥뿐이다. 그러니까 이 농장은 화학비료, 제초제, 살충제를 쓰지 않는다.

거대한 들판을 돌아보고 난 뒤 남은 1헥타르를 마저 둘러보려고 다시 집 쪽으로 발걸음을 재촉하다가 덩이줄기 작물인 감자밭에서 걸음을 멈춘다. 피츠는 감자밭에 잡초가 자라지 못하도록 검은 비닐을 덮어 놓고 실험 중이다. 비닐을 덮은 땅 가장자리를 따라 각기 다른 품종의 감자를 심어 놓고 어느 품종이 비닐 바깥쪽으로 줄기를 뻗는지 확인하려 한다. 만일 두 품종 모두 비닐 바깥으로 줄기를 뻗는다면 줄기를 더 많이, 더 길게 뻗어 햇빛을 더 많이 받는 품종이 내년에 피츠가 심을 감자로 선택받을 것이다.

이것이 피츠의 농경법이다. "시행착오를 통해 배웁니다. 그동안 줄곧 이런 식으로 농사를 지어 왔어요." 피츠는 이 말을 여러 번 했다. 살충제를 쓰지 않는 동시에 품도 덜 들이면서 토양을 건강하게 만들기 위해 복잡한 방식으로 돌려짓기를 하고 다양한 작물을 심었다. 매년 다른 장소에 작물을 심어 벌레를 속이는 방법도 알아냈다. 씨앗을 섞어서 경운기가 밭을 일구고 지나간 자리에 던져 놓고 주사위를 던진 사람의 심정으로 무슨 일이 일어나는지 지켜보기도 한다. 언뜻 무계획적인 것처럼 보이지만 이 농법은 언론에서 보도한 대로[20] 반세기 전 일본 친환경 농업의 개척자 후쿠오카 마사노부福岡正信가 창안한 농법이다. 피츠는 1년 전 어느 방송을 본 뒤 자신이 생각한 것보다 한 계절 앞서 순무를 재배할 수 있다는 사실을 알게 되었고 그대로 실행해 순무를 먹어 치우는 골칫거리 해충이 날아들기 전에 순무를 수확할 수 있었다. 어떤 농작물을 재배하든 시간이 핵심이다. 피츠는 잡초와 경쟁한다. 잡초보다 더 빠르고 키가 크게 자라는 작물을 심어 잡초보다 키가 더 큰 부분만 수확하면 품이 덜 든다. 필요한 양보다 더 많이 파종하면 인부들은 빼곡하게 들어찬 잎들과 씨름하지 않으면서 잡초를 제거하는 수고를 들이지 않고도 원하는 만큼의 양을 수확할 수 있다. "기본 몇 톤씩 심습니다. 재배는 어렵지 않거든요. 수확하는 데 돈이 많이 들어가는 것이 문제지요. 그래서 비용이 많이 드는 수확 부분을 되도록 수월하게 만들려고 애쓰는 겁니다."[21]

정오가 되자 인부 십여 명이 농장에 도착했다. 점심 식사를 마쳤지만 큰 비가 내리는 바람에 일을 못하고 집 뒤쪽에서 축구공을 가지고 놀며 시간을 때운다. 대부분 멕시코 출신인 인부들은 1993년부터 이 농장에서 일하고 있는 엑토르 곤살레스Hector Gonzalez가 소개한 사람들이다. 피츠는 곤살레스가 살충제를 쓰지 않는 농장에서 일하려고 윈드폴 농장을 찾아왔다고 말해 주었다. 윈드폴 농장에 오기 전 몇 년 동안 곤살레스는 오렌지카운티의 다른 농장에서 임금에 더해 농장에 딸린 집까지 제공받으며 일했다고 한다. 작물에 살충제를 뿌리면 농장에 딸린 집에도 살충제가 날아들었다. 살충제 가득한 들판에서 자기

혼자 일하면 끝인 게 아니라 가족들까지 살충제 속에서 살아야 하는 형편이었다. 곤살레스가 피츠와 함께 일하기 시작할 무렵 곤살레스의 열여섯 살 난 아들은 암 진단을 받았고 2년 뒤 세상을 떠났다.[22]

곤살레스는 시장에 내다 팔 채소를 수확하고 세척해 포장하는 인부들을 감독한다. 농장을 떠난 농산물은 24시간 이내에 고객의 손에 건네진다. 채소를 싣고 시장에 갈 때 쓰는 차는 스쿨버스를 개조한 것으로, 폐식용유로 만든 바이오디젤을 연료로 움직인다. 폐식용유는 피츠가 매주 들르는 맨해튼 시 식당에서 받아 온다. 그렇게 만든 바이오디젤로 농장 비닐하우스의 온도를 유지하고 불을 밝힌다. 수치에 관심이 없는 피츠는 자신만의 농경법이나 농산물 유통 방식 때문에 얼마나 많은 화석연료가 절약되는지, 얼마나 많은 이산화탄소가 덜 배출되는지, 얼마나 많은 물이 오염에서 벗어나게 되는지 계산하지 않는다. 그러나 피츠가 바른 길을 걷고 있다는 것만은 분명하다.

피츠는 미 농무부가 정한 기준이 불충분하다고 생각하기 때문에 미 농무부의 공식 유기농 인증에 반대한다. "미 농무부 유기농 기준은 작물에 줄 수 있는 것과 주어서는 안 되는 것을 단순 나열한 목록에 불과합니다. 나는 자연의 순환 체계를 따르는 농법으로 농사를 짓고 있어요. 그런 목록 따위에 연연할 필요가 없습니다." 피츠는 거칠게 이야기한다. 미 농무부 유기농 기준은 10여 년에 걸쳐 조금씩 도입되다가 여러 차례의 논쟁을 거친 뒤 최종 확정되어 2002년부터 전면 시행에 들어갔다. 그러나 미 농부무 유기농 기준을 따르는 유기농 농장의 모습과 유기농 인증 표식을 보는 소비자들이 머릿속에 떠올리는 유기농 농장의 모습은 확연히 다르다. 이 사실을 아는 많은 농민은 미 농무부 인증을 전면 거부했다. 이들은 미 농무부가 정한 규정을 지키는 수준에 만족하지 않는다. 이들은 화학물질을 사용하지 않으면서 작물을 재배하고 가축을 방목하며, 토양의 건강을 증진하고 유지하기 위해 복잡한 돌려짓기 방식을 도입하고, 땅심을 길러 주기 위해 토양을 재생시키는 녹비작물을 파종하는 등의 방법으로 천연 비료를 주며, 화석연료를 적게 또는 전혀 사용하지 않고, 더 정의로운 방식으로 인부를 고용한다. 이들은 이제 스스로를 '유기농민 그 이상의' 유기농민, '관행에서 탈피한' 농민, '진정한' 유기농민 등으로 불러 미 농무부의 기준만 따르는 '무늬만' 유기농민과 자신을 구분하려고 노력한다.

미 농무부의 규정을 따르지는 않지만 자신이야말로 진정한 유기농민이라고 생각하는 농민 대부분은 미 농무부의 유기농 인증 과정에 대해서도 비판적이다. 농민들은 인증 비용이 비싸고 인증 과정에 많은 시간을 투입해야 한다고 입을 모은다. 인증을 받으려면 근대든 꼬투리째 먹는 완두콩이든 당근이든 케일이든 재배한 작물 각각에 대해 파종하고 관리한 내용을 자세히 기록해야 한다.[23] 피츠 같은 형편의 농민에게는 어처구니없는 일이지만 대규모 농장에서는 꽤 해 봄 직한 방법이다. "직원 5천 명을 거느리고 40만 헥타르를 경작한다고 칩시다. 그러면 하루 종일 문서만 작성하는 직원을 따로 둘 만하죠. 하지만 이렇게 규모가 작은 농장에서는 문서나 작성하면서 보낼 짬이 없어요. 그러려면 농사일에는 손을 놔야 할 걸요."[24] 약간은 과장된 말이지만 피츠는 자신이 재배하는 다양한 작물에 관련된 내용을 기록하는 일을 아예 포기했다. 잦은 돌려짓기나 광범위한 씨뿌리기 같은 일을 일일이 보고하는 복잡한 문서 작업을 도저히 감당할 수 없기 때문이다. 복잡한 문서 작업을 깔끔하게 마무리하고 인증을 받으려면 몇 백 달러, 때로 몇 천 달러의 비용이 들어간다. 그러므로 대부분의 소농민은 인증에 관련된 비용을 도저히 감당할 수 없다.

허드슨 밸리에서 위그노 농장을 운영하는 론 코슬라 대표는 미 농무부 인증 제도의 문제점[25]을 더 자세히 설명한다. 인증 표식을 받고 인증을 유지하려면 농민은 심은 작물의 종류, 밭에 뿌린 비료의 종류와 횟수, 병충해 및 잡초 관리 내역 등을 상세히 기록하고 매년 한 차례 미 농무부가 허가한 제3자 인증 기관 중 한 곳을 선정해 그곳에서 파견된 조사관에게 농장 운영 상황을 평가받고 작성한 문서를 검토받아야 한다. 제3자 인증 기관의 조사를 받는 데 따르는 비용은 모두 농민이 부담한다. 파견된 조사관이 소속 인증 기관에 평가 보고서를 제출하고 평가 대상 농민이 미 농무부가 정한 유기농 기준을 모두 충족했다고 확인되면 유기농 인증 표식이 발급된다.

그러나 코슬라 대표의 설명대로 조사관은 오직 '눈에 보이는 것'만을 조사할 뿐이다. 〈유엔 식량 농업 기구(United Nations Food and Agriculture Organization, FAO)〉의 자문 위원을 역임했고 "자연 친화 재배 인증"이라는 이름의 자체 인증 제도를 창안해 운영 중인 코슬라 대표는 조사관이 농장을 방문하더라도 '육안 검사'만 할 뿐 들에는 나가 보지도 않는다고 말한다. 코슬라 대표는 회계 감사관을 고용해 인증 조사를 받았지만 감사관이 들판에 직접 나가 보지 않고 창문 너머로 바라보며 조사해 허탈해했다는 어느 농민의 웃지 못할 이야기도 들려주었다. 놀랍게도 미 농무부가 정한 공식 규칙에 따르면 토양 샘플 채취나 농산물 잔류 농약 검사는 필수 요건이 아니다.[26] 그런 검사를 하고 말고는 조사관의 자유재량이다. 이런 검사를 하려면 인증 기관이 비용을 물어야 하고 문서 작업이 늘어나는 만큼 시간도 더 소요된다. 인증 기관이 필수도 아닌 잔류 농약 검사를 할 이유가 없는 것이다. 그러다 보니 소비자의 안전은 조사관의 육안 검사에 달리게 된다.

대부분의 조사관은 과중한 업무에 시달리기 때문에 이미 유기농 인증을 받은 일부 농장에 대해서는 육안 검사마저 하지 않을 가능성이 있다고 코슬라 대표는 설명한다. 자기가 알아본 인증 회사 중에 편법으로 인증 받는 방법을 귀

뛰해 준 회사도 있었다고 한다. "내 귀를 의심했어요!" 요점은 이렇다. "인증 업체는 농민에게 압력을 행사할 생각이 없습니다. 그렇게 되면 고객이 다 떨어질 테니까요. 일거리가 떨어지기를 원하지 않기는 영리 인증 기관이나 비영리 인증 기관이나 마찬가지입니다." 지나치게 엄격한 잣대를 들이대면 인증을 받으려는 농민이 경쟁 업체로 발길을 돌릴 가능성이 높아지기 때문에 인증 기관은 기준에 미달하는 내용이라도 적당히 눈감아 주는 것이 관행이다. 그렇기 때문에 피츠 같은 농민은 굳이 공식 유기농 인증을 받으려 하지 않는 것이다.

다시 피츠의 농장으로 돌아가 보자. 본채 앞에는 '윈드폴 농장'이라는 이름을 큼지막하게 새긴 손수 제작한 간판이 서 있다. 예전에는 농장 이름 아래에 '유기농법으로 재배한 채소'라는 문구가 새겨져 있었다. 하지만 2000년 캘리포니아에서 열린 회의에서 미 농무부가 미 연방 정부 차원의 유기농 기준 1단계 시행을 선언하자 피츠는 즉시 곤살레스에게 전화를 걸어 간판을 다시 만들라고 지시했고 약간의 문구를 추가해 새 간판이 제작되었다.[27] 지금 그 간판에는 '관행적으로 재배하지 않은 채소'라는 문구가 적혀 있다.

뜻밖의 횡재windfall라는 의미의 농장 이름에서도 알 수 있듯이 피츠는 토지를 물려받았기 때문에 토지를 담보로 융자를 받지 않았다. 덕분에 대부분의 소농민과 다르게 피츠는 토지에 대한 이자 부담이 없다. 그런데도 피츠가 땅을 버리고 떠날 수밖에 없게 재촉하는 여건은 도처에 널려 있다.

그중 가장 큰 요인은 엄청난 재산세다. 15년 전 몽고메리 마을 위원회는 윈드폴 농장을 비롯한 주변의 여러 농장을 포괄하는 너른 지역을 상업 용지로 용도 변경했다. 당시 마을 위원회는 이 땅에 주요 고속도로, 철도, 소규모 공항같이 수익성이 좋은 운송 관련 기반 시설을 유치해 세금을 더 많이 걷을 토대로 삼으려 했다. 하지만 농지에서 상업 용지로 용도를 변경하기 위해 토지주를 설득하는 과정에서 지방정부가 제시한 세율 인상이라는 조건은 지역의 소농민이 도저히 감당할 수 없는 조건이었다. 그 뒤 〈카디널헬스Cardinal Health〉라는 이름의 진료 도구 및 외과 수술 도구 제조업체가 이 지역에 새로 진출해[28] 9.3헥타르 규모의 커다란 창고를 지었다.[29] 이런 시설은 비옥한 허드슨 밸리 지역 토지를 농지로 사용하는 농장보다 훨씬 더 많은 돈을 벌어들인다. 하지만 피츠는 소득이 전과 같은데도 자신보다 훨씬 많은 소득을 올리는 이웃한 기업인과 똑같이 상업 용지에 부과되는 높은 세율을 적용받아 세금을 내야 한다. "농장을 임대해서 운영하는 사람의 경우에는 임대료가 계속 상승하는 것이 문제겠지만 저에게는 세금이 그렇습니다. 계속 농사를 짓고 싶지만 세금 때문에 포기할 수밖에 없을 것 같아요." 결국 피츠는 한숨을 내쉰다. "곧 이 지역의 농장은 모두 사라지겠지요."[30]

엄청난 액수의 세금을 피하려면 피츠도 떠날 수밖에 없을 것이다. 지난 몇 년간 피츠는 새로운 농장을 물색해 왔고 이미 폐쇄된 농장 중 몇 곳을 점찍어 두기도 했다. 하지만 좋은 자리를 확보하는 일은 쉽지 않다. 피츠는 농장 토양의 질을 향상시키기 위한 투자를 아끼지 않았고 해당 지역의 잡초, 해충, 날씨 등 농사에 필요한 지식을 쌓아 왔다. 피츠가 이곳을 떠나 다른 곳에 자리 잡게 되면 지금까지 이곳에서 해 온 시행착오를 되풀이해야 할 것이다. 그래서 피츠는 너무 먼 곳으로 옮기지 않기만을 바라고 있다. 어영부영하다가 여건에 떠밀려 농사를 때려치우기 딱 좋은 시점이다. 생태계에 매우 유익한 활동을 하고 있는 피츠 같은 농민을 위한 보조금이나 지원 정책은 없다. 피츠가 산업적 농경법을 선택해 농장에 화학물질을 퍼부으며 옥수수나 콩 같은 작물을 재배했다면 미 농무부가 보유하고 있는 지식이나 자원에 더 많이 기댈 수 있었을 것이다. 그러나 늘 그래왔듯 앞으로도 피츠는 모든 일을 누구의 도움도 받지 않고 혼자 힘으로 해내야 한다.

피츠가 상추와 토마토를 기르는 작고 비좁은 비닐하우스를 보여 주는데 갑자기 하늘이 열리더니 여름 빗줄기가 쏟아지기 시작했다. 피츠는 몇몇 인부들과 함께 혹시 있을지 모를 폭우에 대비해 농장 주변의 시설을 살피러 가고 나머지 사람들은 얼른 비닐하우스 안으로 몸을 피했다. 아무도 오후에 쏟아지는 소나기에 대해 이야기하지 않는다. 위를 올려다보니 투명한 비닐 지붕 위로 경쾌하게 떨어진 빗방울이 물웅덩이를 이뤘다가 이내 옆으로 주르륵 흘러내린다.

다음날은 아침부터 농장이 분주하다. 시장에 나가기 전에 준비해야 할 것이 많기 때문이다. 내가 어제 수확한 민들레와 겨자잎, 금빛 토마토, 계란으로 차린 아침 식사를 하는 동안 피츠는 탁자 옆에 앉아 간판을 깨끗이 닦았다. 판매 품목을 적어 가판대 옆에 세워 두려고 손수 만든 것이다. 인부들은 지하에 있는 냉장 창고에서 상추를 포장했다. "땅을 갈고 씨를 뿌리기엔 너무 습해도 김매기에는 맞춤인 날씨네요. 오늘은 김을 매는 게 좋겠어요." 주방으로 들어선 곤살레스에게 피츠가 큰소리로 이렇게 말한다. 곤살레스가 눈길을 아래로 떨어뜨리며 대꾸를 피한다. 조용히 거부 의사를 표현한 것이다. 무슨 일인지 구체적으로 밝히지는 않았지만, 곤살레스는 인부들과 함께 다른 일을 할 계획을 세워 두었을 것이다. 형제나 오래 함께 산 부부처럼 피츠와 곤살레스는 잠시 무언의 대화를 나눈다. 한 마디 말도 오가지 않았지만 피츠는 곤살레스의 의견에 동의한다.

농장에는 여섯 명의 정규직 인부가 있는데, 이들 중 가장 적은 임금을 받는 사람이 시간당 7달러 50센트를 받는다. 케빈처럼 자청해서 가판대를 맡아 보는 인부도 있다. 인부를 구하는 일에도 많은 시행착오가 있었다. 처음에는 인턴을, 다음에는 지역의 고등학생을 고용했다. 그러다가 피츠의 여동생 캐시Kathy가 장애인에게 일자리를 주었다. "장애인에게 적합한 일은 아니었어요." 피츠가 말했다. 결국 피츠는 인근 마을 뉴 팰츠New Paltz의 대학생을 고용했고 그 다음에 곤살레스가 처남과 처제, 친척들을 데리고 이곳에 왔다. 곤살레스는 멕시코에 살 때 가족 농장을 돌본 경험이 있었으므로, 그때부터 곤살레스 가족이 농장의 여러 일을 도맡아 처리하게 되었다.

농장 인부가 28명에 이르던 시절도 있었지만 임금을 많이 지급할수록 고용주가 납부해야 하는 세금과 산재보험료도 많아진다는 것이 큰 부담이었다. 이 지역 유일의 산재보험업체가 피츠에게 일손이 많이 필요하고 비용도 더 많이 드는 유기농법을 포기하는 것이 좋겠다고 조언할 정도였다. 피츠는 현재의 경제정책 깊숙한 곳에 문제의 원인이 있다고 생각한다. "이 나라에서 사람을 고용하면 정부는 사정없이 세금을 물립니다. 하지만 중국에서 사람을 고용해 봐요. 설혹 노예처럼 부린다 해도 정부에서 혜택을 줄 걸요?"[31] 피츠는 농업정책에도 문제가 있다고 생각한다. "규모가 작은 농장이 여럿 있으면 시장의 수요를 충분히 맞출 수 있어요. 그런데 현실은 왜 안 그럴까요? 농업을 때려치우는 것이 낫다는 미 농무부의 판단 때문입니다. 미 농무부는 사람들을 농장에서 몰아내고 있어요. [생산이 수요를 초과했던] 더스트 보울Dust Bowl 때는 의미 있는 정책이었을지 모르지만 지금은 아닙니다."

피츠는 인부를 두고 일하기가 힘들다고 말한다. 곤살레스와 들에서 일하는 인부들은 농민 장터에 내다 팔 농산물을 더 많이 수확하느라 힘든 노동을 하는 경우가 많다. 지난해인 2006년에는 초과 노동 수당을 지급하느라 피츠의 수입이 상당히 줄어 시간당 7달러를 벌었다고 한다. 뉴욕 주가 정한 최저임금에 15

센트 모자란 액수다. "이것은 생활이 아니라 생존입니다. 지금의 당신은 부자가 되지는 못하더라도 적어도 자신이 원하는 것을 누릴 수 있어요. 하지만 당신이 농장주라면 쥐꼬리만큼 벌면서도 그 돈을 모두 농장에 다시 투입해야 합니다. 농장이 모든 것을 집어삼킬 거라는 내 말을 믿어도 됩니다."[32] 윈드폴 농장을 떠나기 전 마지막으로 농장이 경제적인 측면에서도 할 만한 사업인지 물었다. "사실 그렇지 않아요. 아주 작은 일에도 농장이 무너질 수 있어요. 농장은 언제나 지극히 불안정한 상태입니다."[33]

스톤브로크 목장과 스윗트리 목장

월요일 아침 6시인데도 마을 **외곽으로 향하는** 버스는 손님으로 가득했다. 뒷자리에서 자고 있는 10대 소녀들이 머리끝까지 뒤집어썼던 겉옷은 어느새 흘러내려 어깨에 걸려 있다. 허드슨 밸리에서 북쪽으로 두 시간쯤 달려 도착한 뉴욕 주 킹스턴 마을에 내려 중심 상가 거리에서 풀을 먹여 기른 유기농 육류를 판매하는 플라이셔 정육점을 찾아갔다. 플라이셔 정육점 주인 애플스톤 부부와 함께, 정육점에 소고기를 납품하는 데이비드 휴즈David Huse의 목장을 방문하기로 약속했기 때문이다.

플라이셔 정육점은 호르몬이나 항생제를 투여하지 않고 풀을 먹여 기른 가축의 고기만 취급한다. 최근 급성장 중인 농민 장터과 마찬가지로 공장식 육류 생산을 지양하고 기른 축산물을 유통하는, 비교적 최근에 등장한 형태의 정육점인 이곳은 유기농 축산업의 유통 부문을 담당한다. 플라이셔 정육점은 소규모 목장에서 기른 가축을 매입해 스테이크용으로 썰거나 햄버거용이나 소시

지용으로 잘게 다져 판매하며 남은 지방으로는 비누를 만들어 판다. 30대인 애플스톤 부부는 남편 조슈아의 가족이 플라이셔 정육점이라는 이름으로 운영하다 문을 닫아야 했던 점포를 다시 일으켰다. 한 세기 전 조슈아의 증조부가 뉴욕 시 브루클린에서 개점한 플라이셔 정육점은 육가공 산업이 등장하면서 사라졌지만 애플스톤 부부는 데이비드 휴즈 같은 축산 농민과 제휴해 생태계의 지속 가능성을 증진하고 인간적인 방식으로 기른 육류를 유통하는 시장이 사라지지 않을 수 있는 체계를 구축하고자 한다.[34]

자동차 두 대에 나눠 타고 킹스턴을 출발해 북쪽으로 144킬로미터를 이동했다. 나와 조슈아, 플라이셔 정육점의 고참 직원 아론Aaron이 한 차에 타고 뒤따라오는 SUV에는 부인 제시카 애플스톤과 직원 두 명, 인턴 두 명이 탔다.(임금도 받지 않고 인턴으로 일하는 젊은 이상주의자가 없다면 최근 발달하고 있는 청정한 먹을거리 운동도 없었을 것이다.) 오랜 대학 친구처럼 스스럼없이 재치 있는 농담을 주고받는 조슈아와 아론은 플라이셔 정육점이 호르몬을 투여하지 않고 자유롭게 방목해 풀을 먹여 기른 축산물만을 엄선해 판매하려고 얼마나 애쓰고 있는지 설명한다.[35] 가장 어려운 점은 도축장과 거래를 유지하는 일이다. 두 사람은 미 농무부 기준이 대규모 육가공 공장에 맞춰져 있기 때문에 지역 도축장이 지나치게 많은 운영비를 부담해야 하고, 그에 따라 소규모 축산 농민 역시 육가공 비용을 더 많이 부담할 수밖에 없는 갑갑한 현실을 토로한다. 연방법인 "식품안전기준법"은 〈콘아그라ConAgra〉나 〈타이슨Tyson〉 같은 대기업을 위해, 그리고 사실상 그들에 의해 제정된 법이지 데이비드 휴즈나 플라이셔 정육점 같은 소규모 유기농민을 위해 제정된 법이 아니다.

조슈아와 아론은 도축 기술이 사라져 가는 현실을 안타까워했다. 이들은 오늘날 농업학교에서 배울 수 있는 기술은 도축 기술이 아니라 고기 절단기 다루는 기술이라고 말한다. 오늘날 미국에서 유통되는 육류 대부분은 기계 설비를 갖춘 대형 시설에서 가공된다. 가축을 도축해 부위별로 나눈 뒤 두꺼운 플라스틱 용기에 포장해 소매상에 유통시키는 대형 육가공 시설에는 고기 절단기를 다루는 직원이 필요하다. 도축 기술자와 다르게 절단기를 다루는 직원은 이른바 티본 스테이크를 생산하려면 띠톱이 고깃덩어리의 어느 부분을 지나가는지만 알면 그만이다. 뉴욕주립대 코블스킬Cobleskill 캠퍼스에서 운영하는 교육용 도축장인 〈육류 실험실Meat Lab〉의 에릭 쉘리Eric Shelley 소장은 이렇게 설명한다. "20, 30대 젊은 사람들은 자기가 먹는 고기가 가축의 어느 부위에서 나오는지 모를 겁니다. 그러나 전통 도축 방식을 익힌 기술자라면 자기 발로 걸어 들어온 가축을 분해해 오븐으로 직행할 수 있도록 부위별로 잘라 포장하는 방법을 알지요."[36]

조슈아와 아론은 도축 기술이 사라지면 더러운 공장식 생산방식에 지금보다 더 많이 의존할 수밖에 없게 된다고 우려한다. 이미 그런 현상이 나타나고 있다. 2000년 상위 네 개 육가공업체가 미국에서 유통되는 소고기의 80퍼센트를 도축했다.[37] 육가공 산업을 과점한 이 4대 육가공업체가 아닌 다른 곳에서 육류를 가공할 여지는 거의 없다. 대형 육가공업체는 소화시킬 수 없는 것을 먹으면서 호르몬과 항생제 및 기타 화학물질을 뒤집어쓰고 자란 소, 돼지, 닭의 고기를 가공해 유통시키지만 소비자들은 육류가 어떤 방식으로 도축되어 부위별로 나뉘며 어떤 경로를 거쳐 유통되는지 모른 채 이런 육가공업체가 유통시키는 육류를 그냥 믿고 먹어야 한다. 사정이 이렇기 때문에 플라이셔 정육점은 가축뿐 아니라 넓은 의미의 생태계가 건강하게 살아남기 위해서는 먹을거리 체계를 근본적으로 바꿔야 한다고 생각한다.

조용한 언덕마루에 오른다. "여기 어디쯤일 텐데." 운전석에 앉은 조슈아의 말을 들은 아론이 고기 포장용지에 검은 사인펜으로 적어 놓은 아리송한 위치 안내도를 유심히 살핀다. 조슈아와 제시카는 데이비드 휴즈와 거래하기 시작한 작년 이맘때 목장을 방문했었다. 가끔 자신의 가게에 육류를 납품하는 축산 농민에게 들러 유대를 돈독히 하는 일도 필요하다. “자기가 먹는 먹을거리가 어디에서 나는지 정확히 아는 것이 중요합니다.” 조슈아가 말하는 사이 차량은 ‘스톤브로크 목장’이라고 적힌 조그만 나무 간판을 지나 진입로로 들어선다.

데이비드 휴즈가 운영하는 스톤브로크 목장Stone Boroke Farms은 뉴욕 주 애디론댁 산맥Adirondack Mountains 남쪽 언덕배기에 자리 잡은 280헥타르 규모의 목장이다. 여름의 미풍이 지나가자 키 큰 느릅나무, 오크나무, 삼나무가 바스락거리며 일렁인다. 목초지에는 키가 크고 색이 옅은 풀로 가득하다. 멀리 가옥 몇 채가 점점이 흩어져 있다. 데이비드 휴즈와 그의 부친은 이곳에서 애그너스종과 해리퍼드종 소 500여 마리를 기르며 지난 40년을 한결같이 보냈다. 그동안 소들은 더욱 완벽해졌다. 온 몸이 검은 소, 하얀 얼굴에 몸통만 검은 소, 하얀 얼굴에 몸통은 붉은 소 등, 모든 소들의 근육은 눈에 띄게 잘 발달해 있다. 17년을 엄격한 채식주의자로 살아온 조슈아도 스톤브로크 목장의 소들이야말로 ‘걸어 다니는 스테이크 덩어리’라며 너스레를 떤다.

시설물을 수리하거나 여타 사소한 일을 할 때 언덕 아래 마을의 청년들을 고용하는 것을 제외하고는 데이비드와 그의 부친이 대부분의 목장 일을 직접 돌본다. 데이비드는 캔자스 출신인 부친이 ‘가족 중 최초로 농부, 목사, 교사를 하지 않은 사람’이라고 말한다. 데이비드의 부친은 가족이 운영하는 밀 농장을 뛰쳐나와 〈벨 전화회사Bell Telephone〉 부사장이 되었고 1966년에는 은퇴한 뒤 소농민이 되어 생계를 꾸리려는 생각에 지금의 목장 부지를 매입했다. 휴즈 가족이 목장으로 이사할 당시 고등학생이던 데이비드는 1972년 축산 전문대학을 졸업하자마자 목장으로 돌아와 일을 시작했다.

1940년대에 지어진 널찍한 이층집은 밖에서 보면 전형적인 목장 가옥이지만 안으로 들어가면 교외 주택단지에 들어선 여느 집과 다를 바 없다. 빛이 바랬지만 여전히 우아한 실내장식은 또 다른 시대의 분위기를 낸다. 마치 1960년대의 총천연색 영화를 보는 기분이다. 푸른 나무들이 적운처럼 펼쳐져 있는 기복 심한 코블스킬 계곡Cobleskill Valley의 멋진 경관이 내려다보이는 커다랗고 투명한 창문 주변에는 가구가 배치되어 있다.

때는 바야흐로 뜨거운 계절의 최고봉인 7월 초다. "도축은 6월 초에서 10월 말 사이에 이뤄지고 일주일에 서너 마리를 도축합니다." 트럭에 몸을 싣고 조금 떨어진 곳에 있는 '번식장'을 보러 가는 길에 데이비드가 말한다. 180센티미터 정도의 키에 중간 체격인 데이비드는 희끗희끗한 머리칼에 소년 같은 매력을 지녔다. 상하 일체형 작업복을 입은 데다 진흙투성이 카우보이 장화를 신고 〈미국 개조 자동차 경기 연맹〉의 약자 'NASCAR'라는 문구가 새겨진 야구 모자를 눌러 쓴 데이비드의 관자놀이에서 노란 섬광이 번득인다. 축산농이 된 이유를 묻자 이렇게 대답한다. "누구나 농부가 되고 싶어하지 않나요?"

차에 오른 지 얼마 지나지 않아 어미 소와 송아지가 풀을 뜯고 있는 예전의 농가 앞마당에 도착했다. 빅토리아풍으로 지어진 흰색의 이층 가옥은 불타 없어지고 뼈대만 겨우 서 있다. 소들은 우리가 도착한 사실을 모르는 듯 태연하다. 태어난 지 두 달 된 송아지는 큰 무리 안에서 풀을 뜯고 있는 어미 곁을 떠날 줄 모른다. 초지에서 풀을 뜯으며 지나가는 갈색과 검은색 소들의 등이 일렁이는 모양이 마치 연못에 이는 물결 같다. 매끄러운 소의 가죽이 위胃 운동에 따라 움직인다. 소화시키고 남은 배설물을 주변 수풀에 떨어뜨리다 말고 꼬리를 흔들어 파리를 쫓기도 하고 무릎을 구부리면서 발굽을 차다가 육중한 몸을 땅 위에 눕히기도 한다. 깊은 눈망울은 우리를 좇지 않고 나른하게 허공을 응시한다.

가축에게 풀을 먹여 기르는 목장에서 하는 일은 비교적 간단하다. 가축이 풀을 뜯도록 풀어 놓으면 된다. 소 떼는 참새귀리, 호밀, 큰조아재비, 벌노랑이, 흰 클로버, 붉은 클로버 등 스톤브로크 목장 풀밭에 자라는 50여 종 남짓의 풀을 뜯는다.[38] "무슨 풀이든 이곳에서 자생하는 풀이 최고입니다. 지난 10년 동안 비료는 단 한 번도 뿌리지 않았어요." 휴즈는 자연 초지에서 가축을 기르는 축산 농민이라면 모두 아는 **방목 관리법**management-intensive grazing을 활용해 소에게 풀을 먹인다. 방목 관리법이란 간단히 말해 가축 떼를 매일 새로운 초지로 이동시켜 풀을 뜯게 하는 방식이다. 가축이 풀을 뜯었던 자리로 되돌아가면 풀이 다시 자랄 수 없으므로 이를 방지하기 위해 이동식 전기 울타리를 친다. 방목 관리법을 활용하면 소같이 되새김질하는 반추동물을 그냥 내버려 둘 때 발생하기 마련인 과방목을 피할 수 있다. 대부분의 풀은 어린 싹일 때 더 달콤하고 부드럽기 때문에 소들은 풀이 다 자라기도 전에 같은 장소로 되돌아가 풀을 뜯으려고 한다. 새싹이 잘 자라야 뿌리도 튼튼해지는데 새싹이 미처 자라기도 전에 소가 먹어 치우거나, 지나다니면서 흙을 다지는 바람에 새싹이 뿌리를 온전히 내리지 못하면 풀이 죽어 버리는데 이런 현상을 과방목이라 한다. 과방목은 생태계에 다양한 영향을 미친다.[39] 반추동물의 일차 먹잇감인 풀이 죽어버리므로 축산 농민은 소에게 곡물을 먹일 수밖에 없게 된다. 그것도 그냥 곡물이 아니라 가격이 저렴한 곡물, 즉 오염을 유발하고 관개 집약적인 산업적 방식으로 길러진 곡물을 먹이게 된다. 풀이 죽는 순간부터 생태계 훼손이라는 악순환이 시작된다. 기회를 놓치지 않는 잡초가 초지를 점령하기 시작해 토양이 유실되고 침식되면 생명을 키워 낼 토양의 힘이 떨어진다. 이 과정이 극에 달하면 사막화로 이어지기도 한다.

반면 방목 관리법을 활용하면 축산 농민이 약간의 손길을 보태 반추동물과 그 동물의 먹잇감이 서로 상생하는 영양 순환 체계를 구축할 수 있다. 소 떼는 풀을 뜯으면서 배설물을 배출해 초지 구석구석에 씨앗을 뿌리고 토양에 비료를 준다. 저술가 마이클 폴란Michael Pollan은 이렇게 말한다. "소와 풀의 공진화적 관계는 우리가 미처 다 이해하지 못한 자연의 경이로움 중 하나다. 방목 관리는 과방목을 막는 좋은 방법이다."[40] 휴즈 부자는 가벼운 전기 울타리를 설치해 규모가 작은 방목장을 조성하고 그곳에 소를 몰아넣어 풀을 뜯게 한다. 그리고 또 다른 전기 울타리를 새로 설치하는 일을 반복한다. 서너 주 정도 내버려 두어 회복된 초지에서는 소 떼가 다시 한 번 음식의 향연을 즐긴다.

방목해 기른 소는 자신이 섭취한 풀을 효율이 매우 높은 방식으로 단백질로 바꾼다. 소에게 필요한 유일한 에너지는 햇빛뿐이다. 그러나 사람의 일이란 게 항상 좋을 수만은 없다. 풀을 먹고 자란 소도 트림을 하고 방귀를 뀐다. 소가 내뿜는 방귀에는 메탄이 들어 있는데, 메탄은 이산화탄소보다 열을 스무 배 넘게 더 많이 가둘 수 있는 막강한 온실가스다.[41] 전 세계에서 배출되는 메탄의 18퍼센트가 소 같은 가축에게서 나온다. 휴즈 부자는 가축이 자라는 동안 화석연료와 화학비료를 거의 사용하지 않는다. 또한 토양침식이 일어나지 않도록 그리고 산업적 방식으로 길러진 소와 그 소의 먹잇감이 유발하는 유독성 물질이 유출되지 않도록 노력한다. 그러나 그것이 만병통치약은 아니다.

그날 오후 데이비드의 부친을 만날 수 있었다. 데이비드의 부친은 어미 소와 송아지가 물을 먹는 곳에서 몇 백 미터 정도 떨어진 방목지로 걸어 들어가 소 떼를 불러낸다. 멀찍이 떨어져 있어서 데이비드의 부친이 소 떼를 부르는 소리는 못 들었지만 소 떼를 부르는 모습은 볼 수 있었다. 한 마리, 두 마리, 모습을 드러내는가 싶더니 육중한 소들이 이내 쿵쿵거리며 움직이기 시작한다. 데이비드의 부친 앞에 떼 지어 모인 검은 물체는 V자 대형을 갖추고 느릿느릿 움직인다. 되살아난 초지에는 데이비드 부친의 어깨 높이로 훌쩍 자란 여름 풀잎이 반짝인다.

휴즈 부자가 처음부터 이런 방식으로 목장을 운영한 것은 아니었다. 방목관리법은 이미 1980년대 초에 일찌감치 도입했지만 가축에게 곡물 대신 풀을 먹이게 된 것은 3년 전의 일이다. 그리고 그때까지는 가축을 평범한 도축장에서 처리했다. 스톤브로크 목장은 펜실베니아 주에 있는 구식 도축장 〈모이어 육가공 회사Moyer Packing Company〉에서 소를 도축해 왔고 거래하는 동안 별 탈도 없었다. 하지만 이제는 미국에서 다섯 번째로 큰 소고기 가공업체[42]가 된 〈스미스필드푸드Smithfield Foods Company〉가 2001년 지역 도축장을 매입해 곧바로 소 매입 단가를 낮추면서 사정이 달라졌다.[43] 도축산업에서 이뤄지는 무분별한 합병 앞에 휴즈 부자는 꼼짝달싹할 수 없는 신세가 되었다. 급기야 2002년에는 소를 팔아 번 수입이 1972년 수준으로 떨어졌다. 데이비드는 말한다. "인수 합병이 계속되도록 내버려 둔다면 그들이 제시하는 조건을 받아들이거나 아니면 다른 곳을 찾아가야 합니다. 그런데 더 이상 찾아갈 곳이 없다는 것이 문제죠." 휴즈 부자는 수익성이 좋을 것이라는 생각에 유기농으로 전환하기로 결심했고 그 덕분에 이제 고기 100그램당 단가를 더 높게 책정할 수 있다. 그렇지만 휴즈 부자의 고기를 그 가격에 매입해 주는 곳은 오직 플라이셔 정육점뿐이다. "규모가 작은 정육점 딱 한 곳에 고기를 납품하는데 만일 그 정육점이 문을 닫는다면 어떻게 해야 할지 답이 없습니다."[44] 올해 스톤브로크 목장의 목표는 본전치기다. 본전치기도 못하면 어떻게 되는지 물어보자 이런 답이 돌아온다. "토지를 담보로 융자를 받았다면 목장 운영이 아예 불가능했을 겁니다. 아버지가 은퇴하면서 받으신 연금이 있어서 (…) 굶지는 않지만 생각했던 대로 일이 진행되는 것도 아닙니다."

어이없게도 유기농 시장의 성장 그 자체가 윈드폴 농장이나 스톤브로크 목장 같은 소규모 유기농장이 넘어야 하는 주요 장애물이 되었다. 친환경 농축산물 수요가 틈새시장을 넘어서는 수준으로 크게 확대되면서 가격 경쟁력을 갖추기 위해 비용을 낮추려는 대형 소매업체와 육가공업체가 소규모 농민과 거래를 끊기 시작한 것이다. 1980년 〈홀푸드〉 매장이 텍사스 주 오스틴에 처음 문을 열었을 당시 매장을 채운 유기농 과일과 채소 대부분은 지역의 소규모 유기농민이 재배한 농산물이었다. 하지만 유기농 시장이 확대되자 20곳의 소규모 유기농민과 거래하는 것보다 한 곳의 대형 유기농장과 거래하는 것이 비용이 훨씬 적게 드는 상황으로 발전했다.

2007년 캘리포니아의 소규모 유기농민을 조사한 연구[45]는 저간의 사정을 잘 보여 준다. 생산량이 적은 소농민은 모두 자신이 재배한 농산물을 유통시킬 중간 상인을 만나지 못해 어려움을 겪었다고 응답했다. 〈홀푸드〉는 단 한 곳의 산딸기 재배 농가와 독점으로 거래하려고 하는데 자신은 매주 산딸기 200상자를 출하할 수 없어서 결국 〈홀푸드〉와 거래할 수 없게 되었다는 농민도 있었다. 유기농산물을 매입하는 중간 상인을 만나지 못해 상당한 손해를 감수하고 통상적인 먹을거리 시장에 유기농산물을 출하한 농장도 적어도 두 곳이 넘었다. 조사에 응한 농민 대부분은 결국 유기농업을 포기했다. 농업을 완전히 그만둔 농민도 있었지만 판로를 찾기 쉽고 이윤이 더 많이 남는 관행 농업으로 돌아간 농민도 있었다.

적절한 유통망을 구축하는 것은 일도 아니다. 문제는 소규모 유기농민이 그 유통망에 접근할 수 없다는 것이다. 미국의 1세대 유기농 운동을 주도한 대안 농업인과 소매업체는 소규모 유기농민이 활용할 수 있도록, 1970년대와 1980년대 뉴잉글랜드 전역과 다른 지역에서 소규모 상권을 중심으로 유기농축산물 유통망을 구축했다. 1세대 유기농 운동 초창기에 로드아일랜드 주에서 건강에 이로운 먹을거리 판매점을 운영한 노먼 클루티에Norman A. Cloutier는 1970년대 말 〈코르뉴코피아 내추럴푸드Cornucopia Natural Foods, Inc.〉를 설립했다. 몇 년 뒤 북동부 지역 핵심 유통 업체 두 곳을 인수한 〈코르뉴코피아 내추럴푸드〉는 이후 10년간 엄청난 속도로 소규모 유기농산물 소매업체, 소비자 단체가 만든 지역 협동조합, 유통 업체를 인수 합병하며 몸집을 키웠다. 〈유나이티드 내추럴푸드United Natural Foods, Inc.〉로 회사 이름을 바꾼 〈코르뉴코피아 내추럴푸드〉는 미국 전역에 친환경 농산물을 유통하는 업체로 발돋움해 이제는 〈홀푸드〉, 호텔·식당·대학 같은 기관에 식재료를 납품하는 주요 요식업체 〈미국 소덱소Sodexo U.S.A.〉를 비롯해 2만여 곳이 넘는 거래처를 거느린 회사가 되었다.[46] 『오거닉 주식회사*Organic, Inc.*』를 쓴 새뮤얼 프로마츠Samuel Fromartz는 이렇게 말한다. "[2000년대 초] 〈유나이티드 내추럴푸드〉는 끝까지 버틴 친환경 먹을거리 유통 업체 두 곳을 인수했다. 중서부의 〈블루밍 프레이리Blooming Prairie〉와 뉴잉글랜드의 〈북동부 협동조합Northeast Cooperatives〉이 〈유나이티드 내추럴푸드〉에 인수되면서 대안 유통망은 완전히 사라졌다."[47] 〈유나이티드 내추럴푸드〉는 경쟁력을 유지하기 위해 소규모 유통 업체를 인수하고 불필요해 보이는 지역 유통 시설을 폐쇄했다. 그 과정에서 소규모 유통 업체나 지역 유통 시설이 절실한 소규모 유기농민의 사정은 고려되지 않았다.

휴즈가 운전하는 덜컹거리는 〈존디어John Deere〉사社의 전천후 사륜차 조수석에 타고 초지를 지나 비탈 아래에 도착했다. 어린 암소 떼가 비탈에 자리 잡은 초지에서 풀을 뜯고 있다. 짙은 색 수풀 위로 나무들이 우뚝 솟아올라 초지와 비탈 아래를 가르는 완벽한 울타리를 이룬다. 나무 둥치는 잔가지 하나 없이 매끄러운데 사슴이 나무 아래 잔가지를 뜯어 먹었기 때문이다.

데이비드 휴즈는 소에게 풀만 먹인다는 원칙을 엄격히 지키지만 이따금 영양 보충을 위해 소에게 소량의 유기농 곡물을 먹인다. 데이비드 휴즈와 플라이셔 정육점은 공식 유기농 인증에 크게 개의치 않기 때문에 플라이셔 정육점에서 판매되는 육류에는 공식 유기농 인증 표식이 붙어 있지 않다. 채소 농가와 마찬가지로 인증을 받기 위해서는 적게는 수백 달러에서 많게는 수천 달러를 지불해야 하고 일하기에도 바쁜 귀중한 시간을 잡아먹을 산더미 같은 문서 작업을 해야 하기 때문이다. 화학물질을 사용하지 않고 자연의 순환 체계를 따르는 농법으로 농사를 짓는 모스 피츠나 여러 다른 농민과 마찬가지로 휴즈 부자와 애플스톤 부부 역시 유기농이 주류가 될수록 알맹이는 사라지고 껍데기만 남는다고 생각한다.

휴즈와 애플스톤이 소 떼 한가운데 앉아 도축장에 대해 이야기한다.(휴즈는 '도축 대상'인 가축 앞에서 이런 이야기를 하면 안 된다고 생각하는 사람도 있다고 말해 준다.) "도축 문제만 생각하면 이곳은 정말 병목 중의 병목입니다." 스톤브로크 목장은 이제 두 곳밖에 남지 않은 지역 도축장 중 한 곳과 거래한다. 지난 몇 년 사이 도축장 열한 곳 중 아홉 곳이 문을 닫았다. 가축을 도축하기가 더 어려워졌고 도축 비용도 전보다 더 비싸졌다.

대기업이 도축 사업을 통합하기 전에는 소 한 마리의 도축 비용이 약 500그램당 20센트였다. "도축 비용으로 소가죽을 주기도 했어요." 당시에는 360킬로그램의 소 한 마리를 도축하려면 160달러 정도가 들었지만 지금은 500달러를 내야 한다. 반면 대형 축산업체가 산업형 육가공 시설에서 소 한 마리를 도축해서 포장할 때는 50달러만 내면 된다고 한다. 지역 도축장에서 가축을 도축하는 비용이 훨씬 높은 이유는 우선 지역 도축장이 지역의 도축 수요를 모두 감당할 만큼 많지 않기 때문이다. 두 번째로는 수요를 다 맞추지 못하면서도 지역의 소규모 도축장에서 도축하는 가축의 마릿수가 대형 도축장에 비해 절대적으로 적기 때문이다. 마지막으로 지역의 소규모 도축장이 미 농무부의 기준에 부합하는 시설을 갖추기 위해서는 설비비를 투자해야 하는데 이 비용이 대형 도축장에 비해 터무니없이 많다는 점을 들 수 있다.

〈육류 실험실〉의 에릭 쉘리 소장은 이렇게 말한다. "소규모 공장이든 대규모 공장이든 기본적으로 도축장 운영 비용은 모두 같습니다. 하지만 대규모 도축장의 경우에는 비용이 분산됩니다." 쉘리 소장은 소규모 도축장도 스테인리스 스틸로 만든 도축 장비, 최첨단 기술을 적용한 전기 충격기, 톱, 칼 등 대규모 도축장이 쓰는 것과 똑같은 장비를 갖춰야 한다고 말한다. 반드시 구비해야 하는 도구 중에는 무려 3천 달러나 하는 칼도 있다. 육가공업체가 전문 장비를 갖춰야 한다는 것은 당연하다. 그러나 미 농무부에서 정한 시설 기준이 규정하는 장비는 소규모 시설에 필요한 장비의 수준을 훌쩍 뛰어넘는다. 미 농무부에서 정한 시설 기준을 모두 지켜 인증받은 도축장을 신설하려면 100만 달러가 넘는 돈이 든다.

스톤브로크 목장을 방문하고 나서 얼마 뒤 지역 신문을 읽다가 5년 전 버몬트 주 벤슨Benson에 도축장을 신설한 축산 농민 존 윙John Wing의 사연을 보게 되었다.[48] 윙이 목장을 운영하는 지역에는 도축장이 없어서 자신이 기른 가축이라도 직접 도축할 요량으로 도축장을 개설하기로 했다. 그러나 주州에서 파견 나온 조사관은 윙에게 미 연방 정부가 정한 기준에 부합하는 시설을 갖춰야 한다고 말했다. 윙이 도축장을 개설한다면 뉴욕 주와 매사추세츠 주에까지 영향을 미치는 지역 도축장 병목현상이 조금은 완화될 수 있었다. 주 조사관의 의견을 수용한 윙은 처음 예상했던 것보다 훨씬 많은 비용을 들여 도축장을 열었다. 일주일에 가축 100마리를 도축하는 윙의 도축장은 아직 운영되고 있지만 그 도축장을 개설할 때 들어간 175만 달러 때문에 윙은 파산법 13장에 따라 개인 채무 조정을 받게 되었다.

1996년 미 농무부가 육가공 산업에 도입한 규제 때문에 도축장 신설 비용이 높아졌다. 업튼 싱클레어Upton Sinclair의 소설 『정글*The Jungle*』을 계기로 대중의 격렬한 항의가 터져 나오자, 1906년 "식육검사법Meat Inspection Act"이 통과되었다. 이 법은 1996년, 어이없게도 대기업 편을 드는 방향으로 대폭 개정되었다. 미 농무부가 내놓은 새로운 규정의 핵심은 '위해 요소 중점 관리 기준 Hazard Analysis and Critical Control Point', 이른바 '해썹HACCP'이다. 에릭 쉘리 소장은 해썹을 '세부 사항이 담겨 있는 책'이라고 간명하게 설명한다. 모든 육가공업체는 그 규모에 관계없이 해썹 계획을 작성해야 하는데 이는 소규모 도축장에게 특히 큰 부담이다. 해썹 문서는 도축 및 가공 공정 전체에서 육류가 화학물질, 병원균, 금속 물질 등의 오염 물질에 예기치 않게 노출될 가능성을 중심으로 작성된다. 물론 미 농무부가 육가공업체에 해썹 문서를 작성하도록 의무화한 것은 올바른 조치다. 하지만 해썹 문서를 작성하려면 관련 공학 지식과 과학 지식을 갖춰야 하는데 대부분의 도축업자에게는 그런 지식이 없으므로 결국 외부 자문가를 고용해 해썹 문서를 작성할 수밖에 없다. 보통 처음 문서를 작성할 때 수천 달러가 들어가고 개정할 때는 더 들어가기도 한다. 하지만 이것으로 끝이 아니다. 해썹은 지속적인 문서 관리를 요구한다. 휴즈는 도축 기술자가 매일 1시간 30분씩 매달려야 이 문서를 작성할 수 있다고 말한다. "도축장은 대부분 60세나 65세 정도의 노인이 운영합니다. 그런데 미 농무부가 제정한 기준 때문에 도축장 운영이 까다로워지니까 그냥 은퇴해 버리고 말아요. 그 도축장을 이어받는 사람도 없고요. 하긴, 도축장 사업을 이어받아서 뭘 하겠어요."[49]

해썹은 태생적으로 대규모 시설에 더 적합한 기준이다. 해썹은 미 농무부가 기준으로 채택하기 전에 이미 〈잭 인 더 박스Jack in the Box〉 같은 패스트푸드 체인점에서 자체적으로 개발한 기준이었다.[50] 〈잭 인 더 박스〉는 병원성 대장균 0157:H7 문제가 불거진 뒤 땅에 떨어진 명성을 회복하기 위해 애썼고, 그 과정에서 사용하는 식재료의 출처를 추적하는 체계를 마련했다. 미국 전역에서 700명을 감염시켜 아이를 비롯, 무려 네 명을 사망에 이르게 한 이 위험한 병원성 대장균은 대형 설비를 갖춘 육가공 시설에서 가공된 육류와 관련이 있다. 매리언 네슬레Marion Nestle가 지은 『안전한 먹을거리*Safe Food*』에 따르면 병원성 대장균은 공장식 농업이 등장하면서 퍼지기 시작했다. "최초의 [병원성 대장균] 감염 사례는 1975년 일어난 것으로 보인다. 하지만 처음 보고된 것은 1982년이었다. (…) 1997년 6명이던 감염자수가 1998년 17명으로 늘어나는 등 감염 빈도가 높아지고 있다."[51] 네슬레는 "사회와 먹을거리 재배 방식이 심대한 변화를 겪으면서 이런 현상이 나타났다는 것이 가장 합리적인 설명"이라고 말한다. 그 변화가 급격하게 이뤄졌다는 것은 두말하면 잔소리다. 2007년 도축된 소의 절반 이상이 불과 열네 곳의 육가공 시설에서 포장되었다.[52] 해썹이 정한 절차를 제대로 준수하면 먹을거리 안전도가 높아질 수 있다고 하지만 해썹은 원래 대형 설비를 갖춘 산업적 육가공업체가 사용하기 위해 자체적으로 마련한 규정이다. 그렇다면 해썹은 소규모 경쟁 업체에 피해를 줄 뿐 아니라 대중의 건강에도 위해가 될 수 있다.

프랭크 존슨Frank Johnson의 목장은 휴즈의 목장에 비해 확실히 초라해 보인다. 칼라일Carlisle의 작은 마을 외곽 계곡에 위치한 80헥타르 면적의 목장은 휴즈의 목장에 비해 훨씬 작다. 오래된 목장에는 아무런 꾸밈도 없다. 주 도로를 벗어나 흙먼지 날리는 농로를 따라가면 존슨이 가족과 함께 살기에 적당한 크기의 1층짜리 흰색 가옥이 나타난다. 집을 기준으로 길 건너편에 외양간이 있고 그 뒤에 방목지가 있다. 다음 몇 주 내로 해체되어 플라이셔 정육점에서 팔려 나갈 45마리가량의 소 떼가 화사한 녹색 풀을 뜯고 있다. 이 들판을 거닐며 존슨과 이야기를 나눴다. 근육이 불거져 나온 가축의 검은 몸뚱이를 바라보는 애플스톤은 유쾌한 듯 허공으로 팔을 쭉 편다.

머리칼이 희끗희끗한 존슨은 휴즈와 다르게 농부의 차림새가 아니다. 빛바랜 데님 반바지와 티셔츠를 입고 스니커즈를 신은 존슨은 일요일 오후에 교외에서 마주칠 법한 여느 평범한 아버지처럼 보인다. 존슨은 자신이 자연의 순환체계를 따르는 농법으로 목장을 운영하는 이유를 이렇게 설명한다. "세상에 왔을 때보다 더 나은 모습으로 세상을 떠나야 하기 때문이죠."[53] 존슨은 생태전도사도 아니고 귀농한 히피도 아니다. 휴즈도 마찬가지다. 두 사람은 진정한 축산 농민일 뿐이다.

낙농가에서 태어나 유년 시절을 보낸 존슨은 목축업을 자신의 천직으로 여기며 살아왔다. 처음 결혼한 부인이 들에서 일하는 것을 싫어했기 때문에 결혼한 뒤에는 건설 현장에서 일해 생계비를 벌었다. 하지만 가축을 기르겠다는 열망은 사그라지지 않았고 결국 첫 번째 부인과 이혼했다. 존슨은 닭장 짓기에 관한 권위 있는 책을 지은 쥬디 팽맨Judy Pangman과 재혼해 목장으로 돌아왔다. 10여 년 전 두 사람은 과거 존슨의 가족이 낙농업을 하던 '땅'을 매입해 작물을 심었다.(착유 시설은 존슨이 매입하지 못한 나머지 절반의 땅에 속해 있다.) 스윗트리 목장Sweet Tree Farm이라고 이름 붙인 새 땅 때문에 존슨은 그 어느 때보다 많은 이자 부담을 지게 되었다.

"(자연주의 목축의 대가) 조엘 샐러틴Joel Salatin은 돈을 땅에 묶어 두지 말라고 조언합니다. 하지만 우리는 땅을 담보로 융자를 받았어요. 그 밖에는 달리 방법이 없었거든요. 땅을 물려받았다면 상황이 달랐을 겁니다." 대출금을 갚기 위해 3년 전까지는 '다른 일'도 했다. 팽맨도 엔지니어링 회사에서 정규직으로 일한다. "아내가 벌지 않았다면 목장 운영은 불가능했을 겁니다."

내가 만나 본 농민들 중에는 부족한 수입을 메우기 위해 가욋일을 하는 사람들이 많았는데, 그들은 하나같이 그 사실을 부끄러워했다. 존슨도 마찬가지다. 하지만 존슨의 선택은 지극히 현실적이고 정상적이다. 미 농무부 산하 〈경제 연구소Economic Research Service〉에 따르면 일반적인 소규모 농장은 소득의 85퍼센트에서 90퍼센트를 '농장 외부'에서 가져오는데 여기에는 배우자의 근로소득도 포함된다.[54] 연소득 구간이 25만 달러에서 49만 9,999달러 사이에 해당하는 중간 규모의 농장도 소득의 50퍼센트를 외부에서 벌어들인다. 즉, 대부분의 소농은 농업만으로는 생계비를 벌지 못하는 것이다. 다시 한 번 말하지만, 유기농과 지역에서 난 먹을거리를 강조하는 분위기가 점점 고조되는 만큼 소농민의 고투도 새롭게 조명되어야 한다.

존슨은 놀라울 만큼 많은 일을 한다. 존슨은 스윗트리 목장의 가축을 직접 돌보고, 자기 소유의 도축장에서 휴즈 목장의 소를 도축하며, 일주일에 두 번 자기가 기른 육류를 농민 장터에 직접 내다 판다. 목장을 떠나기 직전 존슨은 지난해 지은 훈제장을 보여 주었다. 고기를 훈제 가공해서 팔면 가치를 높일 수 있으므로 소득을 높여 볼 요량으로 지은 훈제장이었다. 그러나 미 농무부의 승인을 받지 못해 훈제장을 놀리고 있다. 존슨은 코넬 대학의 농업 연구원조차 제대로 설명해 줄 수 없을 만큼 규정이 복잡해 승인을 받는 데 어려움이 있다고 토로했다.

존슨은 비용을 줄이고 효율을 높여 스윗트리 목장의 수익을 늘리려고 애써 왔지만 이제는 자포자기 상태라고 한탄한다. "이게 제가 처한 상황입니다. 소를 길러서 직접 도축하고 훈제합니다. 목록도 직접 만들고 내다 파는 일도 직접 합니다. 하려고만 한다면 그것 말고도 할 일이야 산더미처럼 많겠지요. 하지 않겠다는 말은 아닙니다. 그렇지만 의욕이 생기질 않네요. 지난 8년간 목장과 시장을 오가며 항상 의욕적으로 일해 왔지만 이제 이 일은 제 손을 떠난 것 같아요." 내가 목장에 머무는 동안에도 존슨은 목장 일을 그만두고 취직해야 할 것 같아 두렵다는 말을 여러 번 했다.

지역의 논리

2007년 여름 미 농무부 산하 〈전국 유기농 프로그램National Organic Program〉에 전화를 걸었다. 워싱턴 D.C.에 사무실을 둔 〈전국 유기농 프로그램〉은 미국 내 유기농 체계를 검증하는 일을 담당하는 최상위 기구로 2002년 설립되었다. 어느 부서 소속인지 밝히지 않고 전화를 받은 남자에게 홍보 담당자를 바꿔달라고 요청했더니 남자는 나에게 기다리라고 말하고는 수화기를 내려놓고 누군가와 대화를 나눴다. 그 대화를 듣고 있노라니 내가 건 전화 때문에 적잖이 당황한 모양이다. 몇 분이 지나서야 다시 수화기를 집어든 남자에게 사무실

직원이 몇 명인지 물었다. 여섯 명이라고 한다. 유기농업에 대해서 아는 대로 말해 달라고 요청하자 남자는 "전혀 모릅니다"[55]라고 답한다. 얼마나 오래 이 일을 했는지 물었더니 '2주'라는 대답이 돌아왔다. 전화를 받은 남자는 임시 직원이었다.

업무가 과중한데도 도입 첫해인 2002년부터 2008년까지 〈전국 유기농 프로그램〉의 직원 수는 적게는 다섯 명, 많아도 여덟 명을 넘지 못했다. 〈전국 유기농 프로그램〉의 업무는 다양하다. 끊임없이 진화하는 규제를 해석하고 보완하는 업무, 유기농 관련 규제를 강화하는 업무, 독자적으로 활동하며 유기농 인증 표식을 발급하는 제3자 기관을 교육하고 인가하며 감시하는 업무를 담당한다. 〈전국 유기농 프로그램〉의 인가를 받아 활동하는 제3자 인증 기관은 대략 100여 개에 이르는데 언뜻 생각하기에는 〈전국 유기농 프로그램〉이 충분히 관리, 감독할 수 있는 규모인 것처럼 보인다. 하지만 제3자 인증 기관은 미국 시장에서 농산물을 판매하는 국내외 농민 및 가공업체 수천 곳에 인증 표식을 발부할 책임을 지기 때문에 〈전국 유기농 프로그램〉에 근무하는 대여섯 명의 직원이 관리, 감독하는 데는 분명 한계가 있다. 사정이 이런데도 2008년 초부터 2009년 말까지 〈전국 유기농 프로그램〉의 운영 책임자 자리는 공석이었다. 미 농무부에서 다른 업무를 맡고 있는 바버라 로빈슨Barbara Robinson이 책임자가 되어 대행 체제로 운영되는 상황이었다. 감독 및 집행을 담당하는 핵심 인력도 2008년 말까지 공석이었다.[56] 2009년이 되어서야 비로소 처음으로 감독 및 집행 담당자가 생겼는데, 부임한 첫해 목표는 '통합 운영 체계 구축'이었다.[57]

〈전국 유기농 프로그램〉의 예산은 5년마다 개정되는 미국 "농장법farm bill"에 의거해 배정된다. 5년마다 법률을 수정하고 통과시키는 의회가 〈전국 유기농 프로그램〉의 예산을 완전히 빼 버린 적은 없었다. 그러나 "농장법"에는 예산의 상한선은 명시되어 있지만 하한선은 명시되어 있지 않으므로 의회가 예산을 배정하지 않을 가능성도 있다. 의회가 예산 배정을 전면 부인한 적은 없었지만 반드시 예산이 배정된다는 보장도 없는 것이다. 따라서 〈전국 유기농 프로그램〉은 매년 예산의 운명을 쥐고 흔드는 상원과 하원의 정치인들 앞에서 자신들이 배정된 예산만큼 제대로 기능하고 있음을 입증하는 호된 감사를 잘 넘겨야 한다.

가장 최근 통과된 2008년 "농장법"은 매년 150만 달러 상향 조정되던 〈전국 유기농 프로그램〉 예산을 2009년 300만 달러, 2010년 380만 달러 상향 조정하기로 했다.[58] 〈전국 유기농 프로그램〉이 창설된 이래 가장 큰 폭으로 예산이 증가한 것이지만 유기농 시장이 지난 10년간 매년 두 자릿수의 성장을 거듭해 왔다는 점을 감안하면 여전히 턱없이 적은 예산이다. 〈전국 유기농 프로그램〉은 늘어난 예산과 오바마 대통령의 전폭적인 지원을 바탕으로 업무를 더 잘 수행할 수 있도록 조직을 재편 중이다. 인원을 충원할 계획을 세웠다는 점이 가장 중요하다. 2009년 여름에는 정규직원이 14명[59]으로 늘어났고 마일스 맥에보이Miles McEvoy가 전임 책임자로 부임했다. 예산이 늘어나면서 뚜렷한 성과를 내는 경우도 있다. 그러나 〈전국 유기농 프로그램〉이 진정한 생태 농업을 진흥하고 지원하는 핵심 기관으로 발돋움하기 위해 반드시 필요한 예산은 여전히 부족한 실정이다.

현재 발효 중인 "농장법"에는 유기농민을 지원한다는 내용이 있지만 지원책은 대부분 대형 농업 기업 쪽으로 기울어 있다. 지금까지 "농장법"은 통상적인 공장 방식을 활용하는 생산자를 위한 홍보, 유통, 연구, 확대, 교육에 수십억 달러를 배정하고 산업형 농장에 대한 보조금으로 수백억 달러를 책정해 왔는데 2008년 "농장법"의 경우 무려 3천억 달러[60]를 배정했다. 관행 농업에 대한 후한 보조금과 대조적으로 유기농 연구 및 확대 예산은 5년간 7,800만 달러로 매우 약소하다. 이전의 "농장법"이 유기농 연구 및 확대에 배정한 예산보다 다섯 배 늘어난 액수[61]이기는 하지만 미 농무부와 의회가 여전히 생태계를 더 많이 파괴하는 농업을 우선시한다는 사실을 확인할 수 있다.

1970년대에 처음 시작된 유기농 운동은 생태계에 대한 책임을 다하면서 경제적으로 살아남는 일이 얼마나 어려운지 보여 주면서 막을 내렸다. 우선 자연의 순환 체계를 따르는 농법으로 농사를 지어 온 생산자 중 그 방식을 포기하지 않은 채 아직도 농사를 짓고 있는 얼마 남지 않은 생산자는 '귀족 농업'이라는 영역에 국한되어 활동한다. 대부분의 일반 소비자는 엄두도 낼 수 없는 비용을 지불할 수 있는 제한적인 고객만을 상대하는 것이다. 모스 피츠가 좋은 예다. 피츠의 사례는 대안 농업의 가능성을 보여 주지만 그의 농산물을 구매하는 소비자층은 제한적이다. 다음으로 자연 방식으로 유기농 먹을거리를 재배하려 한 수많은 위대한 선각자 대부분은 파산했다. 실낱같은 희망에 매달리고 있는 프랭크 존슨과 엇비슷한 수많은 소규모 생산자가 있었지만 결국 꿈을 이루지 못했다. 마지막으로 대기업과의 경쟁에 직면한 일부 농민은 유기농 대열에서 이탈해 시장의 법칙에 따라 먹을거리를 재배하게 되었다. 관행 농업에서와 마찬가지로 유기농업에서도 경쟁이 치열해지면 더 낮은 가격으로 농산물을 출하할 수 있도록 생산물 규격을 최대한 단일화하고 생산과정을 능률화하며 출하 과정을 간소화하려고 애쓰는 현상이 나타나게 된다. 30여 년 전 관행 농업에 맞설 대안을 찾아 귀농한 사람들이 모여 설립한 워싱턴 주 캐스캐디언 농장Cascadian Farm에서 이 같은 사실을 확인할 수 있다. 캐스캐디언 농장 설립자 중 한 명이 결국 농장의 운영 방향을 더 상업적인 방향으로 수정했고 급기야 1990년대에는 〈제너럴밀스〉에 농산물을 납품하기에 이른다. 더 큰 시장의 문을 두드리기 위해 유기농 기준을 엄격히 따르지 않고 자연의 순환 체계를 따르는 농법을 포기한 것이라는 비판도 있다.[62] 유기농 기준의 개정을 권고하는 공식 기구 〈전국 유기농 기준 위원회National Organic Standards Board〉의 제프 모이어Jeff Moyer 현직 위원장은 『워싱턴 포스트*Washington Post*』와의 인터뷰에서 이렇게 말했다. "유기농 산업이 성장할수록 **유기농**이라는 단어의 순수성을 지키는 일과 산업으로서 성장하고자 하는 열망 사이의 균형점을 찾기가 점점 더 어려워집니다."[63]

대형 유기농 농장을 지지하는 많은 이들은 관행 농업에서 사용하는 다량의 합성 화학물질을 사용하지 않고도 규모의 경제를 실현할 수 있기 때문에 유기농 농장의 규모가 클수록 성과도 커진다고 주장한다. 한때 소규모 유기농 농장에서 인부로 일했지만 지금은 〈제너럴밀스〉 유기농 구매 부서 책임자가 된 피터 르콩트Peter LeCompte도 같은 생각이다. 인터뷰하는 과정에서 피터 르콩트는 〈제너럴밀스〉에 납품하는 일이 타협이라는 사실을 인정하지만 자신이 보아 온 광범위한 변화를 감안할 때 이것이 가장 현실적이고 최선의 선택이라고 말했다.[64] 농업은 대체로 산업적이고 유해한 방식으로 이뤄지고 있다. 그것이 경쟁자를 물리치고 이윤을 늘리는 가장 효과적인 방법이기 때문이다. 소규모 유기농민이 유기농 농축산물을 판매해 더 많은 경제적 이득을 누리려면 지속 가능성이 낮은 경작법으로 되돌아갈 수밖에 없다. 경제적 이득이야말로 피터 르콩트나 그와 비슷한 사람들이 타협할 수밖에 없는 이유다. 그러나 사실 대형 유기농장은 통상적 먹을거리 시장에 유기농이라는 허울을 씌워 주어 주요 식품 가공업체가 지배적인 위상을 유지하도록 돕고 생태계에 이로운 농업의 숨

통을 조일 뿐이다. 소규모 생산자는 국가 지원금을 더 많이 받고 시장에서 자신의 지위를 강화하는 데 도움이 되는 규제를 도입하기 위해 의회에서 로비를 벌이는 〈제너럴밀스〉 같은 기업에 경쟁 상대가 될 수 없다. 가장 막강한 식품 가공업체나 농업 기업 임원을 편드는 기존의 정치적, 경제적, 규제적 도구는 대형 유기농 농장에 힘을 실어 준다. 그러는 동안 피츠, 휴즈, 존슨 같은 소농이나 플라이셔 정육점 같은 소규모 육가공업체 관련자들의 삶은 더 고달파진다. 소규모 유기농장이 살아남으려면 물려받은 땅 같은 자체적인 보조금이 있어야 하고 저임금 노동력이나 자원봉사자 및 가외 소득에 의존할 수밖에 없다. 대안 농업인과 가공업체가 경작 비용과 유통 비용 부족, 허점투성이인 식품 안전 규제, 해결할 수 없는 부채, 지나치게 낮은 임금으로 무너진다면 생태계를 살리는 먹을거리와 지역에서 재배한 먹을거리를 원하는 소비자가 아무리 많아도 그런 먹을거리를 공급할 주체는 사라져 버리고 말 것이다.

2장

국제 유기농, 스러진 혁명의 꿈

파라과이 대부분의 지역은 지도에도 나타나지 않는 오지다. 남아메리카 심장부에 위치한 파라과이는 브라질, 아르헨티나, 볼리비아와 국경을 맞댄 내륙국이다. 19세기에 파라과이는 남아메리카에서 처음으로 철도를 부설한 나라 중 하나였고[1] 시골 지역까지 뻗어 있는 광범위한 파라과이의 철도망은 불과 몇 십 년 전까지도 원활히 기능했다. 그러나 1954년부터 1989년 사이 파라과이를 지배한 알프레도 스트로에스네르Alfredo Stroessner의 군사독재가 파라과이의 철도망을 누더기로 만들어 버려 이제는 쓸 수 없다. 마을과 농장을 연결하기 위해 건설된, 지도에도 없는 흙투성이 도로가 얽히고설킨 파라과이의 광활한 동부 지역에서는 산림 파괴가 진행 중이다. 대서양림Atlantic Forest 중에서도 아열대에 위치한 어퍼 파라나Upper Paraná 지역은 세계에서 생물 다양성이 가장 풍부한 지역 중 하나[2]로 재규어, 맥, 다양한 파충류와 양서류, 500여 종의 조류가 서식하는 동식물의 안식처다.[3] 그러나 현재 이곳은 소를 방목할 목초지와 콩, 밀, 최근 점차 늘어나는 사탕수수[4] 같은 환금성 작물을 재배하기 위한 농장으로 전환되어 가는 중이다.

깜짝 놀라겠지만 최근 라틴아메리카에서 숲을 가장 많이 파괴한 나라가 바로 파라과이다.[5] 대략 4천만 헥타르에 달하는 면적을 녹색으로 물들였던 어퍼 파라나 대서양림[6]은 원래 파라과이 동부 지역은 물론 국경 넘어 브라질과 아르헨티나에까지 걸쳐 있었지만 안타깝게도 지금은 그 지역 토착 생태계의 8퍼센트만이 남아 있다.[7] 파라과이 정부가 어퍼 파라나 대서양림 지역에 적용되는 2524/4호 법안, 이른바 "산림 파괴율 제로 법안Zero Deforestation Law"을 발효한 2004년 말부터는 파괴의 속도가 줄어들어, 〈세계 자연보호 기금(World Wide Fund for Nature, WWF)〉에서 벌목되는 나무의 수가 극적으로 줄었다는 내용의 보고서를 발간하기도 했다.[8] 하지만 〈세계 자연보호 기금〉 같은 제3자는 강 건너 불구경하듯 개간 상황을 지켜볼 뿐이다.

파라과이의 주요 사탕수수 재배 지역인 과이라Guairá 주의 주요 도로 중 포장된 곳은 지극히 일부다. 대부분의 도로는 전부 흙투성이인데다가 복잡해서 길을 잃어버리기 딱 좋다. 손으로 만든 조그만 표지판이라도 있으면 다행이지만 대부분은 그런 것마저 없다. 베어 낸 나무를 높이 쌓아 만든 차단벽과 예기치 않게 마주치거나 경고 하나 없는 곳에서 갑작스레 절벽을 만나기도 한다. 이 농촌 도로에서는 자가용을 타고 다니는 사람이 거의 없고 자전거를 타고 다니거나 걷는 사람만 지천이다. 외곽의 동떨어진 지역이든 간선도로든 하나같이 밤늦은 시간에도 사람들로 붐빈다. 가장 자주 눈에 띄는 동력 운송 수단은 이 지역에서 생산된 저렴한 오토바이와 방금 수확한 신선한 사탕수수를 산더미처럼 쌓아 올려 느릿느릿 움직이는 대형 트레일러다. 사탕수수를 수확하는 계절인 봄과 여름에는 육중한 트럭이 도로를 점령하고 그 사이로 지나다니는 군중들 사이로 윙윙거리는 오토바이가 흙먼지를 일으키며 아슬아슬하게 달린다. 거의 450킬로그램에 달하는 긴 막대 모양의 사탕수수 줄기 다발이 지붕 없는 화물차의 화물칸에 실려 불안하게 이리저리 흔들린다. 마치 슬로모션 영화를 보는 듯한 느낌이다.

과이라 주 저지대에는 거대한 플랜테이션이 펼쳐져 있는데 그물처럼 얽혀 있는 소규모 농장들이 산 중턱으로 영역을 넓히고 있는 중이다. 여러 세대 동안 이곳에서 삶을 일궈 온 소농민들은 이 지역의 기름진 토양에서 나는 풍요로운 먹을거리를 팔아 생계를 꾸려 왔고 사탕수수는 부업 정도로 조금씩 재배했었다. 그러나 서구의 대형 유기농산물 가공업체와 유통 업체의 친환경 농산물 수요가 갑작스레 늘어난 지금은 소규모 농장이든 대형 플랜테이션이든 너나 할 것 없이 유기농법으로 사탕수수를 재배하는 사업에 뛰어들었다.

유기농 설탕을 생산하는 핵심 생산 기지인 파라과이는, 그 어느 때보다 더 기업화되어 가는 국제 유기농업 체계의 작동 방식을 잘 보여 주는 전형적인 사례다. 세계 최대 유기농 설탕 생산지이자 수출처에 속하는 파라과이는 재배한 사탕수수 대부분을 미국과 유럽으로 보낸다.[9] 설탕 수입 업체에 따르면 파라과이 최대 유기농 설탕 제조업체에 속하는 〈아수카레라 파라과야Azucarera Paraguaya(이하, 아수카레라)〉라는 이름의 회사가 미국에서 소비되는 유기농 설탕의 3분의 1을 공급한다.[10] 〈아수카레라〉가 생산한 설탕은 미국 최대 설탕회사 〈임페리얼슈거Imperial Sugar〉의 자회사[11]이자 텍사스 주 슈거랜드Sugarland에 본사를 둔 설탕 수입 업체 〈홀섬스위트너Wholesome Sweeteners〉를 통해 미국 먹을거리 시장으로 진입해 〈홀푸드〉 상점에서 판매된다. 그리고 캐스캐디언 농장과 뮈어 글렌Muir Glen에서 재배한 농산물을 가공하는 〈제너럴밀스〉나 실크 두유Silk soymilk 같은 제품을 생산하는 미국 최대 유가공업체 〈딘푸드

Dean Foods〉를 비롯한 세계 최대 식품 가공업체에 납품된다.[12] 설탕은 건강에 해롭다는 의심을 받지만 그런 사실은 거의 알려지지 않은 채 건강한 먹을거리를 추구하는 이 시대에도 여전히 각광받는다. 유기농이라는 시대의 흐름을 읽은 식품 가공업체와 소매업체는 친환경 농산물을 가공하고 포장해 설탕 가득한 식품으로 재탄생시킨다.

미국, 영국, 유럽에서 엄청나게 팔려 나가는 유기농 먹을거리는 1990년대, 그리고 2000년대의 첫 10년간 두 자릿수 성장세를 보였다. 경기 침체로 친환경 먹을거리 시장 전반의 소비가 위축되었지만[13] 그래도 성장세는 이어졌다.[14] 결국 지역 농장은 물론이고 대형 농장조차 시장의 성장 속도를 따라잡을 수 없었다. 지역 및 국내 공급자의 공급이 한계에 이른 것이다.[15] 2004년 유기농 우유 생산자 〈오거닉밸리Organic Valley〉는 공급량을 맞출 수 없어서 이윤이 많이 남는 〈월마트〉와의 계약을 중단했다.[16] 충분한 공급량을 보장하는 생산자를 인근에서 찾지 못한 가공업체와 소매업체는 더 먼 곳, 때로는 아주 먼 곳으로 눈을 돌렸고 이제는 세계 전역에서 도착한 먹을거리가 **유기농**이라는 표식을 붙이고 슈퍼마켓에 등장하고 있다. 하지만 식료품점의 매대에 놓인 식품에 유기농이라는 표식이 붙었다고 해서 그 식품에 들어간 모든 재료가 화학물질을 사용하지 않은 원료라는 말은 아니다.

2000년대 초에는 먹을거리가 소비자의 손에 쥐어지기까지 이동한 거리를 의미하는 '푸드 마일' 개념이 뜨거운 논쟁거리였다. 에너지를 많이 쓰는 비닐하우스에서 기른 지역 재배 유기농산물을 구입하는 것과 기후가 따뜻한 지역에서 재배한 유기농산물을 수입하는 것 중 어느 쪽이 더 이치에 맞는지를 둘러싸고 미국과 영국에서 열띤 논쟁이 벌어졌다. 채소와 과일이 얼지 않도록 비닐하우스에서 화석연료를 쓰는 것과 해외에서 그것들을 운송하는 과정에서 화석연료를 쓰는 것 중 어느 쪽이 지구온난화를 더 부채질할까? 영국 최고의 유기농 인증 기관인 〈토양 협회Soil Association〉는 수입 유기농산물에 인증 표식을 부여할 것인지 검토하는 연구를 수행했고 결국 타협하기로 결정했다. 2009년부터, 〈토양 협회〉는 항공기로 영국에 수입된 농산물 중 윤리적 무역 기준을 충족하는 농산물에 유기농 인증 표식을 발부하기 시작했다. 〈토양 협회〉가 내세운 논리는 개발도상국에서 유기농산물을 수입하지 않는다면 곡물 수출 소득으로 생계를 꾸려 온 그 지역의 소농민이 피해를 입는다는 것이었다.[17]

미국에서는 푸드 마일 논쟁이 사그라졌지만 영국에서는 더 치열해졌다. 영국의 식품 가공업체와 소매업체는 운송 과정에서 배출된 탄소뿐 아니라 영농, 저장, 포장, 식료품 구입을 위해 소비자가 이동한 거리 등, 먹을거리가 생산되어 소비자가 먹을거리를 입수하기까지 관련된 모든 활동에서 배출되는 농산물 및 가공 식품의 탄소 발자국 총량에 주목하기 시작했다. 이 문제를 구체화하기 위해 영국 정부는 독립 회사 〈카본트러스트Carbon Trust〉를 설립해 상품의 생산에서 폐기에 이르는 모든 단계에서 해당 상품이 배출하는 온실가스 총량을 알려 주는[18] 탄소 감축 표식Carbon Reduction Label을 만들었다. 〈펩시PepsiCo〉, 〈하인즈Heinz〉, 〈켈로그Kellogg's〉, 〈코카콜라Coca-Cola〉, 〈캐드베리Cadbery〉, 영국의 주요 체인형 유통 업체 〈테스코Tesco〉가 탄소 감축 표식 사업에 참여했고[19] 유럽, 미국, 캐나다, 오스트레일리아에서도 다양한 유형의 독자적인 탄소 감축 표식을 만들어 운영 중이다.[20] 이산화탄소 배출량을 공개하는 체계는 공식 유기농 인증 표식이나 영국 같은 나라에서 통용되는 공정 무역 표식과 더불어 이론의 여지가 없는 무난한 체계로 여겨졌다.

하지만 빈틈이 없을 것만 같던 이 측정법은 먼 곳에서 재배되는 유기농 작물의 현실을 제대로 포착하지 못했다. 중국, 칠레, 파라과이 같은 지역에서 재배되었으며 더 높은 기준을 충족시킨 먹을거리라는 표식을 획득한 농산물과 그런 농산물을 가공한 식품이 슈퍼마켓에 가득 쌓여 갈수록 의혹도 더 커져 갔다. 노동력을 착취하기로 악명이 높고 환경 규제가 불충분하거나 아예 없는 개발도상국에서 이뤄지는 유기농업은 어떤 모습일까? 자연의 순환 체계를 따르는 농법을 적용해 재배한 '인증받은 유기농산물'이 전 세계적 차원에서 실현될 수 있는가?

전 세계로 확산된 유기농업은 생각만큼 유익하지 않다. 먼 곳에서 이뤄지는 유기농업은 실상을 확인하기가 어렵기 때문에 유기농이 품은 이상理想에서 벗어나기 쉽다. 이 문제를 더 자세히 살펴보기 위해 2007년 가을 남아메리카에서 열린 유기농 먹을거리 관련 컨퍼런스에 참석해 〈홀섬스위트너〉 측 참석자를 만났고, 〈아수카레라〉가 운영하는 플랜테이션을 방문했으며, 이 회사에 사탕수수를 납품하는 소농민을 만나 보았다. 그 과정에서 나는 국제 유기농 체계가 모순으로 가득한 수수께끼와 같다는 사실을 깨닫게 되었다. 공식 유기농 기준을 아전인수 격으로 해석하는 일은 보통이었고 아예 대놓고 속이는 경우도 있었다. 놀랍게도 허점투성이인 공식 유기농 기준이 이 같은 규칙 위반을 부채질하고 있었다. 규칙을 무시하고 어기는 일은 미국이나 유럽에서도 일어날 수 있는 일이고 실제로 일어나기도 한다. 그러나 소비지에서 멀리 떨어져 있는 빈곤한 나라의, 지도에도 표시되지 않은 농촌에서 막강한 기업이 운영하는 농장으로서는 규칙을 준수하지 않거나 관련 규제에서 이탈하는 일이 식은 죽 먹기와 다름없기 때문에 더 큰 문제다.

테비콰리

〈아수카레라〉가 운영하는 광활한 플랜테이션과 제분 공장은 파라과이 수도 아순시온Asunción에서 동쪽으로 세 시간가량 떨어진 과이라 주에 있다. 〈아수카레라〉 웹사이트는 '파라과이의 야생에 꿈을 심은 개척자' 가족이 100년 전 이 회사를 설립했다고 설명하고 있다. 〈홀섬스위트너〉의 파라과이 측 담당자 다리오 살디바르Dario Zaldivar에 따르면, 〈아수카레라〉는 〈홀섬스위트너〉 상품의 대부분을 공급해 주는 파라과이 측 사탕수수 생산자다. 테비콰리강Tebicuary River 강변에 위치한 〈아수카레라〉 농공 단지의 구조는 고전적이다. 나무가 늘어선 진입로의 좁은 길옆으로 노동자 숙소, 학교, 교회, 의료 시설, 식당, 공식 방문객이 숙박하는 호텔, 임원 주택, 마지막으로 공장이 줄 지어 서 있다. 단정하게 정돈된 농공 단지 안의 건물과 토지는 미개발된 시골 지역에 설립된 문명의 전초기지를 연상시킨다. 〈아수카레라〉의 직원은 계속 늘어나고 있다. 살디바르에 따르면 정규 직원은 700명이고 바쁜 계절에는 350명의 임시 직원이 추가 투입된다. 직원들은 테비콰리강 건너편 판자촌에 사는데 살디바르는 영화에나 나올 법한 이 판자촌을 '서부 개척 시대'에 비유한다.

〈아수카레라〉는 유기농 사탕수수 외에도 다양한 농산물을 재배하는 유기농 기업으로 에탄올도 생산한다. 파라과이에서 생산된 유기농 사탕수수를 가장 많이 구매하는 기업 중에는 〈코카콜라〉도 있다.[21] 유기농으로 재배한 사탕수수에서 이윤이 가장 많이 남기 때문에 〈아수카레라〉는 유기농으로 재배한 사탕수수 생산량을 늘리기 위해 사업을 급속하게 확장하는 중이다.[22] 2007년에는 하루 5천 톤의 사탕수수를 제분하던 공장 규모를 세 배 늘려 하루 1만 5천 톤을 제분하게 만들었다. 유기농 사탕수수 농장 면적도 증가했는데 관행 농업으로 작물을 재배하던 토지를 유기농장으로 전환한 것이 아니라, 새로운 토지에 유기농 사탕수수밭을 조성하고 있다.[23]

루벤 다리오 아얄라Rubén Darío Ayala는 〈아수카레라〉의 농지를 감독하는 작물 관리 책임자다. 처음 그를 본 것은 내가 탄 차가 포장되지 않은 작은 도로에 난 웅덩이에 빠져 꼼짝달싹 못하고 있을 때였다. 안내원이 차를 빼내려고 애썼지만 도무지 움직이질 않아 결국 〈아수카레라〉 사무실로 전화를 걸어 도움을 요청했고, 파라과이에서는 값비싼 물건인 회사 소유의 사륜구동 차량을 탄 아얄라가 직원 세 명을 대동하고 즉시 나타났다. 낙낙한 옷을 입은 건장한 체구의 아얄라는 검게 그을린 얼굴이었다. 진흙탕에 빠진 차를 빼내는 골치 아픈 일 앞에서도 아얄라와 직원 세 명은 전혀 동요하지 않았다. 아얄라와 직원들이 도착하기 전에도 그곳을 오가는 사람들이 차를 빼내는 일을 도와주겠다고 했지만 안내인은 회사 사람이 오고 있다며 그들의 도움을 거절했다. 〈아수카레라〉가 이 지역에서 행사하는 막강한 영향력은 노동자뿐 아니라 사탕수수 구매자에게도 미친다. 〈아수카레라〉는 도로를 유지하고 지역의 학교와 의료 시설에 자금을 지원한다. 이곳에 사는 사람 대부분은 가난하든 부유하든 어떤 식으로든 〈아수카레라〉와 연계되어 있다.

30대 중반의 아얄라는 진흙탕에서 빼낸 차를 테비콰리 지역에 있는 오래된 유기농 농장으로 몰고 가면서 회사가 유기농 사탕수수 농장을 확장하는 바람에 자기가 할 일이 늘어났다고 말했다.[24] 공식 교육을 받지 않은 아얄라는 일을 하면서 경험을 쌓고 있다고 한다. 차창 밖으로 간밤에 쏟아진 빗물이 고여 생긴 반짝거리는 물웅덩이가 보였고 거기 비친 푸른 하늘이 인상적이다. 트럭에서 내려 수천 헥타르 규모의 사탕수수밭 한가운데 서자 비에 젖어 촉촉한 땅에서 3개월 된 유기농 사탕수수 새싹이 반짝이며 올라오는 모습이 보였다. 줄지어 선 새싹들은 지평선 어딘가를 소실점 삼아 늘어서 있었다.

미국에서 재배되는 유기농산물이 미국 정부가 정한 유기농 기준을 지켜야 하고 제3자 기관의 인증을 받아야 하듯이 미국이나 EU 외부에서 재배되는 작물도 반드시 같은 절차를 거쳐야 한다. 인증을 받으려는 농장은 화학비료, 살충제, 살진균제 사용 금지 같은 규정을 준수해야 하며 단일경작을 해서는 안 된다.[25] 공장식 농경법인 단일경작은 토착 생태계를 교란하는 결과를 초래할 뿐 아니라 비용을 절감하기 위해 전통 방식으로 농사를 짓는 소규모 농장을 매입한 뒤 매년 같은 작물을 심는 거대한 들판으로 둔갑시키기 때문이다. 유기농법은 관행적이고 산업적인 농경법이 초래하는 생물 다양성 파괴, 토양 건강 파괴, 침식 강화, 빗물 유출로 인한 지하수 고갈이라는 해로운 결과를 최소화하기 위한 방안이다. 유기농 인증 표식은 해당 농산물을 재배한 농장이 자연을 보호하기 위해 보통은 비용이 더 많이 들어가는 농경법을 따라 농산물을 재배했다는 사실을 보증한다. 농민은 유기농 인증을 받음으로써 더 지속 가능한 방식으로 농사를 지었다는 것을 홍보할 수 있을 뿐 아니라 농산물에 더 높은 가격을 매겨 관행 농업에 비해 더 많이 들어간 비용을 보상받을 수 있다.

아얄라에게 유기농 단일경작이라는 말이 형용모순이라고 생각하지 않는지 묻는다. "제 생각에는 단일경작이라고 해도 할 말이 없을 것 같네요. 하지만 사탕수수는 다년생 작물이기 때문에 단일경작을 할 수밖에 없어요." 아얄라는 5년 전 250여 헥타르의 토지에 실험적으로 유기농 콩을 돌려짓기하며 겪은 시행착오에 대해 자세히 말해 주었다. "유기농 콩을 키울 때는 정말 죽을 맛이었어요. 많은 비용을 들였는데도 잡초가 쉴 새 없이 자랐거든요. 설상가상으로 그해에는 가뭄까지 드는 바람에 콩이 제대로 자라지도 않았습니다. 애벌레에, 온갖 해충에 (…) 어찌나 애를 먹었는지 모릅니다."

〈아수카레라〉는 공중 보건 기준을 정하는 미국의 비영리단체 〈전미 위생재단National Sanitation Foundation〉이 1989년 설립한 〈국제 유기농 인증 기관Quality Assurance International〉[26]에 조사를 맡겨 유기농 인증을 받으려 했다. 〈국제 유기농 인증 기관〉은 캘리포니아 주에 있는 영리 법인으로, 미국 식료품점 매대에 올라가는 유기농 식품의 3분의 2가 이곳에서 유기농 인증 표식을 받을 정도로[27] 국제 유기농산물 무역에서 중요한 역할을 한다. 〈국제 유기농 인증 기관〉은 〈아수카레라〉가 단일경작을 한다는 문제를 파악했지만 생물 다양성을 증진할 필요가 있다는 정도의 사소한 경고만 했을 뿐이다. 아얄라는 앞서 시도한 돌려짓기가 실패했음에도 〈아수카레라〉가 〈국제 유기농 인증 기관〉의 경고를 받아들여 일부 농경지에 토지를 재생시키는 작물을 심는 노력을 기울이고 있다고 자랑한다. 그렇지만 돌려짓기를 시행하는 밭이 얼마나 많은지 묻자 잘 모르겠다며 대답을 회피한다.

〈아수카레라〉는 다양한 작물을 적절히 돌려짓기하는 등 토양을 재생하기 위한 노력을 거의 기울이지 않았지만 사실 모든 작물을 같은 비율로 돌려짓기할 필요는 없다. 사탕수수는 다른 다년생 작물에 비해 토양에 부담을 덜 주며 질병에도 덜 걸리는 편이기 때문이다. 그러므로 깊이 생각해 보지 않으면 매년 같은 밭에 사탕수수를 재배하는 일은 매년 같은 밭에 담배나 바나나같이 영양분을 많이 필요로 하는 작물을 재배하는 일에 비해 토양 파괴가 비교적 덜하겠다고 생각할 수 있다. 하지만 미시건 대학교 천연자원학과의 리처드 터커Richard P. Tucker 교수는 이렇게 말한다. "지속 가능성은 개별 작물의 생물학적 가능성에만 달려 있는 것이 아닙니다."[28] 생물 다양성을 배제하는 재배 방식은 단기적으로는 괜찮아 보일지 몰라도 장기적으로는 생태계에 심대한 해가 된다. 사탕수수가 대체로 해충에 잘 견디고 토양에 부담을 덜 준다고 하지만 그렇더라도 아무런 해를 미치지 않는 것은 아니다. 지금 서 있는 들판에서 자라는 사탕수수를 자세히 들여다보자 그런 사실이 더욱 분명해졌다.

어린 유기농 사탕수수 하나를 골라 뿌리째 뽑은 아얄라가 줄기 아래 부분에 난 갈색 구멍을 가리키며 말한다. "여기를 보세요. 구멍 난 흔적이 보이죠." 그러더니 접는 칼을 꺼내 녹색과 흰색을 띠는 줄기를 잘라 구멍을 낸 장본인을 헤집어 찾는다. 하지만 해충은 이미 달아난 뒤다. 사탕수수 줄기에 구멍을 내는 해충은 사탕수수 줄기의 달콤한 수액을 빨아먹어 사탕수수의 생장을 방해하기 때문에 심각한 골칫거리다. 아얄라가 뽑는 줄기마다 부인할 수 없는 증거가 남아 있다. 아얄라는 〈아수카레라〉가 경작하는 광활한 유기농 사탕수수밭 전체에 이 해충이 퍼져 골치라고 하면서도 해충 감염과 단일경작법 사이에는 연관이 없다고 말한다. 또한 토양의 건강이 단일경작법 때문에 나빠졌다는 확실한 증거도 없고 건강한 토양이든 건강을 해친 토양이든 빗물을 지하에 가둬두지 못하고 흘려보내는 양은 비슷하다고 말한다. 그러나 세계에서 가장 거대한 지하수 저장고[29]이자 남아메리카 지역 음용수의 원천인 과라니 대수층Guaran Aquifer 위에 자리 잡은〈아수카레라〉의 플랜테이션이 토질을 훼손해 빗물을 유출시키고 있다면 〈아수카레라〉의 플랜테이션이 심각한 문제를 야기한다고 보아야 한다.

〈아수카레라〉의 유기농 사탕수수 플랜테이션이 미 농무부 산하 〈전국 유기농 프로그램〉이 정한 공식 규제 기준을 충족시키지 못하고 있다는 사실은 누구라도 한눈에 알아볼 수 있다. 하지만 진짜 악마는 세부 조항에 숨어 있다. 〈전국 유기농 프로그램〉이 정한 공식 규제 기준을 상세히 기술한 법적 문서[30]는 단일경작을 명시적으로 금지하지 않기 때문이다. 사실 그 문서에는 단일경작법이라는 용어조차 등장하지 않는다. **생물 다양성**이라는 용어도 유기농을 정의하는 부분에 딱 한 번 등장할 뿐이다. 유기농의 정의는 이러하다. "유기농이란 이 [문서]에 기록된 규정에 부합하는 동시에 문화적, 생물학적, 기술적 측면을 통합적으로 고려한 농법을 활용함으로써 특정 장소에 알맞은 자원 순환 촉진, 생태계의 균형 증진, 생물 다양성 보존을 추구하도록 관리되는 농업을 일컫는다." 이 문서에는 모든 유기농장이 반드시 돌려짓기를 해야 한다고 기록되어 있지만, 사탕수수 같은 다년생 작물을 재배하는 농장은 예외라고 규정한다. "다년생 작물을 재배하는 농장은 [반드시] 사이짓기 같은 농법을 채택하고 생울타리를 치는 등 돌려짓기와 유사한 조건을 조성해 생물 다양성을 증진해야 한다." 그러므로 기술적으로 말해 〈아수카레라〉는 매년 사탕수수를 갈아엎은 뒤 질소를 고정시키는 콩이나 콩과 작물을 심을 의무는 없지만 사탕수수를 심은 밭 사이에 사탕수수 이외의 작물을 심어 돌려짓기와 유사한 조건을 조성해야 할 의무가 있다. 〈아수카레라〉가 실제로 그런 농법을 채택해 시행하고 있을지도 모르지만, 아얄라가 그와 관련된 설명을 전혀 하지 않았고 내가 방문한 유기농 사탕수수 농장에서도 생물 다양성을 증진하려는 노력은 흔적조차 찾아볼 수 없었다는 점을 생각해 볼 때 그럴 가능성은 희박하다.

그런데 사탕수수 생산자들에 대한 〈국제 유기농 인증 기관〉의 입장은 더 관대하다. 〈국제 유기농 인증 기관〉은 매년 자유 계약직 조사관을 〈아수카레라〉에 파견한다. 지난 몇 년간 이곳에 파견된 조사관인 코스타리카 출신의 루이스 브레네스Luis Brenes에게 전화를 걸어 이야기를 나눠 보려 했지만 브레네스는 〈아수카레라〉에 관련된 이야기는 절대 하지 않으려 했다. 다만 〈전국 유기농 프로그램〉이 정한 공식 규제 기준에서 생물 다양성과 관련된 부분이 매우 모호해서 〈국제 유기농 인증 기관〉 같은 인증 기관이 단일경작을 하는 농장을 규제하기가 어렵다고 말했다. "기준이 구체적이지 않아서 판단을 내리거나 평가를 할 수 없다면 그 기준으로는 감사를 할 수 없지 않겠어요? 생물 다양성을 조사할 때 바로 그런 문제가 생겼습니다."[31]

〈전국 유기농 프로그램〉의 규정을 작성하고 집행하는 〈전국 유기농 기준 위원회〉의 짐 리들Jim Riddle 전직 위원장은 이렇게 말한다. "발뺌하는 말로 밖에는 들리지 않는군요."[32] 리들은 공식 기준을 기록한 문서가 개별 생물권이 처한 특수한 상황을 일일이 명시하지 않았더라도 유기농 조사관이 그것을 빠져나갈 구실로 활용해서는 안 된다고 설명한다. "이런 문제를 만났을 때 생물다양성 증진에 도움이 되는 방향으로 적절히 대처하는 인증 기관도 있지만 〈국제 유기농 인증 기관〉은 그런 기관이 아닌 것 같습니다."

〈아수카레라〉는 기계를 이용해 땅을 깊게 헤집는 대신 쟁기를 이용해 땅을 갈며, 화학비료·제초제·살충제를 사용하지 않고 손으로 잡초를 뽑는 등 〈전국 유기농 프로그램〉이 정한 비교적 간단한 유기농 규정을 쉽게 준수한다. 사탕수수에 구멍을 내는 해충을 쫓기 위해 말벌을 풀어 놓기도 한다. 하지만 〈아수카레라〉가 토질 개선을 위해 주로 활용하는 닭똥 비료는 닭의 성장을 촉진하기 위해 닭에게 비소를 섞은 사료를 먹이고 항생제를 투여하는 산업적 가금류 농장에서 가져온 것이다. 실내에 설치된 닭장에 갇힌 채 빠른 속도로 몸집만 불린 닭이 자신의 무게를 이기지 못해 다리가 부러진 상태로 자란다는 것은 모두가 아는 사실이다. 어이없게도 현행 법은 화학물질을 사용해 가축을 기르는 산업형 농장에서 길러진 가축의 배설물을 거름으로 사용하는 농업 행위를 전적으로 인정한다. 〈전국 유기농 프로그램〉은 유기농업에 비소를 비롯한 모든 화학물질을 직접 투여하지 못하도록 금지한다. 그러나 유기농 가축 농장에서 가져온 비료와 화학물질을 사용해서 가축을 기르는 산업형 농장에서 가져온 비료를 구분하지는 않으므로[33] 화학물질을 먹여 기른 동물의 배설물을 별도의 처리 과정 없이 유기농 농장에 비료로 뿌려도 무방하다고 해석된다.[34]

그날 오후 살디바르의 안내로 〈아수카레라〉 플랜테이션 외부에 있는 창고로 갔다. 회색 빛 닭똥을 산더미처럼 쌓아 놓은 창고에 가까이 다가가자 숨 막힐 듯한 암모니아 냄새가 차 안을 가득 채운다. "공장형 농장에서 가져온 닭똥을 비료로 뿌리는 유기농 농장을 유기농 농장이라고 불러도 될까요?"[35] 살디바르가 혹평한다. 살디바르는 유기농 식품회사가 생태계의 지속 가능성을 유지할 수 없는 방식으로 작물을 재배하며 오염을 야기하는 농장에서 식재료를 공급받는 현실과, 그런 식품 회사가 계속 영업할 수 있게 하는 터무니없는 인증 체계에 격분하며 이렇게 덧붙인다. "유기농업은 관행적이고 산업적인 농업과 완전히 똑같아지고 있어요. 한때 혁명과도 같았던 유기농은 이제 없어요. 모두 사라졌습니다."[36] 살디바르의 의견을 하나의 가설로 치부해 버리고 말 수도 있을 것이다. 하지만 기업화된 유기농 무역에서는 이런 일이 다반사다. 심지어 진보 정치 운동이나 환경 운동에 투신했던 경력을 가진 사람들조차도 기업화된 유기농 무역 분야에서 중요한 역할을 수행하는 것이 오늘의 현실이다. 살디바르가 오늘날의 유기농이 자신이 그 옛날 유기농이라 여겼던 진정한 유기농이 아니라고 생각하게 된 것도 이런 암담한 현실 때문일 것이라고 넘겨짚어 본다.

살디바르는 과거 폭력적 좌파 단체에서 활동했고 파라과이 노동당 창당에도 관여했다. 40대 후반의 살디바르는 짧게 깎은 머리에 다부진 체격의 소유자지만 어딘지 모르게 불안한 모습이다. 살디바르는 스트로에스네르의 군사독재에 저항했던 1970년대의 대학생 시절에 대한 이야기를 꺼냈다. 스트로에스네르는 경찰을 앞세워 시위대를 잔인하게 살해하는 등 폭력을 동원해 저항을 잠재우면서 정권을 유지했다. 살디바르는 그것이 마지막이었다고 말한다. "더 이상 정치 따위는 하지 않겠다고 마음먹고 직장을 구했습니다."[37] 살디바르는 사회를 구원하기 위해서는 값비싼 대가를 치러야 하지만 자신을 구원하는 데에는 그다지 큰 대가가 필요하지 않다고 생각했고 그래서 오늘날에 이르렀다. 이제 살디바르는 담장을 두른 고급 주택단지에 살면서 수입차를 타고 다니는 상류층이 되었다. 〈홀섬스위트너〉나 〈제너럴밀스〉 같은 식품 가공업체가 생산하는 제품을 신뢰하지 않는데도 그 업체와 계속 거래하는 이유를 물었다. "돈 때문입니다. 유기농 시장에서는 **큰돈**을 만질 수 있거든요."

이슬라알타

〈아수카레라〉는 과이라 주와 서쪽 경계를 맞대고 있는 파라과리Paraguarí 주 이슬라알타Isla Alta 지역에 유기농 농장을 새로 조성했다. 이곳은 아얄라가 안내해 주지 않아 살디바르와 동행했다. 새로 조성된 농장은 이비티미Ybytymi의 언덕 아래를 따라 길게 늘어서 있다. 멋진 폭포가 여러 개 딸린 강이 언덕 주위를 에워싸고 있다. 폭포 위 산마루에는 울록불록한 모양의 다육식물이 망고 나무와 뒤얽혀 있고 쭉 뻗은 가느다란 줄기 위로 납작하게 퍼지며 휘어진 야자 나뭇잎 위로 타는 듯한 태양이 이글거린다. 드문드문 난 풀과 타는 듯 붉은 타조깃털 꽃이 우아하게 하늘로 뻗어나간 브라질 호두나무와 함께 대지를 점점이 수놓는다. 브라질 호두나무는 키가 30미터를 넘기도 한다. 몇 년 전 연방 정부가 이 지역을 국립공원으로 지정하면서 이비티미의 일부 지역도 개발 제한구역이 되었지만 〈아수카레라〉 소유의 땅에는 규제가 미치지 않는다. 오랫동안 파라과리 주 환경장관을 역임한 플로르 프레테스Flor Fretes가 국립공원을 확장해 보려고 애썼지만 별다른 성과를 거두지 못했다.

살디바르가 개발제한구역 바깥에 있는 살토크리스탈Salto Cristal 폭포 가까운 곳에 위치한 이슬라알타 플랜테이션으로 안내한다. 올해 재배한 유기농 사탕수수는 이미 수확을 마쳤지만 비유기농 작물은 아직도 수확 중이다. 기계를 이용해 잘라 놓은 사탕수수를 차에 싣는 작업을 하고 있는 어느 농경지에서 윙윙거리는 엔진 소음이 들리고 열기와 먼지가 피어오르는 모습이 보인다. 유기농 사탕수수밭 경계에 있는 숲과 목초지에 점점이 펴져 있는 흰 소들이 구름 한 점 없는 하늘 아래 습도 높은 공기 속에서 한가로이 풀을 뜯는다.

살디바르가 창밖으로 팔을 내밀어 들판을 가리키면서 자신이야말로 나무들이 극적으로 사라진 사건의 산증인이라며 냉소한다. "지난 5년 동안 대부분의 나무가 사라지고 지금 보이는 풍경이 되었죠. 유기농산물 수요가 늘어나면서 나타난 현상입니다."[38] 잘 정돈된 넓은 농경지 끄트머리에 다다라서야 자그마한 숲을 볼 수 있었다. 〈아수카레라〉는 이곳에 관행 농업으로 재배하는 사탕수수를 심었지만 원래는 유기농 사탕수수밭을 확장하기 위해 이 농경지를 조성했다. 유기농 농경지를 조성하기 위해 이슬라알타의 숲이 희생된 것이다. 〈아수카레라〉가 소유한 플랜테이션의 경계 지역에 이르자 흙투성이 도로 두 개가 만나는 지점이 나타났다. 세 방향으로는 농경지가 조성되어 사탕수수가 지표면을 뚫고 솟아올라 있고 네 번째 방향에만 울창한 숲이 남아 있었다. 살디바르가 농경지를 가리키며 이렇게 말한다. "신세계가 따로 없지요."

며칠 뒤 플로르 프레테스 환경장관, 지역의회 의원이자 농업 연구원인 장관의 남편 아벨리노 베가Avelino Vega와 함께 이곳을 다시 찾았다. 우익 성향의 콜로라도당Colorado Party 당원인 두 사람은 이 지역에서 나고 자랐기 때문에 지역 사정에 밝다. 나는 얼른 대화 주제를 개간으로 옮긴다. "10년 전에는 길도 없었습니다. 숲 그 자체였지요. 저뿐만 아니라 이곳의 모든 사람이 숲이 개간되는 과정을 지켜봤습니다."[39] 프레테스 환경장관은 남편의 말에 동의하며 이렇게 덧붙인다. "이 지역에서는 〈아수카레라〉의 힘이 엄청나기 때문에 (…) 맞선다는 건 엄두도 못 낼 일이었습니다. 잊어버리는 수밖에는 도리가 없었어요."[40]

〈아수카레라〉의 경계를 이루는 이름 없는 도로에서 흙먼지를 날리며 이동하는 도중 베가 의원은 〈아수카레라〉가 이 지역에 몰고 온 또 다른 파장에 대해 이야기한다. 과거 이 지역의 소농민은 숲에 다양한 식용작물을 재배해 먹고 파인애플 같은 환금성 작물을 재배해 생계에 보탰지만 유기농이 더 높은 소득을 보장한다는 약속을 믿고 사탕수수 재배로 돌아섰다. 그 결과 과거 이 지역에 형성되어 있던, 생태학적으로 훨씬 더 다양한 유전자 풀gene pool은 이제 사라지고 없다. 그와 동시에 나무를 베어 내지 않고 다양한 식용작물을 재배하는 방법을 전수받을 기회도 소실되고 말았다.

〈아수카레라〉의 농경지에서 무슨 일이 벌어지고 있는지 정확히 알아내기란 하늘의 별따기다. 루벤 아얄라는 농장 면적이 6천 헥타르라고 말하고 파라과이 정부 웹사이트에 게시된 어느 자료에 따르면 〈아수카레라〉는 총 2만 200헥타르의 토지 중 1만 900헥타르만 농경지로 활용한다.[41] 〈아수카레라〉 사장인 라울 에오클레Raúl Hoekle는 1만 100헥타르의 땅을 농경지로 활용하고 있다[42]고 말하면서도 회사가 소유한 땅의 총 면적에 대해서는 말을 아낀다.

은퇴할 나이가 된 에오클레 사장은 회사를 아들에게 물려줄 생각이다. 사장이 되기 전 에오클레는 플라스틱을 제조하고 수출하는 회사에서 일했고 쿠키, 사탕, 크래커를 만드는 아르헨티나 대기업 〈아르코르Arcor〉에서 과자를 수입하는 회사에서도 일했다. 이슬라알타의 산림 파괴에 대해 묻자 에오클레 사장은 이렇게 말한다. "그걸 왜 묻습니까? 우리는 **절대로** 그런 일을 하지 않아요. 유기농 법이 산림 파괴를 허락하지 않으니 절대 그런 일은 없습니다!"

〈아수카레라〉의 아순시온 사무실로 전화를 걸어 통화했을 때도 에오클레 사장은 여전히 단호한 어조로 이야기했다. 어린 시절 그의 가족은 이슬라알타에서 소를 키웠기 때문에 그 지역을 잘 알고 있으며, 가족 소유의 토지를 팔았다가 나중에 다시 사들였을 때는 이미 숲이 개간되고 없었다고 한다. "우리에게 땅을 판 토지주가 (…) 나무를 베어 냈습니다. 〈아수카레라〉가 나무를 벤 것이 아니라 **이전 토지주**가 그랬다는 말입니다." 산업 및 상업부 산하 〈투자 및 수출 네트워크Network on Investment and Export〉에서도 한 자리 차지하고 있는[43] 에오클레 사장은 그 땅에는 원래 나무가 없었다는 주장과 일부 숲이 사라졌다는 사실을 인정하는 입장 사이에서 오락가락했다. "누가 나무를 베어 냈는지 말할 수 없어요. 땅을 팔았다가 다시 사들인 것은 맞지만 우리 책임은 매입했을 때부터 시작되는 것 아닙니까? 우리가 자연에 해를 입힐 만한 일을 하지 않았다는 사실이 중요해요. 아무튼 우리는 **절대** 그런 일을 **하지 않습니다!**"

프레테스 환경장관은 〈아수카레라〉가 이 지역의 산림을 파괴하지 않았다는 말을 도저히 믿을 수 없다고 한다. "〈아수카레라〉가 아니라면 도대체 누가 그랬겠어요? 〈아수카레라〉가 직접 나무를 벤 것이 아니라 다른 회사나 소농민이 나무를 베어 냈다 해도 누군가 자기 땅을 개간한다는 사실을, 그래서 거기에 사탕수수를 키울 수 있다는 사실을 〈아수카레라〉가 몰랐을 리 없어요. 직접 나무를 베었든 아니든 이 개간은 궁극적으로 〈아수카레라〉가 책임져야 합니다." 이야기를 나눠 본 사람들의 말을 종합해 볼 때 이슬라알타의 토지를 〈아수카레라〉가 개간하지 않았을지도 모른다. 하지만 분명한 것은 원래 그곳에 있던 숲이 사라졌다는 사실과 적어도 숲이 사라진 자리의 일부에 〈아수카레라〉의 유기농 작물이 자라고 있다는 사실이다.

숲이든 다른 어떤 종류의 생물군계든 기존의 생물계를 파괴하고 농경지를 조성하면 생태계의 다양성이 파괴된다는 것은 부인할 수 없는 엄연한 진리다. 그러나 〈전국 유기농 프로그램〉이 정한 공식 규제 기준은 기존의 생물계를 파괴하고 농경지를 조성하는 행위를 금지하지 않는다. 〈전국 유기농 프로그램〉이 정한 공식 규제 기준을 요약한 공식 문서에는 그런 행위에 대한 언급조차 없다. 스위스 소재 〈유기농 연구소Research Institute for Organic Agriculture〉에서 근무하면서 라틴아메리카의 유기농민을 대상으로 광범위한 연구를 수행 중인 살바도르 가리바이Salvador Garibay 연구원은 이렇게 말한다. "농민이 규정을 해석하기 나름이기 때문에 생긴 문제입니다. 농민, 인증 기관, 구매 업체가 생물 다양성을 고려했다면 개간을 하지 않았겠지요."[44] 콜로라도 주립대학 〈공정무역 및 대안 무역 센터Center for Fair and Alternative Trade〉의 로라 레이놀즈Laura Raynolds 공동 센터장은 이 문제를 시장의 원리에 입각해 설명한다. "개간을 하지 않는다면 유기농민들에게 어떤 이득이 돌아가나요? 상업화된 유기농 체계에서는 농민에게 돌아가는 이득이 매우 낮습니다. 그렇기 때문에 유기농민도 관행 농업으로 농사를 짓는 농민과 마찬가지로 시장의 동학에 사로잡히게 됩니다. 제대로 집행되지 않는 규제는 무시하게 되지요. 위력 있는 농장과 인증 기관이 서로 결탁해 비용이 더 많이 드는 유기농법을 피할 수 있는 쪽으로 기준을 바꾸거나 자의적으로 해석할 수 있다면 그렇게 하지 않을 이유가 없지 않겠습니까?"[45]

〈전국 유기농 프로그램〉이 정한 공식 유기농 인증 기준이 토착 생태계의 파괴를 용인한다 해도 〈아수카레라〉의 유기농 농장을 조사하는 〈국제 유기농 인증 기관〉은 토착 생태계를 파괴할 가능성[46]을 철저히 차단하도록 규제하는 또 다른 국제 기준인 〈세계 유기농업 운동 연맹〉의 지침에 따라 조사할 의무가 있다.[47] 그러나 〈국제 유기농 인증 기관〉이 조사를 나와 이 땅이 전에 어떤 용도로 사용되었는지 묻자 〈아수카레라〉는 단순히 휴한지였다거나 목초지로 쓰였다거나 아니면 관행 농업으로 작물을 재배하던 재배지를 유기농 재배지로 전환했다는 식으로 얼버무렸다. 이 문제를 정확하게 확인하려 한 조사관이 없었던 탓에 〈아수카레라〉는 산림 파괴 이야기를 아예 꺼내지 않고도 조사를 통과했고 〈국제 유기농 인증 기관〉은 〈아수카레라〉의 유기농 인증을 갱신해 표식을 발부했다. 〈국제 유기농 인증 기관〉의 총책임자인 재클린 보웬Jaclyn Bowen에게 〈아수카레라〉의 상황에 대해 묻자 이렇게 답한다. "〈아수카레라〉는 줄곧 유기농 산업 활성화와 생물 다양성 증진, 토질 향상 및 수질 향상에 힘써 왔습니다."[48]

이투르베

남부 사탕수수 생산자 협회라는 의미의 〈아소시아시온 아그리콜라 카네라 델수르(Asociación Agrícola Cañera del Sur, 이하 카네라델수르)〉는 반세기를 이어 온 농업협동조합으로 〈아수카레라〉에서 테비콰리강을 따라 몇 킬로미터 떨어진 먼지투성이 마을 이투르베Iturbe에 사무실을 두고 있다. 〈아수카레라〉는 매년 이 지역의 소농민이 수확한 사탕수수를 매입해 해외에 공급한다고 주장한다. 그래서 설탕 제조업체에 사탕수수를 공급하는 생산자를 만나기 위해 이곳을 찾아가 보았다. 천장에 매달린 선풍기가 머리 위에서 돌아가는 〈카네라델수르〉 사무실에 창문을 열어 놓고 앉는다. 차가운 마테차를 앞에 두고 마주 앉은 프란시스코 페리에라Francisco Ferriera 조합장은 조합원 220명 대부분이 사탕수수를 재배한다고 말한다. 재배 면적은 다양하지만 1헥타르를 넘는 땅은 없다. 〈카네라델수르〉는 지난 5년 동안 〈홀섬스위트너〉와 거래해 왔는데 〈아수카레라〉가 이 거래를 중간에서 주선했고 유기농 인증 및 공정 무역 인증을 받도록 도와주었다.

〈카네라델수르〉 조합원은 미 농무부 산하 〈전국 유기농 프로그램〉이 정한 공식 규제 기준과 EU의 유기농 관련 규제인 EU 생태 규제안EU-Eco Regulation이 모두 허용한, 이른바 '집합 인증' 방식을 통해 유기농 지위를 획득했다. 집합 인증 방식은 더 많은 수의 가족농이 최소한의 비용으로 유기농 인증 표식을 받을 수 있게 하자는 취지에서 생겨났다. 집합 인증은 한 무리의 농민이 단체로 인증 기관에 비용을 지불하고 일부 농장을 검사해 기준에 부합하면 참여한 모든 농민이 인증을 받는 방식으로 운영된다.[49] 이 방식은 개발도상국의 소규모 유기농업을 활성화하려는 사람들로부터는 높이 평가받지만 모든 생산자가 유기농법을 활용하는지 보장할 수 없다고 믿는 사람들에게서는 비판받는다.

〈카네라델수르〉의 경우에는 농민이 아니라 〈아수카레라〉가 단체를 조직하고 비용을 지불했다. 이것은 인증을 받으려는 빈곤한 농민이 있는 개발도상국에서는 흔한 일이다. 즉 유기농 인증의 소유권은 농민이 아니라 〈아수카레라〉가 가진다. 따라서 〈카네라델수르〉 조합원은 유기농으로 재배한 농산물을 〈카네라델수르〉의 이름으로 직접 판매할 수 없고 반드시 〈아수카레라〉에 납품하는 방식으로 판매해야 한다. 페리에라 조합장과 살디바르는 소농민이 인증 비용을 직접 지불할 경우 그 액수는 소농민이 농업 활동과 관련해 연중 지불하는 비용 중 일회성 비용으로는 가장 클 것이라고 한다.[50] 〈아수카레라〉의 중개를 받지 못해 집합 인증을 못 받은 소농민 대부분은 유기농 인증을 받을 경제적 능력이 없는 것이다.

〈카네라델수르〉가 받은 공정 무역 인증에 관련된 비용은 〈홀섬스위트너〉가 지불했다. 공정 무역 인증 비용 역시 생산자들이 감당할 수 없는 큰 비용이기 때문이다. 유기농 인증과 마찬가지로 공정 무역 인증 역시 제3자 기관이 인증한 뒤에야 농민이 제품 포장지에 공식 인증 표식을 붙일 권리를 갖게 된다. 미국에서 판매되는 유기농산물에 붙는 공정 무역 표식은 〈트랜스페어 U.S.A. TransFair U.S.A.〉라는 비영리 인증 기관이 독점 발행한다. 양 손에 그릇을 든 사람의 형상이 검은색과 흰색으로 표현된 표식이 〈트랜스페어 U.S.A.〉가 발급하는 공정 무역 표식이다. 〈트랜스페어 U.S.A.〉가 발급한 공정 무역 인증 표식을 부착한 제품은 생태계에 이로운 방식으로 재배된 제품이고 무엇보다 소농민에게 더 많은, 즉 '공정한' 비용을 지불하고 거래한 제품이라는 이유 때문에 서구 소비자에게 더 비싼 가격으로 판매된다. 공정 무역 인증은 파라과이 농촌 지역 농민 같은 소규모 농민의 소득을 높임으로써 그들의 생활수준을 높이자는 취지에서 시행되었다. 살디바르는 〈카네라델수르〉의 경우 공정 무역 인증을 통해 소득이 3분의 1가량 높아졌다고 귀띔한다.

〈카네라델수르〉가 받은 공정 무역 인증을 갱신하기 위해 〈홀섬스위트너〉는 매년 1천 달러가 넘는 비용을 지출하지만 농민에게 인증 비용을 갚으라고 독촉하지 않는다. 그래서 살디바르에게 〈홀섬스위트너〉가 농민에게 비용을 되돌려 받지 않는 이유를 물었다. "우선 〈홀섬스위트너〉에게는 그 자체로 훌륭한 홍보 수단이 됩니다. 제품이 더 좋아 보이거든요. 게다가 지난해 미국의 공정 무역 시장은 37퍼센트나 성장했어요. 유기농 시장보다 더 크게 성장했다는 말입니다." 다시 말하면 〈홀섬스위트너〉 제품에 붙어 있는 공정 무역 표식은 근사한 홍보 수단인 동시에 최근 급증하고 있는, 사회의식을 지닌 고객에게 접근하는 수단인 것이다. 하지만 인증 비용을 〈홀섬스위트너〉가 지불하기 때문에 공정 무역 인증의 소유권은 지역 소농민이 아니라 〈홀섬스위트너〉에 있다.[51] 유기농 인증을 받은 소농민이 〈아수카레라〉에만 사탕수수를 팔아야 하는 것과 마찬가지로 〈아수카레라〉는 그 사탕수수를 다시 〈홀섬스위트너〉에만 판매해야 한다.

이제부터 에베르 이바라라고 부를 35세의 〈카네라델수르〉 조합원은 어릴 적부터 농사를 지어 왔다. 이바라의 부모, 증조부모, 고조부모 역시 농부였다. 기억에 따르면 이바라의 가족은 줄곧 과이라 주에서만 농사를 지었다. 이바라의 농경지는 현재 그가 아내와 두 명의 어린 딸과 함께 사는 곳에서 약간 떨어져 있다. 농경지 근처에 있던 오래된 가옥을 떠나 이사한 이유는 도로 사정이 너무 열악하기 때문이다. 지금 사는 집 역시 가장 가까운 마을에서 20여 킬로미터나 떨어져 있어 멀기는 마찬가지지만 예전 집에 비하면 그나마 오가기에 편해졌다. 최근 할부로 싸구려 오토바이를 구입했으므로 비록 1년 내내 엄청난 흙먼지가 날리는 열악한 도로지만 오토바이로 오갈 수 있게 되었다.

풀과 나무가 무성한 밝은 붉은색, 황토색 토양이 눈앞에 펼쳐진다. 사방에 석순 모양의 커다란 흰개미굴이 우뚝 솟아 있고 저 멀리 평평한 대지 위로 불쑥 솟아난 둥그런 언덕도 보인다. 파란 페인트칠이 군데군데 바랜 이바라의 작고 낡은 집에는 불편해 보이는 주방, 침실, 창고가 있고 욕실과 수도 시설은 없다. 이바라의 가족은 대부분의 시간을 집 밖에서 보내는데 한여름에는 정말 견디기 어렵다. 집 바깥 나무 그늘에는 전 세계 어디서나 볼 수 있는 플라스틱 의자가 놓여 있다. 뜨거운 태양이 머리 위에 내려쬐는 마당에서 플라스틱 의자에 앉아 이야기를 나누다 보면 나무에서 떨어지는 수액을 피해 자리를 여러 번 옮기게 된다. 흙먼지 날리는 마당에서는 나무에 매어 놓은 백마 옆으로 닭과 오리가 꽥꽥거린다.

이바라는 2헥타르 규모의 농장에서 사탕수수를 재배한다.[52] 1년 동안 사탕수수를 재배해서 이바라가 벌어들이는 수입은 3천 달러도 안 된다. 사탕수수는 수확 시기가 되면 최대한 빨리 수확해야 하는데다가 사탕수수 제분 공장에서 매입하는 사탕수수 양이 제한되어 있기 때문에, 이바라 같은 소농민은 다른 생산자보다 먼저 사탕수수를 납품하지 않으면 사탕수수를 판매할 수 없다. 농민들은 1년 내내 거의 아무런 소득이 없다가 수확 시기가 되어야 소득이 생기기 때문에 돈 때문에라도 빨리 수확해야 한다. 따라서 이바라는 수확을 도울 인부를 고용해야 하고 〈아수카레라〉의 창고까지 수확물을 운송하는 비용도 부담해야 한다.

올해는 수확이 각별히 어려웠다. 사탕수수를 수확했지만 거래 협상이 지지부진해 사탕수수가 잘린 채로 몇 주씩 밭에서 뒹굴었다. 결국에는 수확한 사탕수수를 공장에 납품하고 대금을 받았지만 인건비와 운송 비용을 제하고 남은 소득은 파라과이 최저임금보다도 낮았다. 늘 그래 온 것처럼 이바라의 가족은 지역 병원에서 일하는 부인의 근로소득에 의존해 생계를 꾸리게 될 것이다. 이바라의 부인 역시 월 265달러라는 파라과이 최저임금보다 낮은 급료를 받고 일하지만 4인 가족이 의식주를 해결하고 오토바이 할부 대금을 지불하려면 그 소득이라도 보태야 하기 때문에 일을 그만둘 수 없다. 이바라의 부인은 지역 병원에 대한 지원도 형편없어서 병원에 의약품이 없을 정도라고 말했다. 아픈 지역 주민들은 풀뿌리나 허브를 이용하는 전통 민간요법에 의존할 수밖에 없는 것이 현실이다.

이바라의 절친한 친구이자, 이웃이자, 동료인 루이스 곤살레스(가명) 역시 〈카네라델수르〉 조합원이다. 곤잘레스에게도 올 한 해는 정말 어려운 해였다. 수확 초반에 운송 관련 문제를 겪었기 때문이다. 〈카네라델수르〉는 〈아수카레라〉의 소유자 중 한 사람이 소유한 〈엘코레카미노스El Corre Caminos〉 운송 회사와 운송 계약을 체결했다. 〈카네라델수르〉도 〈홀섬스위트너〉의 도움을 받아 트럭 세 대를 구매해 소유하고 있지만 트럭 세 대로는 200명이 넘는 조합원의 운송 물량을 모두 감당할 수 없기 때문이다. 곤살레스는 〈엘코레카미노스〉가 하루 여덟 번 운송할 수 있다고 말해 놓고는 일주일 내내 단 두 차례만 물량을 싣고 나간 적도 있다고 말했다.[53] 그런 운송 사정을 알기 때문에 곤살레스는 수확을 주저했다고 한다. 수확한 사탕수수가 땅바닥에 너무 오랫동안 방치되면 즙이 빠져나가 상품성을 잃기 때문이다. 조심스러운 성격의 곤살레스는 트럭이 오는지 확인될 때까지 수확을 미뤘지만 끝내 트럭은 오지 않았다. 결국 곤살레스는 경작 중인 10헥타르 중에서 3헥타르 정도의 사탕수수만 겨우 수확했다. 대부분의 사탕수수는 밭 여기저기에 아직도 그대로 있다. 격분한 곤살레스가 이렇게 말한다. "이건 완전 사기라구요."[54] 페리에라 조합장은 곤살레스뿐 아니라 조합원의 70퍼센트가 이번 수확기에 사탕수수를 출하하지 못했다고 설명한다.[55]

곤살레스는 지난해에도 일손이 부족해서 수확을 포기했다. 저임금의 힘든 육체노동을 하려는 사람을 찾기 어려웠기 때문이다. 사탕수수를 수확하지 않은 채로 2년 넘게 묵혀 두면 사실상 쓸모없어지기 때문에 농민은 수확물을 관행적 방식으로 운영되는 다른 공장에 팔거나 지역 목장에 소여물로라도 팔아보려 애쓸 수밖에 없다. 곤살레스는 사탕수수 외의 다른 작물은 재배하지 않는다. 호구지책으로 몇 마리 되지 않는 소와 닭을 기르고 기타 다른 농산물을 재배하는 것이 전부다. 부인도 농장에서 일하는 탓에 사탕수수를 수확하지 않는 기간에는 아무런 소득이 없다. 사탕수수에서 나오는 소득이 적거나 전혀 없는 해에는 위세 있는 상원의원이 소유한 인근 목장에서 일하고 받은 근로소득으로 곤살레스, 그의 부인과 딸 이렇게 세 식구가 겨우 연명하기도 했다.

이바라와 곤살레스에게 수확물을 싣고 가는 트럭이 오지 않은 이유를 묻자 그들은 〈아수카레라〉가 자체적으로 엄청난 양의 사탕수수를 재배하기 때문이라고 답한다. 게다가 〈아수카레라〉가 재배하는 유기농 사탕수수의 양은 점점 늘어나고 있다. 곤살레스는 이렇게 말한다. "저는 이번 일이 〈아수카레라〉가 지나치게 많은 사탕수수를 수확하기 때문에 일어났다고 생각해요. 기본적으로 우리는 〈아수카레라〉와 경쟁하는 겁니다." 이바라도 곤살레스의 의견에 동의한다. "〈아수카레라〉는 전보다 더 많은 유기농 사탕수수를 재배합니다. 그리고 자기가 기른 사탕수수를 우선적으로 취급하지요." 이바라와 곤살레스는 〈카네라델수르〉가 직접 공장을 운영하면 문제가 해결될 것이라고 생각한다. 그렇게 되면 지금보다 60퍼센트가량의 추가 소득을 올릴 수 있을 것이다. 이바라는 자기 딸과 곤살레스의 딸이 그 공장의 관리자가 되면 좋을 것이라는 포부도 밝힌다. 하지만 이 말을 살디바르에게 전하자 살디바르는 회의적인 반응을 보였다. "〈카네라델수르〉가 공장을 직접 운영하게 되면 〈아수카레라〉는 〈카네라델수르〉와의 관계를 끊고 다른 협동조합에 판매권을 넘길 겁니다. 〈카네라델수르〉 조합원들은 그나마 거래하던 납품처마저 잃을 거예요."[56] 살디바르는 〈아수카레라〉가 공정 무역 인증을 받은 조합을 설립해 '농민을 직접 통제할' 계획을 세우고 있다는 말을 덧붙였다.

이바라와 곤살레스는 유기농 인증과 공정 무역 인증을 모두 받았지만 여전히 생계 임금을 보장받지 못한다. 〈아수카레라〉의 수확량이 충분하거나 〈아수카레라〉가 다른 농민에게서 사탕수수를 구매하면 이바라와 곤살레스 같은 소농민은 유기농 인증과 공정 무역 인증이 약속한 소득을 얻을 수 없다. 공정 무역을 감독하는 국제기구 〈세계 공정 무역 협회Fairtrade Labelling Organization〉에 따르면 공정 무역 인증을 받은 농민이 제값을 받고 판매한 작물은 20퍼센트에 그쳤다.[57] 나머지는 농경지에 그대로 남거나 아니면 관행 농업으로 재배된 농산물로 취급되어 헐값에 판매되었다. 그럼에도 〈아수카레라〉와 〈홀섬스위트너〉는 공정 무역 표식을 붙이도록 할당받은 양 만큼의 농산물에 공정 무역 표식을 부착했다. 소비자는 소규모 농민의 삶의 질이 높아질 것을 기대하면서 유기농산물이나 공정 무역 제품을 구매한다. 그 때문에 북반구에서 공정 무역이 인기를 끌게 된 것이다. 그러나 인증 비용이 무척 비싼 탓에 공정 무역 인증은 소규모 농민을 특정 가공업체나 무역업자에게 옭아맨다. 서구의 소비자에게는 아득히 먼 나라에 있는 남의 이야기일 뿐이겠지만 윤리적 기준을 지키고 생태계를 보호한다는 공정 무역 인증 체계는 애초부터 소농민과의 직접 거래가 불가능한 체계였다.

서구의 소비자가 놀랄 만한 일은 또 있다. 곤살레스는 지난 10년간 유기농 인증을 유지해 왔지만 지금까지 그의 농장을 방문한 조사관은 단 한 명도 없었다. 이바라가 재배한 사탕수수에는 〈국제 유기농 인증 기관〉이 발급한 유기농 인증 표식이 부착되지만 이바라의 농장을 방문한 〈국제 유기농 인증 기관〉 소속 조사관은 아직 없었다. 유럽 시장에 판매되는 제품을 인증하기 위해 스위스의 〈친환경 인증 기관Institute for Marketecology〉이 딱 한 차례 이바라의 농장을 방문한 것이 전부다. 대신 〈전국 유기농 프로그램〉이 정한 공식 규제 기준이 허락한 대로 〈아수카레라〉가 자체 조사를 실시한다.[58] 유기농 인증 갱신을 확인하기 위해 매년 한 차례 나타나는 〈국제 유기농 인증 기관〉의 조사관은 제일 먼저 공급자에 대해 기록한 〈아수카레라〉의 내부 문서를 검토한다. 그런 다음 방문 검사를 할 농장을 무작위로 선정한다. 하지만 〈전국 유기농 프로그램〉이 정한 공식 유기농 규제 기준에는 조사관이 방문해야 할 농장의 비율이 따로 정해져 있지 않기 때문에 얼마나 많은 농장을 검사할 것인지는 전적으로 조사관 본인의 재량에 달려 있다. 조사관이 더 많은 농장을 검사할수록 인증 기관이 부담해야 하는 비용도 늘어나기 때문에[59] 조사 기관은 방문 검사하는 농장의 수를 되도록 줄이고 싶은 유혹에 쉽게 넘어가게 마련이다. 농민이 실제로 돌려짓기를 하는지 여부도 조사 대상이 아니다. 사탕수수는 다년생 작물이고 이 지역은 점토질의 비옥한 토양을 가졌기 때문에 사탕수수가 죽지 않는 한 사탕수수를 뽑아 버리고 다시 심는 농민은 없다. 게다가 토양 재생을 위해 다른 작물을 심으면 소득이 줄어드는데 소규모 농민은 그 비용을 감당할 수 없다. 곤살레스는 지금의 농경지에 지난 13년간 줄곧 사탕수수만 심어 왔지만 해충이나 단일경작으로 인한 토질 훼손은 걱정하지 않는다고 말한다. 지금까지 그런 문제가 발생한 적이 없기 때문이다.

인증 기관이 문서를 검토하든 아니든, 농경지를 방문해 조사하든 안 하든, 이바라나 곤살레스 같은 생산자는 화학물질을 사용하지 않고 사탕수수를 재배할 것이다. 그들이 아는 재배법이 유기농법뿐이고 비용을 감당할 수 있는 재배법도 유기농법뿐이기 때문이다. 돌려짓기를 하지 않고 농경지의 생물 다양성을 확대하기 위해 노력하지 않는 것은 사실이지만, 두 농민이 살충제를 쓰거나 합성 비료를 뿌려서 인증 기관을 속일 가능성은 매우 낮다. 그렇다 해도 모든 생산자의 농장을 방문 조사하는 대신 〈아수카레라〉의 자체 감사에만 의존한다면 인증 기관은 그 외에 있을지 모르는 다른 여러 가지 부정행위를 포착할 수 없게 된다.

이비티루수

파라과이의 생태계는 크게 둘로 나뉜다. 인구가 적은 북쪽과 서쪽에는 더 건조한 기후의 그레이트 차코 숲Great Chaco Forest이 아르헨티나 국경까지 뻗어 있고 동쪽에는 아르헨티나와 브라질로 이어지는 대서양림이 자리 잡고 있다. 옛날에는 대서양림이 숲으로 뒤덮여 있었지만 농경지와 목초지를 만들기 위해 나무를 베어 내기 시작하면서 생물군이 파괴되어 지금은 일부 동식물만이 남아 있다. 환경 연구가들은 이렇게 말한다. "기존 산림의 90퍼센트가 사라진 대서양림이야말로 지구상에서 가장 심하게 훼손되고 가장 크게 위협받는 생태계다."[60] 〈아수카레라〉의 테비콰리 제분 공장에서 그리 멀지 않은 곳에 여러 개의 언덕이 모여 있는 이비티루수Ybytyruzú가 있다. 그곳에서 두 번째로 높은 아카티Acati 꼭대기로 차를 몰고 올라가자 최근 새로 개간한 들판이 눈에 들어온다. 들쭉날쭉한 나무 둥치만이 전에 그 자리에 무엇이 있었는지 말없이 전한다. 예전에는 흙과 풀로 뒤덮여 있었을 빈터 한가운데 비어져 나온 나무 그루터기가 흉물스럽다. 약 1헥타르의 개간된 토지 뒤로는 사람의 손을 타지 않은 나무들이 싱싱하게 자라고 있다. 이비티루수 지역 대부분은 자원 관리 보호구역Managed Resource Reserve으로 지정되어 허가를 받아야만 나무를 벨 수 있지만 이비티루수 지역의 소규모 농민이 불법으로 개간해 경작하는 농경지가 파라과이 동부 지역에 남아 있는 최후의 산림을 야금야금 갉아먹고 있는 실정이다.

마리아노 마르티네스Mariano Martinez는 보호구역의 숲이 벌목꾼, 농민, 산불의 손에 사라지지 않도록 감시하는 감시원이다. 30대 후반의 마르티네스는 지난 15년 동안 이비티루수 공원을 지키는 단 한 명의 감시원이었다. 2만 4천 헥타르에 달하는 보호구역 안 도로는 대부분 가파르고 거친 비포장도로다. 정부는 보호구역만 지정했을 뿐 차량, 전화, 사무실, 컴퓨터, 산불 방지 장비같이 정작 마르티네스의 업무에 필요한 장비는 하나도 지원해 주지 않았다. 마르티네스가 개간된 토지를 조사하기 위해 이동할 때 공무원처럼 보이기 위해 할 수 있는 일이라고는 카키색 조끼를 입고, 캔버스 천으로 만든 모자를 쓰며, 망원경을 들고, 전에 참석했던 환경 컨퍼런스에서 받은 가방을 메는 정도뿐이다.

"이 땅은 루이스 데 헤수스 에스코바르의 땅입니다."[61] 산림이 파괴된 땅이 마주 보이는 도로에 서서 마르티네스가 말한다. 마르티네스는 에스코바르(가명)라는 소농민이 사탕수수밭을 만들기 위해 이 땅을 개간했다고 생각한다. "의심의 여지가 없습니다. 토지의 규모나 도로 바로 옆이라는 위치로 볼 때 이 땅은 틀림없이 사탕수수 밭이 될 겁니다." 도로를 따라 여러 개의 사탕수수 밭이 늘어서 있다. 에스코바르를 만나 산림이 파괴된 땅에 관한 이야기를 나눌 수 있겠냐고 묻자 마르티네스는 당혹스러운 얼굴로 고개를 가로저었다. "그와 이야기를 나눠 봤자입니다. 폭행당하지 않으면 다행이지요. 게다가 이미 모두 개간된 마당에 말이 무슨 소용이겠습니까."

마르티네스는 조끼 주머니에서 권총을 꺼내 보여 주면서 이곳 주민 모두가 38구경 권총을 소지하고 있다고 말한다. 그가 가진 권총은 정부가 지급해 준 것이 아니라 다른 정부기관에서 빌린 것이다. "쏴 본 적은 없지만, 총에 맞을 뻔한 적은 많았습니다." 마르티네스는 보호구역을 순찰하던 중 개간을 의심받고 있던 남자가 라이플총으로 자신의 가슴을 겨누고 당장 떠나라고 말한 일, 아내와 세 자녀와 함께 집에 있는데 차량 한 대가 지나가면서 하늘에 두 발, 집을 향해 한 발을 쏘았던 일을 회상한다. 다행히 총알이 벽에 박혀 다친 사람은 없었지만 총을 쏜 사람은 끝내 밝히지 못했다. "정치적, 금전적, 사업적 이해관계가 수두룩하게 얽혀 있어요. 이곳 사람들은 정말 위험한 사람들입니다. 이 숲에 가장 큰 압력을 가하는 것은 미국과 유럽의 유기농 설탕 수요입니다."

에스코바르가 개간한 땅은 이비티루수의 한가운데 자리 잡고 있지만 마르티네스가 감시하는 보호구역에는 속하지 않는 것으로 밝혀졌다. 보호구역으로 곧바로 이어지는 가파르고 좁은 계곡을 따라 파괴된 산림의 모습이 육안으로도 확인된다. "농민에게는 땅에 의지해서 생계를 유지할 권리가 있다는 사실을 인정해야 합니다. 딸린 식구가 늘어나면 이곳을 떠날 수도 없으니 소득을 늘리려면 점점 더 많은 땅을 개간할 수밖에 없게 됩니다." 보호구역 안팎에 사는 주민이 나무를 벨 때는 허가를 받아야 하지만 농민 대부분은 이 규정을 무시한다. 2004년 시행된 "산림 파괴율 제로 법안"이 성공했다는 평가가 있기는 하지만 이 지역에서는 법 시행이 사실상 마비된 것이나 다름없어서 개간이 계속 진행된다.

마르티네스에 따르면 보호구역 안이나 주변에 사는 농민 대부분은 유기농 인증을 받았다. 에스코바르도 유기농 인증을 신청할 것이고 공식 인증 표식을 받게 될 것이다. 이 지역에서 산림 파괴란 새로운 일이 아니다. 공식 유기농 인증 제도가 시행되기 전에도 심심치 않게 이뤄져 왔기 때문이다. 하지만 유기농 인증을 받아 높은 가격을 받게 된 뒤부터 개간 속도가 더 빨라졌다. 살디바르는 이렇게 말한다. "유기농 인증을 받기 시작했을 때만 해도 이 지역 농민에게 잘 된 일이라고 생각했습니다. 유기농 인증 덕분에 이비티루수 구릉지대 둘레를 그린벨트로 설정할 수 있을 것이라 생각했거든요. 그런데 유기농 사탕수수를 키우는 농민이 숲으로 진출해 숲을 개간하는 계기만 되고 말았습니다."[62]

유기농의 힘

미국과 EU는 국내 유기농산물 유통이나 국제 유기농 무역이 원활히 이루어지도록 유기농업과 유기농 식품 산업이 따라야 할 기준을 규정해 법제화했다. 미국의 규제는 50개 주에 일률적으로 적용된다. 그러므로 미국에 농산물을 판매하는 업체는 공식 규제 기준 하나만 충족시키면 된다. 물론 전국 차원의 유기농 기준이 전면적으로 시행된 2002년 이전에는 미국도 각 주에서 필요할 때마다 그때그때 정한 임기응변식 기준에 따라 규제를 시행했다.[63] 인증 관련 규제가 우후죽순으로 난립한 상황이었다면 〈아수카레라〉 같은 회사는 수요층이 풍부하고 왕성하게 성장하는 미국 시장에 쉽게 진입할 수 없었을 것이다. EU도 1990년대 초반부터 유기농 인증 관련 규제를 도입해 시행해 왔다. 전국에 일률적으로 적용되는 미국의 규정보다는 여전히 덜 일률적이지만 EU의 규정 역시 유기농 부문에 대한 규제 확립에 크게 기여했다. 미국과 EU는 세상에서 유기농 시장이 가장 크게 발달한 곳이기 때문에 이들이 정한 기준이 사실상 전 세계 모든 유기농을 규제하는 규정이라고 할 수 있다.

미국과 EU는 유기농 식품을 규제 대상으로 정하고 규제한다. 하지만 어떤 방식으로 규제가 시행되고 있는가는 다른 문제다. 미국의 경우 정부가 직접 규제를 시행하는 것이 아니라 규제를 대행할 민간 인증 회사를 선정해 규제 업무를 위탁한다.[64] 민간 인증 회사의 활동에 심각한 문제가 발견되면 정부가 개입한다고 하지만 사실상 인증 회사가 모든 실권을 쥐고 있다. 〈아수카레라〉의 농경지에서 무슨 일이 일어나고 있는지 묻자 〈국제 유기농 인증 기관〉 총책임자 재클린 보웬은 대답을 거부한다. 그저 내가 파라과이를 방문하고 1년 6개월이 지난 2009년 5월부로 〈국제 유기농 인증 기관〉은 〈아수카레라〉의 유기농 인증에 간여하지 않는다[65]고 말할 뿐 그렇게 된 이유에 대해서는 말을 아낀다. 무슨 일이든 일단 감추고 보는 것이 유기농 인증 기업에 유리하다. 〈국제 유기농 인증 기관〉만 그런 것이 아니라 다른 인증 회사도 마찬가지다. 어떤 인증 회사든 〈아수카레라〉에 조사관을 파견해 이슬라알타의 산림 파괴에 관한 문제를 제기하거나 〈아수카레라〉가 단일경작을 한다는 이유로 유기농 인증을 받을 수 없다고 생각한다면 그 인증 회사는 큰 고객을 잃을지도 모르는 위험을 떠안게 된다. 페리에라 조합장과 살디바르에 따르면 지난 7년간 〈아수카레라〉가 유기농 인증 갱신 비용으로 〈국제 유기농 인증 기관〉에 지불한 금액은 매년 2만 5천 달러였다.[66]

〈아수카레라〉가 규정을 위반한 사실을 〈국제 유기농 인증 기관〉이 인지했는지는 불분명하지만 과거에도 〈국제 유기농 인증 기관〉이 여러 거물급 고객을 보호해 왔다는 사실은 잘 알려져 있다. 그중 가장 유명한 것은 〈오로라 오거닉 데어리Aurora Organic Dairy〉 사건이다. 미국에서 가장 큰 낙농 시설을 갖춘 회사에 속하는 〈오로라 오거닉 데어리〉는, 지금은 미국 최대 유제품 공급업체로 자리매김한 〈딘푸드〉가 운영하는 〈호라이즌 오거닉 데어리Horizen Organic Dairy〉의 설립자가 소유하고 운영하는 회사였다. 〈오로라 오거닉 데어리〉가 생산한 우유는 〈타겟Target〉, 〈월마트〉, 〈세이프웨이Safeway〉 같은 주요 체인형 유통 회사의 상표를 붙이고 판매된다.[67] 체인형 소매 유통 업체는 보통 생산자의 상표를 붙인 유기농 우유보다 자체 상표를 붙인 우유를 더 저렴한 가격에 판매한다. 2007년 미 농무부 감사에서 〈오로라 오거닉 데어리〉의 콜로라도 주 목장과 텍사스 주 목장, 콜로라도 주 유가공 공장에서 10여 건의 '의도적인 규정 위반' 사례가 적발되었다.[68] 감사 결과에 따르면 〈오로라 오거닉 데어리〉는 소를 방목장에 풀어 놓고 풀을 뜯게 하는 대신 산업형 비육장에 가까운 방식으로 목장을 운영해 왔고, 유기농 소와 통상적 방식으로 관리되는 소를 한곳에 모아 놓고 길러 왔으며, 관련 활동 및 관련 거래를 문서로 남기지 않았다.[69] 위스콘신 주에 위치한 감시 단체 〈코르뉴코피아 연구소Cornucopia Institute〉는 미 농무부와 함께 〈오로라 오거닉 데어리〉를 상대로 소송을 제기했고, 이 위반 사례는 〈오로라 오거닉 데어리〉의 유기농 인증을 담당한 〈국제 유기농 인증 기관〉이 절대 놓치고 지나갈 수 없을 만큼 매우 명백한 위반이었다고 증언했다.[70]

〈오로라 오거닉 데어리〉의 유기농 인증을 승인한 〈국제 유기농 인증 기관〉은 감사받는 내내 고객 편을 들었고, 미 농무부가 규정 위반이라는 판단을 내린 뒤에도 입장을 바꾸지 않았다.[71] 끝에 가서는 〈오로라 오거닉 데어리〉가 감사에서 지적받은 문제점을 시정하는 대신 범법 사실은 없었던 일로 하기로 합의했다.[72] 물론 〈국제 유기농 인증 기관〉의 낙농업 인증 업무 수행에 관련된 징계도 전혀 없었다.

"사람들은 규제에 지나치게 목숨을 겁니다."[73] 〈국제 유기농 인증 기관〉 부사장과 〈전국 유기농 기준 위원회〉 현직 위원을 겸임하고 있는 조 스마일리Joe Smillie는 최근 인터뷰에서 이렇게 말했다. "그러니까 제 말은 '중요하지 않은 규정은 완화할 방법을 찾아보자'는 거지요. (…) 우리가 판매하는 게 뭡니까? 우리가 건강식품을 판매하나요? 아닙니다. 소비자가 명왕성에 있는 비닐하우스에서 재배되는 유기농 식품을 기대할까요? 정신 차려요. 우리는 지금 오염된 세계에 살고 있어요. 지구는 어차피 깨끗할 수 없으니 우리는 그저 최선을 다하면 되는 겁니다."

유기농을 옹호하는 사람들은 하나같이, 모든 유기농민과 모든 유기농 식품 가공업체가 규정을 위반하는 것은 아니라고 힘주어 말한다. 하지만 인증받은 농민이나 인증받은 식품 가공업체가 규정을 모두 준수한다고 해도 기준과 기준의 시행 자체에 심각한 결함이 있다면? 자회사 〈스몰플래닛Small Planet〉 밑으로 뭐어 글렌과 캐스캐디언 농장을 거느리고 있는 〈제너럴밀스〉 유기농 구매부서 책임자 피터 르콩트는 전 세계 최대의 유기농 식품 구매자 중 하나로 〈아수카레라〉의 주요 고객이다. 인터뷰에서 피터 르콩트는 〈아수카레라〉의 토지 이용 방식이나 농장 운영 방식을 언급할 수는 없지만 현재의 인증 체계에 속임수가 통용될 만한 허점이 있다는 사실에는 동의했다. "물론 그렇습니다. 영리한 사람이 속임수를 쓰려고 마음먹는다면 충분히 속여 넘길 수 있습니다."[74] 유기농 산업 관계자라면 누구나 이런 사실이 소비자의 귀에 들어가지 않기를 바랄 것이다. 허점투성이인 유기농 규정을 적당히 이용하면 관행 농법에 가깝게 재배한 유기농산물이라도 유기농 식품의 부가가치를 포기하지 않은 채 통상적 식품의 10퍼센트, 30퍼센트, 심지어 50퍼센트나 높은 가격에 판매할 수 있다. 피터 르콩트는 이렇게 말한다. "머리보다는 가치를 앞세워 유기농산물을 소비하는 경우가 많기 때문입니다." 〈제너럴밀스〉의 간부만 이런 평가를 내리는 것은 아니다. 또 다른 대형 유기농 기업인 〈하인셀레스셜Hain Celestial〉 국제 조달 책임자 브루노 피셔Bruno Fischer 역시 비슷한 시각을 가지고 있다. 내가 참석한 어느 유기농 무역 박람회에서 피셔는 청중에게 이렇게 말했다. "대부분의 소비자는 단순합니다. 그렇기 때문에 상표만 보고 다른 것은 신경 쓰지 않습니다."[75]

식료품점 매대 앞에 서서 그 상품에 관련된 서로 경쟁하는 이해관계나 상호 연관된 유통 단계까지 한눈에 꿰뚫어 볼 수는 없다. 소농민이 공정 무역이나 유기농 인증을 받는 것은 가능하지만 대신 단 한 곳의 특정 구매 업자에게 얽매이게 되기 때문에 여전히 생계가 가능한 임금조차 벌지 못한다. 무슨 이유였

든 계약이 파기되면 소농민만 피해를 입는다. 케첩 병에 부착된 유기농 라벨은, 설탕을 비롯한 케첩의 성분이 원래의 숲이 잘 보존된 지역의 단일경작을 하지 않는 밭에서 난 농산물을 원료로 한 것이라고, 생태계를 지켜야 한다고 생각하는 소비자에게 속삭인다. 하지만 그것은 사실이 아닐 수도 있다. 생물다양성 증진, 공정한 노동조건 보장, 유독성 화학물질 사용 중단을 약속하는 우표만 한 작은 표식에서 거기에 얽힌 복잡한 현실을 읽어 내기란 여간 어려운 일이 아니다. 서구에 사는 사람들 대부분은 유기농이 자연의 흐름을 따르는 순환 체계로의 회귀를 지향한다고 생각한다. 하지만 공식 유기농 인증이 파라과이의 동부 산림 같은 지역에서 의미하는 바는 그렇게 간단하지 않다.

〈아수카레라〉의 제분 공장과 여기저기 흩어져 있는 플랜테이션을 돌아보며 긴 하루를 보낸 뒤 살디바르르는 〈홀섬스위트너〉와 〈아수카레라〉가 앞으로도 계속 유기농 설탕 시장에서 독보적인 위치를 유지할 거라는 보장은 없다고 말한다. "다른 나라의 생산자들이 더 낮은 가격을 제시할 가능성도 있습니다. 그렇게 되면 하룻밤 사이에 모든 것이 몽땅 날아갈 수도 있어요. 사업이란 게 다 그렇고 그런 거잖아요." 단기간에 많은 사탕수수를 생산할 수 있다는 특징은 변하지 않을지 모르지만 그렇다고 유기농 무역에서 파라과이의 입지가 영원히 변하지 않는 것은 아니다. "저는 미래를 생각하지 않습니다. 미래를 믿지 않거든요. 확실한 모든 것은 동시에 불확실합니다. 당신은 방금 이런 모순과 더불어 살아가는 법을 배운 셈입니다."[76]

며칠 뒤 고급 식당에서 마지막으로 살디바르르를 만났다. 남미 카우보이 차림의 종업원이 구운 닭고기 가슴살과 신선한 스테이크를 가져다주었다. 우리가 앉아 있는 차양 밑 테라스 주위로 꼬질꼬질한 넝마를 걸친 아이들이 쓰레기 가득한 손수레를 타고 지나가지만 살디바르는 눈길 한 번 주지 않는다. 대화를 이어 갈수록 살디바르가 전에 나에게 했던 말을 바꾸려 한다는 느낌이 든다. 살디바르는 형체를 드러내고 있는 생태 위기를 대형 유기농 기업이 바로잡을 수 있다고 생각한다며 전에 했던 말을 번복했다. 살디바르는 유기농 유통 체계가 스스로를 구원할 것이라고 주장하면서 생태계의 안정을 되찾기 위해 사회 변화를 꾀하는 일은 너무 위험한 일일 뿐이라고 말했다. 때마침 그의 휴대폰이 울리고 스무 살 난 살디바르의 맏아들이 납치당했다는 비보가 날아들었다. 살디바르가 차로 내달리는가 싶더니 어느새 그의 자동차 미등 불빛이 도로를 따라 달려 내려간다.

호텔로 돌아오는 길에 문득 그 부자 동네의 모습을 유심히 살펴보았다. 축구장을 비추는 데 사용될 법한 조명탑을 설치한 집 한 채가 눈에 띄었다. 희뿜하게 빛나는 네 귀퉁이로 전등 불빛을 받은 벌레가 궤적을 그리며 날아다닌다. 족히 9미터는 되어 보이는 높은 기둥 꼭대기에 매달린 전등이 뒤뜰을 밝힌다. 모든 것이 가파르고 조용한 벽 속에 갇혀 있다. 부자 동네의 집들은 불청객 접근 사절이라는 말을 온몸으로 표현하고 있다. 외부인이 이곳을 함부로 돌아다니다가는 지켜보던 누군가의 총에 맞아 죽을 수도 있다.

파라과이 같은 나라에서는 부자에게든 가난한 사람에게든 불확실성이 손에 잡힐 듯 명료해서 자연스러운 삶의 일부처럼 보일 지경이다. 불확실성의 존재는 하루에도 수십 번씩 바뀌는 열기마냥 변화한다. 이른 아침에는 그늘, 나무 밑, 수풀 주위에 찬 기운이 남아 있지만 찬 기운은 떠오르는 햇빛을 받으며 이내 물러간다. 곧 태양이 인정사정없이 이글거리며 숨 막힐 듯한 열기가 피부를 태운다. 태양이 보내는 온기는 단 몇 시간 만에 도저히 참을 수 없는 힘으로 전환된다. 밤이 되어 휴식을 취하려는 듯 열기가 사라지고 어둠이 내리면 투광 조명등이 세상을 밝힌다.

이런 상황에서는 생물 다양성을 파괴하고, 나무를 베어 내며, 인증 기관과 협상하고, 소농민에게 돌아갈 이득을 갈취하는 일이 기이하게도 논리적인 것처럼 보일 수 있다. 남이 하기 전에, 아니면 경제구조나 정치 구조가 분열되어 완전히 무너지기 전에 왜 이 사업에 뛰어들지 않는가? 극심한 빈곤과 지나친 부가 공존하는 양극화의 한복판에서 유기농이라는 개념은 의미를 상실한다. 이곳 사람 대부분은 상수도도 없는 현실을 견뎌야 하지만 모든 것을 소유한 자는 끊임없는 두려움 속에서 살아야 한다. 유기농 시장은 분명 이곳을 위한 시장이 아니다. 경제가 완전히 파탄난 개발도상국에서 살아가는 사람 대부분은 유기농 작물을 재배해 판매하고 먹으면서도 막상 '유기농 식품'의 의미조차 모른다. 오늘날의 유기농 개념은 독특한 문화적 창조물이다. 유기농 개념은 과거 농업 체계를 산업화한 장본인이면서 이제는 산업적 농업 체계의 부정적인 효과를 치유하기 위해 노력하는 선진국에서 창안한 개념이다. 규정을 준수하는 유기농민도 있지만 속임수를 쓰거나 규정을 약화시키기 쉬운 조건이 팽배해 있다. 서구 경제를 지배하는, 끊임없이 확장해야 한다는 성장의 압력은 경쟁을 심화시켜 이윤을 낼 수만 있다면 수단과 방법을 가리지 않게 만든다. 지구를 이롭게 하려는 바른 마음가짐으로 유기농 작물을 재배해 서구의 소비자들이 마음에 품은 바람을 이뤄 주는 소규모 농민, 이 아름다운 광경이야말로 친환경 시장이 약속하는 가장 이상적인 각본이다. 하지만 이런 아름다운 모습이 오래 지속되지 못하고 쉽게 다른 것으로 변질되고 마는 것이 먼 나라에서 이뤄지는 유기농업의 현실이다.

2부 주거

3장

생태 건축, 새로운 에너지 생산 기지

런던 자치구 외곽에 위치한 서튼Sutton은 수백 년의 역사를 지닌 동네지만 이곳에 위치한 베딩턴Beddington 주택단지는 제2차 세계대전 이후 건설된 영국의 일반적인 교외 지역과 다름없어 보인다. 앞마당과 뒷마당에 작은 잔디밭이 딸린 연립주택이 줄지어 서 있는 베딩턴은 평범한 회색빛 도시다. 집으로 들어가는 진입로나 연석 주변에 자동차가 주차되어 있는가 하면 해크브리지Hackbridge 기차역 주차장에 주차된 차량은 런던 도심에서 제조업에 종사하거나 사무원으로 일하는 주인을 기다리며 하루 종일 서 있다.[1] 기차역을 나와 10분가량 걸어가자 꼭대기에 밝은 색 금속제 환기구를 설치한 상업 건물이 있는 주택단지가 눈에 들어온다. 단지 앞에는 줄여서 베드제드BedZED라 부르는 베딩턴 제로 에너지 개발Beddington Zero Energy Development 표지가 있다. 녹색 건물을 실험한다는 사실 때문에 세간의 이목을 끈 베드제드 주택단지는 2002년 지역 건축가 빌 던스터Bill Dunster, 환경 자문 회사 〈바이오리즈널BioRegional〉,

집이 필요한 사람들에게 주택을 제공하는 런던 시 비영리단체 〈피바디Peabody〉가 공동으로 건설했다. 현재는 빌 던스터와 〈바이오리즈널〉이 베드제드 주택단지의 관리를 책임지고 있다.

베드제드 주택단지는 직사각형 모양의 4층짜리 아파트 건물 다섯 동으로 이뤄져 있어 사람들이 선호하는 주변의 일반 가옥에 비해 인구밀도가 높다.[2] 100여 가구가 모여 사는 베드제드 주택단지에는 주민 회관과 사무용 건물도 있다. 독창적인 형태로 지어진 건물 전면은 벽돌과 유리로 마감했고 나무판을 활용한 건물 후면은 둥글게 마무리되어 배를 연상시킨다. 거의 모든 가구에 테라스 형태의 작은 정원이 딸려 있는데 작은 정원은 1층뿐 아니라 2층에도 있다. 베드제드 주택단지에 있는 건물 대부분에는 녹색 지붕이 설치되어 있다. 보통 키가 작고 조밀하게 자라는 세덤 같은 식물로 지붕 표면을 덮는데 겨울에는 단열 효과를 내고 여름에는 실내 온도를 낮추는 기능을 한다. 베드제드 주택단지는 자동차 충전 시설을 갖춘 주차장 외에도 수처리 시설, 태양광 패널, 자체 전력 시설, 난방시설을 갖추고 있다. 베드제드라는 이름에서 알 수 있듯 이산화탄소나 다른 온실가스를 대기 중에 전혀 배출하지 않는 건물을 만든다는 생각이 베드제드 주택단지 건설의 바탕이 되었다.

녹색 건축이라고 하면 사람들은 시골의 흙길 옆에 서 있는 전기도 들어오지 않는 초가집을 연상하거나 찰스 왕세자가 소유한 잉글랜드 콘월Cornwall의 친환경 저택 하이그로브 하우스Highgrove House를 떠올릴 것이다. 왕세자는 조지 왕조 시대에 지어진 이 위엄 넘치는 장원을 재설계해 음식물 쓰레기로 퇴비를 만들고 싱크대나 욕실에서 나오는 생활하수를 재활용하는 시설을 설치했다. 하이그로브 하우스에는 15헥타르 넓이의 정원과 너른 농장이 딸려 있는데 모두 유기농법을 활용해 관리한다.[3] 한편 녹색 건축이라고 하면 재활용 데님 소재 단열재, 대나무 바닥, 화학 처리하지 않은 페인트 같은 그렇고 그런 친환경 건축자재 따위가 떠오르게 마련이다. 그러나 베드제드 주택단지나 덴마크, 스웨덴, 독일에 있는 그와 비슷한 주택단지들은 평범한 사람들을 위한 일반적인 녹색 건축을 광범위하게 활성화하려고 애쓰고 있다. 이 나라들의 시 정부, 지역 정부, 건설업자, 건축가는 물질의 재활용이나 재사용에만 관심을 보이는 것이 아니라 가정의 에너지 개념을 철저하게 재규정하고자 한다.[4] 친환경 건물 건설은 건물을 사용하는 동안 에너지가 소비되면서 늘어나는 생태 발자국을 지금보다 대폭 줄일 수 있는 의미 있는 일이다. 그러나 친환경 건물을 짓는 데 자원이 너무 많이 들어간다고 우려하는 목소리도 있다. 정확한 수치로 계산해내기가 어렵기 때문에 친환경 주택이 생태계에 가져다주는 이득에 비해 자원이 정말 지나치게 많이 들어가는 것인지 아닌지의 문제는 녹색 건축 옹호자들 사이에서도 논란거리다. 어느 쪽을 지지하든 기존의 건물이 에너지를 잡아먹는 하마라는 사실은 변하지 않는다. 주거용 건물과 상업용 건물에서 사용하는 에너지로 인해 배출되는 이산화탄소는 각국의 이산화탄소 배출량에서 큰 비중을 차지하는데 미국은 약 40퍼센트,[5] EU는 약 36퍼센트,[6] 영국은 절반이다.[7] 그렇다면 이 신세대 녹색 주택이 현재의 기본적인 주택을 대체할 만한 실질적인 대안일까?

2009년 겨울, 베드제드 주택단지가 어떤 곳인지 알아보기 위해 그곳으로 떠났다. 2층 아파트로 지어진 견본 주택에서 건물의 에너지 효율이 얼마나 높은지 짐작할 만한 단서를 찾을 수 있다. 1층에는 욕실과 두 개의 커다란 침실이 있고 침실에는 유리창이 달린 베란다가 딸려 있다. 마침 오후에 방문한 참이라 방 안으로 한가득 들어오는 햇살이 인상적이다. 2층에는 간이 욕실, 작은 침실, 주방, 응접실, 거실이 있는데 역시 베란다가 딸려 있다. 던스터와 함께 일하는 직원 존 셰익스피어John Shakespeare가 집 구석구석을 소개하면서 집 뒤쪽 테라스에서 집 안으로 들어온 빛이 열로 바뀌어 집 안을 덥히는 패시브하우스Passivhaus의 난방 체계에 대해 설명한다.

던스터는 에너지 소비를 줄일 수 있는 방법을 많이 찾아냈다. 단열을 강화하기 위해 주택에 두꺼운 벽체와 최첨단 창문을 시공했다. 그러면 사실상 공기가 들고 날 수 없게 되므로 환기 시설이 필요한데, 이때 신선한 공기를 유입시키면서도 열은 빠져나가지 않는 특별한 환기 시설을 설치한다. "패시브하우스는 태양에서 열을 모을 뿐 아니라 집 안의 사람, 가전제품, 심지어는 애완동물에게서 나오는 열도 모을 수 있도록 설계"되며 중앙 난방장치는 필요할 때만 사용한다고 셰익스피어가 설명한다. 에너지 사용을 줄이는 또 다른 방법은 거주자들에게 그들이 얼마나 많은 에너지를 소비하는지 보여 주는 것이다. 싱크대 안에는 전기, 난방, 수도 사용량을 각각 표시하는 계량기 세 개가 달려 있다. "보통은 이런 계량기를 지하실에 설치합니다. 하지만 계량기가 싱크대 안에 있으면 사람들이 계량기를 자주 들여다보게 되니까 아무래도 소비가 줄어듭니다."

개발자들은 자체 수처리 시설, 폐목재 같은 바이오매스를 연료로 하는 전력·난방시설 등 복잡한 기술을 적용했다. 또한 필요한 에너지 수요를 자체적으로 조달할 수 있도록 설계했는데, 바이오매스 시설, 광전 변환 시설로 알려진 태양광 패널로 전기를 생산하고 태양열 온수 시설로 온수를 공급한다. 이 시설들은 모두 탄소 배출을 최소화하는 것들이다.(화석연료와 다르게 목재 같은 유기 물질은 나무가 살아있을 때 흡수한 이산화탄소만을 배출한다.) 그러나 영국 친환경 주택 시장은 던스터 같은 일부 사람들의 바람에 비해 아주 느리게 성장하기 때문에 기술이 자꾸 발전해 가는 다른 나라에 비하면 영국의 기술 발전은 정체 상태나 다름없다. 그렇기 때문에 이들의 실험은 시작부터 험난했을 것이다.

바이오매스 발전소는 이미 몇 년 전에 가동을 멈춘 상태다. 석탄이나 천연가스 대신 연료로 사용하는 나무의 재가 제대로 배출되지 않아 장비가 고장 났는데, 베드제드 주택단지가 입주를 시작하고 얼마 지나지 않아 발전소를 관리하는 회사가 부도난데다 영국에는 이런 시설을 운영할 만한 기술을 보유한 회사가 없어서 발전 설비를 고칠 엄두조차 내지 못하는 상황이다. 그래서 베드제드 주택단지에 사는 주민들도 영국의 다른 사람들과 마찬가지로 모든 에너지를 기존 전력 시스템에서 나오는 전기에 의존하고 있다. 검은 물이라고 완곡히 표현하는 생활하수를 비롯해 베드제드 주택단지에서 나오는 모든 폐수를 재사용할 수 있게 만드는 폐수 처리 시설도 부족하다. 베드제드 주택단지에는 1980년대 미국에서 낸시 잭 토드Nancy Jack Todd와 존 토드John Todd가 개발한 '살아 있는 기계'가 설치되어 있다.[8] 살아 있는 기계란 폐수가 내뿜는 박테리아나 유독성 물질을 정화하는 식물과 조류藻類를 섞어 담아 놓은 커다란 수조를 말한다. 생물을 활용해 폐수를 정화한다는 독특하고 환상적인 생각은 실현 가능한 현실적인 기술이지만 베드제드 주택단지는 그 수조를 유지 보수할 수 있는 관리 직원을 구하지 못해 설비를 놀리는 형편이다. 하는 수 없이 다른 방식의 폐수 처리 기술을 도입해 화장실에서 나오는 폐수를 재활용하고 있다. 베드제드 주택단지 건설을 구상한 사람들의 목표 중 일부는 달성되었지만 일부는 완전히 실패했다. 베드제드 주택단지는 현재 진행형인 사업인 것이다.

던스터는 떡 벌어진 어깨에다 나이에 비해 어려 보이는 얼굴에 염소수염을 길렀다. 건축가 던스터는 생동감 넘치는 인물이지만 말을 시작하면 진지하기 그지없다. 결과와 책임, 지금처럼 많은 자원을 내다 버리는 행태를 멈춰야 하는 이유 등이 쉴 새 없이 쏟아진다. 던스터는 내가 유리로 된 회의 탁자 앞에 자리를 잡고 앉기도 전에 벌써 베드제드 주택단지에 관련된 파워포인트 자료를 화면에 띄워 놓고는 말문을 열었다. "영국이 얼마나 많은 재생에너지를 사용할 수 있을지 조사해 봤는데 그리 많지 않더군요. 화석연료 쓰던 것을 재생에너지 사용으로 전환하면 그만이다 생각하시겠지만 재생에너지 공급이 충분하지 않기 때문에 그럴 수가 없습니다. 그러니 화석연료를 최대한 적게 쓰는 수밖에 다른 방법이 없는 것입니다." 석유 정점에 관한 몇 가지 통계들을 휙휙 넘기며 소개한 뒤 우리가 당장 생활 방식을 바꾸지 않으면 안 되는 이유에 대해 설명한 던스터는 각 나라가 외부 자원 의존도를 최대한 낮추면서 에너지 수요를 충족시켜야 한다고 덧붙인다.

던스터는 베드제드 주택단지 같은 친환경 주택이 석유 정점이라는 위기를 극복할 방안이라고 말한다. 던스터는 기존의 높은 생활수준을 유지하면서도 에너지는 훨씬 적게 소모하는 집을 설계하지 않으면 사람들을 설득할 수 없다고 생각한다. 베드제드 주택단지의 단점에 대해 묻자 던스터는 이렇게 답한다. "이곳은 유토피아가 아닙니다. 기적이란 없어요. 그러니 베드제드 주택단지를 기적과 같은 곳이라고 생각하지는 마세요." 개인 투자나 정부 투자가 충분하지 않기 때문에 기술적인 면에서 만족스럽지 못한 부분이 많다. 던스터, 〈바이오리즈널〉, 〈피바디〉 같은 소수의 개인이나 단체만이 연구 개발을 진행한다면 이런 기술과 기법이 사람들의 광범위한 지지를 받는다 해도 개선은 느릴 수밖에 없다. 던스터는 이렇게 덧붙인다. "은행도 정부도 소용없습니다. 모든 일은 스스로의 힘으로 해결해야 합니다."

지난 30년 동안 사람들은 생태계를 보호하려면 불편한 생활을 감수해야 한다고 생각해 왔다. 사람들의 머릿속에는 금욕적인 생활을 하는 히피, 맛없는 음식, 악취 나는 퇴비 더미, 텔레비전이나 식기세척기 없는 생활, 샤워 거품도 다 못 닦을 만큼 물 아껴 쓰기 같은 인상이 박혀 버렸다. 반면 새로운 환경주의는 생태계를 보호하면서도 안락한 생활이 가능하다고 약속한다. 최첨단 기술을 적용한 주택에는 끝내주는 녹색 가전제품이 가득하다. 그러나 극과 극을 달리는 것처럼 보이는 이 두 가지 상황도, [실제로 그렇게 할 수 있는 사람은 적다는 점에서] 사실상 큰 차이가 없어 보인다.

예전의 환경주의를 끝까지 고집하는 사람들도 있다. 2009년 뉴멕시코 주 지역 신문 『마운틴 뷰 텔레그래프*Mountain View Telegraph*』에는 뉴멕시코 주로 이주해 홀로 '어스쉽'을 짓고 있는 캐시 바우어Kathy Baur의 사연이 소개되었다.[9] 바우어는 기자와의 인터뷰에서 이렇게 말했다. "내가 가진 모든 것을 현금으로 바꿨어요. 그리고 '이제 됐어' 하고 외쳤지요. 끔찍하리만치 많은 물건들을 다 버렸으니까요. 집, 근사한 직장, 연금, 전부 다 말이에요." 어스쉽은 1970년대에 마이클 레이놀즈Michael Raynolds가 처음 소개한 구조물로, 반쯤 땅에 묻힌 납작한 형태인데 보통은 난방을 위해 언덕 사면에 기대어 짓고 폐타이어, 빈 깡통같이 버려진 재료들을 자재로 이용한다. 기사는 어스쉽 짓는 법에 관한 세 권의 책을 읽은 바우어가 어떻게 자기 충족적인 삶을 실천하는 데 푹 빠지게 되었는지 소개했다.

바우어는 타이어 천 개에 흙을 다져 넣고 조화롭게 쌓아 곡선 형태의 벽을 세웠다. 벽체 군데군데 검은 고무가 살짝 드러난다. 또한 싱크대와 욕실에서 사용하고 버리는 생활하수가 실내 정원으로 흐르도록 집 안에 내부 물 순환 설비를 설치했다. 바우어는 기자와의 인터뷰에서 이렇게 말했다. "물이 썩기 전에 적어도 세 번은 재사용할 수 있어요." 다른 여러 어스쉽과 마찬가지로 바우어의 집에도 전기가 들어오지 않는다. 눈을 씻고 찾아봐도 다른 집이라고는 보이지 않는 뉴멕시코 주 사막 한가운데 자리 잡은 바우어의 집에서는 지붕에 설치된 태양광 패널을 이용해 지하실에 있는 배터리에 전기를 충전해 사용한다. 난방은 들어오는 햇빛만으로 충분히 해결할 수 있고 최저 온도는 14.4도다.

하루 종일 전등을 켜 놓고 난방을 해야 살 수 있는 사람들에게는 바우어의 생활이 악몽과도 같다. 그런 사람들은 생존을 위해 사투하는 고된 생활 방식 때문에 생태계 보존에 기여하는 가옥에서 살고 싶은 마음이 싹 사라진다고 말한다. 최악은 그 밖에는 선택의 여지가 없다는 것이다. 그러나 최근 들어 상황이 변했다. 지난 10년 사이 녹색 건축에는 꽤 근사한 새 물결이 일고 있다. 근대적인 유리벽에 잔디 지붕을 얹은 단독주택에는 프리우스를 주차할 주차장이 갖춰져 있고 생태계 보존에 기여하는 고층 건물 꼭대기에는 어렴풋하게 보이는 태양광 패널이 설치되어 있다.

로스앤젤레스를 무대로 영업하는 주택 개발 회사 〈리빙홈스LivingHomes〉는 재활용 건축자재, 태양광 패널, 태양열 온수난방, 싱크대와 욕실에서 사용하고 버리는 물을 걸러 외부 정원으로 흘러가도록 만든 물 순환 설비, 에너지 효율이 높은 전등과 가전제품 등을 갖춘 친환경 조립식 가옥을 판매한다. 그러나 〈리빙홈스〉 스스로도 인정하듯 이런 설비의 가격은 만만치 않다. 〈리빙홈스〉 웹사이트에는 이런 내용이 게시되어 있다. "저렴하지는 않지만, 가격 대비 최고 성능의 주택입니다."[10] 이 회사에서 판매하는 주택 중 가장 작은 92.9제곱미터짜리 기본형 주택의 최저 가격은 21만 9천 달러이고 침실 다섯 개를 갖춘 287.9제곱미터짜리 주택은 120만 달러다.[11] 토지 비용, 조사 및 허가 비용, 설계 비용, 건축자재 운송 비용, 기초 공사 및 주택 시공 비용은 제외되어 있다.

복잡한 맨해튼 한복판에 들어선 최첨단 주거 시설은 친환경 주택의 또 다른 단면을 보여 준다. 2003년 완공된 27층짜리 솔레어Solaire 아파트에는 300가구가 산다. 이곳에는 24시간 상주 경비원, 안내원, 체력 단련장 같은 일반적인 편의 시설은 물론 생태계를 보호하는 편의시설이 다양하게 갖춰져 있다. 이 건물은 휘발성 유기화합물은 되도록 피하고 재활용 자재를 되도록 많이 사용해 지어졌다. 솔레어 아파트에 설치된 태양광 패널은 전력을 충분히 공급하며 냉난방기는 석탄보다 이산화탄소를 적게 배출하는 천연가스를 연료로 사용한다. 생활 폐수는 화장실 용수로 재사용된다. 솔레어 아파트를 설계한 건축가들은 체계적인 설계를 통해 용수 사용량이 40퍼센트 줄어들었고 전반적인 에너지 사용량도 뉴욕 주 정부가 정한 권장 에너지 사용 기준보다 35퍼센트 적다고 말한다.[12] 그러나 이번에도 역시 녹색 생활을 하려면 녹색 지폐가 필요하다. 솔레어 아파트의 월 임대료는 최저 3,500달러이고 최고 임대료는 거의 1만 달러에 이른다.[13] 생활에 편리한 요소들이 구비된 이러한 친환경 건물이 자신의 생활 방식에는 더 잘 맞는다고 생각하는 사람들도 있을 것이다. 그러나 생태계 보존에 기여하도록 설계된 설비의 가격이 일반 가정에서는 감당 못할 수준이라면 광범위한 변화를 가로막는 근본적인 장벽은 그대로 남게 된다.

베드제드 주택단지는 극과 극을 달리는 이 두 상황의 중간에 위치한다. 이곳에는 중산층, 노동계급, 주택 보조를 받는 저소득층이 공존하기 때문이다.[14] 그러나 베드제드 주택단지는 시작한 지 얼마 안 되었고 비교적 규모가 작기 때문에 친환경 주택단지가 운영되는 방식을 충분히 파악하는 데 한계가 있다. 그래서 이곳보다 더 안정적으로 운영되는 독일 프라이부르크 생태 공동체를 찾아가 보기로 했다. 세계에서 가장 이름난 친환경 도시 중 하나인 프라이부르크는 보봉Vauban과 리젤펠트Rieselfeld라는 친환경 공동체의 고향이다. 모두 1만 5천여 명의 주민이 거주하는 두 공동체는 10년이 넘는 세월 동안 무리 없이 운영되어 왔다. 두 공동체가 세운 원칙과 방법론은 베드제드 주택단지에 적용된 것과 다르지 않지만 베드제드 주택단지보다 훨씬 대규모로 더 오랫동안 유지되어 왔기 때문에 녹색 생활의 여러 측면을 심도 있게 들여다보기에 더 적합할 것 같았다. 엄격한 녹색 생활이 일반인에게도 편리하고 편안한지 아니면 히피나 돈 많은 전문가만을 위한 것인지 알아보기 위해 두 공동체 중에서 보봉 공동체를 집중적으로 파헤치기로 했다.

세계에서 가장 존경받는 녹색 공동체 두 곳이 독일에 있게 된 것은 우연이 아니다. 지난 30여 년 동안 독일은 생태 건축을 지향하고 재생에너지 발전소를 건립하는 데 앞장서 왔다. 독일이 화석연료를 버리고 자체적인 에너지 생산과 자연 보존을 지향하게 된 일차적인 이유는 1973년 〈석유 수출국 기구(OPEC)〉의 석유 금수조치로 발생한 갑작스럽고 극적인 연료 부족 사태와 독일 국민의 원자력 에너지 거부에 있다.(1979년 이란 혁명이 일어났을 때 두 번째로 석유 공급이 갑작스럽게 감소했다.) 게다가 1970년대 후반 프라이부르크에서 멀지 않은 바덴-뷔르템베르크 주 어느 도시에서 독일 녹색당이 설립되어 생태계에 이로운 정책을 내세우며 정치적 목소리를 내기 시작했다. 오늘날 독일의 태양에너지 산업은 패널 생산, 발전소, 연구 개발 등의 분야에서 전 세계 1위를 달리며 미국, 일본, 중국이 그 뒤를 맹렬하게 추격하고 있다. 지붕에 태양광 패널을 설치한 독일의 가옥은 100가구당 한 가구[15]꼴이고 독일에서 만든 풍력발전용 터빈은 세계 전역에 설치되어 돌아가고 있다. 프라이부르크와 그 주변의 선구 도시들이 여러모로 노력한 끝에 독일은 에너지 효율이 높은 건물에 대해 세계에서 가장 엄한 잣대를 가진 나라가 되었고 그 덕분에 세계의 녹색 건물을 선도하는 나라가 되었다.

보봉

프라이부르크 중앙 기차역에서 3번 트램을 타고 15분쯤 곧장 가면 보봉이 나온다. 멀게는 1120년에 지어진 것도 있는 건물들이 조밀하고 복잡하게 얽힌 프라이부르크 시내의 중세 도시를 지나면 조금 더 나중에 조성된 지역이 나타난다. 트램이 보봉으로 들어서자 페인트 세례로 더럽혀진 광고판이 눈에 들어온다. 책상 앞에 앉아 있는 싱그러운 표정의 여성 사진을 내세워 녹색 산업단지를 광고하는 광고판은 페인트 자국으로 얼룩져 있다.

5천 명이 거주하는 보봉 중심부에 내린다. 좁은 도로와 인도를 따라 3층이나 4층짜리 네모난 아파트들이 늘어서 있다. 보봉에는 사람들이 선호하는 홀로 외떨어진 단독주택이 없다는 사실을 이내 깨닫는다. 서너 가구가 살 만한 아파트부터 여덟 가구, 열두 가구, 열다섯 가구 정도가 들어갈 만한 아파트까지 다양한 크기의 아파트들이 저마다의 자태를 뽐낸다. 근대풍으로 깔끔하게 지은 것, 방갈로 모양으로 마감한 것, 페인트를 독특하게 칠한 것, 외관이 소박한 것 등 모양도 제각각이다. 지붕에는 태양광 패널이 줄지어 서 있고 높은 층, 베란다, 아트리움마다 식물이 가득하다. 아파트 정문마다 자전거 주차장이 있고 1월의 매끄러운 얼음으로 덮여 있는 지층의 작은 후원에는 장화 발자국이 가득하다. 동쪽으로는 눈이 내려앉은 검은 숲의 완만한 언덕이 눈에 들어온다.

자동차는 보이지 않는다. 길에 눈이 쌓여 있는데도 사람들은 자전거를 타고 다닌다. 오솔길마다 부모를 따라 자전거 타는 아이들, 여럿이 어울려 자전거 타는 아이들이 보인다. 보봉 사람들과 점심 식사를 하기로 한 쥐덴Süden이라는 이름의 식당으로 향한다. 트램에서 내려 5분쯤 걸어가자 주도로를 따라 늘어선 건강식품 판매점, 빵집, 아이스크림 가게, 건축사 사무소가 보인다. 그 짧은 시간 동안 무려 두 개의 공원을 지나쳤다.

"열 교환 환기 설비가 뭔지 아세요?"[16] 식탁 앞에 앉기가 무섭게 마르쿠스 노이만이 묻는다. 노이만의 설명 덕분에 나는 이 간단하면서도 혁신적인 기술이 보봉의 주택에 기본 설치되어 에너지 효율을 높인다는 사실을 알게 되었다. 벌집 모양의 필터를 단 이 장치는 집안으로 들어오는 차갑고 신선한 공기와 집 밖으로 나가는 따뜻한 공기를 교차시켜 밖으로 나가는 따뜻한 공기에서 열을 회수해 집 안으로 다시 들어오게 한다. 이 기기를 이용하면 건물의 열을 90퍼센트까지 보존할 수 있다.[17] 한편 햇빛을 많이 받도록 남향으로 창을 내는 것도 에너지 절약에 많은 도움이 된다. 철저하게 단열된 벽, 꼭 맞는 문과 창문, 열 교환 환기 설비를 통해 열이 외부로 달아나지 못하게 막는다. 적당한 실내 온도를 유지하기 위해 소비되는 에너지는 막대하다. 가정에서 냉난방에 사용하는 에너지는 미국의 경우 전체 전력 사용의 56퍼센트,[18] 영국의 경우 58퍼센트다.[19] 반면 독일은 75퍼센트에 육박하기 때문에[20] 열 보존 기술이 반드시 필요하다. 파란 눈동자와 밝은 갈색 머리칼이 인상적인 40세의 물리학자 노이만은 제약 회사의 의뢰를 받아 조사를 진행하는 사업체를 경영하고 있다. 보봉에 산 지 2년밖에 안됐지만 자신이 보봉의 비공식 사절이라고 생각하는 노이만이 생태적으로 지속 가능한 전력에 관련된 내용을 줄줄 읊는 것을 보면 그 열정이 어느 정도인지 짐작하고도 남는다. 노이만은 에너지 체계 및 친환경 건물에 대해 연구하는 회사를 운영하고 싶다고 말한다.

안드레아스 델레스케가 전선과 스위치박스를 한 아름 안고 조금 늦게 들어온다. 은빛 머리칼에 약간 마른 델레스케는 잔걱정이 많아 보이는 사람이다. 에너지 상담가인 델레스케는 보봉이 건설된 초창기부터 보봉에 살았다. 델레스케가 보봉의 명물이라며 권한 수제 스패츨을 주문한다. 델레스케가 단도직입적으로 말한다. "사람들이 재생에너지에 대해서 알게 되면 당연히 재생에너지를 선택할 것이라고 생각해요. 재생에너지는 이데올로기가 아니라 상식이거든요."[21]

델레스케는 초창기 보봉을 회상한다.[22] 1930년대에 군사기지로 건설된 보봉은 제2차 세계대전이 끝난 뒤 프랑스군이 주둔했던 곳이다. 보봉이라는 이름도 프랑스 군사기지 이름에서 유래했다. 1992년 소비에트연방이 붕괴되자 프랑스군이 철수했고, 보봉은 바덴-뷔르템베르크 주 소유가 되었다. 바덴-뷔르템베르크 주 정부는 보봉을 프라이부르크 시에 매각하기로 결정했다. 당시 보봉은 심각한 주택난에 시달렸다. 처음에 시 정부는 민간 업자에게 개발을 맡길 생각이었다고 한다. 그러나 〈주거 자치 위원회Selbstorganisierte Unabhängige Siedlungs-Initiative〉가 결성되어, 보봉을 친환경 주거지로 만들고 저소득층이나 학생을 비롯한 다양한 사람들이 살 수 있게 하자고 제안했다. 〈주거 자치 위원회〉는 군이 사용하던 막사 건물을 평범한 사람들도 충분히 감당할 만한 가격의 녹색 주택으로 바꾼다는 계획을 가지고 시 정부를 설득했다. 마침내 1994년 롤프 뵈메Rolf Böhme 시장의 뜻과는 반대로, 의회가 근소한 차이로 〈주거 자치 위원회〉의 사업 계획을 승인해 군용 막사 건물 네 동을 매각했다.[23]

이듬해 〈주거 자치 위원회〉는 델레스케를 '에너지 분과'의 전기 기술자로 고용했다. 에너지 분과는 막사 건물을 재건축하기 위해 구성된 여러 분과 중 하나로 난방 체계를 재구축하는 업무를 맡았다. 난방 체계를 재구축하기 위해 물리학을 공부한 배관공과 컴퓨터 프로그래머를 비롯한 네 명의 인력이 더 배치되었다. 델레스케는 당시 상황을 생생하게 회상한다. "그때 우리는 '우리가 뭘 해야 하지?' 하고 물었습니다. 아무 것도 없어서 토론할 거리조차 없었어요.

처음부터 완전히 새로 창조하는 기분이었죠." 에너지 분과는 아파트가 내뿜는 열을 포획해서 열을 필요로 하는 다른 아파트로 보내는 방식 등, 에너지 소비를 최소화하는 다양한 방법을 구상했다. 대안 에너지원도 실험했다. 식물성 기름으로 연소장치를 가동하는 방식을 생각해 낸 구성원도 있었다.

실험이 거듭되는 가운데 초창기 구성원을 중심으로 1995년 〈보봉 협회Forum Vauban Association〉라는 새로운 협의체가 구성되었다. 에너지 효율이 높고 구성원의 유대를 강화할 수 있는 공동체를 만들기 위해 늦은 밤마다 모여 의견을 교환하던 작은 위원회가 더 큰 기구로 발돋움한 것이다. 얼마 지나지 않아 〈보봉 협회〉는 "독일 연방 환경 기금German Federal Foundation for Environment"에서 상당한 액수의 자금을 지원받을 수 있었다.[24] 뒤이어 프라이부르크 시와 환경보호 활동에 자금을 지원하는 EU 산하기관인 〈라이프LIFE〉도 〈보봉 협회〉에 자금을 지원했다. 지원금으로 자금을 마련한 〈보봉 협회〉는 구상에 머물던 사업 계획을 구체화하고 계획을 현실화할 방법을 찾아 나섰다. 자체적으로 연구 조사를 진행할 사무실을 차린 〈보봉 협회〉는 일주일에 한 번씩 대중과 생각을 공유하는 자리도 마련했다.[25]

이런 노력 끝에 수많은 제안을 담은 400쪽 분량의 문서가 작성되었다. 그중 무료 주차장, 자동차 공유 시스템, 빗물 저장소, 녹색 지붕 의무 설치 건물 지정, 지역의 자원을 자재로 활용하며 자원을 효과적으로 이용하는 아파트 건축, 철저한 단열, 태양광을 활용한 전력 자립 촉진, 태양열을 이용한 온수 사용 장려, 생태계 보존에 기여하는 '열병합' 지역 발전소 설치 및 개별 건물마다 독자적인 소규모 열병합 발전기 설치 등의 제안이 실현되었다. 그중에서도 '열과 전기를 결합시킨' 발전으로 알려진 열병합 발전은 전력 생산 과정에서 전기와 열을 동시에 발생시킨다. 기존의 발전소는 전력 생산 과정에서 부산물로 나오는 막대한 양의 열을 사용하지 않은 채 냉각탑을 통해 고스란히 버린다. 이 방법으로는 사실상 투입하는 연료의 33퍼센트만 에너지로 전환되고 나머지는 소실된다. 그러나 열병합 발전은 초과되는 열을 포획해 가까운 곳에 있는 건물로 보내 사용하기 때문에 연료 효율이 60퍼센트에서 80퍼센트에 이른다.[26] 더불어 〈보봉 협회〉는 공동체 구성원의 유대감을 높일 수 있는 방식으로 도로, 건물, 공공건물을 배치하는 계획을 수립했다. 〈보봉 협회〉는 지속 가능한 자재로 집을 짓거나 재생에너지를 사용하는 정도로 만족하지 않았다. 〈보봉 협회〉가 수립한 광범위한 계획에는 생태계에 이로운 생활을 정상적인 문화로 정착시켜야 한다는 철학이 밑거름이 되었다.

〈보봉 협회〉가 제시한 계획 중 자동차에 관련된 제안이 가장 많은 논란을 불러왔다. 〈보봉 협회〉는 자동차 이용을 최소화하고 아동에게 안전한 보행로를 설치해 자전거와 대중교통 수단이 우선권을 갖는 운송망을 구축하고자 했다. 이를 위해 〈보봉 협회〉는 주거 구역을 주차 금지 구역으로 지정하자고 제안했다. 대신 주민들은 보봉 외곽에 위치한 주차장에 주차해야 하며, 게다가 자동차 소유자는 주차 공간 1구획 사용료로 1만 6천 유로(2만 4천 달러)를 지불해야 했다. 그렇게 하면 자동차를 소유하고 싶은 마음이 줄어들 것이며 자동차가 없으면 짧은 거리를 자동차로 이동하는 현상도 사라질 것으로 기대한 것이었다. 일단 자동차가 사라지면 자동차보다 더 생태 친화적인 대안 운송망이 자리 잡을 것이라는 〈보봉 협회〉의 생각은 사실 도박과도 같았다.

보봉처럼 기존의 틀을 완전히 뒤집는 계획을 의욕적으로 추진한 사례는 전무했다. 사회민주당 소속인 뵈메 시장을 비롯해 의회의 여러 의원들은 의혹의 눈초리로 바라보았지만 보봉 공동체의 헌신적인 설득과 진보 성향 의원들 덕분에 〈보봉 협회〉의 계획이 실행에 옮겨지게 되었다.(프라이부르크에서는 자유주의적인 녹색당이 많은 지지를 받는다.) 우선 보봉에는 프라이부르크 공무원들이 예상한 필요 주차 공간의 절반만 주차장으로 조성되었고 그 결실로 2007년 보봉의 자동차 소유자 비율은 독일 평균의 절반에 그쳤다.[27] 성공을 거둔 것이 분명한데도 보봉 사람들은 보봉의 독특한 교통 개념을 수호하기 위한 힘든 싸움이 끝나지 않았다고 말한다. 내가 보봉을 떠나고 몇 주 뒤 보봉 주민들은 보봉에 더 많은 자동차가 들어올 수 있어야 한다는 주장을 굽히지 않는[28] 프라이부르크 공무원들에게 현재의 제도를 옹호한다는 취지의 서한을 전달했다.

다시 식당으로 돌아가자. 창밖으로 매주 열리는 광장 장터에 가판대를 설치한 농부, 정육점 주인, 치즈 장수가 보인다. 내가 점심 식사를 한 하우스037 Haus037이라고 불리는 주민 회관, 주민 회관이 자리 잡은 광장, 광장에서 열리는 농민 장터가 모두 도시 계획가들이 설계한 내용에 반대하는 주민들이 노력한 결과라는 사실을 뒤늦게 알게 되었다. 공무원들은 한결같이 하우스037을 주민 회관으로 사용하는 것에 반대했다.[29] 원래는 광장도 다른 곳에 조성할 예정이었다. 점심 식사를 마칠 무렵 노이만은 이렇게 회상한다. "지금 보고 계신 보봉은 서로 다른 의견을 조율하면서 수립된 사회적 계획의 결과이자 주민 자치의 산물입니다. 이곳 주민들은 계획가들의 생각을 듣고 불평이나 늘어놓고 만 것이 아니라 적극적으로 행동했습니다."

지난 3일 동안의 기온은 영하 6.6도였고 그중 이틀은 눈이 내렸다. 아파트 두 동으로 이뤄진 보봉의 클레하우저Kleehauser 아파트에 짐을 한 아름 내려놓고 2층 층계참에서 도리스 뮐러를 만났다. 앞으로 5일 동안 침실 한 개짜리 작은 집 하나를 빌려 살면서 생태 발자국을 최소화하는 삶이 무엇을 의미하는지 체험해 보려 한다. 지금까지 베드제드 주택단지와 보봉에서 만나 이야기를 나눈 사람들은 모두 친환경 주택이 경이롭다고 했다. 좋은 말이지만 그 말을 다 믿을 수는 없다. 정말 그 모든 설비가 제대로 작동할까? 갑작스런 한파가 몰려든 상황에서도 따뜻하게 지낼 수 있을까? 너무 별스러운 것은 아닐까?

처음에는 아무 것도 믿을 수 없다. 아파트가 따뜻해지지 않을 것이라고 의심한 나는 뮐러가 자리를 뜨자마자 침실 난방기를 가동했다. 왜인지 모르게 갑자기 추위가 몸서리치게 싫어진다. 외출했다가 저녁 무렵 돌아와 보니 난방기의 온도는 아주 조금 올라가 있다. 실망스럽다. 그래서 난방기를 켜 놓고 잠이 들었다. 그런데 일어나 보니 훈훈하다. 지난 밤 호텔에서 묵었을 때와 마찬가지로 온기가 없었다면 얼어 죽었을 것이라는 확신이 들 만큼 바깥은 굉장히 추운데 난방기에 손을 대보아도 차갑기만 할 뿐 온기는 전혀 없다. 단언컨대 밤새 한 번도 켜지지 않은 것이 분명하다. 그런데도 침실은 쾌적하다. 속옷만 입고 돌아다녀도 될 정도로 덥지는 않지만 그렇다고 목도리를 둘러야 할 만큼 추운 것도 아니다. 나는 난방기를 끄고 이 아파트의 에너지 효율이 매우 높다는 사실을 더는 의심하지 않기로 했다. 나중에야 난방기가 수동 조절이 불가능한 온도 조절 장치라는 것을 알았다. 그 난방기는 방 안의 온도가 22.7도 아래로 내려가면 자동으로 작동하게 되어 있었다.

클레하우저 아파트에서 맞이하는 첫날 아침, 남향으로 난 침실 창문의 커튼을 열자 따사로운 햇빛이 들어온다. 벽 유리뿐 아니라 테라스로 이어지는 문과 창문도 모두 유리다. 눈 덮인 공원을 내려다보다가 문득 유리가 얼지 않았다는 사실을 깨닫는다. 만져 보니 차갑지도 않다. 일반적인 건물의 경우와 다르다. 문과 창문이 더 밀착되어 그런 것인지 살펴보다가 15.3센티미터나 되는 두꺼운 창틀에 삼중창이 달려 있다는 사실을 깨닫는다.

작은 주방, 응접실, 침실, 욕실이 딸린 아담한 아파트는 최근 지은 다른 아파트와 마찬가지로 깔끔하게 마무리된 벽, 붙박이장, 이케아 가구 등이 배치되어 익숙한 느낌을 준다. 그렇다면 이 친환경 아파트만이 지닌 특성은 무엇일까? 찾아 나서기로 한다. 혹시 미지근한 물이 나오면 어쩌나 의심하면서 수도꼭지를 돌리자 곧 뜨거운 물이 쏟아진다. 베드제드 주택단지와 마찬가지로 세면대 아래에 계량기가 달려 있어 내가 사용하는 에너지와 물의 양을 바로 확인할 수 있다. 주방 벽에는 열 교환 환기 설비의 일부를 이루는 작은 공조 설비가 설치되어 있는데 그 모양이 일반적인 주방에 설치된 렌지후드와 비슷하다. 요리를 하면서 전등, 인터넷, 평면 텔레비전 같은 집 안의 다른 가전 기기들과 마찬가지로 전기레인지도 무리 없이 작동된다는 것을 확인한다. 그렇게 며칠이 지나자 뉴욕의 내 집에서 쓰던 에너지의 일부만 사용하면서 살아가고 있다는 사실조차 잊어버리게 되었다.

클레하우저 아파트에 머무는 동안 바깥 기온은 영하로 떨어졌고 낮에도 4.4도를 넘지 않는 추운 날씨가 이어졌다. 물론 밤에는 훨씬 더 추웠다. 첫날 잘 모르고 난방기를 켰다가 꺼 버린 뒤 다시는 난방기를 켜지 않았지만 추운 날씨에도 집 안은 줄곧 21.1도를 유지했다.

클레하우저 아파트와 더불어 초창기 보봉에 새로 지어진 건물들을 설계한 지역 건축가 미하엘 기즈Michael Gies는 종이 위에 두 개의 서로 다른 평면도를 그린다. 한 평면도에는 여러 개의 집들을 그렸고 다른 평면도에는 한 집에 여러 가구가 들어가도록 그렸다. 기즈는 이렇게 설명한다. "두 번째 평면도처럼 건물의 표면적을 최소화하면 효율이 더 높아집니다."[30] 작은 집을 여러 채 짓는 것보다 큰 건물 하나를 짓는 것이 효율이 더 높다. "단독주택은 공간과 자원을 낭비합니다. 저는 인구밀도가 높은 고층 주거용 건물을 선호합니다. 그것이 더 나은 주택 형태이기 때문입니다." 우리는 기즈의 사무실에 마주 보고 앉았다. 기즈의 사무실이 입주한 건물은 도시 중심부에 위치해 있다. 우아하지만 낡고 전혀 보봉스럽지 않던 건물을 아파트로 개조한 건물이다. 기즈는 기존 건물을 에너지 효율을 높이는 방식으로 재설계하는 일이 녹색 건축의 또 다른 중요한 측면이라고 설명한다. 생각이 깊어 보이는 50대의 기즈는 헝클어진 회색 머리칼의 소유자로 치아가 고르지 않다.

클레하우저 아파트는 건축 조합Baugruppe이 지은 아파트다. 〈클레하우저 건축 조합〉은 기즈에게 아파트 설계를 맡겼다. 건축 조합을 설립해 집을 짓는 것은 프라이부르크에서는 일반적인 방식으로, 프라이부르크에만 국한되는 것은 아니다. 보통 세 가구에서 열다섯 가구가 조합을 결성해 여러 가구가 모여 사는 아파트를 짓는다. 개발 비용을 절약하기 위해 설계와 건축은 외부 건축가에게 맡긴다. 각 가구는 분담금을 내고 아파트가 완성되면 분담금 비율에 따라 배정받은 아파트에 입주한다. 주택조합 방식은 자금을 적게 들이면서 주택을 소유할 수 있는 방식인 동시에 숙련되고 철두철미한 건축가들에게 좋은 기회가 된다.

〈클레하우저 건축 조합〉은 베드제드 주택단지가 활용한 것과 동일한 패시브하우스 원칙을 아파트 설계에 도입했다. 패시브하우스는 일반 주택의 특징이라 할 수 있는 에너지를 빨아들이는 중앙 냉난방 설비를 활용하지 않고, 건물이 자체적으로 최대한 많은 열을 품고 여름에는 최대한 시원함을 유지하도록 건물 구조를 설계하는 것이 특징이다. 겨울에는 실내 온도를 높이기 위해 햇빛이 들어오도록 커튼을 열어 두고 여름에는 낮에 커튼을 쳐서 그늘을 드리우고 밤에 바람이 들어오도록 창문을 열어 놓는다.

패시브하우스가 무난하게 돌아가려면 건물은 반드시 남향(남반구에서는 북향)이어야 하고 건물의 모든 구성 요소가 밀폐되어야 한다. 전문용어로 말하자면 건물을 '봉인'해 사실상 공기를 가두는 것이다. 그러기 위해 보통은 암석 조각을 수지와 섞어 만드는 암면(岩綿, rock wool)으로 된 40센티미터 두께의 두꺼운 단열 벽체와, 열이 빠져나가지 못하도록 특수 코팅한 창과 창 사이에 아르곤 가스를 주입해 만든 3중창을 사용해야 한다. 열 교환 환기 설비가 있어야 한다는 것은 말할 것도 없다. 문틈이나 천정의 틈, 벽과 벽, 창문과 창틀 사이의 틈을 없애기 위해 모든 자재는 까다로운 사양서대로 제작해야 한다. 그러려면 날씨의 영향을 받는 건설 현장보다는 깨끗하고 조명 시설이 잘 된 공장에서 미리 자재를 제작하고 조립해야 한다. 결국 가장 효율이 높은 건물이란 노련한 기술자가 공장에서 섬세하게 제작한 문, 창, 벽 같은 자재를 이용해 완성되는 것이다.[31]

지금은 주로 독일과 스칸디나비아에 집중되어 있지만 전 세계 건축가와 건설업체가 조금씩이나마 패시브하우스 기술을 받아들이고 있다는 것은 분명하다. 패시브하우스 설계 기법은 프라이부르크에서 북쪽으로 불과 몇 백 킬로미터 떨어져 있는 도시 다름슈타트Darmstadt의 기술자이자 건축가 볼프강 파이스트Wolfgang Feist가 개발했다. 1991년 세계 최초로 패시브하우스를 지은 파이스트는 곧이어 〈패시브하우스 연구소Passivhaus Institut〉를 설립했다. 오늘날 〈패시브하우스 연구소〉는 녹색 건축의 중추다. 패시브하우스 기술은 지난 10년간 꾸준히 개선되어 왔다.[32] 들어오는 햇빛으로만 난방을 하는 완전 밀폐된 주택이 가진 단점, 즉 침체된 공기나 곰팡이 같은 불편함을, 주로 최첨단 단열재를 사용해 개선하는 데 초점이 맞춰져 있다. 패시브하우스 사양에 맞게 건설된 건물은 창을 통해 들어오는 햇빛에서 필요한 열의 40퍼센트를 얻기 때문에 일반 건물이 사용하는 전력의 15분의 1만으로 운영이 가능하다.[33] 독일에 있는 기존 주택은 1제곱미터당 214킬로와트시의 전기를 사용하는 것에 비해 패시브하우스는 1제곱미터당 13.9킬로와트시만을 사용하는 경이로운 기록을 세웠다.

한편 프라이부르크 시 소유의 토지를 매입해 새로 짓는 주택에는 반드시 '저에너지' 설계를 적용해야 하기 때문에 패시브하우스 기술을 적용한 주택이 조금씩 늘어나고 있다. 1992년 제정된 이 규정은 1제곱미터당 에너지 소비를 연 평균 64.2킬로와트시로 제한한다.[34] 보봉과 보봉의 자매도시 리젤펠트, 그리고 여타 생태 마을의 주택은 모두 시가 소유하고 있던 토지에 지어진 주택이므로 프라이부르크 시에서 정한 최저 에너지 소비 규정을 준수해야 한다. 저에너지 건물 기준 덕분에 신규 산업도 생겨났다. 기즈는 이렇게 설명한다. "10년 전만 해도 하던 대로만 하려는 기술자가 많았습니다. 기술자들은 아주 작은 것도 바꾸려 하지 않거든요." 저에너지 건물 기준 때문에 패시브하우스를 비롯한 저에너지 주택을 짓기 위해 기술자들은 재교육을 받아야 했고 작업 방식도 바꿀 수밖에 없었다. "기술자들은 '못 한다'고 버텼어요. 하지만 '저에너지 건물법'이 통과되니 바로 다음날부터 할 수 있게 되더군요."

비용은 어느 정도인지 궁금했다. 클레하우저 아파트는 패시브하우스 사양서 규정이 제정되기 전에 지어졌기 때문에 규정보다 7퍼센트 많은 가구가 입주했다. 기즈는 클레하우저 아파트를 일반적 방식으로 지어진 기존 주택과 비교한 끝에 〈클레하우저 건축 조합〉이 지불한 비용이 기존 주택을 짓는 데 드는 비용과 같거나 조금 낮다는 사실을 알게 되었다. "표면적을 최소화해서 에너지를 보존할 뿐 아니라 노동력과 자재도 적게 들어가기 때문에 어떤 면에서는 클레하우저 아파트가 더 경제적입니다." 기즈는 패시브하우스의 건축비가 일반 주택에 비해 더 들더라도 장기적으로 볼 때 그 비용을 회수할 수 있다고 말한다. 입주 9년이 지난 클레하우저 아파트는 에너지 사용량을 획기적으로 끌어내려 절약한 비용으로 지을 때 들어간 초과 비용을 모두 만회했다. 지금부터 절약되는 비용은 입주자들에게 돌아갈 것이다. 기즈는 건축비가 조금 더 든다고 해서 패시브하우스 건축을 포기할 필요가 없다는 사실을 클레하우저 아파트가 잘 보여 준다고 말한다. 그는 이런 방식이 미국에도 충분히 적용될 수 있다고 생각한다.

패시브하우스가 프라이부르크뿐 아니라 독일 전역에서 새로 짓는 건물의 기준이 되어 가고 있지만[35] 이런 녹색 건축이 더 널리 보급되는 것을 가로막는 장애물도 분명히 있다. 장애물은 비싼 가격이나 기술 부족이 아니다. 더 큰 장애물은 정치적인 의지 부족이다. 기즈는 이렇게 말한다. "프라이부르크는 진보적인 도시인만큼 녹색 건축에 관심을 보이는 공무원들이 있었어요. 그렇더라도 시민들이 노력하지 않았다면 지금의 보봉은 없었을 겁니다."

프라이부르크

독일 남서쪽 끄트머리의 검은 숲 가장자리에 자리 잡은 프라이부르크는 독일에서도 볕이 가장 잘 드는 곳이다. 1970년대 환경 운동가들의 활동, 그리고 그 뒤 수십 년 동안 이어진 주민과 지도자들의 노력으로 프라이부르크는 독일에서 태양에너지를 활용하는 중심지로 재탄생했다. 구름 한 점 없이 맑은 프라이부르크의 하늘은 바로 그런 노력의 결과다. 20만 명이 살고 있는 프라이부르크는 전 세계 생태 도시의 중심지까지는 아닐지라도 적어도 유럽에서 으뜸가는 생태 도시, 태양의 도시, 녹색 천국이라는 자부심을 가지고 있고 또 그렇게 알려져 있다. 프라이부르크는 1992년 일부 주택에 저에너지 건물 기준을 도입하면서[36] 녹색 도시로 전환하게 되었고 그때부터 보봉과 리젤펠트 외의 도시들도 녹색 거점으로 자리 잡게 된다. 1970년대부터 오늘에 이르는 수십 년 동안 프라이부르크는 도시 중심지에서 자동차 운행을 금지하고 보행자 도로를 확장해 왔다. 자동차 도로 대신 자전거 도로를 활성화한 덕분에 자전거가 전체 교통의 4분의 1가량을 담당한다.[37] 최근에는 저에너지 건물 기준의 적용 대상이 20퍼센트 늘어나[38] 시청과 주요 철도역, 호텔, 상점, 공장, 사무용 건물, 운동 경기장에도 태양광 패널이 설치되었다. 이러한 사업들, 그리고 보봉과 리젤펠트 개발에 대해 처음부터 호응이 높았던 것은 아니다. 커다란 정치적 사건이나 역사적 사건을 겪으면서 조금씩 성장해 왔다고 할 수 있다.

그림같이 아름다운 검은 숲 지역에 자리한 프라이부르크는 아름다운 자연경관으로도 널리 알려져 있다. 산업 시설이 전혀 없는 프라이부르크는 2만 명의 학생이 거주하는 대학 도시이자 관광객이 주로 찾는 명소다. 그러나 프라이부르크가 생태계 보존에 기여하는 생활 방식을 지향하게 된 시점은 1975년이었다. 그해 독일 정부는 프라이부르크에서 불과 30킬로미터 떨어져 있는 라인강 인근 소도시 비일Whyl에 세계 최대 규모의 경수형 원자로를 건설하기로 결정했고, 이에 반대하는 인근 주민 수천 명과 프라이부르크에서 온 대학생들이 시위를 벌였다. 이렇게 시작된 비일 경수형 원자로 건설 반대 운동은 68혁명 이후 나타난 정치 불복종 운동의 하나로, 파업, 시민 저항, 학생운동을 촉발했으며 독일의 〈적군파(Rote Armee Fraktion, RAF)〉, 미국의 〈웨더맨Weathermen〉 같은 전투적 반자본주의 단체도 참여했다.

비일 지역은 포도밭과 농경지로 가득한 농촌 지역이었으므로 포도 재배 농민이나 다른 농민들도 경수형 원자로 건설을 반기지 않았다. 전통적으로 농민들은 보수 성향을 보여 왔지만 이번에는 비폭력 직접 행동에 나선 급진 성향의 학생들과 어깨를 겯고 저항에 동참했다. 독일뿐 아니라 인근 프랑스와 스위스에서 온 사람들까지 시위에 동참해 3만 명에 육박하는 사람들이 1년 6개월이 넘는 시간 동안 원자로 건설 현장을 점거했다.[39] 점거 농성자들은 서로 서로 음식을 나눠 먹었고 그들을 위한 숙소가 건설되었으며 점거 현장은 정치적 쟁점을 토론하고 배워 나가는 학교가 되는 등 점거 농성을 거치며 힘찬 공동체 문화가 형성되었다. 결국 활동가들이 승리해 원자력발전소 건설 계획을 백지화하는 결과를 얻어 냈다.[40]

이때부터 인근의 화학 공장과 원자력발전소에 반대하는 시위가 끊이지 않았다.[41] 프라이부르크 시 환경보호국장 토마스 드레젤Thomas Dresel은 인터뷰를 하면서 1980년대 초, 중고등학생과 대학생들이 국경 너머 프랑스에서 운영 중이던 기존의 원자력발전소에 반대하는 시위를 벌이던 날을 회상했다. 드레젤에 따르면 그날 6천 명의 젊은이들이 프라이부르크 거리에 죽은 듯 누워 있었다고 한다.[42] 그날 이후 진보적인 생태주의자들은 응용 생태학을 연구하는 〈생태 연구소Öko Institute〉 같은 정책 개발 기관을 설립했고, 오늘날 세계를 선도하는 태양에너지 연구 센터로 존경받는 〈프라운호퍼 태양에너지 설비 연구소Fraunhofer Institute for Solar Energy Systems〉를 만들었다. 〈솔라 파브릭 주식회사Solar Fabric AG〉같이 태양광 패널을 비롯한 재생에너지 관련 제품을 생산하는 제조업체도 설립되었다. 많은 사람들이 대안 에너지에 관심을 가지게 되면서 에너지 보존을 바탕으로 한 건물 설계와 건축 방법을 재정비하기 위해 환경운동가와 지식인들이 모여들었고 재원도 마련되었다.

이 같은 사회 분위기를 배경으로 1970년대 말 프라이부르크에서 북쪽으로 그리 멀지 않은 칼스루에Karlsruhe에서 유럽 최초로 녹색당이 결성되었다. 특히 검은 숲 지역을 중심으로 큰 영향력을 행사하는 녹색당은 오늘날 독일 정치에서 가장 영향력 있는 제3당이 되어 1998년에서 2005년에는 사회민주당과 연정을 구성하기도 했다. 녹색당이 창당되면서 프라이부르크 시민들의 친환경 운동이 더욱 강화되었고 생태 문제에 관심을 가진 학생, 교사, 과학자, 투자자, 정치인들이 모여들면서 새로운 기획들이 만들어졌다.

오늘날의 프라이부르크를 있게 한 마지막 사건은 1986년 러시아 체르노빌 원자력발전소 폭발 사건이었다. 폭발 뒤 열흘이나 이어진 화재로 히로시마에서 발생했던 방사성 물질의 400배에 이르는 낙진이 떨어졌다.[43] 폭발로 직접 피해를 입은 부상자와 사망자를 제외하고도 수십만 명이 집을 잃었다. 또한 방사성 수증기가 러시아 및 독일을 비롯한 유럽의 여러 나라로 빠르게 퍼져나갔다. 유해한 구름이 프라이부르크를 뒤덮었지만 아무도 어떤 결과가 초래될지 정확히 알지 못했다. 〈프라운호퍼 태양에너지 설비 연구소〉 연구소장 아이케 베버Eicke Weber 교수는 이렇게 설명한다. "체르노빌 사건은 엄청난 영향을 미쳤습니다. 그 사건 이후 사람들은 이렇게 말하게 되었습니다. '잠깐! 다시 생각해 봐야 할 것 같아. 어쩌면 원자력이 위대한 기술이 아닐지도 몰라.' 체르노빌 사건이야말로 진정한 기폭제였습니다."[44]

프라이부르크에서는 방사성 물질에 오염되지 않은 우유와 먹을거리를 구하기 위해 부모들이 앞장섰다. 건축가와 과학자 같은 전문가들은 원자력발전소가 더 이상 필요하지 않도록 전력을 덜 소비하고 재생에너지 공급을 극대화할 수 있는 건물 설계법을 개발하기로 약속했다. 체르노빌은 독일 정부의 고위 관료에게도 영향을 주었다. 체르노빌 사건이 일어나고 한 달 뒤 보수당의 헬무트 콜Helmut Kohl 총리는 환경, 자연 보존, 원자력 안전부Ministry for the Environment, Nature Conservation and Nuclear Safety라는 애매한 이름의 정부 부처를 신설해 재생에너지 촉진을 주도하게 했다.(보수 성향의 기독교민주동맹 대표이자 현직 독일 총리 앙겔라 메르켈Angela Merkel도 1994년부터 1998년까지 독일 환경부 장관을 역임했다.) 사회민주당과 녹색당 연정은 2000년 "원자력 탈피법Neclear Exit Law"을 제정해 20년 안에 독일의 모든 원자력발전소를 폐쇄하기로 결의했다.[45] 그리고 2008년 초 독일은 재생에너지에서 전체 전력의 14퍼센트를 얻었다.[46] 모든 것이 독일 환경부의 적극적인 지원 덕분이었다. 독일 환경부는 2020년까지 녹색 전력이 전체 전력의 25퍼센트에서 30퍼센트를 차지하게 될 것이라고 장담한다.[47] 1970년대부터 지금까지 벌어진 일련의 에너지 관련 사건들은 석유와 천연가스가 부족한 독일의 현실을 부각시켰다.[48] 덕분에 독일은 화학연료보다 재생에너지에 더 많은 관심을 가지게 되었고 독일 정부와 독일 시민은 에너지 보존 정책과 재생에너지 정책을 지지하게 되었다.

태양 주택단지

거실에 앉아 녹색 건축에 들어가는 비교적 높은 건축비에 대해 대화를 나누던 중 엘사 게지엘이 이런 말을 한다. "진짜 비용은 변화에 적응하는 데 필요한 심리적 비용입니다." 게지엘과 물리학자 마르쿠스 노이만은 2년 전부터 보봉 북동쪽 끄트머리에 위치한 태양 주택단지Solarsiedlung에 지어진 아파트에 살고 있다. 게지엘은 태양 주택단지의 건축비, 시설비, 유지비는 절대적인 비용이 아니라고 생각한다. "다 상대적인 비용이에요." 우리는 건축에 들어간 초기 자본을 바탕으로 주택 가격을 산정하는 데 익숙해져 있다. 집값이 저렴하면 주택의 품질이 떨어지고 시간이 갈수록 유지 보수에 들어가는 비용이나 에너지 비용이 높아진다. 게지엘이 '온전한' 주택 가격이라고 표현하는 것처럼 주택 가격에 유지 보수 비용이나 에너지 비용을 모두 포함시켜 계산한다면 태양 주택단지에 있는 게지엘의 아파트도 가격 면에서 충분히 경쟁력이 있다. 게지엘의 생각은 이렇다. "어쩌면 비용은 문제가 아닐 겁니다. 문제는 정치예요."[49]

36세의 게지엘은 파리에서 프라이부르크로 이사해 독일 사람 노이만과 함께 보봉에 산다. 두 사람은 파리 시 정부를 상대로 한 녹색 주거 구역 조성 촉구 운동에서 만났다. 시 정부를 설득하는 과정에서 두 사람은 녹색 주거 구역의 가능성을 보여 주기 위해 정치인, 도시 계획가, 언론인을 대동하고 (여러 지역 중에서) 보봉을 방문했다. "결국엔 우리가 이겼지만 말짱 도루묵이 되고 말았어요." 게지엘은 파리에서 무슨 일이 있었는지 말해 주었다. 보봉을 둘러본 두 사람은 자신들의 정치적 신념이나 생활 방식이 보봉에 딱 맞는다는 사실을 깨달았다. 게지엘은 이렇게 말한다. "이렇게도 살 수 있다는 것을 보여 주고 싶었어요. 해결책을 찾고 싶었지 항상 싸우면서 살고 싶은 것은 아니었거든요."

태양 주택단지는 생활과 일터가 공존하는 복합 단지 중 주거 구역에 해당하고 상업용 건물은 태양선Sonnenschiff이라 불린다. 50가구가 모여 사는 태양 주택단지에는 비슷하게 생긴 주택이 5열로 늘어서 있다. 붉은색, 파란색, 녹색, 노란색 등 알록달록한 색을 칠한 집집마다 발코니와 정원이 딸려 있다. 주택단지의 동쪽은 숲이고 서쪽에는 상업용 건물인 태양선이 자리 잡고 있다. 태양선은 에너지 효율이 높은 건축물이 일반적으로 채택하는 길쭉한 직사각형 모양이다. 태양선의 회색 타일과 수많은 창문에 달린 밝은 색 덧문은 건물 전면의 차가운 느낌을 부드럽게 만든다. 4층짜리 태양선 건물에는 대안 에너지 업체부터 은행에 이르는 모든 업종을 아우르는 사무실들이 입주해 있다. 1층에는 카페, 건강식품 판매점, 약국이, 꼭대기에는 펜트하우스 아홉 채와 옥상 정원이 있다. 주택단지에는 자동차가 진입할 수 없기 때문에 주택단지 외부에 별도의 주차장을 마련했다. 보봉에서는 대중화된 자동차 공유 프로그램 가입 차량만이 주택단지 안에 주차할 수 있다.

태양 주택단지와 태양선은 건축가 롤프 디쉬Rolf Disch의 작품이다. 디쉬는 태양 주택단지와 태양선 설계에 진일보한 패시브하우스 기술을 적용했고 최신 자재를 사용해 건물을 지었다. 태양 주택단지와 태양선은 '플러스 에너지 주택'이다. 그 이름이 말해 주듯 태양 주택단지와 태양선은 사용하는 전기보다 더 많은 전기를 생산한다는 점이 장점이다. 젊은 시절 비일 경수형 원자로 건설 반대 투쟁에 참여했던 디쉬는 그 뒤로 에너지를 적게 사용하고 재생에너지에서 전력을 얻어 사용하는 건물 개발에 온 힘을 쏟았다. 2006년 완성된 태양 주택단지와 태양선은 디쉬가 지금까지 지은 건물 중 가장 큰 건물이다.

다른 초고효율 건물과 마찬가지로 태양 주택단지와 태양선은 커다란 창문을 통해 태양빛을 최대한 많이 받아들이도록 남향으로 지어지고 태양광 패널을 이용해 전기를 생산한다. 건축자재와 건축 방법은 전형적인 패시브하우스와 마찬가지로 3중창과 암면으로 만든 두꺼운 단열 벽체 사용, 열 교환 환기 설비 시공, 밀폐 설계를 적용한다. 여기에 더해, 눈에 보이지 않을 정도로 아주 작은 파라핀 왁스 알갱이들로 만들어진 벽체 같은 새로운 기술도 적용되었다. 이 파라핀 왁스 단열 벽체는 에너지 절약형 건축자재, 고효율 태양광 패널, 발전소가 필요 없는 발전 기술, 재생에너지를 이용한 발전 기술, 수소 기술을 개발한 〈프라운호퍼 태양에너지 설비 연구소〉에서 만든 것이다. 펄펄 끓는 여름의 한낮에는 벽체 속에 들어가 있는 작은 파라핀 알갱이들이 녹으면서 열을 흡수하기 때문에 실내 온도가 낮아지고 기온이 낮아지는 밤이 되면 벽체가 품고 있던 열을 내보내면서 파라핀이 다시 고체로 변한다.

이 같은 혁신적인 기술 외에도 태양 주택단지와 태양선을 차별화하는 요소는 말 그대로 태양광 패널로 만들어진 지붕이다. 투명한 유리종이로 감싸 빛을 받으면 아른거리는 매끄러운 파란색 광전지가 지붕 표면을 덮었다. 지붕은 남향으로 설치해 빛을 최대한 받을 수 있게 설계했다. 태양이 위치를 바꾸는 여름에는 지붕의 처마가 남향 창문에 그늘을 드리워 실내 온도를 낮춘다.

2000년 통과된 연방법인 "재생에너지법Erneuerbare Energien Gesetz" 덕분에 디쉬가 개발한 건물의 경제성이 높아졌다. "재생에너지법"은 태양 주택단지에 입주한 가정 같은 민간이 재생에너지를 활용해 전기를 생산할 경우 전력 회사가 그 전기를 20년 동안 의무적으로 비싼 가격에 구매하도록 규정한 법이다.[50] 발전 차액 지원 제도feed-in tariff라고도 불리는 "재생에너지법"의 적용을 받는 재생에너지에는 풍력, 태양에너지, 수력, 바이오매스, 지열(땅 속에 저장되어 있는 열을 포획하는 기술)이 포함되며 각 가정이 재생에너지 설비에 투자한 비용을 회수하도록 보장한다.[51] 이 "재생에너지법"에 따르면 전력 회사는 태양에너지를 이용해 발전된 전기의 경우 시장가격의 두 배 또는 킬로와트시당 약 45센트를 지불하고 매입해야 한다. 이렇게 높은 가격으로 전기를 사 주기 때문에 태양광 패널을 설치한 가정은 초기 설치 비용을 빠른 시간 안에 회수한 뒤 10년 정도는 순수익을 남긴다. "재생에너지법"에 규정된 비용은 정부나 전력 회사가 지불하는 것이 아니다. 그 비용은 모든 전기 소비자가 1킬로와트시당 1센트가량의 전기요금을 더 내서 충당한다. 전기를 사용하는 사람이라면 누구나 재생에너지 인프라를 구축하는 데 직접 사용되는 기금을 지원하는 셈이다.

태양 주택단지를 비롯해 프라이부르크에서 방문한 모든 가정에 예외 없이 설치되어 있었을 만큼, 태양광 패널은 전력 발전에 반드시 필요한 존재다. 과거에는 태양광 패널로 발전한 전기가 개별 가정의 전력망에만 연결되어 개별 가정에서 자체 소비하고 말았지만 이제는 모든 소비자에게 전기를 전송하는 중앙 전력망에 직접 연결된다. 한 세기 전 중앙 전력망이 개발되었을 때는 전력 회사가 소유한, 화석연료를 태우는 중앙 집중화된 발전소에서 가정, 사무실, 공장 등으로 전기를 보내 주는 단방향 체계였다. 그러나 자체적으로 전기를 발전하는 가정의 전력망이 중앙 전력망에 직접 연결되면서 개별 가정에서 만들어 낸 전기 중 사용하고 남은 전기가 중앙 전력망으로 공급되어 중앙 전력망에 연결된 다른 가정에서 쓸 수 있게 되었다. 쌍방향 중앙 전력망은 직접 전기를 생산해서 사용하는 사람들에게도 안정적인 전력 공급을 보장한다는 장점이 있다. 흐린 날 조바심치지 않아도 되고 집 안 어딘가에 설치해 둔 투박한 배터리에 사용하지 않는 에너지를 저장해 두는 번거로움에서 해방될 수 있기 때문이다. 중요한 것은 쌍방향 전력망을 활용할 경우 전기를 생산해서 자신만 사용하고 마는 경우보다 초기 투자비를 더 빠르게 회수할 수 있다는 사실이다. "재생에너지법" 발효 후 5년 동안 독일 전력망에 유입된 재생에너지는 두 배 증가했고[52] 이로써 "재생에너지법"의 효과가 입증되었다.

어느 날 오후 태양선에 있는 디쉬의 사무실에 들렀다. 고요한 사무실 안 전등은 대부분 꺼진 상태다. 아마 에너지를 절약하려고 일부러 꺼 두었으리라 짐작해 본다. 볕이 잘 드는 회의실 커다란 탁자 앞에 자리를 잡고 앉는다. 60대로 보이는 디쉬는 진회색 헤링본 재킷을 입고 있다. 부드러운 회색 머리칼에 밝은 인상이다. 태양에너지가 기존의 화석연료를 제칠 수 있을지 묻자 디쉬는 다음과 같이 힘주어 말한다. "석유 회사는 세상에서 가장 막강한 회사기 때문에 쉽게 포기하지 않을 겁니다."[53] 디쉬는 이 문제를 해결하는 데 있어 정부가 핵심적인 역할을 해야 한다고 생각한다. "독일은 '재생에너지법' 덕분에 태양에너지와 풍력발전에서 세계 최고가 되었습니다. 그 법 덕분에 많은 투자자들이 바로 움직일 수 있었어요." 기술적인 장벽도 없고 경제적인 면도 큰 문제는 아니라고 말하는 디쉬는 당장이라도 '플러스 에너지 주택'을 독일 전역에 지을 수 있다고 생각한다. 디쉬는 손가락으로 관자놀이를 짚으며 말한다. "문제는 우리 머릿속에 있지요."

디쉬는 건축업에 종사하지만 공무원들을 만나러 다니는 데도 많은 시간을 들인다. 진정한 녹색 미래가 오려면 현재 가능한 것이 무엇인지 사람들에게 알려야 한다고 생각하기 때문이다. 2008년 디쉬는 '어디서나 지을 수 있는 플러스 에너지 주택' 운동을 시작했다.[54] 이 운동을 시작하면서 디쉬는 독일 전역의 7천여 도시 시장들에게 에너지 효율이 높은 건축을 설명하는 자료를 보냈고 그중 200여 남짓의 도시에서 회신이 왔다.[55] 드디어 2009년에 태양 주택단지 한 곳이 조성에 들어갔고 세 곳이 논의 중이라고 한다. 그러나 디쉬는 정부의 역할이 정책을 수립하고 결정하는 수준에 머물러서는 안 된다고 생각한다. "국가만이 생태계를 파괴하는 행위에 세금을 물릴 수 있습니다. 오염을 유발한 사람이 그 오염으로 인한 피해를 수습하는 데 필요한 비용을 지불하도록 세금을 거둬야 합니다." 디쉬는 경제란 사람들이 안정적으로 생활하고 복리를 누리도록 운영되어야 하며 그 반대로 운영되어서는 안 된다고 말한다. "자본은 사회의 일부로 인식되어야 합니다. 사회가 없다면 자본도 없으니까요."

해바라기

베드제드 주택단지가 목표를 달성하기까지 오랜 시간이 걸린 원인 중 하나는 영국에는 베드제드 주택단지를 건설하는 데 필요한 기술이 없었고 친환경 건축에 관련된 지원이 부족했기 때문이다. 던스터는 내가 베드제드 주택단지에 머무는 동안 바이오매스 설비 제조업체 대표를 만나 새로운 설비를 구매하는 협상을 했다. 바이오매스를 태워 에너지를 생산하는 베드제드 주택단지의 발전 시설이 고장 났지만 시설을 수리할 수 있는 유지 보수 기술자가 없어 고칠 수 없었기 때문이다. 설비 가격이 워낙 비싸 던스터는 이번에 구입하는 설비는 부디 제대로 작동하기를 바란다고 말했다. 보봉에도 바이오매스 발전소가 있는데 규모나 기술은 베드제드 주택단지보다 훨씬 앞서 있다. 던스터와 〈바이오리즈널〉이 보봉의 기술을 이용할 수 있었다면 베드제드 주택단지도 원만하게 운영되었을 가능성이 높다. 이런 자원이 독일, 그것도 특별히 프라이부르크에서 만개한 까닭은 너무나 명백하다. 여러 역사적 사건을 통해, 재생에너지로의 전환이 필요하며 그러기 위해서는 정치적 개입이 이뤄져야 한다는 사회적 인식이 형성되었기 때문이다. 덕분에 프라이부르크는 재생에너지 사용과 초고효율 건축 활성화의 선두 주자가 되었다. 오늘날 독일이 겪고 있는 사건들을 보면 가뜩이나 나쁜 독일의 에너지 사정은 악화일로를 걷게 될 것임이 불 보듯 뻔하다.

내가 프라이부르크에 도착하기 직전인 2009년 1월 1일 블라디미르 푸틴 Vladimir Putin 러시아 총리가 우크라이나에 천연가스를 공급하지 않겠다는 과감한 정책을 발표했다. 러시아에서 유럽에 공급하는 천연가스 대부분은 우크라이나를 경유한다. 1주일 뒤 러시아는 유럽에 공급하는 천연가스를 우크라이나가 빼돌렸다고 비난하면서 EU에 대한 천연가스 수출을 중단했다.[56] 독일에는 매장된 천연가스가 전혀 없기 때문에 EU의 다른 여러 나라들처럼 러시아에 크게 의존한다. 녹색 도시라는 명성을 얻었지만 프라이부르크가 재생에너지를 통해 얻는 전력은 전체 전력의 5퍼센트에 불과하다.(재생에너지에서 얻는 열에너지 비중은 그보다 훨씬 높다.) 토마스 드레젤 프라이부르크 환경보호국장은 러시아에서 우크라이나를 거쳐 수입되는 천연가스를 태워 얻는 전력이 프라이부르크 전체 전력의 절반을 차지한다고 말한다.[57] 푸틴 러시아 총리는 우크라이나와의 가격 논쟁을 빌미로 2006년과 2008년도에 각각 공급을 줄이는 등, 3년 전부터 줄곧 압력을 행사해 왔다. 독일이 재생에너지와 에너지 보존의 길을 선택하게 된 데에는 이 같은 현실이 크게 작용했다.

프라이부르크를 떠나던 날 러시아가 가스관을 열면서 거의 2주에 걸친 천연가스 공급 중단 사태가 일단락되었다. 그로부터 얼마 지나지 않은 시점에 독일은 에스파냐, 덴마크, 그리고 그 외 72개국과 함께 〈국제 재생에너지 기구(International Renewable Energy Agency, IRENA)〉라 불리는 다자 간 정부 협의체를 구성했다.(미국과 영국은 참여하지 않았지만 오바마 정부도 관심을 보이고 있다.[58]) 〈국제 재생에너지 기구〉는 세계적 차원에서 재생에너지 사용을 늘리는 촉매제의 역할을 하게 될 것이다.[59] 이것만 보더라도 독일이 얼마나 적극적으로 녹색 해결책을 추구하는지 잘 알 수 있다.

1970년대와 1980년대에 원자력 에너지를 완강하게 거부하는 반대 투쟁이 일어나지 않았거나 실패했다면, 체르노빌 원자력발전소가 폭발하지 않았다면, 독일은 전력의 80퍼센트를 원자력에서 충당하는 이웃 나라 프랑스와 마찬가지로 재생에너지보다는 원자력을 선택했을 것이다. 두 번째로, 제2차 세계대전 당시 프라이부르크가 폭격을 당해 초토화되는 일이 없었다면[60] 프라이부르크 시민들은 장래에 닥칠 재난에 덜 민감하게 반응했을 것이다. 마지막으로 독일의 정치 기반을 이루는 튼튼한 사회복지 및 강력한 산업 규제가 이런 조건들을 뒷받침하지 못했다면 독일의 환경 정책이 이 정도로 굳건하지는 못했을 것이다. 오바마 정부의 스티븐 추Steven Chu 에너지 장관과 몇 년 동안 함께 일했던 〈프라운호퍼 태양에너지 설비 연구소〉 연구소장 베버 교수에게 세계의 다른 주요 경제 대국, 특히 미국이 재생에너지를 연료로 하는 녹색 건축을 수용할 가능성이 있을지 묻자 이렇게 답한다. "9.11 사건이 일어났을 때와 같은 분위기가 조성되어야 한다고 생각합니다. 허리케인이 맨해튼이나 휴스턴을 덮친다고 생각해 보세요. 그러면 사람들은 재생에너지가 필요하다고 확신하게 될 것입니다. 물론 그런 일이 일어나기를 바란다는 말은 아니지만 개인적으로는 그것이 진실이 아닐까 생각합니다."

보봉을 떠나기 전 마지막으로 두 곳을 더 방문했다. 3주 전 보봉으로 이사와서 혼자 살고 있는 헤다 자비스Hedda Jarvis와 보봉 건설 계획을 수립하고 보봉을 탄생시킨 〈보봉 협회〉 창립 멤버 외르크 랑에Jörg Lange를 차례로 만나 보기로 했다. 신참과 고참을 만나 보면 보봉의 미래를 가늠할 수 있을 것 같았다.

자비스가 살고 있는 건물은 아직 공사 중이다. 주방이 완공되지 않은 탓에 작은 탁자 위에 핫플레이트를 올려놓고 주전자에 물을 끓인다. 침실이 세 개 있는 자비스의 아파트에는 장식이 화려한 골동품 가구가 거실 구석에 비뚜름히 자리 잡았고 미처 포장도 뜯지 못한 상자들이 어수선하게 널려 있다. 67세의 할머니 자비스는 작은 체구, 풍성한 금발머리에 안경을 썼다.

재생에너지와 친환경 건축을 어떻게 생각하는지 묻자 이야기를 나눠 본 다른 많은 사람들과 마찬가지로 자비스 역시 원자력발전소 이야기를 꺼낸다.[61] 비일 경수형 원자로 반대 투쟁은 원자력 발전이 좋은 생각이 아니라는 자비스의 확신을 강화했고 체르노빌 사건은 결정적인 영향을 주었다. 최근 남편, 세 자녀와 함께 영국에서 돌아온 자비스는 재난과 그 여파가 얼마나 무서운 것인지 알고 있었다. 체르노빌 사건 당시 자비스도 오염되지 않은 먹을거리를 구하러 다녔던 사람 중 하나였기 때문이다. 제2차 세계대전 당시 프라이부르크에 살았던 자비스는 도시가 초토화되는 참상을 직접 겪은 세대였다. 유년 시절 초토화된 도시에서 살아 본 경험이 원자력 에너지에 대한 막연한 거부감을 가지게 만들었고 체르노빌 사건을 계기로 원자력 에너지를 거부해야 한다는 확신을 가지게 되었다.

지금은 풍력과 태양에너지를 이용해 전기를 얻는다는 생각을 긍정적으로 받아들이는 자비스도 보봉에 살기 전까지는 에너지 보존에 대해 심각하게 생각해 보지 않았다. 일평생 독일어 교사로 살아온 자비스는 원래 호화로운 빈터러 거리Winterer Strasse에 있는 널찍한 단독주택에 살았다. 하지만 오래된 건물이라 단열이 잘 되어 있지 않아서 난방비가 엄청나게 많이 들었다. 에너지 효율이 높은 주택에서도 얼마든지 안락한 생활을 할 수 있다는 것은, 보봉으로 이사하기 전부터 익히 들어 알고 있었지만 그래도 일말의 걱정 때문에 주택을 구입하는 대신 임대하기로 했다고 털어놓는다. 그러나 염려할 일은 전혀 없었다. "[보봉 사람들이] 대안 에너지에 엄청난 관심을 갖고 있다는 사실을 알게 되었어요. 건축 조합의 도움을 받아 이 건물의 설계에 참여하게 된 것이 얼마나 기쁜지 모른답니다."

보봉과 베드제드의 주택단지는 비교적 최근에 완공되었지만 대부분의 나라에서는 신규 주택이 차지하는 비중이 아주 작다. 독일의 경우에도 기존 주택의 73퍼센트가 최초의 단열 기준이 마련된 1970년대 후반 이전에 지어진 주택이고[62] 미국의 경우 2008년을 기준으로 4년이 안 된 신규 주택 비율은 전체 주택의 5퍼센트에 불과했다.[63] 영국의 신규 주택 비율도 비슷한 수준이다. 다시 말해 오늘날 거의 모든 주택이 단열 설비가 제대로 되지 않은 오래된 집이라 열 손실이 높다. 베드제드 주택단지와 보봉의 주택들은 처음부터 에너지 효율이 높게 설계되었지만 기존 주택에도 이 두 지역이 추구하는 녹색 돌파구를 똑같이 적용할 수 있다. 철저한 단열, 열병합발전소를 활용한 열과 전기 생산, 지붕에 태양열 온수기 설치, 태양광 패널 설치, 녹색 지붕 설치, 햇빛을 최대한 받아들여 실내 난방에 활용하는 등의 방법은 신규 주택에만 적용할 수 있는 것이 아니다. 이 기술들은 기존 주택을 개선하는 데도 충분히 이용할 수 있다. 물론 주택을 새로 짓거나 개선하는 데는 돈이 든다. 녹색 건축이 성공리에 자리 잡은 프라이부르크는 세계에서 가장 부유한 나라 중 하나인 독일에서도 가장 부유한 지역 중 하나인 바덴-뷔르템베르크 주에 위치해 있다. 돈이 많다고 해서 다 마음먹은 대로 쓸 수 있는 것은 아니지만 그렇더라도 재정이 뒷받침되지 않았다면 프라이부르크가 우수한 친환경 도시라는 명성을 얻기는 어려웠을지도 모른다.

사무실에서 나무 탁자를 사이에 두고 앉아 이야기를 나누는 동안에도 외르크 랑에는 쉴 새 없이 종잇조각을 만지작거린다. 랑에의 사무실과 집은 생활과 일을 의미하는 보넨 운트 아르바이텐Wohnen und Arbeiten이라는 건물에 입주해 있다. 1990년대 중반 보봉의 개척자들이 의기투합해 결성한 〈보넨 운트 아르바이텐 건축 조합〉은 공동 출자로 자금을 마련하고 생태 건축가 미하엘 기즈를 영입해 4층짜리 아파트를 지었다. 보넨 운트 아르바이텐은 초창기 보봉에 들어선 신축 건물 중 하나이자 초기에 지어진 패시브하우스 아파트 중 하나다.[64] 40대 중반의 랑에는 생물학자로, 키가 크고 삐죽삐죽한 금발머리에 부드러운 목소리를 지녔지만 몹시 예민하고 또 매우 진지한 사람이다. 랑에는 최신 자원 절약형 건축법을 연구하고 실험한다. 랑에는 바른 기술을 가진 것만으로 생태계에 이로운 미래가 그냥 온다고 생각하지 않는다. 문제는 그 기술을 어떻

게 적용하는가이다.[65]

보봉이 거의 완성 단계에 들어선 요즘 랑에는 스위스 취리히 연방 공과대학 Swiss Federal Institute of Technology 과학자들이 제안한 "2천 와트 사회2,000-Watt Society"[66]라는 기획에 몰두하고 있다. 2천 와트 사회는 남자든 여자든, 부르키나파소Burkina Faso에 살든 멕시코에 살든 영국에 살든 관계없이 모든 사람이 동일한 양의 에너지를 사용하며 살 수 있다는 생각에서 출발한다. 스위스 과학자들은 지구가 6억 명이 넘는 인구를 감당할 수 있으려면 각자 하루에 2천 와트 미만의 전기를 사용해야 한다고 계산했다. 2천 와트는 다시 가정에서 500와트, 이동에 500와트, 그 외 나머지 일에 천 와트를 사용하는 것으로 나뉜다. 나머지 일에는 우리가 먹는 먹을거리 재배·운송, 우리가 거주하고 일할 건물 건설, 중장비에서 휴대폰에 이르는 일상생활에 필요한 제품의 생산·운송이 포함된다. 현재 독일이 일인당 하루 4천 와트가량의 에너지를 소비하는 데 비해 미국은 그 두 배를 소비한다.[67]

랑에는 내가 머물고 있는 클레하우저 아파트를 지은 〈클레하우저 건축 조합〉에 참여했다. 〈클레하우저 건축 조합〉은 기즈를 영입해, 2천 와트 사회 모형을 바탕으로 클레하우저 아파트의 구조를 설계했다. 클레하우저 아파트에 사는 모든 주민은 각자 하루 500와트만 사용해야 한다. 나였다면 그런 실험에 참여하지 않았을 것이라고 말하자 랑에는 이렇게 대꾸한다. "그렇다면 당신은 에너지 소비를 줄이는 게 그다지 중요한 문제가 아니라고 생각하는 겁니다."

랑에를 극단주의자라고 생각하는 사람들도 있을 것이다. 아니나 다를까 랑에와 다른 참여자들이 처음 보봉에서 일을 시작했을 때 랑에에게는 이상주의자, 사고뭉치라는 꼬리표가 따라다녔다. 그러나 이제 보봉은 헤다 자비스같이 은퇴한 할머니도 살고 싶어하는 곳이 되었다. 삶의 질을 구성하는 요소의 한계가 어디인지 탐구하고 그 한계를 넘어서려고 애쓰는 랑에를 비롯한 클레하우저 건축 조합원들에게는 2천 와트 사회나 그와 비슷한 기획이 도전해 볼 만한 새로운 대안으로 여겨진다. 랑에는 이렇게 말한다. "정부는 재생에너지만으로 지구온난화를 해결할 수 있다고 믿고 있습니다. 하지만 그건 다 착각입니다. 사람들이 에너지 사용량을 줄이지 않으면 아무 소용이 없어요." 전 세계의 여러 정치인, 통상적 에너지 산업, 온갖 종류의 제조업체들은 에너지 소비 절감이라면 무조건 반대부터 하고 본다. 사람들이 에너지를 덜 쓰게 되면 미국 경제처럼 전체 경제활동의 70퍼센트가 재화와 서비스 구매로 이뤄지는,[68] 소비에 바탕을 둔 경제는 엄청난 격변을 겪을 수밖에 없을 것이기 때문이다. 기술만으로는 문제를 해결할 수 없다. 랑에는 기술적인 해결책이 효과를 보려면 에너지를 지나치게 많이 소비하도록 부추기는 세력을 반드시 통제해야 한다고 말한다. 영국 베드제드 주택단지의 빌 던스터는 남자든 여자든 자신에게 필요한 만큼의 에너지만 사용할 때 생태적으로 지속 가능한 사회가 탄생할 수 있다고 했는데, 랑에가 추진하는 2천 와트 사회도 바로 그런 취지에서 시작되었다. 랑에는 이렇게 말한다. "2천 와트 사회는 지구에 사는 모든 사람이 자신에게 필요한 만큼의 에너지를 사용할 권리이자 의무를 지녔다는 사실을 가르치고 있습니다."

3부 운송

Green Gone Wrong

How Our Economy is Undermining the Environmental Revolution

4장

바이오디젤, 농민의 땀과 눈물로 만든 연료

보르네오섬 열대우림 깊숙한 곳에 자리 잡은 파레Pareh 마을에는 천연 건조된 나무로 지은 가옥 60채가 모여 있다. 기둥 위에 지어진 집들은 코코야자 나무, 바나나 나무로 가득한 숲과 울창한 검푸른 녹색 수풀에 뒤덮여 있다. 이곳은 보르네오섬 토착 부족인 다야크족이 모여 사는 마을이다. 수백 년 전부터 이 숲에 터를 잡고 삶을 개척해 온 파레 마을의 다야크족은 조그만 땅을 일궈 고무나무, 호박, 카사바, 벼를 재배하고 땔감으로 쓸 나무를 줍고 보르네오섬에서 자생하는 채소와 열매를 채집하며 숲 속에서 멧돼지나 다른 사냥감을 사냥한다.

2005년 마을 주민 몇 명이 마을에서 몇 시간 거리에 있는 대대로 물려받은 숲으로 사냥을 나갔다가 숲이 개간된 사실을 알게 되었다. 개간은 최근 이뤄진 것 같았다. 파레 마을 주민들은 〈두타팔마 누산타라(Duta Palma Nusantara, 이하 두타팔마)〉라는 인도네시아 회사의 자회사 〈레도 레스타리 주식회사(Perseroan

Terbatas Ledo Lestari, 이하 레스타리)〉가 자신들의 땅을 점령했다는 사실을 알게 되었다.[1] 보르네오섬이 세계에서 가장 광대한 축에 속하는 열대우림이다 보니 〈레스타리〉 같은 회사는 몇 주 몇 달이 지나도록 파레 마을 주민에게 들키지 않고 열대우림을 개간할 수 있었다. 〈레스타리〉는 개간한 땅에 대규모 기름야자 나무 플랜테이션을 조성하려고 한다.[2] 기름야자 나무 열매에서 추출하는 팜유는 바이오디젤의 원료가 된다. 〈두타팔마〉의 주요 고객은 싱가포르에 본사를 두고 있는 〈윌마인터내셔널Wilmar International Ltd.〉[3]로, 미국의 대형 농업 기업 〈아처 대니얼스 미들랜드Archer Daniels Midland〉가 지분 16퍼센트를 소유하고 있는 기업이다.[4]

2005년부터 2007년까지 〈레스타리〉는 약 6천 헥타르의 숲을 파괴했고 덕분에 파레 마을의 다야크족은 '물려받은 숲'의 4분의 3을 잃었다. 인도네시아법에 따라 파레 마을 다야크족에게 소유권이 있는[5] 그 숲은 그들이 생존하는데 꼭 필요하다. 생물 다양성이 풍부했던 숲이 기름야자 나무만을 재배하는 단일경작지로 전락하면서 삶의 터전을 잃은 원숭이와 멧돼지가 마을로 내려와 먹을거리를 훔쳐 가기 시작했다. 해충이 창궐하면서 파레 마을 주민들이 가꾸던 농경지까지 침범해 파레 마을 주민들의 벼농사를 망쳐 버렸다. 모모누스 Momonus 촌장은 〈왈히Walhí〉라 불리는 〈인도네시아 환경 포럼〉의 도움을 받아 지역 공무원과 정부 기관에 항의했다. 지역 주민들이 〈레스타리〉 소유의 불도저 한 대를 빼앗은 적도 있었는데 그 일 때문에 모모누스 촌장과 마을 어른 자말루딘Jamaluddin이 철창신세를 졌을 뿐 개간은 계속되었다.

실망이 커져 가던 가운데 2007년 파레 마을 주민들은 매우 불리한 조건으로 〈레스타리〉와 타협을 시도했다. 이쯤에서 개간을 멈춘다면 지금까지 플랜테이션이 불법 점거한 모든 땅에 대한 권리를 포기하겠다고 제안한 것이다. 하지만 답은 오지 않았다. 얼마 뒤 마을 주민들은 〈레스타리〉의 장기 계획이 담긴 지도를 입수했다. 그 지도에 따르면 〈레스타리〉는 이미 불법 점거한 땅의 세 배가 넘는 면적인 2만여 헥타르를 개간할 예정이었고 파레 마을, 이웃한 수무닝Sumunying 마을은 이미 지도상에서 사라지고 없었다.

2007년 가을 윙윙거리는 동력 사슬톱 소리가 다시 들려왔고 사냥꾼들도 나타나 야생동물을 찾아다니기 시작했다. 마을 주민들은 경찰에 신고하는 대신 직접 범인을 색출하기 위해 자경단을 조직했다. 현장에 모인 파레 마을과 수무닝 마을 주민 60명은 개간 작업을 하는 인부를 찾아냈지만 인도네시아 군인들이 개간 작업을 경호하고 있었다. 인터뷰를 진행하는 동안 개간 작업을 경호하는 군인이나 경찰을 많이 볼 수 있었는데 모두 플랜테이션에서 뇌물을 받은 부패한 지역 공무원이나 주 정부 관리들이 허가한 일이다. 다야크족 주민들은 동력 사슬톱을 11개나 빼앗으며 저항했다. 강경파인 마을 어른 자말루딘은 이렇게 말했다. "이렇게라도 하지 않으면 우리는 땅을 모두 잃고 말 겁니다."

오염이 적은 대안 운송 연료를 찾는 과정에서 바이오 연료가 녹색 대안으로 당당하게 떠올랐다. 바이오 연료가 연소될 때 배출되는 이산화탄소가 석유가 연소될 때 배출되는 이산화탄소보다 적기 때문이다. 사탕수수나 옥수수 같은 작물을 기본 원료로 하는 에탄올은 화석연료를 태울 때보다 이산화탄소를 20퍼센트가량 적게 배출하기 때문에 휘발유를 대체할 연료로 각광받고 있다.[6] 경유를 대체할 바이오디젤은 유채씨, 콩, 기름야자 나무 등의 작물 기름을 정제해 만드는데 석유와 비교했을 때 배출되는 탄소의 양은 4분의 1에 불과하다.[7] 화석연료를 대체할 대안을 앞 다퉈 찾아 헤매는 정부와 소비자 덕분에 전 세계적인 바이오 연료 수요가 천정부지로 치솟았다. 새로 출시되는 자동차의 절반, 전체 선박의 3분의 1 정도가 경유를 사용하는 유럽의 경우[8] 2010년 바이오디젤 소비가 세 배 늘었다.[9] 미국이 보조금을 지급하는 바이오 연료는 대부분 에탄올로 그 시장 규모는 2006년에서 2022년 사이 4천억 달러까지 치솟을 것으로 전망된다.[10] 한편 〈세계은행World Bank〉은 인도네시아 같은 개발도상국에서 활동하는 바이오 연료 제조업체에 개발 자금 명목으로 현금을 지원한다. 영국, EU, 브라질, 중국의 일부 지역, 미국에서는 바이오 연료 사용을 의무화하는 법을 제정하고 있기 때문에 바이오 연료 사용량이 급격히 늘어나는 현상은 당분간 지속될 것으로 보인다. 버락 오바마 미국 대통령은 바이오 연료를 '미국의 저탄소 기준' 중 하나로 삼는 방안을 고려 중이라고 말하기도 했다.[11]

문제는 이 과대 광고의 한복판에서 생겨났다. 2008년 『사이언스』는 바이오 연료를 생산하는 과정과 바이오 연료의 원료가 되는 작물을 재배하는 개발도상국의 생태계가 파괴되어 가는 현실을 감안할 때 일부 바이오 연료는 사실상 석유보다 더 많은 탄소를 배출할 수도 있다고 보도했다.[12] 기름야자 나무 재배지로 선택되면서 인도네시아의 열대우림과 이탄 습지림 생태계는 큰 변화를 겪었고 그 변화가 지구 기후에 미친 영향은 실로 파괴적이다. 열대우림은 인부들이 동력 사슬톱과 불도저를 이용해 나무를 베고 숲을 불태워 개간된다. 〈레스타리〉가 파레 마을 주변에서 진행하고 있는 열대우림 개간은 인도네시아 토착 산림이 형성해 온 소중한 이산화탄소 저장소를 박살 내 다시는 탄소를 흡수할 수 없게 만든다. 설상가상으로 열대우림을 불태우는 과정에서 나무들이 살아 있을 때 흡수해서 저장해 두었던 다량의 이산화탄소까지 배출된다.

이탄 습지림을 베어 버리는 일도 재앙을 몰고 오기는 마찬가지다. 이탄 습지는 맹그로브 상록수가 기둥 모양으로 생긴 옹이진 뿌리를 내리고 서식하는 감조습지感潮濕地다. 이탄 습지에 플랜테이션을 조성하려면 토착 식물을 베어 낸 뒤 썩어 가는 식물로 그득한, 깊은 곳은 6미터에 달하는 습지의 물을 빼야 한다. 이탄 습지는 지표의 3퍼센트에 불과하지만 전 세계의 숲이 품고 있는 탄소 총량의 두 배에 달하는 탄소를 머금고 있다.[13] 이탄 습지에 서식하는 나무가 사라지고 습지가 말라 버리면 그때가지 이탄 습지 생태계 안에 갇혀 있던 이산화탄소를 비롯한 여러 온실가스가 대기 중으로 걷잡을 수 없이 퍼져 나갈 것이다. 설상가상으로 바짝 마른 이탄은 불이 붙기 쉽다. 일단 이탄에 불이 붙으면 이산화탄소를 뿜어내는 불꽃이 땅속까지 번지게 되므로 사실상 진화가 불가능하다.

플랜테이션은 생태계에 파괴적인 영향을 미친다. 〈식품과 개발 정책 연구소Institute for Food and Development Policy〉는 팜유 1톤을 생산하는 과정에서 이산화탄소 33톤이 배출된다는 사실을 밝혀냈다.[14] 이는 석유가 배출하는 이산화탄소의 열 배에 이르는 양이다. 한편 기름야자 나무 생산자들은 열대우림과 이탄 습지가 흡수하는 이산화탄소와 비슷한 양의 이산화탄소를 플랜테이션이 흡수한다고 주장하지만 사실은 그렇지 않다. 가장 좋은 해결책은 바이오 연료의 원료가 되는 작물은 기존 작물 재배지에서 기르는 것이다. 그러나, 아이오와 주나 독일 시골 지역에 오래 전부터 있던 기존 농장에서만 식물성 기름이나 에탄올 생산에 사용되는 알코올 생산의 원료가 되는 작물을 재배하더라도 재배 면적이 절대적으로 부족해 결국에는 보르네오섬 열대우림을 비롯한 지구 전역의 토착 생태계를 넘보게 될 것이다. 기름야자 나무 플랜테이션 덕분에 인도네시아는 미국과 중국에 이어 전 세계 3위의 이산화탄소 배출국이라는 오명을 쓰게 되었다.[15]

기름야자 나무의 세계적인 재배지인 인도네시아는 이산화탄소 배출 세계 3위라는 불미스러운 명성에도 아랑곳하지 않고 현재 약 650만 헥타르[16]에 달하는 플랜테이션을 2015년까지 약 천만 헥타르로 확대할 계획이다.[17] 기름야자를 재배할 농경지를 얻기 위해 인도네시아가 지금과 같은 속도로 산림을 계속 파괴한다면 2022년에는 지구상에 남아 있는 3대 열대우림 중 하나인 인도네시아의 숲 98퍼센트가 기능을 상실하거나 사라질 것이다.[18] 인도네시아에는 생태계 파괴를 엄격하게 규제하는 정책이 있고 공식적으로는 토착 주민들의 토지 소유권을 일부 인정하는 법도 있지만 아무리 좋은 법도 지역 공무원들이 제대로 시행하지 않으면 아무런 소용이 없다. 보르네오섬에 있는 〈윌마인터내셔널〉 소유의 기름야자 나무 플랜테이션과 제분소를 총괄했던 전직 임원 옹 케 차우Ong Kee Chau는 이렇게 설명한다. "허가증을 발급받으려면 공무원을 찾아가서 돈을 주면 됩니다. 이게 현실이에요."[19] 정치인부터 생존을 위해 투쟁하는 마을 주민에 이르는 모든 인도네시아 사람들이 바이오 연료를 일종의 기회로 생각한다. 인도네시아에 본부를 둔 〈국제 산림 연구 센터〉의 헤리 푸르노모Herry Purnomo 박사는 이렇게 설명한다. "기름야자 나무는 인도네시아가 경쟁력을 가질 수 있는 분야 중 하나입니다. IT산업이나 자동차 제조업으로는 다른 나라와 경쟁할 수 없지만 플랜테이션이라면 해 볼 만하거든요."[20]

파레 마을

2008년 5월 〈왈히〉 소속 연구원과 함께 배 바깥쪽에 동력 장치를 장착한 전통 방식의 나무배를 타고 파레 마을로 들어가는 유일한 길인 쿰바강Kumba River을 따라 올라갔다. 자동차로 갈아타고 거친 도로를 일곱 시간이나 달린 끝에 해가 저물 무렵 웨스트 칼리만탄West Kalimantan 주 북쪽에 위치한 파레 마을에 도착했다. 강둑에는 나무와 키 큰 풀들이 늘어서 있고 하늘에는 두꺼운 소나기구름이 가득하다. 저물어 가는 하루를 수놓는 석양이 금속성 느낌의 회색과 인공적 느낌의 흰색이 어우러진 소나기구름을 황금 오렌지 빛으로 물들인다. 밤이 되자 따스한 빗방울이 떨어지고 머리 위로 번개가 친다. 어둠을 뚫고 번쩍이는 섬광이 굽이치는 강물과 광활한 열대우림에 번득인다.

도착한 지 두어 시간쯤 지났을 무렵 모모누스 촌장과 그의 부인 마르가레타 Margareta가 우리를 집으로 안내했다.(파레 마을에서 만난 사람들은 모두 성은 없고 이름만 있다.) 가구 하나 없이 촛불만 깜박이는 집 바닥에는 비닐 한 장이 덩그러니 깔려 있다. 비닐을 깔고 앉아 주위를 둘러본다. 벽에는 틈을 가리기 위해 신문 몇 장을 붙여 놓았는데 소녀를 납치해 플랜테이션 인부의 성노예로 삼았다는 기사가 눈에 띈다. 숲에서 채취한 어린 채소와 바나나 꽃, 가족이 경작하는 논에서 난 쌀, 정어리 통조림으로 식사를 하고 나니 마을 사람들이 집으로 모여든다. 남자들은 앞마당, 여자들 몇몇은 주방 출입문 곁에 자리를 잡는다. 청바지나 군복 바지에 방금 세탁한 셔츠를 받쳐 입은 주민들이 바닥에 책상다리를 하고 앉는다. 모모누스 촌장 말고는 모두들 담배를 피워 대는 통에 회색빛 연기가 방안에 가득하다. 붉은색 선이 그려진 종이로 정향을 섞어 만든 담배 속을 말아 만든, 독특한 모양과 풍미를 자랑하는 인도네시아 담배가 자욱한 연기 사이로 보인다. 38세의 모모누스 촌장은 작고 단단한 체구에 이마가 넓고 콧수염을 조금 길렀다. 차분한 성품의 모모누스 촌장은 사람들의 대화에 끼어들기보다는 그들의 대화를 조용히 경청한다.

이곳 주민들은 정부와 〈두타팔마〉가 자신들의 말을 계속 묵살한다면 마체테 칼을 쓸 수밖에 없다고 말한다. 지난 세기에 다야크족은 사람을 죽여 머리를 자르는 행위로 악명이 자자했고 1997년까지도 머리를 자르는 풍습이 이어졌다. 당시 다야크족은 파레 마을 인근에서 마두레세Madurese라는 이름의 이방 부족과 잔인한 전쟁을 치렀는데 몇 달에 걸쳐 치러진 전투에서 마두레세족이 큰 타격을 입어[21] 마두레세 마을 가옥이 불탔고 작물이 못 쓰게 되었다. 인명 피해도 커서 적어도 500명이 목숨을 잃었는데 그중 일부는 머리가 잘렸고 2만 5천여 명의 마두레세 주민들을 비롯해 수만 명의 인근 주민들이 터전을 잃었다. 인류학자 낸시 리 펠루소Nancy Lee Peluso는 예전부터 전사로 명성을 날린 다야크족은 머리를 자르는 잔혹 행위를 자행함으로써 더 큰 공포심을 유발하는 전략을 구사한다고 언급한다.[22]

자신들이 몇 세기에 걸쳐 일궈 온 복잡한 혼농임업 방식을 기름야자 나무 플랜테이션이 파괴한 것에 분노한 파레 마을 다야크족 주민들은 자신들의 땅을 지키기 위해 필사의 노력을 기울이고 있다. 보통 화전 농업으로 알려져 있는 혼농임업은 숲의 나무들 사이사이에 작물을 재배하며 토양침식을 방지하기 위해 작물을 자주 순환시키는 농경법이다. 안내원으로 따라온 〈왈히〉 소속 연구원은 전 세계의 숲 파괴 현장을 보도하는 언론이 숲 파괴의 원인을 토착 주민이나 소작농들의 화전 탓으로 돌리는 일이 많다고 말한다. 그러나 예나 지금이나 숲의 건강을 지켜 온 사람들은 다야크족 같은 토착 주민들이었다. 대형 목재 회사와 플랜테이션이 들어오기 전에는 웨스트 칼리만탄 주에 대규모 산림 파괴나 방화가 없었다. 파레 마을 주민이나 인근 마을 주민들과 이야기를 나누면서 다야크족 언어나 마두레세족 언어, 나아가 인도네시아의 공용어인 바하사 인도네시아어에는 개간을 의미하는 단어가 아예 존재하지 않는다는 사실을 알게 되었다. 모모누스 촌장집에서 열린 마을회의가 끝나갈 무렵 두 자녀를 둔 젊은 아버지 줄리안Julian이 마을 소유의 숲과 〈레스타리〉 소유 플랜테이션의 경계 영역에 다녀온 사람이 있는지 묻는다. 최근까지 그곳에 있었다는 젊은이 한 명이 벌목 행위는 보지 못했다고 답한다.

다음날 아침 모모누스 촌장, 줄리안, 다른 마을 사람 두 명과 함께 산림 파괴 지역을 돌아보러 나섰다. 오토바이를 타고 매끄러운 진흙 지대를 지나 길로 들어섰다. 위험천만한 길을 따라 두 시간쯤 나아가자 〈레스타리〉가 장악한 지역이 눈에 들어온다.

과거와 미래가 극명하게 엇갈리는 지역이다. 오래된 숲의 나무 밑에는 양치식물이 자라고 꽃이 만개했다. 원숭이가 야생 망고 나무, 티크 나무, 흑단 나무 사이를 누빈다. 이엽시과dipterocarp 나뭇잎들이 머리 위에 지붕을 드리운다. 열대우림을 대표하는 보물과도 같은 이 나무들은 4년에 한 번 꽃을 피우는데 신기하게도 개화 시기가 비슷해서 이 나무들이 개화할 때면 몇 억 헥타르에 걸쳐 새빨갛게 만개한 꽃이 장관을 이룬다.

반면 길 건너편은 마치 달 표면 같다. 눈길 닿는 곳 어디나 새카맣게 탄 나무가 앙상한 모습으로 누워 있다. 이리저리 파헤쳐 놓은 텅 빈 땅을 작물 재배지로 바꾸는 공사가 한창이다. 지평선 너머로 한 줄기 짙은 녹색 띠가 가느다랗게 보이는데 바로 마구잡이로 들어선 기름야자 나무 플랜테이션이다. 〈두타팔마〉는 개간하고 있는 숲이 기름야자 나무 플랜테이션에 속한다는 사실을 경고하기 위해 다야크족 마을의 땅과 경계를 이루는 지역에 기름야자 묘목을 빙 돌려 가며 심었다.

피부를 따갑게 하는 한낮의 태양을 피해 다시 오토바이에 올라 지난 가을 나무를 베어 낸 지역으로 향한다. 그곳은 숲에 가려 있어 도로에서 볼 때는 그다지 규모가 커 보이지 않는다. 그러나 모모누스 촌장은 이것은 빙산의 일각일 뿐이라고 말한다. 커다란 통나무들이 어지럽게 널려 있고 땅바닥에는 나뭇가지들이 진흙과 범벅이 되어 나뒹군다. 벌목 인부를 보호하기 위해 설치한 군 경계초소에 들렀지만 군인은 없다. 일단 산림 파괴는 여기서 멈춘 것처럼 보인다.

조금 더 들어가자 벌목 인부들이 머무는 숙소가 나타났다. 바닥에는 옷가지를 개어 놓은 침상이 있고 그 위에 파란색 방수포로 지붕을 만들어 덮었다. 모모누스 촌장이 밥이 들어 있는 냄비 뚜껑을 열어 본다. 방금 지은 듯 아직 따스하다. 근처 개울에는 접시와 칫솔이 가지런히 놓여 있다. 줄리안이 입을 연다. “우리를 피해 숨었어요. 오토바이 소리를 듣고 숲으로 피했을 겁니다.” 모모누스 촌장이 요리하기 위해 피워 놓은 모닥불에서 타다 남은 나무토막을 주워들더니 침상에 이런 글을 남긴다. **우리 조상이 물려준 숲을 더 이상 파괴하지 말라!!!**

다시 오토바이를 타고 몇 킬로미터쯤 달려가자 최근 베어 낸 나무들이 우리 앞을 가로막는다. 거의 동시에 밝은 오렌지색 동력 사슬톱을 손에 든 젊은 남자가 불쑥 나타난다. 남자가 동력 사슬톱에 시동을 걸어 보지만 엔진이 돌아가지 않는다. 그는 우리 쪽으로는 눈길 한 번 주지 않은 채 묵묵히 동력 사슬톱의 전선만 잡아당긴다. 숲 안쪽에서 동력 사슬톱 돌아가는 소리가 들리는가 싶더니 다 해어진 옷을 걸치고 이가 검은 다른 남자 세 명이 나무 사이에서 모습을 드러낸다. 파레 마을 주민과 다르게 이곳 출신이 아닌 이 남자들의 시선에서 적대감이 느껴졌다. 모모누스 촌장은 그중 한 남자와 조용히 이야기를 나누더니 숲에서 일어나는 일을 확인하겠다며 숲으로 들어간다. 10여 분쯤 지났을까 돌아오는 모모누스 촌장의 눈에 분노가 이글거린다. 인부들보다 나은 차림의 다른 남자가 하얀 오토바이를 타고 모모누스 촌장의 뒤를 잽싸게 뒤쫓는다. 그 남자도 화가 난 것처럼 보였다. 모모누스 촌장이 오토바이를 타라고 외쳤고 우리는 오토바이에 올라 황급히 자리를 떴다. 안전한 곳에 이르자 모모누스 촌장은 그가 간밤의 회의에서 개간이 중단되었다고 거짓으로 말했던 청년, 바로 자신의 처남이라고 털어놓았다.

이 일화는 기름야자 나무 플랜테이션의 일 처리 방식을 보여 주는 한 단면에 불과하다. 〈레스타리〉는 공동체 구성원들을 따로따로 만나 벌목 인부를 모아 달라고 제안할 것이다. 그 대가로 회사에는 별것 아닌 금액이지만 마을 사람들에게는 큰돈이 주어질 것이다. 물론 줄리안처럼 6천 달러를 주겠다는 제안을 거절하는 주민도 있겠지만 회사는 제안을 받아들이는 사람이 나올 때까지 꾸준히 사람들을 만나고 다닐 테고 언제나 그랬듯 누군가는 그 제안을 수락할 것이다. 사람들을 매수하면 플랜테이션을 확장하기가 훨씬 수월해진다. 더 심각한 문제는 매수된 사람이 개간에 반대하는 공동체에 배반과 분열의 씨앗을 뿌린다는 점이다.

파레 마을을 떠나고 며칠 뒤 모모누스 촌장이 문자 메시지를 보내 왔다. 마을 사람들과 함께 개간지에 들어가 동력 사슬톱 20개를 빼앗았다는 내용이었다.

무아라일라이 마을

한편 플랜테이션이 들어오는 것을 어느 정도 수용하는 공동체도 있다. 2000년 무아라일라이Muara Ilai 마을의 다야크족 주민들은 어느 기름야자 회사와 계약을 맺었다. 파레 마을과 마찬가지로 웨스트 칼리만탄 주에 속한 무아라일라이 마을은 파레 마을에서 강과 도로를 따라 남쪽으로 10시간쯤 이동하면 나타나는 적도 부근의 열대우림에 자리 잡고 있다. 여기저기 흩어져 있는 작은 마을에 400가구가량이 모여 사는 무아라일라이 마을 주민들은 파레 마을 주민들처럼 오로지 숲에 의존해 생계를 해결하고 문화적 정체성을 유지한다. 무아라일라이 마을 주민들은 기름야자 나무 플랜테이션과 이른바 맞교환 계약plasma scheme[23]을 체결했다. 인도네시아에서 흔히 통용되는 맞교환 계약은 계약에 따라 계약 내용은 다양하지만 계약 맥락은 대체로 비슷하다. 주민들이 플랜테이션 측에 각자 어느 정도 규모의 땅을 내어 주겠다고 동의하면 플랜테이션 측은 그 대가로 기름야자를 심은 소규모 농경지를 주민들이 경작하게 해 준다. 숲 지역 주민들의 형편으로는 기름야자 나무 플랜테이션을 조성할 수 없다. 값비싼 기름야자 나무 종자, 비료, 살충제를 구입해야 하고 나무가 열매를 맺기까지 짧게는 4년에서 길게는 8년이 걸려 비용 회수에 오랜 시간이 걸리기 때문이다. 무아라일라이 마을 주민들은 기름야자 나무 플랜테이션이 큰돈이 될 거라고, 그래서 삶이 더 나아질 것이라고 기대하면서 기름야자 나무 사업에 참여했다.

이름을 밝히지 않기로 한 어느 무아라일라이 마을 지도자는 플랜테이션 기업이 처음 이곳에 도착했을 때를 회상했다.[24] 이제부터 그를 아스모로라고 부르자. 아스모로에 따르면 플랜테이션 기업은 제일 먼저 무아라일라이 마을의 주거 환경을 개선하고 공공시설 건설 사업에 투자하겠다고 약속했다. 그러나 전체 면적의 15퍼센트가량이 플랜테이션으로 전환되었을 무렵 플랜테이션 회사가 경영 악화로 도산하면서 플랜테이션 사업도 중단되었다. 6개월인가 1년 정도 지난 뒤 아스모로가 처남 노먼 위카소노(가명)와 함께 이웃 마을 기름야자 나무 플랜테이션을 답사해 보니 주거 환경을 개선하고 공공시설을 지어 주겠다던 고결한 약속은 온데간데없고 이웃 다야크족이 의존해 살아온 숲만 완전히 파괴되어 사라져 버렸다. 무아라일라이 마을 주민들은 파산한 기업의 영업권을 인수한 또 다른 플랜테이션 기업이 2007년 사업을 재개한 뒤로 상황이 더 나빠졌다고 생각한다.

새로 들어온 플랜테이션 기업 〈보르네오 케타팡 페르마이 주식회사(Perseroan Terbatas Borneo Ketapang Permai, 이하 페르마이)〉는 앞서 들어왔다가 파산한 회사보다 두 배 더 넓은 땅을 개발하기로 작정했다. 앞서 간 회사보다 훨씬 더 큰 야망을 품고 이곳에 온 〈페르마이〉는 사업을 재개하면서 개발 규모를 두 배 늘렸다. 마을 세 곳이 개발 지역에 포함되었고 무아라일라이 마을을 비롯한 13개 마을의 경우 마을의 코앞에 있는 숲까지 개간될 상황이었다. 〈페르마이〉는 공격적인 기획을 제시하는 데 그치지 않고 맞교환 계약에 참여한 주민들에게 계약을 취소할 수 없다고 일방적으로 통보했다. 마을 주민들은 앞서 들어왔다가 파산한 기업과 5.3헥타르의 땅을 제공하기로 계약했지만 새로 들어온 〈페르마이〉는 8.1헥타르의 땅을 제공하라고 강요하면서도 농민에게 보상으로 제공하는 기름야자 나무 플랜테이션 면적은 오히려 줄였다고 아스모로는 설명한다.

〈페르마이〉의 제안을 받아들일 수 없었던 무아라일라이 마을 주민 250명은 2008년 1월 〈페르마이〉 사무실에 찾아가 땅을 되돌려 달라고 요구했다. 경찰은 해산하지 않으면 주민 대표를 구속하겠다고 으름장을 놓았다. 한 달 뒤 〈페르마이〉는 방법을 바꿔 네 개 마을 대표들을 한곳에 불러 모았다. 웨스트칼리만탄 주 주도 폰티아낙 시에서 열린 회의에는 아스모로도 참석했다. 〈페르마이〉는 마을 대표들이 회의에 참석하는 데 들어간 교통비를 지불했고 가장 호화로운 호텔 중 한 곳에 숙소를 잡아 주었다. 그러고는 개발, 고소득, 학교, 병원, 잘 정비된 도로 등 온갖 미사여구가 포함된 파워포인트 기획서를 발표했다. 아스모로는 이렇게 기억한다. "아주 근사해 보였지만 우리는 그게 다 거짓말이라는 것을 알고 있었어요." 회의를 마친 마을 지도자들은 모두 〈페르마이〉의 제안을 단호하게 거절했다.

플랜테이션 조성에 관련된 당사자들이 가진 힘의 불균형이 너무나 크기 때문에 기존에 있던 사회 안전망이나 생태계 보호망이 쉽게 무너진다. 비교적 엄격한 인도네시아 환경법은 개간을 위해 숲에 불을 지르는 행위를 금지할 뿐 아니라 플랜테이션을 개발하고자 하는 회사는 허가증을 발급받아야 한다고 규정하고 있다.[25] 플랜테이션을 조성하려는 기업은 먼저 플랜테이션이 생태계에 미칠 광범위한 영향을 평가하고, 생태계에 미치는 영향을 최소화하면서 플랜테이션을 조성할 부지를 확보해야 한다. 그 다음 정부에 해당 지역 주민들의 의견을 수렴한 결과를 담은 보고서를 제출해야 한다. 그러면 정부 부처인 임업 및 플랜테이션부Forestry and Plantation가 그 보고서를 검토한 뒤 해당 기름야자나무 재배 업체에 허가증을 발급한다. 다소 놀라운 점은 중앙 부처인 임업 및 플랜테이션부가 결정을 내리더라도 그 의견을 반드시 지방정부에 보내 직급이 훨씬 낮은 지방단체장인 부파티Bupati에게 최종 승인을 맡긴다는 점이다.

1998년 수하르토 독재 정권이 무너진 뒤 인도네시아 정부는 지방자치단체의 권한을 급격히 확대하는 정책을 도입했다.[26] 중앙집권적 정치 구조가 수하르토 대통령의 권력을 유지하는 데 기여했다고 생각한 인도네시아 정부가 중앙집권적 구조를 대폭 혁신하는 구조 조정을 단행한 것이다. 의사 결정권이 지역 단위로 이양됨에 따라 생태계의 건강과 시민의 사회권을 보장해야 하는 지역단체장의 책임도 함께 강화되어야 마땅했다. 그러나 이전에는 거의 아무런 권한이 없었던 웨스트 칼리만탄 주 지방 공무원들에게 지역을 지배할 힘을 주기만 했으며 지방정부 부처 간 경쟁만 심화되고 말았다. 이제 지방정부는 토지를 둘러싼 분쟁이 발생하면 플랜테이션 기업의 편을 들며, 플랜테이션 기업에 저항하는 사람들을 제압하기 위해서라면 군이나 경찰을 동원하는 등 수단과 방법을 가리지 않는다.

웨스트 칼리만탄 주 〈환경영향평가 위원회Environmental Impact Monitering Board〉의 트리 부디아르토Tri Budiarto 위원장은 노골적으로 법을 어기는 사례들을 수없이 많이 보았으면서도 지금의 현실이 바뀔 것이라고 생각한다. 나와 만난 자리에서 트리 부디아르토 위원장은 힘주어 말한다. "어느 공동체든 자신들의 토지를 억지로 포기해서는 안 됩니다. 주민들 스스로 기업과 동등한 힘을 가졌다는 사실을 믿고 자기 땅을 어떻게 사용할 것인지 스스로 결정해야 합니다."[27] 아무리 긍정적으로 생각해 봐도, 불가능한 이야기다.

인도네시아의 사회구조에 제도화된 착취의 뿌리는 〈네덜란드 동인도회사 Dutch East India Company〉가 인도네시아를 지배했던 4세기 전으로 거슬러 올라간다. 복합 무역 회사인 〈네덜란드 동인도회사〉는 네덜란드 정부의 비호를 받으며 인도네시아를 무대로 활동했는데 이윤이 많이 남는 향신료 무역을 독점하기 위해 인도네시아 주민에게 서슴없이 야만적인 폭력을 휘둘렀다.[28] 1800년대 네덜란드 식민 정부는 주인 없는 모든 토지와 숲을 네덜란드 영토로 선언했고 지역 주민들은 네덜란드 식민 정부가 소유한 플랜테이션에서 강제 노동에 시달렸다.[29] 네덜란드의 식민 지배는 1940년대까지 이어졌다.[30]

독립을 쟁취하고 20년도 채 지나지 않은 1960년대 중반 수하르토 독재 정권이 정권을 장악하고 공산주의자에 대한 피의 숙청을 단행했다.[31] 그 과정에서 시민 50만 명이 목숨을 잃은 것으로 추정된다. 한편 수하르토는 서구 기업에 문호를 개방했다. 특히 미국의 금광 전문 대기업 〈프리포트 맥모란 커퍼앤골드Freeport-McMoRan Copper & Gold Inc.〉가 큰 환영을 받았다.[32] 미국 애리조나 주에 본사를 둔 다국적기업 〈프리포트 맥모란 커퍼앤골드〉는 자연을 그대로 간직한 웨스트 파푸아West Papua(이리안 자야Irian Jaya)에서 광산 개발에 착수했다. 〈프리포트 맥모란 커퍼앤골드〉는 2만 명의 노동력을 투입해 파푸아 섬 가장자리를 깎아 냈고 그 결과 세계에서 가장 큰 금광이 탄생했다.[33] 그 과정에서 광산 보호를 위해 〈프리포트 맥모란 커퍼앤골드〉가 경비 인력을 직접 고용하고 지역 경찰과 군에 뇌물을 주어 심각한 인권침해를 저지른 사실이 2005년에 밝혀졌다.[34] 오랫동안 인도네시아는 그들의 풍요로운 천연자원을 약탈하기 위해 무자비한 폭력도 불사한 외세와 독재 정권의 억압에 시달렸다. 그리고 오늘날에는 기름야자 나무 플랜테이션을 조성하기 위해 보르네오섬 열대우림이 파괴되고 있어 수탈의 역사를 잇고 있다.

아스모로와 이웃 마을 지도자들이 〈페르마이〉의 제안을 거절했기 때문에 무아라일라이 마을 주민들의 생활은 더 피곤해졌다. 아스모로는 폰티아낙 시에서 돌아온 며칠 뒤 낯선 남자 두 명이 자기를 마을 찻집으로 불러냈다고 말한다. "곤봉을 들고 나를 칠 기세로 휘둘렀어요. 그러더니 내 면전에 대고 죽일 생각까지는 없다는 식으로 말하더군요."

소규모 기름야자 나무 생산자들의 조합인 〈세리카트 페타니 켈라파 사위트(Serikat Petani Kelapa Sawit, 이하 세리카트)〉 사무실 회의 탁자에 앉아 있는 아스모로의 눈이 충혈되어 빨갛다. 검은 곱슬머리가 희끗희끗해져 가는 아스모로의 두꺼운 손가락 사이에는 언제나 담배가 끼워져 있다. 휴대폰을 꺼낸 아스모로는 자신을 위협한 남자들의 이름, 위협당한 날짜, 그날 오후 찻집에서 위협당하는 모습을 목격한 사람의 이름을 불러 준다. 자기가 당한 일을 휴대폰에 꼼꼼히 기록해 둔 것이다. 아스모로는 또 다른 사건도 상세히 기억한다. 그때는 군인들이 찾아와 아스모로를 선동가로 지목하면서 구속하겠다고 위협했다.

지방단체장인 부파티와 〈페르마이〉는 플랜테이션을 보호하기 위해 무아라일라이 마을 인근에 군대를 배치했다. 아스모로와 그의 처남 노먼이 나에게 털어놓은 협박 사건을 빌미로 주민들이 군대의 해산을 요구하자 군대는 물러났지만 곧 그 자리를 경찰이 채웠다고 아스모로는 말한다.

다른 마을 주민에게도 압력이 행사되기는 마찬가지다. 아스모로의 처남 노먼은 주머니에서 접힌 편지봉투를 꺼낸다. 봉투 안에는 〈페르마이〉 소유의 플랜테이션에서 기름야자 열매를 훔친 혐의로 법원에 출두하라는 경찰의 명령서가 들어 있다. 아스모로는 목격자로 소환되었는데 아스모로의 증언은 아마 처남에게 불리하게 작용할 것이다. 두 남자는 자기들이 알고 지내는 사람 중 적어도 14명이 이런 저런 범죄를 저질렀다는 이유로 기소되거나 증인 신분으로 법원에 출두하라는 명령을 받았다고 한다. 증인으로 출석해 증언하면 대부분 피고에게 불리하게 작용하게 될 터였다. 노먼은 플랜테이션에 제공하기로 약속했던 땅에 아내, 그리고 아내의 친구 두 명과 함께 울타리를 세웠다. 그러고 나서 난 몇 주가 지난 4월부터 협박이 시작되었다고 한다.[35] 노먼을 도운 아내의 친구 두 명의 남편들도 경찰의 협박을 받았다. 노먼은 일주일 전 〈페르마이〉 직원 30명이 공무원을 대동하고 그 땅에 들어와 울타리를 치워 버렸다고 말한다. 노먼의 아내와 아내의 친구들도 그 자리에 있었지만 〈페르마이〉 직원들이 울타리를 치우는 일을 막을 수는 없었다.

기름야자 열매를 훔쳤다는 기소 내용에 대해 묻자 노먼은 어이없다는 표정으로 설명을 시작한다. 〈페르마이〉는 노먼이 〈페르마이〉보다 7년 먼저 들어왔다가 파산한 회사가 경작했던 작은 농경지 중 한 곳에서 값비싼 기름야자 씨앗이 담긴 기름야자 열매를 훔쳤다고 주장했다. 현재 자기 땅에 기름야자 열매를 심어 재배하고 있는 노먼은 땅에 버려진 열매를 주워 씨앗을 얻었을 뿐이라고 했다. 자기가 줍지 않았다면 틀림없이 버려지고 말았을 열매라고 강조했다. 경찰이 보낸 출두 명령서에는 절도죄 외에도 '플랜테이션 영업 방해죄'가 추가되어 있다. 내일 아침이면 노먼은 법원에 출두해야 한다.

〈세리카트〉 관계자 시온 알렉산더Cion Aleksander는 무아라일라이 마을 주민들이 〈페르마이〉에 허가증을 보여 달라고 여러 차례 요구했지만 〈페르마이〉는 아직도 플랜테이션 영업을 시작할 수 있는 허가증을 발급받지 않았다고 설명한다. "기름야자 나무 플랜테이션 회사들은 임업 및 플랜테이션부에서 공식 답변이 나오기 전에는 개간을 시작해서는 안 됩니다. 그런데도 보통은 허가증이 나오기 전에 지방단체장인 부파티가 발급한 문서 한 장 달랑 들고 와서 개간을 시작합니다. 하지만 부파티가 발급한 문서는 법적 효력이 없어요."[36] 알렉산더는 플랜테이션 회사가 뇌물을 주었을 가능성도 있다고 한다. 아스모로에게 두렵지 않냐고 물었다. "문제는 마을 주민들이 경찰에 맞설 수 있겠는가 하는 것입니다. 현재로서는 가능성을 반반으로 보고 있습니다." 그는 두려워하지 않았다.

메가티무르 마을

그렇다면 숲에 사는 주민들은 투쟁을 선택할 수밖에 없는 것일까? 이 의문을 풀기 위해 〈부미 프라타마 카툴리스티와 주식회사(Perseroan Terbatas Bumi Pratama Khatulistiwa, 이하 카툴리스티와)〉가 더 오래 전에 조성한 기름야자 나무 플랜테이션을 찾아갔다. 〈카툴리스티와〉는 〈두타팔마〉에서 기름을 구매하는 〈아처 대니얼스 미들랜드〉의 계열사 〈윌마인터내셔널〉이 소유한 회사다.

〈카툴리스티와〉 소유의 플랜테이션은 폰티아낙 시 해변에 위치한 메가티무르Mega Timur 마을 인근에 자리 잡고 있다. 과거 이 지역은 몇 세기에 걸쳐 분해된 식물성 물질을 양분으로 자라는 관목과 상록수가 생태계를 이룬 이탄 습지림이었다. 1996년 〈윌마인터내셔널〉은 이탄 습지림에 〈카툴리스티와〉의 플랜테이션을 조성하기 위해 기존의 이탄 습지림을 완전히 파괴하고 토양의 물을 빼낼 깊은 수로를 만들었다. 이탄 습지림이 있던 자리에는 이제 격자로 반듯하게 조성된 기름야자 나무 플랜테이션이 자리 잡고 있다. 〈그린피스〉는 인도네시아 이탄 습지가 파괴되거나 기능을 상실함에 따라 전 세계에서 배출되는 온실가스의 양이 4퍼센트나 증가했다고 전한다.[37]

파레 마을에서 만난 다야크족 주민과 다르게 메가티무르 마을 농민들은 이탄 습지림을 플랜테이션으로 전환하는 사업이 모두에게 이득이 될 개발 사업의 신호탄이라고 생각했다. 메가티무르 마을은 말라야강Malaya River 강변을 따라 점점이 흩어져 있는 여러 작은 마을로 이뤄져 있다. 수십여 년 전 인도네시아 정부는 인구가 과밀한 자바섬Java이나 마두라섬Madura 등에 거주하는 극빈층 주민을 다른 지역으로 이주시키는 정책을 시행했는데[38] 메가티무르 마을 주민은 대부분 그때 보르네오섬으로 이주한 마두레세족 농민들이다. 당시 인도네시아 정부는 이주한 가족에게 한 가족이 집을 짓고 농사를 지을 만한 규모의 땅을 무상으로 제공했다.

주로 도로변에 자리 잡은 주거지는 대부분 판잣집이다. 작고 낡아서 버려진 것처럼 보이지만 사실은 사람이 산다. 덧문도 없고 창틀이 뒤틀려 유리를 끼우지 못한 창문이 달린 목조 가옥 안으로 여자의 모습이 희미하게 보인다. 경첩에 매달린 문 뒤로 한 아이가 연을 들고 나온다. 빛바랜 한 칸짜리 오두막에 커다란 위성안테나가 달려 있다. 집 주변에 위치한 약 4헥타르의 작은 농경지에서는 내다 팔기 위해 재배하는 후추, 파인애플, 고무나무, 이 지역에서는 악어 이빨이라고 부르는 알로에 베라가 자라고 있다. 이곳으로 이주해 온 첫 번째 세대는 농사를 지어 정착에 성공했다. 그러나 이제는 기름야자 나무 플랜테이션이 메가티무르 마을에 더 나은 미래를 보장해 줄 사업으로 여겨진다. 그렇기 때문에 무아라일라이 마을의 다야크족 주민들과 마찬가지로 메가티무르 마을 주민들은 반가운 마음으로 새로 조성되는 플랜테이션의 맞교환 계약을 기꺼이 체결했다. 메가티무르 마을 주민들은 〈윌마인터내셔널〉 플랜테이션에서 일할 수 있다는 약속이나 학교, 모스크, 도로 등 〈윌마인터내셔널〉이 제공하겠다고 약속한 여러 가지 혜택에 마음을 빼앗겼다. 그러나 지금의 현실은 10여 년 전 〈윌마인터내셔널〉이 약속했던 내용과 전혀 다르다.

5월의 어느 날 오후 메가티무르 마을을 이끄는 젊은 지도자 아미리얀토Amiriyanto와 함께 마을을 찾았다. 날씨가 좋으면 폰티아낙에서 한 시간도 채 걸리지 않겠지만 폭우가 쏟아지기라도 하는 날에는 한 시간으로는 어림도 없을 것이었다. 가는 도중 찌는 듯한 하늘에서 비가 쏟아졌지만 다행히 곧 물러갔고 얼마 지나지 않아 나지트Nazit라는 농부의 집에 도착했다.

마을에는 12가구가량이 모여 산다. 〈카툴리스티와〉와 맺은 맞교환 계약으로 얻은 소규모 농경지를 경작하거나 그렇지 않으면 플랜테이션에서 인부로 일하는 마을 주민들이 앞마당에 모여 앉아 담소를 나누고 있다. 플라스틱 쪼리를 입구 정면의 계단에 벗어 놓고 부드러운 목재 평상에 자리를 잡고 앉은 주민 대부분은 바하사 인도네시아어가 아니라 마두레세어로만 말하며 읽고 쓸 줄은 모른다. 맞교환 계약을 맺은 나지트는 이미 10여 년 전 자기 소유의 땅을 회사에 내놓았다. 출생신고를 하지 않은 탓에 나이를 모르는 나지트는 머리가 하얗게 세었다. 마른 체구에 피부가 검게 그을린 나지트는 자기가 55세나 60세 정도일 것으로 생각하지만[39] 내가 보기에는 그보다 훨씬 더 늙어 보인다. 허리춤에 격자무늬 사롱을 두른 나지트는 최근 선거에서 낙선한 정치인 두 명의 모습이 날염된 깨끗한 흰 셔츠를 입고 있다.

그러나 모든 주민이 맞교환 계약을 맺은 것은 아니다. 특히 제공할 땅조차 없는 주민의 경우에는 더욱 그렇다. 그럴 경우 이제 30대로 접어든 나지트의 아들 라마트Rahmat처럼 〈카툴리스티와〉 소속 인부로 일해야 한다. 라마트는 일을 할 수 있다는 사실에는 감사하지만 노동조건이 너무 열악하다고 털어놓는다.[40] 함께 일하는 주민들 모두 같은 생각이어서 두 달 전 임금 인상을 요구하는 시위를 벌였다. 시위가 있기 12개월 전부터 팜유 원액 가격이 거의 두 배 가까이 치솟았는데도 임금은 그대로였기 때문이다.[41] 플랜테이션 운영 사무실 앞에 모인 인부들은 구호를 외치며 사장에게 욕설을 퍼부었지만 회사 측 누구도 시위하는 인부들을 상대해 주지 않았다. 시위 3일째 되던 날 시위대 60명이 바로 해고당했다. 플랜테이션에서 4년째 일하던 30대 후반의 마르나키Marnaki도 그때 해고당했다. 마르나키는 나지트의 앞마당에 자리 잡고 앉아 자신뿐 아니라 해고자 모두가 해고 사유조차 들은 바 없다고 설명한다. 마르나키는 쓴웃음을 지으며 이렇게 말한다. "기름야자 나무 플랜테이션 때문에 마음의 상처만 남고 말았어요!"[42]

한낮의 열기가 가라앉으며 밤으로 접어들 무렵 기도 시간을 알리는 종소리가 울려 퍼지자 남성 몇 명이 양해를 구하고 마을 모스크로 기도 드리러 떠났다. 남은 이들은 나지트의 집으로 들어간다. 집에는 수도가 들어오지 않았고 화장실도 없었지만 그래도 전기는 들어오는지 텔레비전을 올려놓은 탁자 하나가 거실에 덩그러니 놓여 있다. 거실 저편으로 여성의 영역임에 틀림없는 주방이 보인다. 스카프처럼 생긴 질밥을 두른 여자가 아기를 안고 앉아서 서 있는 다른 여자와 도란도란 이야기를 나누는 중이다. 거리가 멀어서 그녀들의 목소리는 들리지 않는다. 주방 문 너머 희미한 형광등 빛 아래 있는 두 여성의 모습과 그 뒤편으로 서로 쫓고 쫓기는 아이들의 모습이 아련하다.

최근 나지트는 〈카툴리스티와〉와 계약을 맺는 누구에게나 적용되는 기본 면적인 2헥타르의 맞교환 계약을 막내아들 자리Jhari에게 넘겨주고 자신은 〈카툴리스티와〉 소유 플랜테이션에 일자리를 얻을 생각이었다. 그러나 플랜테이션에서는 나지트에게 일자리를 주지 않았다. 나지트는 자신이 너무 늙은 탓이라고 여긴다. 이제 나지트는 아들의 도움 없이는 생계를 꾸릴 수 없게 되었다.

자리는 탄탄한 몸매에 초롱초롱한 눈빛을 지닌 스물세 살의 젊은이다. 하루 종일 기름야자 나무 밭을 일군 뒤 강에서 목욕하고 나온 참이라 짧은 머리칼이 축축하게 젖어 있다. 밭에서 하는 일 중 가장 중요한 일은 기름야자 나무 열매를 수확하는 것이다. 풋볼 공처럼 뾰족한 유선형 모양에 크기는 더 큰 이 열매 안에는 대추만 한 크기의 검붉은 씨앗이 한데 뭉쳐 자란다. 씨앗은 값비싼 기름을 함유하고 있다. 기름야자 나무 열매는 유채씨, 해바라기씨, 올리브 열매를 비롯한 기름 작물 중에서 1헥타르당 수확량이 가장 높다.[43] 자리와 다른 농부들은 〈카툴리스티와〉에 집 주변에 있는 땅을 제공했지만 〈카툴리스티와〉는 농부들에게 약 400헥타르에 달하는 플랜테이션 가장자리에 있는 농경지를 배정했다고 말한다. 자리의 경우 집에서 농경지까지 한 시간을 걸어가야 한다. 맞교환 계약을 맺고 땅을 경작하는 농부 대부분은 너무 가난하기 때문에 경작을 도와줄 사람을 쓰기는커녕 열매를 운반할 운송 수단조차 확보할 수 없어 소득을 극대화할 가능성이 희박하다. 자리는 수확한 열매를 팔아 얻는 수입으로는 부인과 아이를 비롯한 가족을 "먹여 살릴 수 없다"[44]고 말한다. 자리는 이렇게 말한다. "〈윌마인터내셔널〉이 우리 땅을 돌려주면 좋겠어요."

시간이 흐르면서 메가티무르 마을의 소농민들은 〈카툴리스티와〉와 맺은 계약이 자신들이 기대한 것과 전혀 다른 방향으로 나가고 있다는 사실을 깨달았다. 〈카툴리스티와〉에 땅을 내어 주는 대신 기름야자 씨앗을 뿌린 농지를 받았지만 빚은 늘어만 갔다. 〈카툴리스티와〉는 농민들의 땅을 무상으로 가져갔으면서도 농민들에게 제공한 농지에는 지대를 매겼기 때문이다. 농민들은 지대를 지불하기 위해 〈윌마인터내셔널〉이 주선한 은행에서 대출을 받아야 했다. 그들은 자신이 소작농과 비슷한 처지가 되었다는 사실을 깨달았다. 우선 농민은 수확한 열매를 시장가격과 관계없이 정해진 가격에 팔아야 한다. 게다가 플랜테이션은 판매 대금의 절반을 부채 상환 명목으로 가져가며, 도로, 배수 체계, 비료, 살충제, 수확물 운송, 보안, 행정 비용 등의 명목으로 수수료를 떼고, 의무적으로 조성해야 하는 기금 명목으로 적립금을 뗀 뒤 농민에게 수확한 열매의 판매 대금을 지불한다. 〈카툴리스티와〉와 10년 넘게 거래했다는 소농민 중에 자신이 얼마를 벌었고 얼마를 적립했으며 얼마나 되는 빚을 갚았는지 아는 농부는 없었다.

게다가 메가티무르 마을 주민들은 기름야자 나무 플랜테이션이 생태계에 미치는 악영향까지 참고 견뎌야 한다. 〈윌마인터내셔널〉이 〈카툴리스티와〉에 투입한 비용의 65퍼센트는 석유화학비료 구입에 사용되었다.[45] 〈카툴리스티와〉는 해충, 설치류, 잡초를 제거하기 위해 플랜테이션에 막대한 양의 살충제와 제초제를 퍼부었고 유독성 폐수가 주민 대부분이 모여 사는 말라야강으로 흘러들었다. 보르네오섬에서는 보통 강에서 목욕을 하기 때문에(음용수는 빗물을 받아먹는다.) 〈윌마인터내셔널〉의 플랜테이션이 조성된 뒤 마을 주민들은 피부 발진과 설사에 시달려 왔다. 플랜테이션에서 흘러나온 비료는 강변에서 자라는 풀의 생장을 촉진해 강변에 수풀이 우거지게 되었고 수풀이 우거진 물에서는 모기가 유례없이 왕성하게 번식했다. 그 바람에 말라리아 발생 위험도 높아졌다. 고인 물은 언제든 말라야강 강둑을 무너뜨릴 수 있는 위험 요인이기도 하다.

과거 이 지역에는 홍수와 가뭄이 드물었지만 이제는 홍수와 가뭄이 일상이 되었다. 〈윌마인터내셔널〉이 이탄 습지림을 개간하고 습지의 물을 빼내는 바람에 우기에 빗물을 빨아들여 습기를 머금어야 할 토양의 물 수용력이 떨어졌다. 덕분에 건기가 더욱 기승을 부렸고 작물들이 말라 죽었다. 〈카툴리스티와〉는 물이 넘칠 경우 3일 안에 뺄 수 있는 배수로를 플랜테이션에 설치했지만 메가티무르 마을에는 설치하지 않았다. 덕분에 2007년 한 해에만 홍수가 네 번 일어났다. 그중 장장 2주 동안 이어진 홍수는 가족이 가꾸던 농경지를 쓸어버리는 수준을 넘어 마을 주민의 삶을 망가뜨렸다. 마을 전체가 대피해야 했고 먹을거리와 마실 물 같은 기본적인 물품조차 구할 수 없었다.

열대우림에서 터전을 일궈 온 메가티무르 마을 주민들은 이제 어려운 선택을 해야 한다. 다국적기업과 맺은 계약에 얽매여 노예의 삶을 살든지 아니면 가족이 살 집마저 플랜테이션에 빼앗기기 전에 기름야자 나무 플랜테이션에 맞서 싸우든지. 그들이 처한 현실에 비하면 주유기 앞에 서서 일반 휘발유를 주유할지 바이오 연료를 주유할지 선택해야 하는 서구 사람들의 고민은 배부른 소리에 불과하다.

비현실적인 지속 가능성

활동가들은 팜유 생산과 소비로 열대우림과 열대우림에 기대어 살아가는 주민들이 큰 피해를 입는다고 소리를 높였다. 이 영향으로 주요 기름야자 나무 플랜테이션 기업 사장, 팜유 가공업자, 유통 업자, 소매업자들은 〈세계 자연보호 기금〉 계획에 자발적으로 참여해 관련 현장을 감시하는 국제기구를 창립했다. 2004년 설립된 〈지속 가능한 팜유 산업을 추구하는 원탁회의(Roundtable on Sustainable Palm Oil, 이하 원탁회의)〉에는 〈윌마인터내셔널〉, 〈두타팔마〉, 〈아처 대니얼스 미들랜드〉, 보르네오섬에서 기름야자 나무 플랜테이션을 운영하며 바이오 연료 시장의 또 다른 큰 손이기도 한 〈카길Cargill〉이 참여했다.[46] 바이오 연료 시장에서 팜유가 차지하는 비중이 급속하게 커지고 있지만 식용으로 사용되는 비중도 여전히 높다. 식물성 기름 매대에 진열된 기름 대부분은 팜유이고 넘쳐나는 가공식품의 원료로도 애용된다. 팜유의 최대 소비자 〈유니레버〉, 〈네슬레Nestle〉, 〈캐드베리 슈웹스Cadbury Schweppes〉를 비롯한 여러 식품 가공 회사도 〈원탁회의〉를 설립하는 데 핵심적인 역할을 담당했고 지금도 〈원탁회의〉를 후원한다.[47]

〈원탁회의〉의 임무는 높은 수준의 규제 기준을 마련하는 것이었고 그 결과 '지속 가능한 팜유 생산을 위한 원칙과 기준Principles and Criteria for Sustainable Palm Oil Production'이라는 지침이 탄생했다. 그 밖에도 〈원탁회의〉는 자체 인증 체계를 마련해 회원사들이 '바람직한 영업 활동'을 추구하도록 독려한다. 순수한 취지로 기업의 사회적 책임을 이행한다고 자부하는 〈원탁회의〉 웹사이트에는 단체의 목적이 이렇게 명시되어 있다. "〈원탁회의〉는 공급자 간의 협력과 이해 당사자 간에 열린 대화를 바탕으로 팜유 산업의 발전을 꾀하고 팜유 산업이 생태계의 지속 가능성을 높이는 데 기여하도록 만들고자 한다."[48]

그러나 〈원탁회의〉가 제정한 '지속 가능한 팜유 생산을 위한 원칙과 기준'을 아는 사람이 보르네오섬에서 운영 중인 기름야자 나무 플랜테이션을 방문해 주변 생태계가 파괴된 현장을 목격한다면 깜짝 놀라지 않을 수 없을 것이다. 이를테면 '지속 가능한 팜유 생산을 위한 원칙과 기준' 7장 5절에는 이런 규정이 있다. "지역 주민의 토지에 기름야자 나무 플랜테이션을 새로 조성할 경우 지역 주민들은 자유롭게 자기 의견을 표현할 수 있다. 플랜테이션 측은 관련 정보를 주민들에게 제공해야 하며 지역 주민들의 의견을 우선 반영해야 한다. 토착 주민, 지역공동체, 그 밖에 여러 당사자들은 각자의 대표자를 통해 각자의 의견을 문서로 표현할 수 있어야 한다."[49] 또 다른 규정에는 원시림에 손대지 말 것, 지역 주민들이 제공한 토지에 대해 보상할 것, 플랜테이션 인부들을 노조 가입 여부나 나이에 따라 차별하지 말 것 같은 내용이 포함되어 있다.[50] 파레 마을과 메가티무르 마을에서 이 조항들이 잘 지켜지고 있는지 묻자 〈원탁회의〉 대변인은 이렇게 답했다. "〈원탁회의〉는 자발적인 조직으로, 그에 걸맞은 활동을 하고 있습니다."[51]

파괴 행위를 막아 보려고 애쓰는 인도네시아의 여러 비정부기구나 지역단체들은 선언과 현실 사이의 격차를 폭로했다. 2007년 여름 〈렘바가 게마완〉과 〈콘탁 라캬트 보르네오KONTAK Rakyat Borneo〉라는 두 환경 운동 단체는 네덜란드 환경 운동 단체인 〈밀류디펜지Milieudefensie〉와 함께 『정책과 현실, 오만과 편견*Policy, practice, pride and prejudice*』이라는 보고서를 발간했다. 이 보고서는 웨스트 칼리만탄 주 삼바스Sambas에 있는 〈윌마인터내셔널〉 소유의 플랜테이션 세 곳을 연구한 것으로, 〈윌마인터내셔널〉이 그곳에서 자행한 불법 행동이 자세하게 기록되어 있다.[52] 개간과 배수를 위해 숲과 이탄 습지를 불태웠고, 토착 주민과 소규모 농민들을 강제 이주시켰으며, 불법으로 허가증을 취득하거나, 아예 허가증을 취득하지 않은 플랜테이션도 있었다. 이런 일은 〈윌마인터내셔널〉이 자체적으로 정한 사회적 책임 규정,[53] 〈원탁회의〉의 규정, 〈윌마인터내셔널〉에 사업 확장 자금으로 수천만 달러를 지원한[54] 〈세계은행〉 소속 기관이자 팜유 산업을 지원하기 때문에 〈원탁회의〉의 회원[55]이기도 한 〈국제 금융 공사International Finance Corporation〉가 정한 기준 모두에 어긋나는 일이다. 인도네시아 활동가들의 원성이 빗발치자 〈원탁회의〉와 〈국제 금융 공사〉는 고충 처리 위원회Compliance Advisor/Ombudsman를 가동해 〈윌마인터내셔널〉에 대한 감사를 시행했다. 감사를 받는 동안 〈윌마인터내셔널〉은 기름야자 나무 플랜테이션 확장을 중단할 수밖에 없었다. 때마침 보르네오섬에 체류하고 있던 나는 〈윌마인터내셔널〉이 란다크Landak에 새로 조성한 플랜테이션을 방문해 직급이 낮은 담당자를 만나 〈윌마인터내셔널〉이 플랜테이션 확장을 왜 중단했는지 물어보았다.[56] 그 담당자는 〈윌마인터내셔널〉이 구설수에 휘말렸기 때문에 잠시 동력 사슬톱을 내려놓은 것뿐이라고, '잠깐뿐'이라고 설명했다. 그는 작업이 곧 재개되리라 확신하고 있었다. 실제로 플랜테이션 운영 직원들은 앞으로 플랜테이션을 조성할 약 5,700헥타르의 숲을 조사하고 그곳에 심을 기름야자 묘목을 관리하느라 눈코 뜰 새 없이 바빴다.

2008년 말 조사를 마친 〈원탁회의〉는 〈윌마인터내셔널〉에 내린 경고를 해제하고 웨스트 칼리만탄 주 전역에서 플랜테이션 사업을 계속해도 좋다고 허가했다.[57] 그러나 6개월 뒤 〈국제 금융 공사〉 고충 처리 위원회는 조사한 내용을 담은 보고서를 발간하면서 잘못을 시인하는 듯한 내용을 실었다. "〈국제 금융 공사〉는 20년 전에 이미 인도네시아 기름야자 나무 플랜테이션 산업이 생태계를 위협하고, 사회의 안정을 해치며, 주민 자치를 심각하게 침해한다는 사실을 인지하고 있었지만"[58] 그 문제를 해결하기 위한 실질적인 행동에 나서지 않았다. 〈국제 금융 공사〉는 〈윌마인터내셔널〉에 더 많은 자금을 지원하기 위해 환경부서 담당자들의 경고를 묵살했을 뿐더러 자체적으로 마련한 기금 배분 절차마저 무시했다. 지역사회를 안정시키고 생태계를 보전하기 위해 플랜테이션 측이 의무적으로 부담해야 하는 비용이 있었지만, 〈국제 금융 공사〉는 이 비용을 줄여 주기 위해 고의로 〈윌마인터내셔널〉을 '저위험' 투자군으로 분류했고 인도네시아 법을 위반한 〈윌마인터내셔널〉의 범법 행위를 눈감아 주었다.[59] 결국 〈국제 금융 공사〉 고충 처리 위원회는 "너무도 쉽게 이뤄지는 부당 거래 덕분에"[60] 인간의 건강과 생태계의 건강이 희생되었다고 결론 내렸다.

〈렘바가 게마완〉의 렐리 카이르누르 사무국장은 자신들 같은 비정부기구는 사회정의를 실현하고자, 그리고 〈윌마인터내셔널〉이 자기 책임을 다하게 만들고자 애쓰고 있다고 말한다. 〈원탁회의〉나 〈세계은행〉 소속 〈국제 금융 공사〉만 바라보면서 뒷짐 지고 있는 것은 아니다. 비정부기구들은 직접 행동, 주민 조직, 숲 거주민의 권리 교육, 지방자치단체장 선거 출마 등 다양한 전략을 구사한다. 카이르누르 사무국장은 이렇게 말한다. "길고 어려운 과정입니다. 시위 다섯 번 했다고 끝날 일도 아니고 정부에 탄원서를 접수한다고 끝날 문제도 아니거든요. (…) 기업 한 곳을 상대로 한 싸움이 아닙니다. 우리는 시스템 자체와 싸우고 있습니다."[61]

카이르누르 사무국장이 말하는 시스템에는 세계에서 가장 막강한 기업뿐 아니라 고위직 정치인들도 포함되어 있다. 오바마 정부는 차세대 바이오 연료로 추앙받는 제품을 아낌없이 지원한다. 〈시에라클럽Sierra Club〉 같은 주류 환경 단체도 마찬가지다.[62] 차세대 바이오 연료는 조류藻類, 작물 부산물, 밭을 갈지 않고 경작할 수 있어 이산화탄소를 배출하지 않으며 토양침식을 방지하는 데 기여하는 다년생 식물 같은 비식용작물을 원료로 이용해 생산될 것으로 기대된다. 따라서 식용작물을 원료로 생산되어 많은 부작용을 낳은 1세대 에탄올이나 1세대 바이오디젤보다 나은 연료가 될 것으로 여겨진다. 그러나 그런 연료는 아직 나오지 않았다. 오바마 정부의 스티븐 추 에너지 장관은 차세대 바이오 연료를 개발하려면 적어도 5년은 걸릴 것이라고 말한다.[63] 기억하는 사람도 있겠지만 이미 5년 전에도 앞으로 5년만 기다리면 된다고 했었다.

차세대 바이오 연료 개발이 지지부진한 가운데 미 환경보호국의 리사 잭슨 Lisa Jackson 국장은 식용작물을 이용해 생산하는 1세대 바이오 연료에 대한 정부의 역할을 강조한다. 잭슨은 정부가 기업에 많은 혜택을 주고 보조금을 제공하는 등 1세대 바이오 연료에 대한 지원을 아끼지 말아야 한다고 주장했다. "그래야만 차세대 바이오 연료로 원만하게 전환할 수 있을 것입니다."[64] 차세대 바이오 연료를 개발하겠다는 약속은 의도했든 아니든 작물을 이용해 생산하는 바이오 연료에서 사람들이 벗어나지 못하게 만든다. 오늘날 미국에서 판매되는 대부분의 휘발유는 반드시 에탄올을 10퍼센트 혼합해야 하는데 지금의 정책대로라면 앞으로 혼합해야 하는 에탄올 비중이 커질 전망이다.[65] 2009년 미국 정부는 에탄올을 85퍼센트 혼합한 휘발유를 넣고 주행할 수 있는 이른바 플렉스 자동차 생산을 확대하는 자동차 제조사를 지원했다.[66] 그러므로 우리는 앞으로도 계속 재앙을 몰고 다니는 1세대 바이오 연료로 달리는 자동차를 타고 다니게 될 것이다. 〈국제 금융 공사〉가 〈윌마인터내셔널〉의 불법 행위를 알면서도 눈감아 준 것과 마찬가지로, 식용작물을 이용해 연료를 생산하려면 지구와 지구에서 살아가는 사람들이 희생된다는 사실을 서구 지도자들이 인식한다고 해도 부당 거래는 사라지지 않을 것이다.

인도네시아를 떠나기 전 마지막으로 〈국제 산림 연구 센터〉에 들렀다. 우거진 숲 속에 자리 잡은 〈국제 산림 연구 센터〉에서는 백여 명이 넘는 과학자들이 전 세계의 숲과, 숲에 의존해 살아가는 사람들을 보호할 방법을 모색하고 있다. 헤리 푸르노모 박사는 유엔의 의뢰를 받아 나무를 베어 내지 않고 보존하는 개발도상국에 자금을 지원하는 사업을 기획 중이다. 푸르노모 박사는 "숲 파괴와 훼손으로 배출되는 온실가스 감축 사업Reducing Emissions from Deforestation and Degradation"에 연간 120억 달러의 예산이 투입될 것 같다고 예상한다. 푸르노모 박사는 허리케인 카트리나가 지나간 뒤 미국 정부가 1천 260억 달러가 넘는 재건 비용[67]을 쏟아부은 사실을 감안하면 그리 큰 액수도 아닌데 국제기구와 서구 정부들은 지금까지 고작 10억 달러를 약속했을 뿐이라며 안타까워한다. "필요한 자금을 모으기가 정말 어렵습니다."[68]

그러나 숲이 파괴되고 훼손되면서 발생하는 온실가스를 감축하려는 사업은 필요한 자금을 확보하는 문제 말고도 치명적인 문제를 안고 있다. 이 사업은 토착 주민의 권리를 고려하지 않을 뿐더러 그들을 의사 결정 과정에서 명시적으로 배제한다. 더 큰 문제는 "숲 파괴와 훼손으로 배출되는 온실가스 감축 사업"이 유엔이 정한 산림의 정의를 바탕으로 삼는다는 점이다. 유엔의 정의에 따르면 단일경작 플랜테이션은 생물 종 다양성이 풍부한 토착 생태계와 동일한 것으로 간주된다. 즉, 인도네시아에 기름야자 나무 플랜테이션을 조성하기 위해 습지를 배수하고 숲을 개간하는 일도 생태적으로 지속 가능한 일이 되는 셈이다.[69] 웨스트 칼리만탄 주 열대우림에서 살아가는 주민들이 맞서 싸우는 상대는 실로 어마어마한 존재다. 그들은 세계에서 가장 막강한 기업, 그 기업을 돕는 〈세계은행〉뿐 아니라 주민들을 도와주어야 할 정부 관리들을 상대로도 투쟁해야 한다.

파레 마을에 머무는 동안 주민 몇 명이 찾아와서 지난해 가을 자신들이 빼앗은 동력 사슬톱 11개를 보여 주겠다며 동력 사슬톱을 숨겨 둔 장소로 나를 데려갔다. 그들은 오렌지색 손잡이가 달린 동력 사슬톱을 들고 나와 하나하나 조심스럽게 땅바닥에 내려놓았다. 땅바닥에는 동력 사슬톱 11개가 동그란 모양으로 가지런히 놓였다. 주민들의 용맹성을 상징하는 그 전리품들을 보며 그들이 무척 자랑스럽다고 말해 주었다. 그러나 그들은 그 동력 사슬톱 11개를 플랜테이션과 협상할 카드로 생각하고 있었다. 지금까지 수많은 어려움을 겪어 왔으면서도 이들은 자신들이 상대하고 있는 기업의 규모나 그 기업이 휘두를 수 있는 힘이 얼마나 큰지 전혀 가늠하지 못했다.

5장

친환경 자동차, 만들 수 있지만 만들지 않는다

1997년 〈토요타〉가 세계 최초로 휘발유-전기 하이브리드 자동차 프리우스를 선보일 때만 해도 3년 뒤 미국과 서유럽을 비롯한 시장에서 프리우스를 없어서 못 팔게 되리라고는 누구도 예상하지 못했다. 프리우스는 기름을 더 적게 사용하면서도 원하는 곳은 어디든지 다닐 수 있다는 의미로 다가왔고 이 관념이 소비자의 마음을 사로잡았다. 프리우스는 휘발유를 연소시키는 엔진과 자동차에 탑재된 배터리에서 전기를 공급받는 전기모터 사이를 자유자재로 이동한다. 저속 주행 시 전기만으로 주행할 수 있고 고속 주행 시에는 휘발유 엔진을 이용한다. 일반적인 휘발유 전용 차량의 경우 브레이크를 밟고 서 있을 때도 에너지가 소실되지만 프리우스는 브레이크를 밟고 있는 동안 소실되는 에너지를 포획해 배터리 충전에 이용한다. 프리우스를 사고 싶은 고객은 대기명단에 이름을 올려야 하며 색상 따위는 선택할 처지가 아니다. 미국에서는 출시 첫해에만 3만 7천 명이 계약했지만 차를 받은 사람은 1만 2천 명에 그쳤다.

동급의 일반 차량에 비해 3천 달러나 더 비싸고, 급출발하거나 급제동하는 경우가 많으며, 가속이 느리다는 단점[1]이 있음에도 리어나도 디캐프리오와 캐머론 디아즈Cameron Diaz 같은 유명 인사를 비롯해 생태 문제에 관심을 가진 소비자들은 기꺼이 프리우스를 선택한다.

프리우스 출시는 녹색 자동차 시대로의 이행을 알리는 일대 사건이었다. 휘발유 엔진과 전기모터라는 두 개의 동력 장치를 결합한 하이브리드 기술은 온실가스를 내뿜는 자동차 시대를 벗어나 새 시대의 개막을 화려하게 장식했다. 하이브리드 기술은 전기 전용 자동차의 가장 고질적인 문제, 즉 장거리 주행이 불가능하다는 문제를 해결했다. 전기 전용 자동차에 장착되는 배터리 용량으로는 30킬로미터에서 50킬로미터, 아무리 길게 잡아도 65킬로미터 정도가 한계였고 충전 시간도 몇 분이 아니라 몇 시간이 걸렸다. 하이브리드 기술은 배터리를 보조 장치로 사용함으로써 전기 전용 자동차의 한계를 극복했다. 하이브리드 자동차는 전기모터로 주행할 수 있는 거리를 넘어서면 휘발유를 연소하는 엔진으로 주행한다. 그러므로 프리우스를 타더라도 화석연료를 아예 안 쓰는 것은 아니다. 그러나 연비가 높고, 프리우스를 타는 사람은 생태계 보존에 기여하려고 노력하는 사람이라는 인상을 준다는 장점이 있다. 그 때문에 프리우스는 당시 미국의 자동차 대기업이 인정하지 않던 존재, 즉 환경에 관심을 가지고 이를 실천하려고 하는 소비자에게 다가설 수 있었다.

2004년 출시된 〈토요타〉의 2세대 프리우스는 미국에서 5만 대 넘게 판매되었고 1년 만에 10만 대가 추가 판매되어 전 세계 프리우스 시장의 60퍼센트를 미국이 차지하게 되었다.[2] 미 환경보호국의 시험 결과에 따르면 2008년형 프리우스의 평균 연비는 리터당 19.6킬로미터[3]로 미국에서 생산되는 다른 세단형 자동차의 평균 연비를 능가했는데, 격차가 큰 경우 두 자릿수의 차이를 보이는 경우도 있었다. 그해 봄 유가가 1배럴당 150달러[4]에 육박하는 바람에 연비가 낮은 SUV의 인기가 떨어졌다. 전 세계를 강타한 경기후퇴가 최고조에 달할 무렵 사람들은 소비 자체를 자제하게 되었지만, 그런 어려운 경제 상황에도 프리우스의 인기는 식을 줄을 몰라 전 세계에서 100만 대가 넘게 판매되었다. 덕분에 〈토요타〉는 세계 1위를 달리던 자동차 업체 〈제너럴모터스〉를 제치고[5] 녹색 기업이라는 이미지를 굳히게 되었다.

미국의 3대 자동차 회사인 〈포드〉, 〈크라이슬러〉, 〈제너럴모터스〉도 에너지 절약형 동력 장치 개발에 매진했다. 이들은 친환경 자동차에 관심이 없는 척했지만 2007년, 경유나 휘발유를 직접 연소해서 주행할 수도 있고, 식물을 이용해 만든 바이오 연료를 화석연료에 섞어서 주행할 수도 있는 플렉스 자동차를 일제히 생산하기 시작했다. 거기에 더해 〈포드〉와 〈제너럴모터스〉는 휘발유-전기 하이브리드 자동차도 선보였다. 그러나 디트로이트 3사로 불리며 세계 최고를 다투는 이들 자동차 대기업들은, 이 기술을 프리우스와 경쟁할 수 있는 연비가 높고 근사한 디자인의 차량에 적용하는 대신 몸집이 크고 무엇보다 심한 오염을 유발하는 승용형 트럭이나 SUV에 적용했다.[6] 그리하여 최대 연비가 리터당 9.4킬로미터에 불과한 GMC 유콘 하이브리드Yukon hybrid 같은 차종이 탄생했다. 사정이 이러하니 〈제너럴모터스〉에서 전 세계 제품 개발을 총괄하는 밥 러츠Bob Lutz 부사장이 휘발유-전기 하이브리드 차량을 '흥미로운 모순'[7]이라고 지적한 것도 무리가 아니다. 러츠 부사장은 2004년 〈제너럴모터스〉의 녹색 자동차 개발 임무를 수행한 바 있다.

자동차 대기업들은 사람과 지구에 이롭더라도 회사의 이윤을 깎아 먹을 가능성이 있는 변화라면 무조건 맞서 싸우는 것으로 명성이 자자하다. 자동차 제조사들은 안전성 강화, 온실가스 배출 감소 같은 기술 개발에 격렬하게 저항하며 제조 원가를 상승시킨다는 이유로 안전띠, 머리 받침대, 차체 강화, 에어백 같은 부속품 개선을 완강하게 거부한다. 생태 문제에 관심을 가진 것처럼 보이는 〈토요타〉 같은 자동차 제조사들도 회사 변호인단과 로비스트를 총동원해 배출 규제 강화를 저지한다는 점에서 뜻을 같이한다. 오래 전부터 〈시에라클럽〉과 〈천연자원 보호 협회Natural Resources Defense Council〉, 전기 자동차를 지지하는 〈캘리포니아 자동차 협회California Cars Initiative〉와 〈플러그인 아메리카Plug In America〉 같은 미국 환경 단체는 정치인과 자동차 대기업을 상대로 더 청정한 자동차를 생산하라고 꾸준히 압력을 넣어 왔다. 그러나 〈제너럴모터스〉는 유가가 천정부지로 치솟는 상황에서 경기까지 나빠져 SUV와 픽업트럭 판매가 부진해지자 비로소 사태의 심각성을 인식하게 되었고, 실수를 만회하고 소비자에게 생태계를 보존하기 위해 애쓰는 회사라는 인상을 심어 주기 위해 미친 듯이 노력했다. 마침내 릭 왜거너Rick Wagoner 회장은 디트로이트에서 열리는 "2007 북미 국제 자동차 쇼North American International Auto Show"에서 차세대 친환경 자동차로 이름 붙인 콘셉트 카를 공개했다.[8] 바로 플러그인 휘발유-전기 하이브리드 자동차 쉐보레 볼트였다.

〈제너럴모터스〉는 세단형 쉐보레 볼트의 연비가 시내 주행 시 리터당 85킬로미터에 달하며 가격은 4만 달러로 책정되었다는 세부 사항을 발표했다.[9] 비싼 가격이지만 미국 소비자라면 그 정도 가격은 감당할 수 있다는 판단이었다. 2007년 〈제너럴모터스〉는 2010년에는 쉐보레 볼트를 탈 수 있을 것이라고 약속했다. 일반적인 휘발유 엔진을 탑재한 차량을 새로 개발하고 디자인해서 제조하는 데도 통상 5년 내지 6년이라는 시간이 소요된다. 그런데 일반적인 휘발유 엔진 차량보다 기술적으로 훨씬 더 복잡한 쉐보레 볼트의 제조 일정을 그보다 훨씬 짧게 잡았다는 점을 볼 때 〈제너럴모터스〉가 시대에 뒤쳐진 기업이라는 오명을 벗고 생태 문제에 관심을 가지고 있는 고객을 확보하기 위해 얼마나 열심인지를 알 수 있다. 릭 왜거너 회장이 쉐보레 볼트를 소개한 뒤 광고와 신문 홍보 기사가 쏟아졌다. 그리고 〈토요타〉를 비롯한 적어도 여덟 개 경쟁사가 플러그인 하이브리드 자동차를 만들겠다고 선언했다.

플러그인 하이브리드 차와 일반적인 하이브리드 차는 전기 모터와 엔진을 모두 장착했다는 점에서 비슷해 보이지만 분명 다르다. 플러그인 하이브리드 자동차는 장거리용 하이브리드 자동차로 알려져 있다. 배터리의 품질과 용량을 늘려 전기만으로도 장거리 주행이 가능해졌기 때문이다. 배터리가 떨어지면 일반적인 하이브리드 자동차의 엔진보다 작은 엔진이 작동하지만 일반적인 하이브리드 차량과는 다르게 엔진이 발전기로 이용되어 배터리를 충전한다. 〈제너럴모터스〉에 따르면 쉐보레 볼트는 완전히 충전되었을 경우 배터리로만 약 60킬로미터를 주행할 수 있다.[10] 또 다른 주요 차이점은 외부 충전이다. 배터리가 방전되면 일반적인 하이브리드 자동차는 외부 전원을 꽂아 직접 충전할 수 없지만 플러그인 하이브리드 자동차는 충전소에서 충전할 수 있다. 단 충전 시간은 상당히 길어서 볼트의 경우 충전하는 데 8시간이 걸린다.[11] 플러그인 하이브리드 자동차는 석유 의존도가 더 낮기 때문에 일반적인 하이브리드 자동차보다 효율이 높다고 할 수 있다. 그렇더라도 지구온난화의 주범인 석탄을 사용해 발전한 전기로 운행해야 한다는 새로운 문제를 낳는다.

그렇다면 미국에서 이런 친환경 자동차가 대량생산되지 못하는 까닭은 무엇일까? 일반인에게 미국에 믿고 탈 만한 대중교통 체계가 없는 이유나 초고효율의 자동차가 대량 보급되지 않는 이유를 물어보면 대부분은 두 가지로 추측할 것이다. 첫 번째는 자동차 산업이 대형 석유 산업과 긴밀한 관계에 있기 때문에 사람들로 하여금 석유를 계속 사용하게 만든다는 것이다. 매년 휘발유 수천 달러어치를 자기 자동차에 들이 붓고 있는 운전자들에게는 자동차 제조사들과 석유 업체가 결탁했다는 말이 그럴듯하게 들린다. 그러나 [석유로 가는 자동차를 만들지 않아도 자동차는 팔릴 것이기 때문에] 자동차 산업 관계자나 환경 운동 단체 관계자들은 그 말에 회의적인 반응을 보일 것이다. 사람들이 다음으로 많이 내놓는 답은 디트로이트 3사가 자신들의 시장 지배력을 조금이라도 위협할지 모르는 기술이라면 전기 자동차든 다른 대안 기술이든 일단 숨기고 본다는 추측이다. 디트로이트 3사가 녹색 기술을 움켜쥐고 사장시킨다는 두 번째 설명은 언뜻 생각해 보면 이상하게 들리겠지만 미국 기업이 해외에서는 연비가 높은 자동차를 판매하고 있다는 현실을 감안할 때 완전히 빗나간 추측이라고 할 수는 없다. 자동차 산업이나 석유 산업이 공히 석유에 우선권을 주고 있는 것은 사실이지만 보이지 않는 곳에서 그들이 무슨 밀담을 나누는지까지 다 알 수는 없는 법이다. 그러나 게임의 규칙을 바꿀 만한 기술이 세상에 이미 존재하는데도 업계를 주도하는 자동차 회사들이 그 기술을 소홀히 한 채 수십 년 넘게 사장시켜 왔다는 것은 명백한 사실이다.

거꾸로 미국의 주요 자동차 제조사들에 미국인들이 여전히 휘발유 먹는 하마를 타고 다니는 까닭을 묻는다면 그들은 소비자들이 연비를 한층 높이는 기술에 돈을 쓸 마음이 없다거나 녹색 기술이 상용화 단계에 이르지 못했다는 두 가지 답을 내놓을 것이다. 디트로이트 3사는 기후변화 문제가 부각된 1990년대부터 2008년까지 자기들이 직접 실시한 시장 조사 결과를 언급하면서 대형차 판매를 정당화해 왔다. 시장조사 결과는 언제나 소비자들이 SUV나 픽업트럭을 선호하는 것으로 나타났다. 다시 말해 미국인들은 휘발유 먹는 하마를 선호한다는 결론이다.

사실 미국인 대부분은 연비를 떨어뜨리는 더 넓은 실내 공간을 갖추고, 출력이 더 높고, 더 화려한 차량을 구입하는 데에는 수천 달러를 쓸 마음이 있지만 연비가 더 높은 자동차에 돈을 쓸 생각은 없다. 최근까지 미국에서 판매된 자동차의 절반이 SUV와 경형 트럭이었던 것을 보면 알 수 있다.[12] 그런데 미국 운전자들이 휘발유를 더 적게 소모하는 데 관심이 없는 이유는 무엇일까? 다른 나라 사람들은 시속 90킬로미터 정도까지 가속하는 데 몇 초가 더 걸리는 수동 기어를 장착한 소형 자동차를 타고 다니면서 미국인들이 소모하는 연료의 극히 일부에 해당하는 연료만을 소모한다. 그러므로 6개월 치 화장지, 주스, 샘스 클럽 핫도그를 싣고 다닐 수 있고 보트를 매달고 다닐 수 있는 10인승 자동차를 소유하고 싶어하는 것은 인간의 고유한 본성이라고 할 수 없다. 그런 욕망은 학습을 통해 생긴 것으로, 미국에서 가장 광고를 많이 하는[13] 자동차 제조사들의 책임도 적지 않다. 어쩌면 휘발유를 독차지하고자 하는 미국인들의 열망조차 자동차 제조사들의 뜻에 따라 형성된 것일지도 모른다. 경량의 소형 자동차를 판매하면 보통 수백 달러의 이윤[14]이 남지만 SUV를 판매하면 수천 달러의 이윤을 챙길 수 있기 때문에 자동차 제조사들이 녹색 자동차를 회피하는 현상은 어찌 보면 당연하다.

사실 소비자들은 오늘날의 친환경 기술이 얼마나 실용적인지에 관한 정보를 주로 매체에서 얻는다. 그러나 대부분의 매체는 끝내주게 멋지지만 현실성이 떨어지는 신기술과 최근에 새로 등장한 기술만을 집중적으로 소개한다. 신문과 잡지는 더 가볍고 더 오래 사용할 수 있으며 충전 용량이 더 크고 더 저렴한 배터리의 원료가 되는 화학물질을 만들기 위해 밤낮으로 애쓰는 과학자들과 공학자들에 대한 이야기를 기사로 쓰는데, 이 기사들은 우리에게 필요한 기술이 아직 개발되지 않았다는 사실을 강조해 앞으로도 계속 청정하지 않은 자동차를 타고 다닐 수밖에 없다는 통념만 강화할 뿐이다.

그러나 연비가 더 높은 자동차가 미국의 도로를 질주하려면 시간이 더 필요하다고 주장하는 바로 그 미국 기업이, 연비 높은 자동차를 생산해 이미 유럽, 아시아, 라틴아메리카에서 이윤을 남기며 판매하고 있다. 〈포드〉와 〈제너럴 모터스〉는 작고 설계가 잘 된 엔진을 장착한 자동차를 해외에 수출한다. 일부 차종[〈포드〉 피에스타 에코네틱 모델]은 리터당 34킬로미터가 넘는 연비를 자랑하기도 한다.[15] 게다가 미국의 주요 자동차 제조사들이 효율이 매우 높은 플러그인 하이브리드 자동차, 전기 자동차, 수소 연료 자동차를 출시하기 전에 이미 미국의 고속도로에는 손수 개조한 차량이나 고급 자동차를 주문 생산하는 자동차 제작자들의 손에서 탄생한 효율이 높은 차량이 돌아다녔다. 그러므로 녹색 자동차의 대량생산이 반드시 그림의 떡이라고만 할 수는 없다.

2008년 겨울, 미국인들이 오염을 줄이는 대안 자동차를 타고 다니지 못하는 까닭을 밝히고자, 미국의 자동차 산업이 출범한 시점부터 중국에 주도권을 빼앗긴 2009년까지 세계에서 가장 큰 자동차 시장의 구심점이었던 디트로이트를 찾아갔다. 디트로이트를 방문했을 때는 오염 유발을 권장하던 부시 정부에서 생태계 보존에 더 많은 관심을 보이는 버락 오바마 정부로 권력이 넘어가기 직전이었다. 백악관의 주인이 바뀐 뒤부터 미국에서 녹색 자동차를 조금 더 많이 볼 수 있게 된 것 같다. 갈 길은 아직 멀지만 오바마 정부는 출범하자마자 자동차 산업을 생태계 보존에 기여하는 방향으로 몰아갔다. 구속력이 없는 것이기는 하지만, 오바마 대통령은 2015년까지 플러그인 하이브리드 자동차 100만 대 시대를 연다는 목표를 발표했다. 2009년 오바마 정부가 경기 부양 전략으로 내놓은 "미국의 경기회복 및 재투자 계획"에는 플러그인 하이브리드 자동차를 구매할 경우 주어지는 세금 감면 혜택을 확대해 더 많은 운전자들이 플러그인 하이브리드 자동차로 갈아타도록 유도하는 정책이 포함되어 있다.[16](부시 정부 시절부터 시행된 정책이지만 그때는 혜택 폭이 훨씬 작았다.) 오바마 정부는 자동차와 트럭에 적용되는 연비 기준도 상향 조정했다.[17] 새로 제정된 기준에 따르면 모든 자동차 제조사는 2016년까지 모든 차종의 평균 연비를 리터당 15.1킬로미터로 끌어올려야 한다. 이 정책이 발표되자마자 언론과 자동차 제조사들은 일제히 연비를 판매 전략으로 들고 나왔다. 에너지 독립을 요구하는 목소리가 점점 더 커져 가고 지구온난화가 생태계에 미치는 악영향을 기록한 과학 보고서가 날로 늘어 가는 형편이기 때문에 운송 부문이 생태계에 이로운 방향으로 나아가야 한다고 촉구하는 압력은 더 높아질 것이다. 2010년 이후 자기 자리를 지키고 싶은 지도자라면 정부 지도자든 기업인이든 생태계 보존에 기여하는 자본을 육성해야 할 것이다. 생태계를 위협하는 지구온난화 같은 문제에 묵묵부답인 것처럼 보이는 지도자는 대중의 지지를 잃을 것이다.

이 글을 쓰는 지금으로서는 〈제너럴모터스〉가 쉐보레 볼트를 생산할지 아닐지 확신할 수 없지만 머지않아 세계 최고의 자동차 제조사들은 앞다퉈 대중적인 플러그인 하이브리드 자동차를 출시할 것이다. 그렇더라도 우리를 가로막는 장애물이 기술인지, 아니면 사람들을 휘발유와 경유에 탐닉하도록 만든 자동차 제조사들의 바람이나 보이지 않는 경제적 압력 및 장려 정책 같은 사회·경제적 요인인지를 묻는 근본적인 질문에는 여전히 답하기 어렵다. 다만 정치가 플러그인 하이브리드 자동차를 생산하고 구매하도록 장려한다고 해서 자동차 제조사들이 생태계 보존이라는 가치를 앞세우는 방향으로 생각을 바꾸지는 않을 것이라는 점을 명심해야 한다. 경제 붕괴라는 먹구름 속에서도 털끝 하나 다치지 않은 자본주의 시장은 기업에게 그 무엇보다 이윤을 앞세우라고 명령한다. 그러나 손익계산이 모든 것에 우선하면 언제나 생태계의 건강을 비롯한 사회의 안녕이 타격을 입는 법이다. 그리고 바로 그것이 자동차 산업이 남기고 있는 궤적이다.

지금이 바로 전환점이다. 곧 더 많은 연료 절약형 자동차가 도로를 달리게 될 것이다. 그러나 자동차 제조사와 공급 업체는 엄살을 부린다. 온실가스 배출을 의미 있는 수준까지 줄일 수 있을 만큼 충분히 많은 청정 자동차를 생산하려면 생산 시설을 확충해야 하기 때문에 시간이 필요하다는 것이다. 프리우스를 예로 들어 보자. 프리우스가 유명한 것은 사실이지만 〈토요타〉에서 1년 동안 생산하는 차 중에서 프리우스의 비중은 낮은 편이다. 최근 들어 생산량을 늘렸다고 하지만 전 세계적으로 수십만 대가 출고되는 것이 고작이다. 시야를 넓혀 보자. 지난 10년간 전 세계에서 생산된 자동차는 연평균 약 4천만 대에서 5,500만 대였다.[18] 상업용 차량까지 포함하면 2008년 생산된 차량은 총 7,050만 대로 훌쩍 뛰어오른다. 2007년 지구상의 도로 위를 주행하는 차량은 8억 대가 넘었고 2020년에는 10억 대를 돌파할 전망이다.[19] 기존의 자동차 대부분이 화석연료로 움직이고 앞으로 10년 동안 출고될 자동차 대부분도 그럴 것으로 예상되기 때문에 자동차가 생태계의 지속 가능성을 유지하는 대중 운송 수단으로 자리 잡을 날이 오려면 아직 멀었다. 그러나 꼭 그렇게 되리라는 법은 없다. 기술이 충분히 발전한 상황인데도 더 많은 친환경 자동차가 도로를 누비지 못하는 까닭과 대중교통 수단이 광범위하게 활용되지 못하는 까닭에 대해 지금부터 알아보자.

디어본

디어본Dearborn은 디트로이트 외곽, 〈포드〉의 루주 공장Rouge Factory이 위치한 마을이다. 이곳은 악취를 풍기며 산업적 방식으로 자동차를 대량생산하던 지역이었지만 지금은 생태계 보존에 앞장서는 제조업의 상징으로 변모했다. 헨리 포드Henry Ford의 증손자 빌 포드 2세Bill Ford Jr.는 이미 2000년대 초에 미래를 내다봤다. 생태계에 유해한 산업이자 지구온난화의 주범이라는 자동차 산업의 오명을 벗고 생태의 시대를 앞당기기 위해, 저명한 건축가 윌리엄 맥도너William McDonough에게 공장 일부의 재설계를 의뢰한 것이다.[20] 자동차 제조업은 분명 미국뿐 아니라 세계에서도 가장 큰 제조업이면서 악명 높은 오염 산업이다. 그러나 2004년 맥도너가 설계한 새 공장이 공개되자 사람들은 〈포드〉의 새 공장 설비에 감탄을 금치 못했다.[21]

루주 공장에는 화려하게 꾸민 관광 안내소가 있다. 관광 안내소 전망대에 오르면 공장 건물이 내려다보인다. 공장을 덮은 4헥타르 넓이의 평평한 직사각형 지붕에 눈이 쌓여 있다. 안내원은 나를 비롯한 관광객들에게 쌓인 눈 아래로 다육식물 세덤이 자라고 있다[22]고 강조한다. '살아 있는 지붕'이 빗물을 흡수해 정화하기 때문에 빗물을 폐수 처리장으로 보내 버릴 필요가 없다는 말이다. 그 밖에도 옥상 정원은 추운 계절에는 열을 보존하고 뜨거운 여름에는 실내를 서늘하게 만들어 건물의 실내 온도 조절에 기여한다. 기둥 사이사이에는 간주間柱를 세워 공장 지붕에 낸 채광창을 떠받치게 했는데 채광창 덕분에 공장 내부의 생산 라인까지 햇빛이 직접 들어온다.

안내원은 늘어서 있는 태양광 패널이 내려다보이는 또 다른 창 쪽으로 우리의 시선을 인도한다. 안내원은 태양광 패널이 소규모인 것 같아 보여도 공장에 필요한 에너지를 충분히 공급할 수 있으며 〈포드〉는 앞으로도 계속 태양광 시설을 확충할 계획이라고 설명한다. 관광 안내소 주변 잔디밭에는 야생 사과나무가 세 줄로 심어져 있는데 봄이 되면 철새들이 찾아와 나무에 열린 열매를 먹는다고 한다. 〈포드〉 공장 생태 관광의 마지막 볼거리는 사과나무들 바로 옆에 마련된 주차장이다. 주차장 바닥은 복잡해 보이는 최신식 투과성 자재로 시공해, 넘친 빗물이 땅 아래 설치된 배수 설비로 흘러들어 가게 되어 있다. 나무는 배수 설비로 흘러든 물을 정화하고, 공장에서는 그렇게 정화된 물을 재이용한다.

관광객들은 세덤 지붕을 얹은 공장 내부도 견학한다. 생산 라인이 가동 중인 공장 안으로 들어서자마자 화장실에 들렀다. 화장실 벽에는 주차장 배수 설비에서 정화된 물을 화장실 용수로 사용하기 때문에 물 색깔이 불투명하다는 설명이 적힌 안내문이 붙어 있다. 안내원이 나를 비롯한 관광객들에게 한 시간 반 동안 설명해 준 친환경 기술을 그 안내문이 압축적으로 기록하고 있다고 해도 과언이 아니다. 문 건너편에서 일하는 〈포드〉 직원 수백 명은 F-150 트럭에 오디오, 대시보드, 조향 장치, 에어컨, 좌석 등을 설치하느라 여념이 없다. 사실 〈포드〉의 오랜 인기 모델인 F-150은 시판되는 자동차 중 연비가 가장 나쁜 차에 속한다.

매서운 추위가 들이닥친 어느 오후 디어본에 있는 〈포드〉 사무실을 찾아갔다. 루주 공장에서 불과 몇 킬로미터 떨어져 있지 않은 사무용 건물은 시대에 뒤떨어진 근대풍 건물로, 우아한 대리석을 깔아 놓은 조용한 로비에는 경비원들의 목소리만 낮게 울린다. 로비에는 〈포드〉가 지난 세기에 생산한 자동차들이 빼곡히 전시되어 있다. 지속 가능한 경영 부서 책임자인 존 비에라John Viera 부장을 기다리면서 〈포드〉의 상징인 모델 T를 구경한다. 1908년 디트로이트에 위치한 피케트 공장Piquette Avenue Plant에서 첫선을 보인 뒤 말馬을 대체하는 탈 것을 상징하게 된 모델 T는 이제 유물이나 다름없어졌지만 오늘날의 자동차 문화와는 선명하게 대비되는 특징을 지녔다. 색상으로는 검정색이 유일한 반짝반짝 빛나는 모델 T는 둥글납작한 전조등 두 개, 운전대, 변속 기어, 브레이크, 수동식 시동 장치가 달린 단순한 구조의 기계다. 물론 실내 장식도 수수하다. 앞 유리는 있지만 측면 창은 없고 내부에는 비좁은 벤치형 좌석이 앞뒤로 설치되었다. 1920년대에 〈포드〉는 연비가 리터당 11.1킬로미터인 모델 T를 다음과 같이 광고했다. "이 차의 소유주께서 최저 유지비로 이 차를 타실 수 있게 하는 것이 [〈포드〉의] 바람입니다."[23]

모델 T의 몇 미터 옆에는 커다란 붉은색 F-150 픽업트럭이 번쩍거리는 위용을 자랑하며 서 있다. 전동식 창이 달린 측면 창문을 열어 놓아 속을 두툼하게 채운 가죽 시트, 에어컨과 히터, 내비게이션, 각종 오락 기능이 장착된 계기판이 훤히 들여다보인다. 내가 보고 있는 2008년 식 F-150 사륜구동 자동차의 평균 연비는 리터당 6.4킬로미터에도 못 미친다.[24]

승용형 트럭으로 명성이 자자한 〈포드〉는 1990년대 초반을 휩쓴 포드 익스플로러Ford Explorer 같은 SUV로도 널리 알려졌다. 기본적으로는 조잡하게 만든 〈파이어스톤Firestone〉 타이어 때문이었다지만, 상부를 무겁게 설계한 탓에 전복되기 쉬운 특성이 더해져[25] 교통사고 수백 건이 발생했고 수십 명이 목숨을 잃는 유혈 낭자한 전복 사고가 잇달았다. 그럼에도 익스플로러는 건재했고 SUV의 대세는 꺾이지 않았다. 1990년대 중반 닷컴 거품은 꺼졌지만 SUV는 여피yuppy, 야외 활동 애호가, 미시족 같은 부류를 상징하는 필수품이 되었다.

디트로이트에 자리 잡은 자동차 제조 대기업들에게 SUV는 이윤을 극대화할 매력적인 기회였다. 자동차 제조사들은 기존 생산 라인에서 기존 트럭 차체를 활용해 SUV를 생산할 수 있기 때문에 막대한 생산비를 절감할 수 있었다. SUV는 트럭 차체를 활용했기 때문에 목표 연비 기준에서 '경형 트럭'으로 분류되어 일반 승용차에 적용되는 엄격한 에너지 절약 기준을 지킬 필요도 없었다. 덕분에 개발 비용이나 제조 비용을 추가로 낮출 수 있었다. 소형차는 보통 수백 달러 정도의 이윤이 남거나 자칫 잘못하면 적자를 볼지도 모르는 위험이 있지만 SUV는 5천 달러 남짓한 순이익을 남길 것으로 예상되었고,[26] 실제로도 그랬다.

디트로이트의 자동차 제조 대기업들이 픽업트럭과 SUV를 사랑하게 된 또 다른 이유는 미국 정부가 경형 트럭에 대한 세금 규제를 완화해 주었기 때문이다. 정부의 규제 완화 조치는 냉동 계육과 관련된 무역 분쟁을 무마하는 과정에서 탄생했다. 1960년대 초 서유럽 6개국으로 출발한 〈유럽 경제 공동체 European Economic Community〉는 미국산 저가 냉동 계육과 경쟁해야 하는 유럽의 가금류 사육 농가를 보호하기 위해 냉동 계육에 막대한 관세를 부과했다. 미국은 보복 조치로 경형 트럭을 비롯한 일부 품목의 관세를 올렸다. 이 조치는 기존 규정에 따라 모든 무역 상대국에 적용되었다. 관세가 25퍼센트 치솟자 해외 기업의 경쟁력은 가파르게 떨어졌다. 해외 경쟁 업체가 관세 문제를 해결할 유일한 방법은 SUV와 픽업트럭을 미국 본토에서 직접 제조하는 방법뿐이었는데 그러려면 막대한 비용을 들여야 했으므로 그런 일을 시도하는 해외 자동차 업체는 반세기가 지난 지금까지 찾아볼 수 없다. 그러는 동안 미국의 자동차 제조사들은 해외 경쟁자들이 감히 넘보지 못하는 경형 트럭 시장을 마음대로 주무르게 되었다.[27] 한편 2.7톤이 넘는 SUV를 구입해 업무용으로 사용하는 소비자는 미 연방 정부 세금을 50퍼센트나 공제받을 수 있다는 장점도 있었다. 세금 감면 혜택을 주는 중량 기준을 충족하는 SUV는 캐딜락 에스컬레이드 Cadillac Escalade, 닷지 듀랑고Dodge Durango, 링컨 내비게이터Lincoln Navigator 등이다.[28] 현행 법률은 구입 첫해에 최소 2만 5천 달러의 세금을 공제해 주는 규정을 비롯해 SUV 구입 총액을 5년 이내에 회수할 수 있도록 하는 규정을 마련해 두고 있다.[29] 정부의 이런 조치 덕분에 더 많은 사람들이 SUV를 구입하게 되었고 자동차 제조사는 온실가스를 더 많이 배출하는 고만고만한 차를 양산하게 되었다.

로비로 마중 나온 존 비에라 부장의 비서를 따라 적막만이 감도는 긴 복도를 걷는다. 복도 끝에 위치한 사무실로 걸어가는 길에 마주친 사무실이 모두 비어 있어 〈포드〉가 얼마나 큰 경영난에 허덕이는지[30] 실감할 수 있었다.

짧게 자른 검은 머리에 새로 다림질한 버튼다운 셔츠를 입은 젊은 청년 비에라 부장은 다른 자동차 회사의 지속 가능한 경영 추진 담당 임원을 만나기 위해 비행기를 타러 가야 하는 바쁜 와중에 잠시 짬을 내 나를 만나 주었다. 비에라 부장은 〈포드〉가 추진하고 있는 혁신 중에서 생태계 보존에 기여할 수 있는 가장 완벽한 혁신은 엔진 성능 향상이라고 말한다.[31] 엔진 성능 향상보다는 조금 더 혁신적인 기술 개선을 기대하고 왔기 때문에 비에라 부장의 말에 김이 빠졌다. 비에라 부장은 에코부스트 사업EcoBoost program을 의욕적으로 추진하고 있다고 한다. 에코부스트 사업이란 크기와 무게를 줄여 연비를 대폭 향상시키는 대신 엔진에 '터보차저Turbo Charger'를 장착해 작은 엔진으로도 큰 출력을 낼 수 있게 하는 사업이다. 비에라 부장은 출력이 작은 차에 적응되어 있는 유럽 운전자들과 다르게 출력이 큰 차에 익숙한 미국 운전자들에게는 큰 출력을 내는 엔진이 중요하다고 말한다. 그러나 지금까지 〈포드〉가 에코부스트 기술을 적용해 출시한 차종은 극소수에 불과하다.[32] 에코부스트 기술을 적용하지 못하는 주된 요인은 비용이다. 연비를 향상시킨 V-6 엔진 장착 자동차를 구입한 소비자라고 해도 V-8 엔진 장착 자동차만큼 높은 출력을 기대한다면 에코부스트를 추가 구매해야 한다. 그러나 녹색 기술인 에코부스트를 적용한 V-6 엔진 장착 자동차는 표준 V-8 엔진 장착 자동차보다 비싸기 때문에 모든 소비자들이 에코부스트 구입을 선택하지는 않는다. 비에라 부장은 〈포드〉가 플러그인 하이브리드 기술도 개발하고 있다고 말하지만 세부 사항은 설명해 주지 않는다. 그저 몇 년 더 있어야 완성된다고만 말할 뿐이다. 수소 연료 전지 기술도 개발 중이라고 했지만 10년 안에 성과를 내기는 어려울 것이라고 덧붙인다.

〈포드〉가 개발해 판매한 친환경 자동차는 대부분 플렉스 자동차다. 비에라 부장은 2008년 〈포드〉가 미국에 판매한 약 300만 대의 자동차[33] 중 15퍼센트에서 20퍼센트가 플렉스 자동차라고 추산한다. 미국의 주요 자동차 회사 홍보 담당자들은 생태계 보존에 기여할 기술이기 때문에 플렉스 자동차를 생산한다고 선전한다. 하지만 플렉스 기술은 연료통의 에탄올을 감지해 엔진을 작동시키는 비교적 간단한 컴퓨터 제어 기술만 있으면 구현 가능하기 때문에, 자동차 회사들은 목표 연비 기준을 손쉽게 충족시킬 요량으로 플렉스 자동차를 생산하는 것이다. 게다가 자동차 회사가 지금까지 엄청나게 판매해 온 석유 먹는 하마 픽업트럭이나 SUV 대신 플렉스 자동차를 판매한다면, 그만큼 손실을 입기는 하겠지만 동시에 세금을 공제받을 수 있다. 『월 스트리트 저널*Wall Street Journal*』은 이렇게 설명한다. “세금 공제가 없었다면 2003년, 2004년, 2005년 3년에 걸쳐 〈포드〉나 〈제너럴모터스〉가 경형 트럭의 연비 기준을 충족시켰을 리 없다. 그냥 벌금을 물고 말았을 것이다.”[34] 휘발유 가격이 가파르게 치솟고 〈토요타〉의 프리우스가 사람들이 친환경 자동차에 관심을 갖는다는 사실을 입중한 뒤에야 비로소 〈포드〉와 〈제너럴모터스〉는 플렉스 트럭과 플렉스 SUV를 내놓으면서 생태계 보존에 기여하는 회사라는 이미지를 서둘러 구축하기 시작했다. 그러기 전까지는 자기 차에 옥수수로 만든 연료를 채울 수 있는지조차 모르는 플렉스 차량 운전자들이 많았고 상당수는 지금도 모른다. 중요한 사실은 플렉스 차량 운전자들이 에탄올을 주유하든 아니든 자동차 회사들은 목표 연비 기준을 충족시켜 세금 공제를 받는다는 점이다.[35]

그런데 바이오 연료가 생태계의 지속 가능성을 증진하는 연료인지 꼼꼼히 따져보면 그 효과는 상당히 미심쩍다. 에탄올 연료의 에너지 효율은 아직도 논란이 분분할 정도로 명확하지 않다. 일부 연구자들은 에탄올이 제공할 수 있는 에너지보다 에탄올을 생산할 때 투입되는 에너지가 더 많다고 주장하는 반면 그 반대라고 주장하는 연구자들도 있다. 에탄올의 에너지 효율이 높다고 주장하는 사람들이 주로 제시하는 자료를 보더라도 정제 과정에서 화석연료 약 1리터를 투입해 만들어지는 에탄올은 약 1.3리터에 불과하다.[36] 바이오 연료의 에너지 효율이 높든 아니든 바이오 연료가 생태계에 압력을 가하고 먹을거리 접근성을 악화시킨다는 것은 분명하다. 에탄올의 주원료인 옥수수 같은 작물을 재배해 바이오 연료 수요를 맞추려면 단일경작, 화학비료와 살충제 살포, 대량 관개에 의존하는 산업적 농업 방식으로 경작할 수밖에 없다. 더 많은 농경지가 필요하게 되므로 기존 생태계를 침해하며 그곳에 터 잡고 살아 온 토착 주민들은 먹을거리를 얻기 위해 기계와 경쟁해야 한다. 그럼에도 〈포드〉나 〈제너럴모터스〉 같은 자동차 회사들은 플렉스 자동차 생산을 선호한다. 또한 선진 경제든 개발도상국 경제든 모든 정부가 바이오 연료 소비 목표를 정해 놓고 보조금을 지급하는 등, 바이오 연료 소비를 늘리는 데 온 힘을 쏟고 있다.

비에라 부장에게 〈포드〉의 하이브리드 자동차에 대해 물어보았다. 2005년 녹색 시대가 온다는 것을 감지한 빌 포드 사장은 2010년까지 25만 대의 〈포드〉 하이브리드 차량이 도로를 질주하게 될 것이라고 약속했다.[37] 그러나 그 목표는 2006년 슬그머니 줄어들었다.[38] 비에라 부장은 2008년 〈포드〉가 출시한 하이브리드 자동차는 이스케이프Escape라는 이름의 휘발유-전기 하이브리드 SUV 하나뿐이며 연비는 리터당 14킬로미터라고 말한다.[39] 이윤에 대해 묻자 비에라 부장은 이렇게 답한다. "하이브리드 차는 돈이 안 됩니다. 그 차만 팔다가는 쫄딱 망할 겁니다." 〈포드〉가 선보인 휘발유-전기 하이브리드 차 이스케이프의 가격은 1만 9천 달러에서 2만 7천 달러 사이이다. 동급의 일반 차량에 비해 3천 달러에서 4천 달러 정도 더 비싼 가격이다. 하지만 그렇게 비싼 가격에 판매해도 〈포드〉는 추가로 투입되는 생산비의 절반밖에 회수하지 못한다. 그렇다고 해서 6천 달러에서 8천 달러나 되는 추가 생산비 전액을 소비자에게 부담시키면 이스케이프를 구입하는 사람이 아무도 없을 것이기 때문에 그러기도 어렵다고 비에라 부장은 말한다.

르네상스 센터

디트로이트 시내 중심에 있는 르네상스 센터는 1970년대 지어진 업무 단지로, 번쩍번쩍 빛나는 다섯 개의 고층 건물로 이뤄져 있다. 르네상스 센터는 지방자치단체와 자동차 업계의 거물들이 1967년 일어난 폭동의 참혹함을 딛고 디트로이트를 복구하기 위해 애쓴 노력의 결과물이다. 르네상스 센터라는 이름이 웅변하듯 폭동 같은 소요가 다시 일어나지 않도록 시내 중심가를 활성화해 사회 불안정 요인을 억제하는 것이 이 업무 단지 건설의 배경이었다. 1996년 〈제너럴모터스〉는 디트로이트 최대 규모의 자동차 공장인 폴타운 공장Pole Town Plant에 있던 본사를 정리하고 르네상스 센터로 이전했다. 지역 주민들이

렌 센Ren Cen이라는 애칭으로 부르는 르네상스 센터는 날렵한 모양의 도회풍 건물로 〈제너럴모터스〉의 사무 공간 말고도 쇼핑몰, 체육관, 음식점, 매리어트 호텔이 들어서 있는 복합 공간이다. 초현대적 느낌을 주는 유리와 콘크리트로 이뤄진 복도가 거미줄처럼 얽혀 있고 점심시간이면 근무복 차림에 스니커즈를 신은 여성들이 잰걸음으로 지나다닌다. 도시 안의 도시라는 명성에 걸맞게 르네상스 센터에서는 밖으로 나가지 않고도 모든 일을 처리할 수 있다.

경비실을 지나 디트로이트강Detroit River 위에 수직으로 솟은 유리 엘리베이터에 오른다. 은빛으로 빛나는 얼음장 사이로 떠다니던 얼음이 강을 따라 에리호Lake Erie로 흘러든다. 그 어느 때보다 더 추웠던 그해 겨울, 디트로이트 시 지역에는 연평균 강설량의 두 배나 되는 눈이 내렸다.

기업의 책임, 환경, 에너지 부서 책임자인 테리 컬럼Terry Cullum 부장을 만나러 갔다. 컬럼 부장은 〈제너럴모터스〉의 사회적 책임이나 생태계 보존에 기여할 책임을 지속적으로 상기시키고 정치인을 상대로 하는 로비 활동을 지원하는 업무를 맡고 있다. 일평생을 〈제너럴모터스〉와 함께 해 온 컬럼 부장은 작은 체구에 머리칼이 가느다랗다. 파란색 수제 양복을 입은 컬럼 부장은 은퇴를 1년 남겨두고 있다. 생태계가 처한 위기에 대처하기 위해 〈제너럴모터스〉가 어떤 활동을 하고 있는지 묻자 컬럼 부장은 회사가 할 수 있는 일은 그리 많지 않다고 설명한다. 〈제너럴모터스〉는 멀리 보지 않는다. 그저 지금 생산하고 있는 제품과 앞으로 3년에서 5년 사이 생산할 제품에 집중할 뿐이다. "20년이 넘는 장기간에 대해서는 생각할 수 없습니다. 그게 자동차 산업이 돌아가는 방식이니까요."[40]

〈포드〉의 비에라 부장과 마찬가지로 컬럼 부장도 가장 먼저 〈제너럴모터스〉가 엔진 성능을 향상시키기 위해 노력해 왔음을 강조한다. 그러고는 하이브리드 제품에 대한 이야기로 넘어간다. 〈제너럴모터스〉 전시장에는 현재 여덟 종의 휘발유-전기 하이브리드 자동차가 전시되어 있고 곧 '신형 자동차'를 공개할 예정이다. 그러나 〈포드〉와 마찬가지로 〈제너럴모터스〉도 하이브리드 기술을 대부분 휘발유 먹는 하마인 쉐보레 타호Chevy Tahoe나 캐딜락 에스컬레이드 같은 대형 SUV에 적용해 왔다. 휘발유-전기 하이브리드에 대한 이야기가 나오면 당시 〈제너럴모터스〉가 개발하고 있던 쉐보레 볼트에 대한 이야기가 나오리라 기대했지만 컬럼 부장은 의외로 볼트에 대해서는 말을 아낀다. 대신 〈제너럴모터스〉가 곧 발표할 연례보고서를 가져와 드라이브웨이 사업Project Driveway이라고 이름 붙인 수소 연료전지 개발 과정에 대해 기록한 부분을 펼친다. 컬럼 부장은 드라이브웨이 사업이 성공하면 탄소가 전혀 배출되지 않는 미래형 자동차 시대가 열릴 것이라고 호들갑을 떤다.

수소 연료전지 자동차가 에너지를 절약하는 최상의 방법으로 칭송되고 있지만 그렇다고 마법 탄환인 것도 아니다. 석유와 다르게 지구상에서 가장 풍부한 원소 중 하나인 수소는 말 그대로 주변에 넘쳐 난다. 가장 중요한 사실은 수소에는 탄소가 전혀 들어 있지 않다는 사실이다. 자연히 이산화탄소도 배출하지 않는다. 그러나 화학기호 H로 표기하는 수소는 홀로 존재하지 않는다. 수소를 에너지원으로 사용하려면 물이나 천연가스 속에 다른 원소와 결합된 형태로 존재하는 수소를 분리해야 한다. 일단 수소를 분리해야 엔진이나, 근본적으로는 전기 모터인 연료전지 모터를 돌리는 동력원으로 사용할 수 있다. 온실가스는 전혀 방출하지 않고 오로지 물만 배출한다. 그러나 수소를 연료로 사용할 수 있는 형태로 만들기 위해서는 에너지를 상당히 많이 투입해야 한다. 이러한 에너지는 주로 석탄에서 나오기 때문에 심한 오염을 유발한다. 더구나 오늘날 생산되는 수소 연료의 절반은 물이 아닌 천연가스에서 분리하는데[41] 그 과정에서도 이산화탄소가 발생된다.

컬럼 부장과 면담한 뒤 몇 주가 지났을 때 『월 스트리트 저널』에 제네바 자동차 박람회에 대한 보도 기사가 실렸다. 〈제너럴모터스〉와 〈토요타〉가 "[수소] 연료전지 자동차 양산에 회의적"인 시각을 가지고 있다는 내용이었다. 밥 러츠 〈제너럴모터스〉 부회장은 기자들에게 수소 연료전지 자동차가 너무 비싸기 때문에 대량 보급이 어렵다고 말했다. "적절한 비용으로는 생산이 불가능합니다."[42] 〈토요타〉 사장인 와타나베 가쓰아키渡邊捷昭도 동의한다. "10년 안에 수소 연료전지 자동차를 양산하는 것은 불가능할 것 같습니다." 드라이브웨이 사업은 〈제너럴모터스〉의 진심이 담긴 기획일지도 모른다. 그러나 한편으로 그 기획은 사람들의 주의를 다른 곳으로 돌리는 역할을 한다. 〈제너럴모터스〉가 탄소 배출을 적게 하는 차를 만들든 말든 관계없이 사람들은 〈제너럴모터스〉가 생태계 보존에 기여하는 일에 큰 관심을 쏟는 회사라는 인상을 받게 된다.

컬럼 부장의 책상 측면 벽에 꽂아 놓은 종이 밑으로 쉐보레 볼트 콘셉트 카 사진이 살짝 보인다. 배트맨 영화 광고처럼 보일 법한 볼트의 날렵한 외관은 〈제너럴모터스〉가 쉐보레 볼트를 광고하면서 부각시킨 모습이다. 사진을 가리키며 플러그인 하이브리드 자동차 개발이 어느 정도 진척되었는지 묻자 컬럼 부장은 〈제너럴모터스〉가 단순히 차량 한 대를 새로 개발하는 것과는 차원이 다른 '이-플렉스E-flex'라는 더 큰 규모의 기획을 추진하고 있으며 볼트는 그 기획의 일부일 뿐이라고 볼트의 위상을 애써 깎아 내린다. 며칠 뒤 『디트로이트 자유 신문*Detroit Free Press*』 1면에 쉐보레 볼트와 볼트 생산 라인의 독일인 책임자 프랑크 베버Frank Weber를 자세히 소개한 기사가 실렸다. 볼트의 기술적인 측면을 소개하는 데 중점을 둔 신문 기사[43]는 마치 광고 문구를 그대로 옮겨 놓은 것처럼 보였다. 〈제너럴모터스〉가 제작한 화려한 쉐보레 볼트 광고나 관련 기사가 여러 언론의 1면을 장식하고 있다는 사실은 볼트를 폄하한 컬럼 부장의 태도와 맞지 않는다. 면담하던 날 컬럼 부장이 피곤했을 수도 있고 볼트에 대해 확신하지 못하는 컬럼 부장 본인의 개인적인 의견이 표명된 것일 수도 있다. 어쩌면 아직 개발되지 않은 수소 자동차에 대해 이야기하는 것이 실제로 세상에 나올 볼트에 대해 이야기하는 것보다 안전하다고 생각했을 수도 있다. 〈제너럴모터스〉가 약속한 기술이 제대로 구현될 것인지 아닌지는 〈제너럴모터스〉의 약속대로 2010년에 쉐보레 볼트가 세상에 나와 2011년에 본격적으로 보급되기 시작하면 곧 알게 될 테니 말이다.

〈제너럴모터스〉가 2010년에 볼트를 양산하겠다는 약속을 지키기 위해 어떤 노력을 기울이고 있는지 알아보기 위해 〈제너럴모터스〉 생산 현장에서 31년 동안 근무한 노련한 직원 미구엘 차바리아Miguel Chavarria를 만나 보기로 했다. 평일의 이른 저녁 르네상스 센터에서 그리 멀지 않은 디트로이트 시내의 지저분한 주점에서, 볼트가 생산될 예정인 〈제너럴모터스〉 폴타운 공장 근무를 막 마치고 나온 차바리아와 마주 앉는다. 검고 억센 머리칼을 지닌 50대의 차바리아는 다부진 체격에 서글서글한 인상이다. 주방 옆에 나무 칸막이를 막아 임시로 만든 비좁은 공간에 자리를 잡고 앉으니 지글지글하는 튀김 냄비 소리에 묻혀 음악 소리가 간간이 들려온다.

차바리아는 많이 긴장한 말투로, 폴타운 공장에서 지난달에만 절반이 넘는 노동자가 해고당했다고 말했다.[44] 남은 노동자들에게도 회사는 조기 퇴직연금과 주식 제공 등의 혜택을 제시하며 명예퇴직을 설득하고 있다고 한다. 차바리아는 자기가 받을 수 있는 연금이나 주식을 저울질하고 있는 중인데 일하고 싶은 마음은 굴뚝같지만 주식도 매력적이라고 털어놓는다. 퇴직은 도박과 같다. 특별히 모아 놓은 돈도 없는 상황에서 그만두는 것도 쉬운 결정은 아니지만 그만두지 않고 있다가 해고되면 지금 제시받는 혜택보다 적은 혜택을 받거나 아예 아무런 혜택도 못 받고 쫓겨날 수 있기 때문이다. 〈제너럴모터스〉의 재정 형편이 이토록 어렵다니 새로운 차종을 출시할 예정이라는 사실이 뜻밖으로 여겨진다.

차바리아에게 쉐보레 볼트에 대한 생각을 물었다. 그는 지구온난화가 진짜인지는 잘 모르겠지만, 폴타운 공장에서 생산하는 것은 환영한다고 말한다. 그런데 볼트를 생산할 작업조는 따로 정해지지 않았다. "딱히 투자라고 할 만한 것이 없었어요. 보통 새로운 차종을 생산하게 되면 새 차종을 시범 생산할 작업조를 미리 짜거든요." 차바리아는 같은 차체에 표준적인 엔진을 장착하는 새 차종을 생산할 때도 적어도 1년 반 전에 미리 생산 라인을 준비한다고 말한다. 다이스 같은 새 중장비를 들여놓아야 하는 볼트 생산에는 기존의 생산 라인과 전혀 다른 생산 라인이 필요하고 리튬이온 배터리를 장착할 생산 라인도 따로 있어야 한다. 볼트를 폴타운 공장에서 생산하는지 아닌지는 사실 사소한 문제이니 이쯤 해 두고 넘어가자. 진짜 중요한 문제는 플러그인 하이브리드 자동차가 경제성이 있을지 그리고 그 자동차가 생태계에 어떤 영향을 미칠 것인지 같은 문제다. 미국 정부가 생태 문제에 민감하게 대응하는 정책을 내놓고 있고 소비자들도 친환경 자동차를 구입하는 방향으로 가고 있지만 2010년, 쉐보레 볼트 수백 대가 세상에 나와 판매되기 전에는 플러그인 하이브리드 자동차의 미래를 가늠하기 어렵다.

자동차 연비 문제는 그렇게 간단한 문제가 아니다. 〈제너럴모터스〉는 면담 당시 준비 중이던 플러그인 하이브리드 자동차 볼트가 리터당 97.8킬로미터의 연비를 낼 수 있다고 주장했다. 그러나 운전자들이 다소 까다로운 조건을 충족시키지 않으면 그 정도로 높은 연비가 나오지는 않을 것이다. 우선 배터리는 반드시 매일 완전 충전해야 하고 전기로는 65킬로미터 정도밖에 주행할 수 없기 때문이다. 어쨌든 〈제너럴모터스〉는 이 공식만 지킨다면 쉐보레 볼트를 모는 운전자는 휘발유를 전혀 쓰지 않고 배터리만으로 차를 몰 수 있을 것이라고 주장한다. 그 근거로 미국인 대부분은 하루 65킬로미터 미만을 이동한다는 미 교통통계국Bureau of Transportation의 통계를 인용한다. 그러나 〈제너럴모터스〉는 이 65킬로미터라는 수치가 집에서 회사까지 출퇴근하는 거리만으로 계산된 수치[45]라는 점은 명확히 밝히지 않는다. 자질구레한 일상 업무를 처리하기 위해 차를 몰거나 자녀를 태우러 가기 위해 차를 몰다 보면 주행거리가 65킬로미터를 넘을 수도 있다. 게다가 자동차 전문 인터넷 잡지 에드먼즈닷컴이 계산한 바에 따르면 어느 날 오후 단번에 370킬로미터 거리를 이동하면 쉐보레 볼트의 실제 연비는 리터당 16.3킬로미터로 확 떨어진다.[46] 〈제너럴모터스〉가 충분한 정보를 제공하지 않은데다가 미 환경보호국도 쉐보레 볼트의 연비를 별도로 시험해 보지 않았기 때문에 당시 쉐보레 볼트의 연비가 정확히 얼마나 되는지 아는 사람은 아무도 없었다. 한편 에드먼즈닷컴은 플러그인 하이브리드 자동차의 연비 측정 기준을 누가, 어떻게 정할 것인지에 대한 문제도 제기한다.

플러그인 하이브리드 자동차 같은 친환경 자동차라도 온실가스 배출을 줄이려면 주행거리 자체를 줄여야 한다. 그런데 2009년 연구에 따르면 생태계에 이로운 하이브리드 자동차를 소유한 운전자들이 일반 자동차를 소유한 운전자보다 25퍼센트 더 많은 시간 동안 운전대를 잡는 경향이 있다. 보고서가 밝힌 내용만으로는 이유를 명확히 알 수 없다. 하지만 내가 인터뷰한 프리우스 운전자 중 한 명은 연비가 높은 차를 타고 다니기 때문에 오염을 덜 시킨다는 생각이 들어서 더 많이 운전하게 되었다고 말했다.[47] 이것이 한 가지 단서가 될 수 있을 것이다.

연비 계산법이야 어찌 되었든 자동차 산업을 떠받치는 자본주의라는 경제 구조는 변함없을 것이다. 2008년 민주당 경선 열풍이 미국 전역을 휩쓸기 전, 그리고 이듬해 자동차 산업 부문이 붕괴하기 전에도 쉐보레 볼트나 그와 같은 친환경 자동차들의 미래는 어두웠고 앞으로도 사정은 달라지지 않을 것이다. 볼트를 구매하는 사람이 많지 않아도 〈제너럴모터스〉가 볼트를 계속 생산할까? 플러그인 하이브리드 자동차가 잘 팔린다 해도 최근 파산의 쓴맛을 본 〈제너럴모터스〉가 비용을 만회할 만큼 충분한 물량을 생산할 때까지 계속 누적될 손실을 감당할 수 있을까? 다시 말해 표준 차종에 비해 두 배가 넘는 비용이 투입되는 자동차를 생산해 손실을 보는 자동차 제조사가 경쟁력을 가질 수 있을까? 플러그인 하이브리드 자동차가 성공을 거둔다면 제조사는 해당 차종을 디딤돌 삼아, 석탄을 연료로 사용하는 화력발전소에서 생산된 전기를 비롯한 화석연료에 더 이상 의존하지 않아도 되며 그 어느 때보다 연비가 높은 제품을 생산하는 방향으로 나아갈 수 있다. 그게 아니면 제조사는 플러그인 하이브리드 자동차가 친환경 기술을 원하는 사회가 납득할 만한 수준의 연비를 낼 수 있게 되자마자 더 많은 이윤을 볼 수 있는 고급형 차종을 생산하는 방향으로 선회할 수도 있다. 둘 중 어느 길을 택할지가 가장 궁금하다.

헤어질 무렵 차바리아에게 〈제너럴모터스〉 같은 기업이 생태계 보존에 기여할 수 있는 자동차를 만들기 위해 더 많은 노력을 기울이지 않는 이유를 물었다. "아무리 연비가 좋은 차라도 비용이 더 많이 들어간다면 그런 차를 뭐 하러 만들겠어요? 아무런 변화를 주지 않아도 계속해서 차가 팔리는데 굳이 변화하려고 애쓸 필요가 없잖아요." 차바리아는 휘발유 먹는 하마에 매달리는 것은 기업이 아니라 소비자라고 생각하면서도 자동차 산업을 이끄는 기업가들이 변화를 바라지 않는다는 사실을 함께 지적한다. "오늘날 힘 있는 사람들은 돈 벌 궁리만 합니다. 그런 사람들은 [녹색 운송 같은] 대격변이 일어난다면 쫄딱 망하지 않을까 염려하게 마련이에요."

차바리아와 만나기 몇 주 전 쉐보레 볼트의 생산을 총괄하고 있는 밥 러츠 〈제너럴모터스〉 부회장은 비공개 석상에서 기자들에게 "지구온난화는 말짱 거짓말"[48]이라고 말하는 실수를 저질렀다. 〈제너럴모터스〉의 정책에 정면으로 맞서는 발언이지만 이런 비아냥거림이 러츠 부회장 입에서 나왔다는 사실이 그다지 놀랍지 않은 것은 따지고 보면 러츠 부사장이야말로 1980년대 초 〈포드〉에 근무하면서 익스플로러를 발표해 SUV의 성공을 일군 주역이었기 때문이다. 〈크라이슬러〉, BMW의 임원을 두루 거친 '자동차 황제' 밥 러츠 〈제너럴모터스〉 부회장은 자동차 산업이 많은 오염을 지속적으로 유발하게 만드는 데 적지 않은 공헌을 한 인물이다.[49] 그 외에도 러츠 부회장은 해병대 출신에 남성 우월론자이고 개인 헬리콥터를 이용해 출퇴근하며 알파라는 이름의 개인용 전투기를 타고 비행을 즐기는 것으로도 유명하다.[50]

그렇다면 미국인들은 어쩌다가 지구온난화를 유발한 주범이면서도 지구온난화를 부인하는 뻔뻔하고 막강한 기업이 만든, 온실가스를 뿜어내는 엔진을 장착한 운송 수단에 올라 이동하는 방식을 고수하게 되었을까. 이 문제를 온전히 이해하려면 오늘날 미국인 대부분이 다른 대안을 찾지 않는 이유가 무엇인지 생각해 보아야 한다. 가장 명백한 대안으로 여기고 있는 대중교통 수단이나 친환경 자동차를 타고 다니면 어떨까? 과거 미국 전역의 주요 도시와 소도시에서는 주로 전력을 이용해 움직이는 실용적인 전차를 주요 운송 수단으로 이용했다. 그러나 〈제너럴모터스〉의 주도 아래 세계적으로 가장 막강한 영향력을 행사하는 자동차 업계가 전차망을 모두 매입해 용의주도하게 해체해 버렸다. 〈제너럴모터스〉는 승객을 운전자로 변모시키면 자동차 사업이 번창할 것이라는 사실을 일찌감치 알아차린 것이다. 치졸한 방식으로 대중교통 수단을 고철더미로 만들어 버린 초창기 자동차 업계의 거물들은 20세기 내내 휘발유-전기 하이브리드 자동차나 전기 전용 자동차 같은 대안 기술을 자체적으로 연구해 왔으면서도 시장에는 내놓지 않았다.

1920년대 초 〈제너럴모터스〉는 자신의 주요 경쟁자가 〈포드〉나 다른 자동차 제조사들이 아니라 사람들이 출퇴근길에 이용하는 조밀하게 연결된 대중교통 수단이라는 사실을 깨달았다. 당시 자동차를 소유한 미국인은 전체 인구의 10퍼센트[51]에 불과했지만 풍요로운 공공 운송망 덕분에 사람들은 대중교통을 이용해 수시로 주택가와 시내를 오갔다. 자동차 시장을 창출하기 위해 〈제너럴모터스〉는 캘리포니아의 〈스탠더드오일Standard Oil〉, 타이어를 만드는 〈파이어스톤〉, 그 밖의 자동차 관련 기업과 손잡고 비밀리에 합작 투자를 추진했다. 지방 운송 회사를 인수한 뒤 폐업해 시내 전차를 버스로 대체하고 자동차가 달릴 도로를 건설하는 것이 합작의 주요 목표였다. 1930년대 말 공모자들이 설립한 〈전국 도시 전차National City Lines〉라는 대중교통 회사가 선봉에 섰다.[52]

〈전국 도시 전차〉는 남북으로 아이오와 주 시더래피즈Cedar Rapids에서 텍사스 주 엘 파소, 동서로 로스앤젤레스에서 볼티모어에 이르는 미국 전역의 지방 대중교통 회사를 인수하며 몸집을 키웠다.[53] 요즘 사람들은 거의 모르지만 당시 이들 도시와 미국의 다른 도시들에는 포괄적이고 효율 높은 대중교통망이 있었다. 대중교통망을 매입한 〈전국 도시 전차〉는 운행 횟수를 조금씩 줄이면서 요금은 조금씩 올리는 치밀한 방법으로 사람들에게 요긴했던 대중교통 수단을 애물단지로 전락시켰다. 〈전국 도시 전차〉는 기존의 전차망을 유지 보수도 하지 않은 채 폐기 직전까지 그대로 사용하고는 이 사실을 전차망이 쓸 만한 대중교통 수단이 못 된다는 주장을 펴는 데 이용했다. 이런 식으로 〈전국 도시 전차〉는 전차보다는 〈제너럴모터스〉가 만드는 버스를 이동 수단으로 삼아야 한다는 주장을 정당화했고 사람들의 머릿속에 버스가 전차보다 더 나은 서비스를 제공할 수 있다는 확신을 심었다. 결국 전차 궤도가 지나던 도로를 포장하고 전차 위에 매달린 전선을 철거했다.[54] 이로써 전차를 타던 사람들이 개별적으로 자동차를 구입하기 쉬운 조건이 마련되었다.

〈전국 도시 전차〉가 플로리다 주 탬파의 대중교통망을 매입하고 얼마 지나지 않은 시점에 사장실에서 작성한 내부 문건에는 〈전국 도시 전차〉의 기본 업무가 기록되어 있다. "인수에 따른 혜택이 전혀 없는 상태에서 기존의 요금인 5센트를 유지해야 한다면 시내 노선은 모두 폐지해야 한다고 생각한다. 다시 말해 시내 횡단 노선을 모두 없애야 한다."[55]

지저분한 일에 한창 열을 올리던 어느 날 〈전국 도시 전차〉, 〈제너럴모터스〉, 〈스탠더드오일〉, 〈파이어스톤〉은 반독점법 위반으로 기소되어 결국 대법원까지 갔다. 1949년 내려진 판결은 운송 사업 독점 행위에 대해 유죄를 선고했지만 대법원이 기소된 회사 각각에 물린 벌금은 고작 5천 달러였고 공모한 기업주들이 저지른 범죄에 대해 물린 벌금은 개인당 정확히 1달러에 불과했다.[56] 참으로 관대한 처벌이었다. 거칠 것 없어진 자동차 회사들은 마음 놓고 미국의 대중교통망 해체 작업에 매진했다.

그 뒤 30년 동안 〈전국 도시 전차〉는 〈퍼시픽 도시 전차Pacific City Lines〉,

〈미국 도시 전차American City Lines〉와 앞서거니 뒤서거니 하며 미국의 80개 남짓한 도시의 대중교통망을 매입했다.[57] 수백만 명이 영향을 받았다. 제2차 세계대전이 끝난 뒤 로스앤젤레스에서 시행된 여론조사에 따르면 응답자 88퍼센트가 철도 확충을 원했다.[58] 여론조사 결과에서도 알 수 있듯 대중은 대중교통 수단의 확대를 간절히 바란다. 그러나 대중의 의사야 어찌되었든 자동차 제조사들은 원래 수립한 계획을 신속하게 추진했고 결국 〈전국 도시 전차〉의 노력은 결실을 맺었다. 〈전국 도시 전차〉가 없애 버린 대중교통망을 다시 복구한다는 것은 경제적으로나 정치적으로나 불가능했다. 이제 미국인의 절대 다수에게는 자동차 말고는 선택할 수 있는 게 없어져 버렸다.

교통망을 정복해 가는 동안 자동차 제조사들이 오로지 휘발유 먹는 하마에만 매달린 것은 아니다. 유명한 자동차 제조사들은 대안 자동차를 계속 실험해 왔고 일부는 생산되기까지 했다. 그러나 미국의 디트로이트 3사는 더 청정한 친환경 자동차를 대량생산하지 않았다.

100년 전 독일 자동차 제작자 페르디난트 포르쉐 박사Dr. Ferdinand Porsche는 전기로 주행하는 첫 번째 로드스터 자동차를 제작했다. 포르쉐 박사가 두 번째로 제작한 자동차는 휘발유-전기 하이브리드 자동차였다. 바퀴 축에 달린 전기모터에 동력을 제공하는 발전기를 돌리는 휘발유 엔진을 장착한 포르쉐 하이브리드는 배터리만으로 무려 61킬로미터를 달렸다.[59] 이 주행거리는 오늘날 상용화된 휘발유-전기 하이브리드 자동차가 주행할 수 있는 거리보다도 더 길다. 그 뒤 일이십 년 사이에 여러 소규모 회사들이 디트로이트 일렉트릭Detroit Electric이나 우즈 듀얼 파워Woods Dual Power 같은 전기 전용 자동차나 휘발유-전기 하이브리드 자동차를 출시했다.[60] 헨리 포드와 토머스 에디슨

Thomas Edison도 디트로이트 일렉트릭을 몰고 다녔다.[61]

1970년대 석유 파동이 나기 전만 해도 수십만 명의 미국인은 연비가 높은 소형차인 〈폭스바겐Volkswagen〉의 비틀Beetle이나 연비가 리터당 21.3킬로미터에 달하는 BMW의 이세타Isetta를 주로 구입했다.[62] 1969년 〈제너럴모터스〉는 하이브리드 자동차의 프로토타입 모델을 개발했는데 512라는 이름으로 출시된 〈제너럴모터스〉 최초의 하이브리드 자동차는 문 대신 덮개가 활짝 열리는 미래지향적 외관에 연비가 리터당 21.2킬로미터였다.[63] 오늘날 시판되는 일반적인 하이브리드 자동차와 마찬가지로 〈제너럴모터스〉 512의 엔진은 저속 주행할 때는 전기로 주행하고 고속 주행할 때는 엔진 주행으로 전환되는 방식이었다. 그러나 최대 속력이 시속 64킬로미터라는 단점 때문에 대량생산에 실패했다.

1980년대 출시한 휘발유 없이 주행하는 자동차 일렉트로벳Electrovett이 완전 실패로 돌아간 뒤에도 〈제너럴모터스〉는 배출 제로 자동차로는 가장 널리 알려진 EV1과 후속 차종 EV2를 출시했다.[64] 1990년대 〈제너럴모터스〉는 자회사 〈새턴Saturn〉을 통해 전기 전용 자동차 EV1과 EV2 수천 대를 캘리포니아 주 운전자들에게 임대했다. 그러나 2006년 제작된 다큐멘터리 영화 〈누가 전기 자동차를 죽였나?〉에 그려진 대로 2000년대 초 〈제너럴모터스〉는 끝내 전기 자동차 생산을 중단했다. 그 과정에서 이 두 종류의 자동차를 임대한 소비자들의 의사에 관계없이 임대계약을 파기해 논란이 일기도 했다. EV1, EV2 임대 사업에 관여한 사람들과 이 기획을 관리한 〈새턴〉 측 담당자 첼시아 섹스턴Chelsea Sexton은 〈제너럴모터스〉가 전기 자동차 판매에 별 관심이 없었다고 주장했고 〈제너럴모터스〉는 운전자들이 관심을 보이지 않았을 뿐이라고 반박했다. 전기 자동차를 옹호하는 단체들의 항의가 빗발치는 와중에도 〈제너럴모터스〉는 출고된 모든 EV 자동차를 회수해 폐차장으로 보냈다.

그와 동시에 떠오른 대안 기술은 슈퍼카였다. 1993년 미국의 3대 자동차 회사 대표와 손잡은 빌 클린턴Bill Clintion 대통령과 앨 고어 부통령은 미 연방정부와 자동차 산업이 협력해 슈퍼카 연구를 촉진하고 필요한 자금을 조달한다는 내용의 "차세대 자동차 개발 협력 사업Partnership for a New Generation of Vehicles"을 수립했다. 네 개의 문이 달린 가족용 세단형 승용차로 리터당 34킬로미터라는 놀라운 연비를 내지만 편안함, 실용성, 멋진 외관 등 어느 것 하나 포기하지 않는 슈퍼카를 적어도 2003년까지 공개한다는 것이 이 사업의 목표였다. 미국 정부는 이 사업을 진행할 민관 협력체에 15억 달러의 자금을 지원했고 미국 정부 기관이나 미 연방 연구소에서 사용하는 기자재를 사용할 권한을 주었다.[65] 클린턴 정부는 구속력 없는 이 사업에 자동차 제조사들이 참여하게 하기 위해 목표 연비 기준을 강화하려는 계획마저 유보하며 사업 추진에 강한 의지를 보였다.

1999년 슈퍼카의 프로토타입 모델들이 속속 모습을 드러냈는데 『시카고 트리뷴*Cicago Tribune*』은 모든 차종이 사업이 수립한 목표에 가깝게 개발되었다고 전했다. 〈포드〉와 〈크라이슬러〉가 내놓은 녹색 자동차는 연비가 리터당 30.6킬로미터였고 〈제너럴모터스〉가 내놓은 차종은 이 사업이 목표로 삼았던 리터당 34킬로미터의 연비를 달성했다. 모두 초경량 소재로 만들어진 세단형 승용차였고 경유-전기 하이브리드 엔진을 탑재했다. 그러나 텔레비전과 신문에 떠들썩하게 실리고 난 뒤에도 자동차 제조사들은 이 자동차를 양산할 생산 라인을 구축하지 않았다. 가장 큰 장애물은 비용이었다.

다른 두 회사가 자세한 사항을 공개하지 않는 사이 〈크라이슬러〉는 자신이 선보인 슈퍼카의 소비자 가격이 사실상 7,500달러가 넘을 것이라는 추정치를 발표했다. 〈제너럴모터스〉의 EV 차종 개발 사업과 민관이 합동으로 추진한 슈퍼카 개발 사업에서 볼 수 있듯 자동차 제조사들은 연비가 높은 자동차를 제작할 수 있는 기술력을 가지고 있지만 적어도 단기적, 중기적인 비용 부담이 지나치게 높다는 이유로 친환경 자동차를 생산하지 않는다.

〈크라이슬러〉가 선보인 슈퍼카를 실제로 생산했다고 가정해 본다면 대실패로 끝났을 가능성이 높다. 연구 개발 비용에만 자금이 들어가는 것이 아니라 슈퍼카 생산에 맞도록 공장을 재정비하고 새로운 부품을 공급할 부품 공급망을 새로 구축하는 데도 막대한 자금이 들어가기 때문이다. 반대로 슈퍼카가 대단한 인기를 누린다고 해도 〈크라이슬러〉는 차 한 대당 수천 달러의 손실을 감수해야 한다. 따라서 사람들이 슈퍼카를 사면 살수록 회사의 손실은 눈덩이처럼 불어날 것이다. 시간이 흘러 슈퍼카에 사용되는 완전히 새로운 부품을 공급하는 부품 공급망 구축이 완료되고 생산량이 늘어나 규모의 경제가 달성되면 이윤이 실현되겠지만 언제 올지 모르는 그 시점까지 〈크라이슬러〉가 감수해야 하는 경제적 고통은 이루 다 말할 수 없을 것이다. 비용이 많이 들어가는 신기술이 뿌리를 내리려면 시간과 노력도 필요하지만 무엇보다 이사회의 결단도 중요하다. 단기적 관점에서 모든 일을 판단하는 주주들의 반대를 무릅써야 하기 때문이다. 생태계 보존 같은 '무형의' 결과물을 내기 위해서는 장기적인 안목이 필요하지만 단기간의 이윤을 쫓는 기존 경제 질서에서 그런 문제는 후순위로 밀려날 수밖에 없다. 디트로이트 3사에는 효율이 매우 높은 자동차 생산을 포기하고 큰 이윤을 안겨다 주는 트럭과 SUV에 매달린다는 사업 원칙을 따라야 할 경제적 책임이 있다.

게다가 2000년 대통령 선거에서 주요 자동차 기업은 자신들과 공감대가 형성되어 있는 공화당 정부를 밀었고 조지 W. 부시 대통령은 그에 화답했다. 대통령에 당선되자마자 〈전미 자동차 제조사 협회American Automobile Manufacturers Association〉 회장을 5년 동안 역임하고 〈제너럴모터스〉에서 최고로 잘나가는 로비스트로 워싱턴 D.C.에서 활동하던 앤드루 카드Andrew Card를 수석보좌관에 임명한 것이다.[66] 부시 대통령이 집권한 지 1년 만에 미시간 주 공화당 상원의원을 지낸 스펜서 에이브러햄Spencer Abraham 미 에너지 장관이 2002 디트로이트 자동차 박람회에 모습을 드러냈다. 그간의 성과를 발표하는 자리에서 에이브러햄 장관은 "차세대 자동차 개발 협력 사업"이 폐기되었다고 공표했다.[67] 이로써 다시는 슈퍼카를 볼 수 없게 되었다.

오번힐스

〈크라이슬러〉 본사는 디트로이트 시에서 북쪽으로 48킬로미터 떨어진 우아한 교외 주택단지 블룸필드 빌리지Bloomfield Village와 버밍햄Birmingham에서 그리 멀지 않은 오번힐스Auburn Hills라는 곳에 있다. 원래 〈크라이슬러〉는 사무실과 주요 공장을 디트로이트 시 중심부에 위치한 작은 기업 도시 하이랜드 파크Highland Park에 두었었다. 그러다가 1980년대 들어 자동차 도시 디트로이트가 빈곤의 나락으로 떨어지면서 사회 혼란이 가중되자 〈크라이슬러〉는 사무실과 주요 공장을 좀 더 고립된 오번힐스로 이전한 것이다. 간밤에 휩쓸고 간 눈 폭풍이 남아 아직도 보슬보슬 눈이 내린다. 도시와 반대로 이곳은 소복이 쌓인 하얀 눈을 고스란히 간직하고 있다. 야트막한 언덕 사면에 자리 잡은 〈크라이슬러〉 본사 건물 주변에는 금속제 울타리가 둘러져 있고 곳곳에 감시카메라가 설치되어 있다.

건물 내부는 분주하다. 건물 중앙에 있는 열십자형의 개방식 회랑이 계단이나 에스컬레이터와 연결되어 있어 교외에 위치한 다평면의 쇼핑몰과 비슷해 보이고 복도 쪽 벽을 판유리로 마감한 사무실은 쇼핑몰 매장을 연상시킨다. 마중 나온 막스 게이츠Max Gates 홍보부 직원은 빙그레 웃으며 이 건물이 처음부터 일반적인 상업용 쇼핑몰 공간으로 설계되었다고 귀띔한다. "사업이 잘못되면 쇼핑몰로 전환할 생각이었던 거지요." 오늘날 〈크라이슬러〉의 전망을 감안할 때 그럴 가능성도 충분하다.

게이츠와 함께 〈크라이슬러〉 환경과 에너지 부서 책임자인 레지널드 모들린Reginald Modlin 이사의 사무실로 갔다. 모들린 이사는 카키색 겉옷에 옥스포드 소재 셔츠를 받쳐 입었는데 마치 옛날 사립학교 교복을 보는 듯하다. 대학에서 항공학을 전공한 뒤 〈크라이슬러〉에 입사한 모들린 이사는 35년을 한결같이 〈크라이슬러〉에서 일했다. 모들린 이사는 〈제너럴모터스〉의 컬럼 부장처럼 워싱턴 D.C.에 출장을 다니는 〈크라이슬러〉의 로비스트다.

〈포드〉나 〈제너럴모터스〉의 담당자들과 마찬가지로 모들린 이사도 〈크라이슬러〉가 기본적으로 휘발유 엔진과 경유 엔진의 성능 향상에 초점을 맞추고 있다는 말로 녹색 자동차에 대한 이야기를 시작한다.[68] 모들린 이사는 〈크라이슬러〉가 친환경 자동차를 생산하지 않는다는 사실을 인정하면서 2009년에는 첫 하이브리드 자동차로 두 개 차종을 선보일 것이라고 덧붙인다. 물론 SUV 차종이다.(그러나 2008년 가을 선보인 휘발유-전기 하이브리드 자동차 닷지 듀랑고와 아스펜Aspen은 악화일로의 경영 사정 때문에 〈크라이슬러〉의 하이브리드 관련 사업 계획이 모두 폐기[69] 되면서 출시되자마자 사라지고 말았다.) 모들린 이사는 수소 연료 전지 자동차와 플렉스 자동차에 대한 이야기도 했지만 〈크라이슬러〉에서는 생산하지 않는 차종이다. 〈크라이슬러〉가 판매하고 있는 자동차는 대부분 휘발유 엔진을 장착한 SUV, 픽업트럭, 미니밴이다. 이 세 차종이 2007년 〈크라이슬러〉 매출액의 4분의 3을 차지했다.[70]

모들린 이사는 온실가스를 내뿜는 자동차를 대체할 대안을 찾는 일은 〈크라이슬러〉의 몫이 아니라고 하면서 〈크라이슬러〉가 친환경 자동차 생산에 아주 조심스럽게 다가가고 있다고 말한다. "그런 일은 모험적인 기업가들의 몫입니다. 그들이 성공하면 우리도 그 시장에 뛰어들게 되겠죠. 그들이 생산하는 제품을 구매하거나 그 회사를 매입하면 됩니다." 〈크라이슬러〉 같은 대기업이 위험을 회피하기 위해 더 청정한 기술 개발을 꺼리는 것은 아닌지 묻자 모슬린 이사는 이렇게 답한다. "어떤 기술이 성공할 것인지는 알 수 없는 것 아닌가요? 그렇기 때문에 어디에 투자할지는 매우 조심스럽게 접근해야 합니다. 위험은 도처에 널려 있어요. 썩은 바구니에 투자할 수는 없는 노릇 아닙니까?" 모들린 이사의 책상 위에 크레인 꼭대기에서 일하는 건설 노동자 두 명이 그려진 액자가 놓여 있다. 크레인 옆에 위치한 건물 두 동은 무지개를 절반으로 잘라 맞댄 모양인데 좌측 무지개와 우측 무지개의 색깔 순서가 반대로 칠해져 있다. 한 노동자의 외침이 말풍선으로 처리되어 있다. "이런 맙소사!"

모들린 이사는 지난 30년 동안 엔진 성능이 얼마나 많이 향상되었는지 설명한다. 엔진 성능 개선으로 연비가 향상되면서 대형의 고급 차량을 만들 수 있게 되었다는 말이다. 저널리스트로 활동하다가 10년째 자동차 산업의 로비스트로 일하고 있는 게이츠가 말참견을 한다. 게이츠는 엔진의 성능 향상은 연비와 직결되며 매년 1퍼센트에서 1.5퍼센트 정도 연비가 향상되어 왔다고 덧붙인다. 그래서 지금 출시되는 자동차는 목표 연비 기준인 리터당 11.7킬로미터에 맞춰 출시되지만 앞으로는 연비가 리터당 14.9킬로미터에서 16.6킬로미터까지 개선될 것이며 SUV 같은 대형 차량도 지금은 목표 연비 기준인 리터당

9.6킬로미터에 맞춰 출시되지만 앞으로 2.6킬로미터에서 4.3킬로미터 정도의 연비를 추가 향상시킬 수 있다고 덧붙인다. 게이츠의 설명을 들으니 모델 T 같은 초기 자동차들이 왜 오늘날의 자동차들보다 연비가 월등했는지에 대한 궁금증이 해결되었다. 더 깨끗한 자동차를 몰기 위해서는 더 발전된 기술을 기다려야 한다는 말도 믿을 필요가 없어졌다. 엔진 성능이 향상되어 1리터당 5킬로미터를 더 갈 수 있게 될 때마다 자동차가 내뿜는 연간 이산화탄소량은 20퍼센트 줄어든다.[71] 그런데도 1990년부터 2007년까지 미국이 배출한 이산화탄소 총량은 오히려 17퍼센트 늘어난 것이 지금의 현실이다.[72]

디트로이트에 머무는 동안 〈혼다Honda〉의 환경과 에너지 분석실장인 존 저먼John German을 만나 이야기를 나눴다. 〈혼다〉는 연비가 좋은 차를 만드는 회사로 유명하다. 저먼 실장은 연비가 높은 차가 있어도 실제로 그런 연비가 나오지 않을 것이라는 생각 때문에 소비자들이 연비가 높은 차에 관심을 가지지 않는다고 말한다.[73] 연비 등급 기준이 마련된 뒤 자동차에 부착하게 된 공인 연비 표식은 해당 자동차가 1리터당 주행할 수 있는 실제거리를 부풀려 기재하는 것으로 악명이 자자하다. 따라서 소비자는 공인 연비 표식에 기재된 공인 연비를 의심한다. 그러나 차를 구입해서 실제로 기름을 넣어 주행해 보지 않으면 기재된 정보가 허위인지 아닌지 파악할 수 없으므로 소비자들은 기재된 공인 연비가 부풀려졌더라도 환불하는 등의 조치를 취할 수 없다.

저먼 실장은 이렇게 설명한다. "성능을 측정하는 훨씬 쉬운 방법이 있습니다. 시험 주행을 해 보면 됩니다. 그러면 불확실성이 줄어들면서 성능에 대한 확신이 생길 겁니다. 그 차가 고급스러운지 알고 싶다면 그저 직접 가서 가죽 시트나 내장재들을 눈으로 확인만 하면 됩니다. 정말로 간단하고 분명하죠."

보통 사람의 경우 살면서 소비한 물건 중 자동차가 가장 값비싼 물건인 경우가 대부분이다. 따라서 소비자들은 자기가 구입한 자동차가 지불한 돈의 값어치를 하는지 궁금해 하는 것이 당연하다. "제 생각에는 자동차 산업이 연비를 향상시키는 기술 활용에는 부정적인 반응을 보이면서 그 외의 나머지 것들에만 치중하는 이유가 거기에 있는 것 같습니다. 그렇지만 바로 그런 이유로 〈혼다〉는 연비 향상에 힘쓰는 겁니다."

앤아버

미 환경보호국 산하 〈국립 차량 및 배출 가스 연구소National Vehicle and Fuel Emissions Laboratory〉는 디트로이트 시내에서 I-94번 주간州間 고속도로를 이용해 약 65킬로미터쯤 달리면 나타나는 앤아버Ann Arbor 변두리에 있다. 미 환경보호국은 이산화탄소를 비롯한 자동차 배출 가스의 오염도를 측정하기 위해 1971년 〈국립 차량 및 배출 가스 연구소〉를 설립했는데 1973년 첫 번째 석유 파동이 지나간 뒤에는 연비 측정도 연구소 업무가 되었다. 연비 측정은 미국 정부 기관 중 〈국립 차량 및 배출 가스 연구소〉에서만 한다. 자동차, 경형 트럭, SUV, 미니밴을 비롯해 새로 출시되는 모든 승용형 자동차는 공인 연비 표식을 부착해야 하는데 이곳에서 모든 승용형 자동차의 연비를 측정한 뒤 공인 연비를 결정한다. 소비자들은 시내 주행 연비, 고속도로 연비, 복합 평균 연비가 기재된 공인 연비 표식을 보고 자기가 구입할 새 차의 연비를 미리 알 수 있다. 연구소에서 측정한 공인 연비와 실제 연비가 너무 동떨어지는 바람에 소비자들이 자기가 구입한 차량이 지불한 돈 값어치를 못한다고 의심하게 되는 이유를 알아보기 위해 수송과 기후 정책 자문 선임 연구원인 제프 앨슨Jeff Alson을 만났다.

앨슨 선임 연구원은 작은 실험실에서 이뤄지는 시험 과정을 보여 주었다.[74] 실험실로 들어가니 구석에 차량 한 대가 놓여 있다. 추진력을 흡수해 차량이 최고 속도를 낼 수 있게 만든 최신식 트레드밀treadmill인 커다란 은색 역량계力量計 위에 차량 뒷바퀴가 올라가 있다. 천장에 매달린 두꺼운 금속제 기계 팔 끝에 주행거리를 표시하는 컴퓨터 모니터가 부착되어 있고 운전자는 사이드 미러를 통해 모니터에 표시된 수치를 확인한다. 측정은 두 가지 방식으로 진행된다. 가다 서다를 반복해 들쭉날쭉한 선으로 표시되는 도시형 측정 방식과 가속과 순항으로만 주행이 이뤄져 깔끔한 곡선으로 표시되는 고속도로형 측정 방식이다.

1970년대 내내 〈국립 차량 및 배출 가스 연구소〉는 미국의 연비 시험 표준을 설계하고 구축하는 데 온 힘을 쏟았고 연구소가 설립된 뒤 일이십 년 동안은 모든 시험을 연구소에서 직접 수행했다. 그러나 부시 정부 시절 예산이 가파르게 삭감되면서 미 환경보호국 산하의 이 연구소는 실험실을 부분적으로만 가동하게 되었다. 앨슨 선임 연구원은 현재 〈국립 차량 및 배출 가스 연구소〉에서 배출 가스와 연비를 측정하는 차량은 미국에서 소비되는 차량의 10퍼센트에서 20퍼센트 수준이라고 설명한다. 나머지는 자동차 제조사들이 자체적으로 시험한다. 앨슨 선임 연구원은 자동차 제조사들이 미 환경보호국이 정한 규정을 엄격히 준수하고 있다고 힘주어 말한다. 금요일 오후라서 그런지는 모르지만 연구소에서 일하는 사람은 몇 명 되지 않았고 대부분의 실험실이 비어 있다.

큰 키와 마른 체구에 부드러운 머릿결을 지닌 앨슨 선임 연구원은 30년 전

〈국립 차량 및 배출 가스 연구소〉에 입사했다. 앨슨 선임 연구원은 연비 측정치가 줄곧 부정확했다는 사실을 인정하면서 그렇게 된 사정을 설명한다. 〈국립 차량 및 배출 가스 연구소〉에서 실험하는 방식으로는 개개인의 운전 습관이나 다양한 기후 조건을 반영하지 못한다는 것이다. 이를테면 가속 페달을 세게 눌러 밟는 'A' 씨는 가속 페달을 가볍게 밟는 'B' 씨에 비해 5퍼센트에서 6퍼센트의 연료를 더 소모할 것이다. 바람이 강하게 부는 날, 찌는 듯이 더운 날 등 날씨에 따라 연비가 달라질 수도 있다.

운전석 쪽 사이드미러 옆에 위치한 모니터상에 가장 최근 측정한 차량의 고속도로형 측정 결과가 나와 있었다. 모니터에는 두 개의 선이 있다. 붉은 선은 프로그램의 시험 주행선, 하얀 선은 시험 운전자의 주행선이었는데 붉은 선과 하얀 선이 거의 일치했다. 고속도로형 측정은 차선을 변경하는 일이 없고 급브레이크를 밟는 일도 없으며, 앞 차에 바싹 달라붙어 가는 일도 없고 속도를 올리며 따라붙어 차선을 벗어나게 하는 위험 운전자도 없다는 조건에서 이뤄진다. 물론 폭풍우를 만나지도 않고 에어컨을 최대로 켜지도 않는 조건이다. 실험을 수행하는 운전자는 20년 넘게 실험만 수행해 왔기 때문에 눈을 감고도 주행할 수 있을 정도로 능숙하다. 앨슨 선임 연구원은 이렇게 설명한다. "당신도 마음만 먹는다면 붉은 선을 정확히 따라갈 수 있습니다. 그러니 자기가 무슨 일을 해야 하는지 정확히 알고 있는 시험 운전자들은 거의 완벽하게 운전한다고 보면 됩니다." 모든 자동차가 동일한 조건에서 시험을 받을 수 있도록 의도적으로 동일한 상황을 조성한다는 말은 이론상으로는 그럴싸하게 들리지만 실제로는 이 실험의 결과가 해당 차량이 낼 수 있는 최대 연비를 나타내게 되는 어이없는 결과를 낳는다. 그러므로 차량을 구입한 운전자들은 죽었다 깨나도 그런 연비를 경험할 수 없다. 이렇게 공인 연비 표식에 기재된 공인 연비와 실제 경험하는 연비 사이에 큰 차이가 나고 실제 경험하는 연비가 기재된 공인 연비보다 낮다 보니 소비자들이 연비를 높이기 위해 도입된 공인 연비 표시 정책을 불신하게 된다. 게다가 구입한 차가 기재된 공인 연비보다 연료를 더 많이 소모하고 온실가스를 더 많이 배출하더라도 자동차 회사에 그 책임을 물을 수 없다.

2008년 미 환경보호국은 실제 도로 주행 시 소비되는 연료량을 최대한 정확하게 측정하기 위해 실험 방법을 최종 조정했다. 현실을 반영하는 데 그토록 오랜 시간이 걸린 이유를 묻자 앨슨 선임 연구원은 이렇게 답한다. "석유 3.8리터에 1달러 하던 시절에는 자동차 연비에 신경 쓰는 사람이 있을 거라고 생각하지 않았습니다. 실제로 1986년에서 1999년까지는 아무도 연비에 관심을 갖지 않았고요. 연구원도, 자동차 제조사들도, 정치인들도 신경 쓰지 않았어요. 우리 모두는 배가 불렀고 행복했습니다. 지구온난화에 신경 쓸 만큼 지구온난화에 대해 잘 알지도 못했을 때였습니다." 마지막 말은 좀 의심스럽지만 앨슨 선임 연구원은 앞으로 도입될 새로운 공인 연비 표식에 기재될 실험 결과는 더 믿을 만할 것이라고 힘주어 말하면서 기존 측정법에 비해 수치가 10퍼센트 정도 낮아질 것이라고 덧붙인다. "공인 연비 표식에 기재된 연비가 실제 연비에 더 가까워지면 결과를 신뢰하는 소비자도 늘어나겠지요."

일반적으로 소비자들이 연비를 신경 쓰지 않는다고 생각하지만 사실 사람들은 연비가 더 높은 자동차를 간절히 바란다. 2007년 환경 단체 〈퓨Pew〉는 연비 향상 운동의 일환으로, 대선 때마다 공화당과 민주당 지지를 오가는 주들에서 각 당을 지지하는 유권자를 고루 섞어 설문조사를 실시했다. 응답자 '대부분은 자동차의 연비를 높여야 한다고 생각'하고 있었다.[75] 연비 기준을 높여야 한다는 응답은 오하이오 주 88퍼센트, 켄터키 주 90퍼센트, 플로리다 주 89

퍼센트였다. 이 설문조사를 진행한 기관 중 하나인 〈멜먼그룹〉의 마크 멜먼 Mark Mellman 최고 경영자 겸 사장은 이렇게 말한다. "연비 기준을 높이는 데 확고하게 찬성하는 사람들이 (…) 압도적으로 많았습니다. 미국인들은 분명 연비 기준이 최대한 빠른 시간 안에 되도록 높게 상향 조정되기를 바라고 있습니다."

지금이 바로 우리의 미래

1932년 유명한 멕시코 화가 디에고 리베라Diego Rivera가 그린 〈포드〉 루주 공장 벽화는 〈디트로이트 예술 재단Detroit Institute of the Arts〉 건물 중앙에 전시되어 있다. 원래 리베라는 두 개의 벽화를 그릴 예정이었다. 사방의 벽과 바닥 및 천장까지 작업해야 하는 디트로이트 벽화 작업에는 꼬박 1년이 걸렸다.[76] 리베라는 생산 라인을 구축해 자동차를 대량생산하는 산업 체계에 깊은 인상을 받았고 그 체계를 통해 더 너른 사회적 목적을 구현할 수 있겠다는 가능성을 보았다. 리베라와 그의 아내 프리다 칼로Frida Kahlo는 루주 공장에 몇 주 정도 머물면서 노동자들을 관찰하고 기계를 세심히 살피며 스케치를 하고 사진을 찍었다. 마침내 리베라는 다양한 민족으로 구성된 노동자들을 그리기 시작했다. 벽화에는 노동자의 힘, 지구의 만물, 약의 신비한 효능, 삶의 기적, 전쟁의 위험성도 그려져 있지만 대부분은 경이로운 기술, 사회 전체를 불평등과 고통의 늪에서 구출해 풍요로움으로 이끌어 줄 기술의 가능성으로 채워졌다. 리베라는 인간이 분업과 효율적인 생산방식을 통해 탐욕의 불꽃과 결핍이라는 무거운 짐에서 벗어나게 되리라 믿었고 끊임없는 혁신을 통해 세계가 일보 전진하리라 기대했다.

기술에 대한 신뢰는 『이코노미스트』가 현대판 에디슨으로 일컬은[77] 스탠포드 R. 옵신스키Stanford R. Ovshinsky에게도 영감을 주었다. 옵신스키와 지금은 고인이 된 그의 아내 이리스Iris M. Ovshinsky는 1964년 〈에너지 변환 기기 회사Energy Conversion Devices〉를 설립했다. 독학으로 공부한 과학자 옵신스키는 에너지 생성과 저장 기술을 완성하는 데 생의 대부분을 바쳤다. 옵신스키는 휘발유-전기 자동차 대부분에 장착되는 니켈-수소 전지NiMH를 발명해 오늘날 〈토요타〉 프리우스나 다른 하이브리드 자동차가 존재할 수 있게 했다. 〈제너럴모터스〉의 전기 자동차 EV1과 EV2에 장착된 배터리도 옵신스키가 개발한 것이다. 84세의 나이에도 옵신스키는, 생태 파괴 문제를 해결하면서도 사람들이 자동차를 포기할 필요가 없도록 대안 에너지 기술 연구에 한창이다.

최근 옵신스키는 수소 자동차를 발명했다.[78] 완전히 새로운 차라기보다는 프리우스의 휘발유 탱크를 두꺼운 재질의 가스통으로 대체한 자동차다. 옵신스키가 개발한 전기-수소 하이브리드 자동차에는 니켈-수소 전지가 장착되어 전기모터에 동력을 공급하지만 엔진은 휘발유를 이용해 돌리지 않고 수소 연료를 이용해 돌린다. 대부분의 차가 수소 연료를 비재생에너지인 천연가스에서 얻는 반면 옵신스키는 물에 전류를 흘려 수소를 얻는 더 청정한 전기 분해 방식을 채택했다. 그 전기마저 직접 개발한 태양광 패널을 이용해 얻기 때문에 이 자동차야말로 순전히 태양에너지만을 이용해 주행하는 진정한 이산화탄소 제로 자동차라고 할 수 있다. 옵신스키는 이렇게 말한다. "이 차는 〈토요타〉나 디트로이트 3사가 내놓은 차보다 훨씬 우수해요. 인간에게는 신기술이 절실하게 필요합니다. 사회가 신기술을 받아들이지 않으면 무너지고 말 겁니다. 끔찍한 위기가 찾아오지 않는다는 법은 없으니까요."

디트로이트 3사는 더 청정한 자동차를 출시하지 않는 방향으로 가닥을 잡아 왔고 오바마 대통령 집권기에도 더 청정한 자동차를 만들지 **않을** 권리를 지켜 내겠지만 더 청정한 자동차를 만들 수 있는 기술은 이미 우리 곁에 와 있고 실제로 생산에 적용되고 있다.

〈제너럴모터스〉는 쉐보레 볼트를 출시하겠다며 온갖 자랑을 늘어놓지만 세계 최초로 플러그인 하이브리드 자동차를 출시한 기업은 〈제너럴모터스〉가 아니라 중국 최대의 휴대폰 배터리 제조업체인 〈비야디 자동차(比亚迪汽车, BYD)〉다. 〈비야디 자동차〉가 2008년 출시한 F3DM은 네 개의 문을 갖춘 5인승 세단형 승용차로 최대 속력은 시속 149킬로미터다.[79] F3DM은 배터리만으로 96킬로미터를 주행할 수 있고 엔진의 도움을 받으면 추가로 480킬로미터를 더 주행할 수 있다. 배터리 충전에는 일곱 시간이 걸린다. 〈비야디 자동차〉는 2011년 미국과 유럽에 F3DM을 출시할 계획이지만 아직은 중국에서만 이 차를 판매하며 가격은 2만 2천 달러 선이다. 쉐보레 볼트에 비하면 저렴하지만 분명 작은 금액은 아니다. 〈비야디 자동차〉에 근무하는 최고급 연구원이 이 차를 구입하려면 3년 치 월급을 고스란히 모아야 할 정도다.[80]

골프장 전기차보다 약간 더 큰 2인승, 3인승, 4인승 전기 전용 자동차들이 유럽에서 조금씩 인기를 얻고 있지만 미국에서는 판매되지 않는다. 여러 자동차 제조사들이 전기 전용 자동차를 준비 중인데 그중에서도 〈닛산Nissan〉이 만들고 있는 리프Leaf는 5인승 전기 전용 자동차로 2010년 말 일본, 미국, 유럽에서 출시될 예정이다.[81] 인도 자동차 제조사 〈레바REVA〉는 지-위즈G-Wiz를, 노르웨이 기업 〈씽크Th!nk〉는 시티City를, 〈미쓰비시Mitsubishi〉는 아이미브 i MiEV를 이미 생산하고 있다. 대부분의 자동차는 자동차 만화에나 나올 법한 누에고치 모양의 유선형이다. 〈레바〉의 지-위즈를 독점 판매하는 인터넷 사이트에서 색다른 차량이 없는지 둘러보다 보니 어쩌면 앞 유리에 검은 눈동자를 가진 크고 흰 눈이 두 개 달린 차를 보게 될지도 모른다는 우스운 생각도 들었다. 이런 자동차들은 시속 80킬로미터에서 145킬로미터로 120킬로미터에서 160킬로미터의 거리를 주행할 수 있고 충전 시간은 여섯 시간에서 열네 시간 정도다. 지-위즈는 1만 6천 파운드(2만 5천 달러)면 구입할 수 있지만[82] 〈미쓰비시〉의 아이미브는 4만 5천 달러나 한다.[83] 〈씽크〉의 시티는 2만 5천 유로(3만 5천 달러) 정도의 가격을 받아야 적당하지만[84] 배터리 가격 비포함으로 2만 달러에 출시[85]하는 대신 월 65유로(90달러)에 배터리를 임대할 예정이다.[86] 분명 누구나 소유할 수 있을 만한 가격은 아니다.

전기 전용 자동차를 진일보시킨 〈테슬라 자동차Tesla〉는 2008년 전기 전용 고급 스포츠카 로드스터Roadster를 판매하기 시작했다. 시속 200킬로미터로 달릴 수 있는 로드스터의 주행거리는 354킬로미터다. 〈테슬라 자동차〉는 2인승의 경우 배터리 충전 시간이 세 시간 반이면 충분하다고 밝혔다. 그러나 이 잘 빠진 전기 전용 스포츠카 가격은 10만 9천 달러다.[87] 생산량이 늘어남에 따라 〈테슬라 자동차〉는 2012년부터 5만 달러 이하의 가격으로 로드스터 S를 출시할 예정이다.

운송 수단 제조 기술을 신기술로 전환하려면 연료 보충, 수리, 부품 같은 기반 시설의 지원도 필수적이다. 연료 보충과 관련해 오늘날 주목받고 있는 배터리 충전소와 교환소는 모두 전기 자동차를 위한 시설이다. 도로변, 건물, 쇼핑몰 주차장에 설치된 고압 충전소가 있으면 전기 전용 자동차나 플러그인 하이브리드 자동차 운전자들이 쉽게 배터리를 충전해 도로를 주행할 수 있을 것이다. 또 배터리 교환소에서는 단 몇 분 안에, 소모된 배터리를 충전이 완료된 배터리로 교체할 수 있다. 실리콘 밸리에 부는 녹색 기술 바람을 타고 캘리포니아 주 북부에 설립된 〈베터플레이스Better Place〉는 태양광 패널로 전기를 충전하는 충전소와 배터리 교환소를 전 세계에 보급하는 기업으로[88] 2009년 일본 요코하마에 첫 번째 배터리 교환소를 개설했다.[89]

더 청정한 자동차를 만드는 기술을 도입하는 데 있어 주요한 장애물은 이 기술이 새로운 기술이라서 검증되지 않았다는 주장이다. 그러나 사람들이 모를 뿐이지 하이브리드 자동차와 전기 전용 자동차는 이미 한 세기 전에 도입된 것들이다. 심지어 전기 자동차 충전소라는 개념도 새로운 생각이 아니다. 토머스 에디슨이 이미 1910년대 초반에 전차 선로를 따라 공용 충전소를 지을 생각을 했기 때문이다.[90] 〈테슬라 자동차〉의 로드스터나 지-위즈 같은 오늘날의 전기 전용 자동차는 대안 엔진을 장착한 자동차도 도로 위를 무리 없이 주행할 수 있다는 사실을 입증하지만 기존의 엔진이 훨씬 더 많은 이윤을 남겨 준다는 사실 때문에 새로운 기술을 적용한 자동차의 보급이 쉽지 않을 뿐이다. 시장은 친환경 자동차보다 SUV 판매를 선호해 왔다. 따라서 기술적 측면에서 돌파구가 나오기를 기다리기보다 주요 자동차 기업들이 신기술을 도입해 얻게 될 이윤을 계산해 보기를 기다리는 편이 더 빠를 것이다.

반면 탄소세 형태로 꽤 많은 유류세를 부과하면 자동차 기업들은 세상에서 가장 연비가 높은 자동차를 생산하게 될 것이고[91] 따라서 소비자들은 가장 연비가 높은 자동차를 구매할 수 있을 것이다. 유럽의 경우 유류세가 석유 소매가격의 60퍼센트에 육박하지만[92] 미국에서는 미 연방 정부에 납부하는 유류세 13퍼센트와 주에 납부하는 교통 분담금이 전부다.[93] 유럽 사람들은 미국인에 비해 두 배나 많은 유류세를 분담하기 때문에 더 효율적인 자동차를 구매해 석유를 덜 쓰는 방향으로 행동한다. 석유를 덜 쓰는 방법 중 하나는 휘발유보다

30퍼센트가량 더 청정한 경유차를 타는 것이다.[94] 그래서 유럽에서 판매되는 신차의 50퍼센트는 경유 차량이다.[95] 기름 먹는 하마를 타지 않는 방법도 있다. 결국 미국 도로에서는 거의 찾아볼 수 없는 더 작고 더 가벼운 자동차를 만드는 것이 영국과 유럽 자동차 산업의 기준이 된다.

연비가 높은 자동차를 찾는 많은 미국인들은 미국의 3대 자동차 회사 때문에 뜻을 이루지 못했다. 그러나 미국 소비자들은 〈포드〉나 〈제너럴모터스〉같은 미국 자동차 기업이 해외에서 급속하게 성장하고 있는 에너지 절약형 자동차 시장에 뛰어들었다는 사실을 알고 있다. 가장 최근 출시된 〈포드〉의 피에스타 에코네틱Fiesta ECOnetic을 생각해 보자. 2009년 출시된 피에스타 에코네틱은 고속도로에서 리터당 37.4킬로미터, 시내 도로에서 리터당 25.9킬로미터의 연비를 낸다.[96] 소형자동차지만 5인승이고[97] 가격은 1만 7,500달러로[98] 하이브리드 자동차나 전기 전용 자동차에 비해 훨씬 저렴하다. 〈포드〉는 피에스타를 미국형으로 개조해 2010년 미국에서 판매할 예정이라며 대대적으로 광고했지만 실망스럽게도 미국형 피에스타의 연비는 리터당 12.8킬로미터에 못 미쳐[99] 목표 연비 기준조차 충족시키지 못할 것으로 보인다. 생태계에 이로운 방향으로 규제가 이뤄져야 미국의 운전자들도 지금은 접할 수 없는 더 청정한 자동차를 타게 될 가능성이 높아질 것이다.

플러그인 하이브리드 자동차와 전기 전용 자동차가 실제로 생태계에 어떤 영향을 미치는가라는 더 너른 문제에 대한 결론을 내리기에는 아직 이르다. 최근 〈천연자원 보호 협회〉와 〈전기 연구소Electric Power Research Institute〉는 화석연료로 움직이는 기존의 표준적인 하이브리드 자동차가 배기관을 통해 내뿜는 이산화탄소보다, 석탄을 태워 발전된 전기를 충전하는 플러그인 하이브리드 자동차에서 배출되는 이산화탄소가 더 많다는 연구 결과를 발표했다.[100]

천연가스, 수력, 원자력 같은 대안 연료를 이용해 발전된 전기를 충전할 경우 플러그인 하이브리드 자동차가 내뿜는 이산화탄소 수치는 뚝 떨어진다. 그러나 대안 연료를 이용해 발전되는 전기의 양은 석탄을 태워 발전되는 전기에 비해 턱없이 적다는 점을, 그리고 그 나름의 문제점을 안고 있다는 점도 무시해서는 안 된다. 석탄은 이산화탄소 및 신경독으로 알려진 수은을 비롯한 여러 유해 물질을 배출한다. 그럼에도 오늘날 석탄에서 얻는 전력은 중국의 경우 전체 전력의 4분의 3이고[101] 미국의 경우 절반이 넘는다.[102] 종합해 보면 전 세계에서 사용하는 전력의 40퍼센트 정도,[103] 산업에서 사용하는 에너지의 4분의 1 정도는[104] 석탄을 태워 얻는데 이 수치는 매년 가파르게 상승하고 있다.[105] 전기 자동차가 온실가스 배출 감축에 기여하려면 석탄을 태워 전기를 얻는 사회에서 재생에너지를 사용해 전기를 발전하는 사회로 이동해야 한다.

많은 사람들은 곤경에 처한 디트로이트가 폭동, 인종차별, 부패같이 절대로 극복할 수 없는 과거의 독소를 상징한다고 생각한다. 그러나 디트로이트는 우리의 미래를 보여 주는 지표일지도 모른다. 어쩌면 자동차 도시 디트로이트는 우리 미래 세대에게 물려주게 될 매우 유해한 사회의 모습일 수도 있다.

디트로이트 시 중심가를 형성하는 동서로 연결된 U자형 대로는 과거 〈제너럴모터스〉의 본사가 있던 폴타운 공장으로 이어진다. 도심의 대로 옆으로 이제는 쓸모없어진 5층짜리 공장 건물이 눈에 들어온다. 이 건물들은 자동화된 제조 공정을 도입해 집약적 생산을 달성하기 위해 자동차 제조사들이 제2차 세계대전 직후 넓은 땅에 폴타운 공장 같은 1층짜리 공장 건물을 지으면서 한꺼번에 버려졌다.[106] 어느덧 다리 앞에 도착하니 비가 내리면서 간밤에 쌓인 눈이 녹기 시작한다. 와이퍼를 켜보지만 거센 빗줄기에 와이퍼가 맥을 못 춘다. 젖은 도로 위에서 시야도 좋지 않은데 앞 유리에 김까지 서리기 시작하는 찰나 갑자기 바퀴에서 쿵하는 소리가 나더니 움푹 팬 곳에 바퀴가 푹 빠지면서 시멘트가 감싸고 있어야 할 다리의 금속 구조물에 부딪힌다. 속도를 늦추면서 둘러보니 사방이 구멍투성이다. 다리 아래로 옛날에 지은 벽돌공장, 건축물 잔해, 망가진 물건들이 보인다. 차를 멈추고 밖으로 나가 돌아보니 다리는 마치 저주라도 받은 듯 만신창이다. 다리를 떠받치는 구조물 하나 없어서 다리가 그대로 추락할 것처럼 위태롭다. 이 다리를 통과해 강을 건넌다는 것은 무리인 듯 보이지만 어디에도 다리의 위험성을 경고하는 불빛은 보이지 않는다. 오히려 내 뒤를 좇아 들어오는 다른 자동차의 불빛이 눈에 보여 하는 수 없이 그냥 건너간다.

우여곡절 끝에 하이랜드 파크에 무사히 도착했다. 하이랜드 파크의 중심지였던 우드워드Woodward를 둘러보니 〈포드〉가 디어본으로 이전하기 전에 사용했던 공장이 보인다. 주변과 함께 쇠락해 가는 버려진 공장 건물은 눈에 잘 띄지 않는다. 우드워드 곳곳에 현금 환전소, 문 닫은 주유소, 중고차 시장, 영업 중단한 할인점, 스트립쇼 클럽, 로또 복권 판매 광고판이 번쩍이는 주류 판매점이 보인다. 빈 건물이 더 많다. 귀신이 나올 듯한 주거 구역을 지난다. 집주인이 외출한 듯 보이는 집도 있지만 창문이 깨지고, 벽이 부서지고, 지붕이 날아가 무너진 벽 안이 훤히 들여다보이는 집도 있다. 도로변에 내동댕이쳐진 옷가지, 침실용 탁자, 소파에서 눈과 비가 섞인 물이 흘러내린다. 제대로 된 표지판조차 없어서 어디쯤 왔는지 알 수도 없다. 교차로에는 창문이 다 깨진 커다란 공립학교, '임대'라고 써 붙인 발전소가 신고전주의 방식으로 지어진 석조 건물이지만 출입구의 문조차 뜯어져 나가고 없는 공공 도서관과 함께 흉물스럽게 서 있다.

하이랜드 파크의 〈포드〉 공장은 1910년대 초 〈포드〉가 컨베이어 벨트를 이용한 생산 라인을 발명했을 당시 지어졌다. 프레더릭 테일러Frederick Taylor는 헨리 포드 및 노동자들과 함께 자동차 공장에서 시간을 보내면서 연구한 끝에 산업 자본주의로의 전환을 불러온 핵심적인 혁신을 고안해 냈다. 기존의 자동차 생산 방식은 소규모 인원이 자동차 한 대를 처음부터 끝까지 조립하는 방식이었다. 작업 과정을 통째로 바꾼 테일러는 자동차 조립 과정을 하나하나 분리해 각각의 작업을 하는 노동자들이 하루 종일 같은 일을 반복하게 했다. 대규모 컨베이어 벨트를 도입해 노동자들이 한 장소에 서서 자동차를 조립하게 만듦으로써 작업 속도 및 작업 효율을 높였고 관리자들이 조립 과정 전체를 직접 통제할 수 있도록 만들었다. 컨베이어 벨트의 도입으로 노동 소외는 한층 더 심각해졌지만 생산성은 놀라울 만큼 상승했고 생산 비용도 줄었다. 바야흐로 대량생산의 시대가 도래한 것이다.

주요 자동차 제조사들은 더 청정한 기술을 도입하면 비용이 증가한다는 이유를 들어 청정 기술을 도입하는 것을 꺼리고 사장시키는 행위를 정당화해 왔다. 그리고 그들의 말은 옳다. 그와 같은 전면적인 변화는 기업의 이익을 감소시켜 노동자들의 생계를 위협하거나 경제 전체를 마비시킬 수 있기 때문이다. 2009년에 이미 보았듯 경제 위기 같은 외부 요인들도 자동차 산업을 위협하기는 마찬가지다. 〈크라이슬러〉에 수십억 달러를 퍼부었고 이제는 〈제너럴모터스〉의 최대 주주가 된 미국 정부조차 자동차 제조사에게 더 청정한 자동차를 대량생산하라고 압력을 행사하지 못할 정도다. 미국 정부는 버려진 자동차 공장을 개조해 녹색 에너지로 전환하는 데 필요한 풍력발전소의 시설 기자재를 생산한다거나 그 외 다른 용도로 사용해 볼 생각조차 하지 않는다. 디에고 리베라와 마찬가지로 사람들은 〈포드〉의 하이랜드 파크 공장이 대량생산을 달성하면 생활수준이 높아지고, 사회가 더 평등해지며, 사람들이 겪는 어려움이 줄어들 것이라고 기대했다. 그리고 몇 십 년 동안은 사람들이 기대한 대로 일이 진행되었다. 그러나 요즘 사람들은 대량생산이 초래한 막대한 사회적 비용과 생태적 비용에 직면해 있다. 기승을 부리는 지구온난화, 하이랜드 파크나 디트로이트같이 버려진 도시, 연비가 높은 자동차를 대량생산할 능력도 없지만 아예 시도조차 하지 않는 자동차 산업의 무성의는 아무런 연관이 없는 사안이 아니다. 사실 이것들은 서로 깊이 연관되어 있다. 그리고 이 모든 일은 궁극적으로 생태계 보존과 인간의 건강 같은 더 중대한 사안을 고려할 역량이 없는 산업 체계가 빚어낸 결과다.

〈포드〉의 낡은 공장도 주변 지역과 함께 버려졌다. 이곳에는 루주 공장에 있는 근사한 전망대도, 관광안내소도 없다. 판자를 덧대지 않은 유리는 모조리 깨졌고 공장 내부는 세월과 함께 낡아 간다. 한때 이곳에는 건물 입구 주위에 조성된 잔디밭에 짧지만 익숙한 내용이 새겨진 작은 청동 표지판이 세워져 있었다. “이곳은 헨리 포드가 1913년 컨베이어 벨트를 이용한 생산 라인을 가동해 자동차를 대량생산하기 시작한 하이랜드 공장이다. 1915년 〈포드〉는 이곳에서 모델 T 100만 대를 생산했고 1925년에는 이곳에서 하루 9천 대의 자동차를 생산했다. 대량생산 방식은 곧 미국의 자동차 산업 전체로 퍼져나가 20세기의 풍요로운 생활을 이끌었다.” 그러나 이제 이곳이 역사적인 현장임을 알아보는 사람은 거의 없다.

6장

탄소 상쇄권, 지구를 구할 양심인가 희대의 사기극인가

인도 카르나타카Karnataka 주 남부 방갈로르 시에서 북쪽으로 60킬로미터쯤 떨어진 곳에 먼지 풀풀 날리는 마을이 옹기종기 모여 있는 구디반다Gudibanda 지역이 있다. 바위가 많고 건조한 구디반다 지역의 바람 부는 언덕은 단단한 화강암으로 이뤄져 있다. 완만한 경사를 이루는 바위도 있지만 하늘을 향해 툭 튀어나온 바위도 있다. 전통의상 렁기를 허리춤에 두른 남자들이 이 거대한 바위 앞에 쪼그려 앉아 바위 균열부에 끌을 박아 넣어 석재를 채취 중이다. 이들은 떼어 낸 석재를 팔아 생계를 잇는다. 땅이 있는 사람들은 땅콩을 기르는데 장마가 끝난 직후 습도가 높은 2개월에서 3개월 동안은 쌀을 재배한다. 망고나무를 재배하거나 젖소를 키우는 사람도 있다. 하루의 끝을 알리는 고함 소리와 휘파람 소리가 들리자 들판 곳곳에서 염소와 양이 떼를 지어 느긋하게 이동하는데 그 모습이 마치 파도가 치는 듯하다.

구디반다 지역과 영국 최정상급 록 밴드 콜드플레이Coldplay는 전혀 어울리지 않는 조합처럼 보인다. 그러나 2002년 두 번째 앨범 〈러시 오브 블러드 투 더 헤드A Rush of Blood to the Head〉를 발표한 콜드플레이가 앨범을 만드는 과정에서 배출한 이산화탄소를 '중화'한다는 선구자적 행동에 나서면서 구디반다 지역에 위치한 여러 마을이 주목받게 되었다. 지구온난화의 주범이 이산화탄소였기 때문에, 마침 지구온난화가 생태계를 파괴한다는 사실을 인식하고 책임감을 느끼기 시작한 서구 소비자들은 콜드플레이의 이런 결단을 자연스럽게 받아들였다. 2006년 암릿 딜런Amrit Dhillon과 토비 한든Toby Harnden이 『선데이 텔레그래프*Sunday Telegraph*』(런던)에 기고한 글에 따르면, 콜드플레이는 〈퓨쳐포리스트Future Forests〉, 지금은 〈카본뉴트럴CarbonNeutral Company〉로 이름을 바꾼 회사에 구디반다 지역 들판에 1만 그루의 망고 나무를 심어 이산화탄소를 중화하는 비용으로 3만 3천 파운드(약 5만 달러)를 지불했다.[1] 콜드플레이의 행동은 언론의 큰 주목을 받았고 탄소 발자국을 줄이는 행동이 근사한 일이라는 인식을 형성하는 데 기여했다. 콜드플레이는 팬들에게도 나무를 구입하라고 독려할 정도로 이산화탄소 중화 활동에 열심이었다. 당시 콜드플레이 웹사이트에는 다음과 같은 문구가 게시되어 있었다. "이산화탄소를 중화하기 위해 콜드플레이가 인도 카르나타카 주에 특별 조성한 숲에 묘목을 심으세요."[2] 17파운드 50펜스(약 25달러)만 지불하면 누구든 '콜드플레이의 숲'에 나무를 심어 탄소 중화 활동에 참여했다는 인증서를 받을 수 있다.

선두에 선 콜드플레이를 뒤따르는 무리는 계속 늘어나 롤링스톤스, 데이브 매튜스 밴드, 케이티 턴스털 같은 동료 음악인들도 탄소 중화 활동에 동참하게 되었다. 증가하는 수요에 부응해, 탄소 상쇄권이라는 관념적인 상품을 판매하는 기업들이 영국, 유럽, 캐나다, 미국에 점점 늘어나기 시작했다. 덕분에 유명 인사뿐 아니라 비행기를 타거나 고속도로를 질주하면서 생태계에 미친 피해를 조금이나마 되돌리려는 마음을 가진 일반 소비자나 기업도 약간의 금액을 지불해 나무를 심거나 재생에너지 사업에 투자하는 일에 쉽게 동참할 수 있게 되었다.

탄소 상쇄 방법은 크게 두 가지로 압축된다. 콜드플레이가 구매한 탄소 상쇄권은 '자발적' 탄소 상쇄에 해당한다. 자발적 탄소 상쇄는 자신이 유발한 탄소를 중화시키려는 개인, 기업, 단체에 영리 회사가 탄소 상쇄권을 판매하는 형태로 이뤄진다. 두 번째는 "교토 의정서Kyoto Protocol"에서 정한 의무적인 탄소 상쇄다. 청정 개발 체제Clean Development Mechanism로 일컫는 의무적 탄소 상쇄는 자기에게 부과된 배출 한도를 초과해 탄소를 배출한 기업이 배출 한도를 아직 초과하지 않은 기업에서 탄소 상쇄권을 구입하는 방식과, 탄소 상쇄권을 창출하는 사업에 투자하는 방식으로 이뤄진다. 자발적 탄소 상쇄나 청정 개발 체제는 기본적으로 같은 활동이지만 청정 개발 체제는 유엔 산하 기구가 감독한다는 것이 가장 큰 차이다. 탄소 부채를 갚으려는 일반인들이 선택할 수 있는 유일한 방법이 자발적 탄소 상쇄이기 때문에 6장에서는 청정 개발 체제보다는 자발적 탄소 상쇄 사업을 주로 다루려고 한다. 미국 의회가 최종 승인한 총량 거래 방식Cap-and-Trade의 핵심이 탄소 상쇄이기 때문에 현재 이뤄지는 자발적인 노력이 어떤 효과를 내고 있는지 면밀히 살펴보아야 한다.(최근에는 청정 개발 체제에 포함된 사업이라는 공인을 받기 위해 애쓰는 자발적 사업이 늘어나는 추세인데 일부는 이미 공인을 받았다.)

탄소 상쇄권 사업이 이뤄지는 과정은 대체로 이렇다. 우선 서구에서 자발적 탄소 상쇄권을 판매하는 〈카본뉴트럴〉 같은 탄소 상쇄 전문 기업은 실제 사업을 시행할 지역에서 활동하는 지역단체와 협력 관계를 맺는다. 보통 개발도상국의 비정부기구가 사업에 참여한다. 지역의 비정부기구는 탄소 상쇄권 판매 자금 중 일부를 받아 망고 플랜테이션을 조성하는 등의 사업에 참여할 지역 주민들을 모집하는 활동비로 쓴다. 그 과정에서 지방자치단체장, 마을 지도자, 자조 단체, 참여하기로 마음먹은 또는 선택된 개인이 개입될 수 있다. 탄소 상쇄 전문 기업이 운영하는 웹사이트는 대부분 탄소 상쇄권을 구입하는 일이 이산화탄소를 줄이고 사업이 시행되는 지역의 빈곤한 주민의 생활수준을 끌어올리는 두 마리 토끼를 잡는 일이라고 선전한다.

〈카본뉴트럴〉은 콜드플레이가 지불한 돈으로 망고 플랜테이션을 조성하기 위해 방갈로르 시에서 활동하는 비정부기구인 〈지속 가능한 발전을 위한 여성 행동(Women for Sustainable Development, 이하 여성 행동)〉과 제휴했다. 〈여성 행동〉은 망고 나무를 심을 농민을 모집하고 그들에게 묘목을 나눠 주는 일을 맡았다. 망고 나무는 과실나무이기 때문에 열매를 팔아 소득을 올릴 수 있어 사람들의 참여를 유도하기가 더 쉬웠다. 땔감이나 건축 재료로 사용되지 않도록 지키고 잘 돌보기만 하면 열매를 수확할 수 있다는 점은 아주 큰 이점이었다. 〈여성 행동〉은 참여 농민에게 묘목을 나눠 주면서 탄소 상쇄권 판매 자금의 일부를 지급하고, 비료를 제공하며, 물이 부족할 경우 농업용수를 대줄 것을 약속했다.[3] 굉장한 사업 아닌가? 그러나 현실은 기대했던 것과는 달랐다.

『선데이 텔레그래프』의 보도로 알려진 사실에 따르면 이 사업은 제대로 진행되지 않았다. 기대한 만큼 청정한 공기를 만들어 내지 못한 것이다. 참여 농민에게 제공된 망고 나무는 고작 8천 그루에 불과했고 그나마 살아남은 나무도 거의 없었다.[4] 망고 나무를 심을 당시 구디반다 지역은 이미 몇 년 전부터 극심한 가뭄에 시달리고 있었다. 1995년 이후로는 장맛비가 거의 내리지 않은 탓에 지역 저수지에 가둬 둔 물도 바닥을 드러내고 있었다. 저수지에 물이 없으면 건기가 닥쳤을 때 작물에 물을 줄 수 없다. 그러나 〈여성 행동〉은 아랑곳하지 않고 망고 플랜테이션 조성을 밀어붙였다. 〈여성 행동〉에서 묘목을 나눠 받은 주민이 130가구 중 단 한 가구뿐인 마을도 있었다. 『선데이 텔레그래프』와 인터뷰한 어느 농부의 아내는 이렇게 설명한다. “묘목을 받아다 심은 사람이 몇 명 있었지만 물이 없어서 묘목인 상태로 다 죽어 버렸어요.”

콜드플레이가 비용을 지불한 망고 플랜테이션의 나무들은 물이 없어 시들고 말라 죽어 갔다. 그러나 〈여성 행동〉은 급수차조차 보내 주지 않았다. 자얀마Jayamma라는 농민은 『선데이 텔레그래프』와의 인터뷰에서 〈여성 행동〉에서 받은 망고 나무 150그루 중 단 세 그루만 살아남았는데 그나마 그 세 그루도 자신이 우물을 가지고 있었기 때문에 살릴 수 있었던 것이라고 말했다. “원래 나무를 돌봐 주는 대가로 매년 2천 루피(약 40달러)와 비료를 받기로 했어요. 하지만 묘목만 주고 끝이었어요.”[5] 『선데이 텔레그래프』와의 인터뷰에서 〈여성 행동〉 회장 아난디 샤란Anandi Sharan은 〈카본뉴트럴〉이 자금을 제대로 지원하지 않았기 때문에 약속을 이행하지 못했다고 말했고, 〈카본뉴트럴〉 쪽에서는 〈여성 행동〉이 일을 그르쳤다고 비난했다. 현재 실제로 몇 그루를 심었으며 그중 몇 그루가 살아남았는지 전혀 알 수 없다.

영국의 비평가들은 실패한 망고 플랜테이션을 예로 들면서 이산화탄소 상쇄권 판매가 더워지는 지구를 식힐 만한 방법이 아니라고 일제히 목소리를 높였다. 망고 플랜테이션의 실패를 계기로 국제 풀뿌리 단체들은 온실가스 상쇄권을 판매하는 방식에 반대하는 운동에 박차를 가했다. 그들은 이산화탄소 배출량을 직접 통제해야 한다고 주장한다. 『선데이 텔레그래프』 기사가 나오기 몇 년 전인 2004년 남아프리카공화국 더반에서 작성된 ‘탄소 거래에 대한 더반 선언Durban Declaration on Carbon Trading’[6]에는 300여 환경 단체, 민중 운동 단체, 학자 등이 동참했다. 선언문에 서명한 사람들은 ‘탄소 거래가 기후 위기를 멈출 수 있다는 주장을 거부'하며 탄소 상쇄권 거래 방식이 '잘못된 해결책'이라고 주장했다. 선언문은 이렇게 기록한다. "우리는 화석연료 추출을 중단하지 않는 기업과 정부, '탄소 거래 시장'을 구축하려고 애쓰고 있는 유엔을 고발한다." 망고 플랜테이션 조성 사업이 완전히 실패했다는 사실이 알려지면서 탄소 상쇄권 거래에 반대하는 이들의 목소리가 다시 수면 위로 부상했다. 〈카본뉴트럴〉은 이 모든 불리한 기사에도 굴하지 않고 망고 플랜테이션 사업을 포기하는 대신 다른 곳에 나무를 심어 손실을 보충하겠다고 발표했다.[7] 그러나 망고 플랜테이션 조성 사업 하나만 문제가 되는 것이 아니기 때문에 유럽과 남아프리카공화국 같은 곳에 사는 사람들은 여전히 탄소 상쇄라는 추상적인 활동이 실제로 이행될 수 있는 활동인지 의문을 제기하고 있다.

기본적으로 탄소 상쇄 전문 기업은 웹사이트를 통해 상품을 홍보하고 판매한다. 점포도 없고 판매하는 상품도 대부분 먼 지역에 있으니 구매자들끼리 얼굴을 마주칠 일도 없다. 넓은 흰색 바탕에 녹색으로 글씨를 쓰고 풍력발전기가 우뚝 솟아 있거나 태양광 패널이 설치된 반짝이는 강변을 찍은 사진이 게시되어 있는 탄소 상쇄 전문 기업 웹사이트에는 책임감과 소박함을 강조하고 소비를 지양한다는 등의 문구가 게시되어 있다. 웹사이트의 페이지마다 활짝 핀 꽃, 파도가 부딪히는 해변, 나무로 우거진 숲같이 사람들이 자연을 생각할 때 떠올리는 모습들이 강조된다. 미국 탄소 상쇄권 시장의 선두주자인 〈테라패스 TerraPass〉 웹사이트에는 다음과 같은 문답이 등장한다. "지구온난화를 막기 위해 무언가 해야겠다고 생각해 본 적이 있나요? 그렇다면 맨 처음 할 일은 절약을 통해 자신의 탄소 발자국을 줄이는 것입니다. 자동차를 덜 타고 실내 온도를 낮추면 되지요. (…) 그래도 줄일 수 없는 탄소는 〈테라패스〉에서 줄이시면 됩니다."[8] 〈카본펀드닷컴Carbonfund.com〉도 유사한 문구로 고객을 유혹한다. "줄일 수 있는 것은 줄이고 줄일 수 없는 것은 상쇄하세요."[9] 스위스 기업 〈마이클라이머트Myclimate〉는 위험한 온실가스 배출에 맞서 '기후를 보호하는 기업'이라고 선언하면서 소비자를 안심시킨다.[10] 〈카본뉴트럴〉 웹사이트는 온실가스를 중화시키는 상쇄권 구입이 탄소 부채를 해결하는 근사한 방법이라고 선전한다. "'녹색 시민'이 되는 더 쉽고 편리한 방법이니까요."[11]

자발적 이산화탄소 상쇄 산업은 세상에서 물자를 가장 심하게 낭비하는 나라에 사는 소비자들의 죄책감과 환경에 대한 관심 사이에 난 틈을 메우면서 성장 중이다. 앨 고어, 힐러리 클린턴, 아널드 슈워제네거Arnold Schwarzenegger, 영국 보수당 당대표 데이비드 캐머론David Cameron을 비롯한 영향력 있는 정치인들이나 유명 인사들이 자기가 배출한 온실가스를 줄이기 위해 상쇄권 구입 행렬에 동참했다. 〈카본뉴트럴〉은 콜드플레이, 제이크 질렌할Jake Gyllenhaal, 영국 방송사 〈스카이Sky〉 같은 기존 고객을 바탕으로 브래드 피트Brad Pitt, 롤링스톤스 같은 유명 인사들을 새로운 고객으로 끌어들이고 있다. 〈코카콜라〉, 〈벤앤제리스Ben & Jerry's〉, 〈버진애틀랜틱Virgin Atlantic〉, 〈유니레버〉는 〈마이클라이머트〉의 고객이다. 2006년 개최된 G8 정상회담과 2008년 개최된 미국 민주당 전당대회를 비롯해 오스카상 시상식같이 유명한 연례행사도 자발적 탄소 상쇄권을 구입한다. 회의에 참석하기 위해 또는 휴가를 보내기 위해 비행기나 자동차를 이용하는 일반인들의 참여도 나날이 늘고 있다. 최근 급성장한 자발적 탄소 상쇄권 시장의 가치는 2010년 40억 달러에 이를 것으로 추정된다.[12]

상쇄권 산업이 시작된 후 시간도 꽤 흘렀고 규모도 확대되었지만 대중에게 판매된 상쇄권이 핵심 기능을 제대로 이행하는지의 여부는 여전히 불투명하다. 총량 거래 방식을 의무화한 "교토 의정서"는 개인이 아닌 기업에만 탄소 상쇄권을 판매할 수 있으며 유엔 산하기관이 거래를 감독해야 한다고 규정한다. 그러나 탄소 상쇄권을 개인에게 판매하는 시장은 전적으로 자발적 시장이다. 탄소 상쇄 전문 기업을 설립하기 위해 충족시켜야 할 설립 요건도 없고, 감독도 받지 않으며, 사후 조사도 받지 않는다. 탄소 상쇄를 위해 계획한 사업을 사전에 검토받거나 승인받을 필요도 없고, 해당 사업이 얼마나 효과적으로 탄소를 상쇄하는지 사후에 평가할 필요도 없다. 탄소 상쇄 전문 기업이 수립한 탄소 상쇄 사업이 일련의 기준을 충족시키는지 인증하는 〈골드스탠더드Gold Standard〉 같은 민간 인증 기관도 있지만 의무적으로 인증을 받아야 하는 것은 아닌데다가 민간 인증 기관이 설정한 기준도 그리 높지 않다.

상쇄권 가격같이 구체적으로 눈에 보이는 측면도 의심스럽기는 마찬가지다. 탄소 상쇄권 시장에서 판매되는 상품은 이산화탄소 1톤에 해당하는 '상쇄권'이다. 자동차를 몰고 다니며 이런저런 가사일을 처리하거나 친지를 방문하기 위해 비행기를 타는 일처럼 화석연료를 태우는 활동에서 배출된 이산화탄소량을 측정하는 것은 가능하지만 측정 방식이 상당히 다양한 것이 문제다. 탄소 상쇄 전문 기업 웹사이트에 게시된 '탄소 계산기'에는 해당 기업이 자체적으로 마련한 계산법이 적용되어 있다. 생태계 보존에 기여하고자 하는 양심적인 소비자가 여행할 거리, 비행기나 자동차 같은 여행 수단을 계산 창에 입력하면 배출되는 이산화탄소량을 쉽게 계산할 수 있다. 완전한 면죄부를 받고 싶은 고객이라면 자신이 매일 쓰는 에너지 사용량을 추가 입력할 수 있다. 모든 정보를 입력하면 오염량이 계산되고 그 오염을 상쇄하는 데 필요한 상쇄권 가격이 나타난다. 탄소 상쇄권 시장이 아직 신생 시장이기 때문에 표준 가격이 없어서 기업마다 서로 다른 가격을 적용한다지만, 뉴욕에서 인도 뭄바이까지 비행기로 날아갈 때 배출되는 이산화탄소를 중화시키기 위해 지불해야 하는 요금이 이렇게 다양한 줄 미처 몰랐다. 같은 조건을 입력해 가격을 조사해 본 결과 〈카본뉴트럴〉은 36달러에서 87달러 사이에 분포하는 세 종류의 상쇄권 상품 중 하나를 선택하라고 제시했고[13] 〈마이클라이메트〉는 인도 같은 개발도상국에서 시행되는 탄소 상쇄 사업에는 250달러, 스위스에서 시행되는 탄소 상쇄 사업에는 760달러를 지불하라고 했다.[14] 상당히 높은 가격이 아닐 수 없다. 비용도 비용이지만 상쇄권 판매에 관련된 기록을 등록하는 체계도 없기 때문에 어떤 사업에 얼마나 많은 상쇄권이 투입되었는지, 누구에게 얼마나 많은 상쇄권을 판매했는지 전혀 파악할 수 없다. 즉 상쇄권 판매 기업이 한 번 판매된 상쇄권을 다시 판매해도 알 길이 없다. 자발적 탄소 상쇄 산업은 모순투성인데다가 전반적으로 투명성도 부족하다. 청정한 공기를 담보로 소비자를 속이고 돈만 챙기는 사기가 기승을 부릴 여지가 충분한 것이다.

게다가 탄소 상쇄 전문 기업이 추진하는 사업이 제대로 실현된다 해도 온실가스는 지금 당장 중화되는 것이 아니라 사업이 끝날 때까지 조금씩 중화된다. 장거리 비행이나 대륙을 가로지르는 자동차 여행에서 오늘 생성된 이산화탄소는 탄소 상쇄 전문 기업이 심은 나무가 생존해 있는 기간 동안 나뉘어 흡수된다. 오늘 배출된 이산화탄소가 수종에 따라 100년, 혹은 100년 이상의 기간 동안[15] 조금씩 흡수되는 것이다. 또한 묘목은 다 자란 나무보다 이산화탄소를 적게 흡수하기 때문에[16] 새로 심은 나무가 유의미한 수준의 이산화탄소를 격리하기까지는 상당한 시간이 걸린다. 이 문제를 해결하는 방법은 간단하다. 수령이 짧아서 더 빠른 시간 안에 성장하는 수종을 심는 것이다. 그러나 수령이 짧은 수종은 더 빨리 죽고, 모든 나무가 다 그렇듯 죽으면서 자신이 살아생전 흡수한 이산화탄소를 모두 배출한다. 다시 말해 콜드플레이가 비용을 지불했지만 실패로 돌아간 망고 플랜테이션의 경우와는 다르게 나무를 빼곡하게 심고 건강하게 키운다 해도, 그 나무들은 언젠가 반드시 자신이 흡수한 이산화탄소를 대기 중으로 방출하고야 마는 것이다. 만일 수령이 더 짧은, 이를테면 30년 정도 생존하는 버드나무나, 〈카본뉴트럴〉이 숲 재생 사업에 주로 활용하는 또 다른 수종인 수명 50년의 자작나무를 심는다면,[17] 2040년에서 2060년 사이에는 이 나무들이 죽어 그동안 품은 이산화탄소를 한꺼번에 내뿜게 될 것이다. 그때가 되면 세계는 이산화탄소 수준을 낮추기 위해 지금보다 더 처절하게 애쓰고 있을 텐데 이렇게 많은 양의 이산화탄소가 한꺼번에 배출된다면 그것을 어떻게 감당할 것인가? 이런 사태를 피하기 위해 수령이 100년 정도 되는 나무를 심는다면 이산화탄소를 흡수해야 하는 시점인 지금 당장에는 효과를 볼 수 없을 것이다.

문제는 자신이 배출한 온실가스를 중화시키기 위해 상쇄권을 구입한 소비자는 본인 때문에 진전된 지구온난화를 즉시, 성공적으로 되돌릴 수 있다고 믿게 된다는 것이다. 배출권을 구매한 뒤 마음이 편해졌다는 영국 가수 케이티 턴스털의 말은 배출권 산업이 얼마만큼 잘못될 수 있는지 시사한다. 케이티 턴스털은 2005년 〈아이 투 더 텔레스코프Eye to the Telescope〉 음반을 발매하면서 배출된 온실가스를 중화하기 위해 스코틀랜드에 1,500그루의 나무를 심는 배출권을 〈카본뉴트럴〉에서 구입한 뒤 한 인터뷰에서 이렇게 말했다. "이제 음반 발매 과정에서 생태계에 아무런 해를 입히지 않았다고 자부할 수 있어요. 공연장으로 이동하기 위해 버스를 타거나 공연을 할 때마다 나무를 심을 생각이거든요. 그러면 지금부터 내가 배출하는 이산화탄소는 모두 중화될 거예요."[18] 케이티 턴스털은 〈카본뉴트럴〉로부터 자신이 일반적인 영국인보다 70배 많은 이산화탄소를 배출한다는 말을 듣고 큰 충격을 받았다고 설명했다.

"내가 생태계에 해를 입혔으니 내 수입의 몇 퍼센트가 들어가든 갚아야 한다고 그 즉시 말했어요. 그래야 공평하지 않나요? 내가 생태계에 미친 악영향을 꼭 갚을 거예요."

상쇄권 판매 회사들은 지구를 덥히는 도깨비를 호리병 속에 다시 집어넣는 어려운 일을 이행하겠다고 약속한다. 그러나 죄책감과 이산화탄소를 동시에 씻어 내는 사업이 현장에서는 어떻게 진행되고 있을까? 상쇄권 판매 자금은 나무를 심는 일 말고도 화석연료를 태워 얻는 에너지를 대체할 풍력, 태양에너지, 바이오매스 같은 재생에너지로 에너지를 얻는 사업에도 투입된다. 이런 사업은 개발도상국에서 진행해야 비용이 저렴하기 때문에 전 세계에서 활동하는 탄소 상쇄 전문 기업들이 추진하는 사업의 4분의 1 정도가 인도에서 진행되고 있다.[19] 뉴욕이나 런던에 사는 소비자가 자기 집 컴퓨터 앞에 앉아 '배출한 이산화탄소 상쇄' 버튼을 클릭하고 신용카드로 결제한 뒤 무슨 일이 벌어지는지 알아보기 위해 2008년 가을 상당수의 이산화탄소 중화 사업이 추진되고 있는 인도 카르나타카 주 남부를 찾아갔다.

구디반다 지역과 방갈로르 시

깊은 밤 구디반다 지역의 외떨어진 마을에 있는 낙농 협동조합 사무실에 있다. 콜드플레이가 값을 지불했지만 실패하고 만 망고 플랜테이션에서 무슨 일이 있었는지 알아보기 위해 망고 플랜테이션의 자취를 더듬어 온 참이다. 방 안에는 나 말고도 남자 아홉 명이 더 있다. 의자가 모자라 서 있는 남자들이 의자에 앉은 나를 빤히 쳐다본다. 방금 짠 우유 냄새가 사향 냄새와 섞여 눅눅한

방 안에 퍼진다. 콘크리트 벽에는 녹색 페인트칠이 빛이 바래 군데군데 벗겨졌고 진흙이 지저분하게 튀어 있다. 낙농 협동조합장은 낡아 빠진 철제 책상 앞에 앉아 있다. 말쑥하게 다듬은 머리에는 기름을 바르고 깨끗한 바지를 입고 반짝이는 구두를 신은 것이, 딱 봐도 뇌물을 받는 사람의 차림새다. 적어도 흙투성이 렁기를 입고 싸구려 비닐 샌들을 신은 꾀죄죄한 모습의 다른 농민들처럼 일해서 돈을 벌지 않는다는 것은 분명하다. 낙농 협동조합장이 손가락에 끼고 있는 눈부신 금반지가 눈에 들어온다.

가로대가 쳐져 있는 하나뿐인 창문 바깥에는 더 많은 남자들이 모여 있다. 농민들이 그날 짠 우유를 보관하는 냉각조의 윙윙거리는 소리가 건물 밖에서 나는 소리를 차단한다. 당연히 건물 안에서 나는 소리도 바깥에서는 들리지 않을 것이다. 낙농 협동조합장이 잘 다듬은 콧수염 사이로 미소를 지으며 말을 꺼낸다. "무슨 말인지 통 모르겠군요." 낙농 협동조합장의 말투가 위협적이다. 내가 다른 질문을 하려고 하자 긴장이 고조된다. 2002년 낙농 협동조합장은 판차야트panchayat로 알려진 마을 자치체의 의원을 지냈는데 현직 판차야트 의원이 낙농 협동조합장은 망고 플랜테이션에 대해 조금이라도 아는 것이 있을 것이라고 말해 주어 이곳을 찾은 것이다. 그러나 낙농 협동조합장은 지난 몇 년 동안 이곳에서 무슨 개발 사업 같은 것이 진행되긴 했지만 거기 관여한 비정부기구의 이름은 기억나지 않는다고 말한다. 그러나 모두 그럴 듯하게 꾸며낸 말일 뿐이다. 낙농 협동조합장은 곁에 있는 농민들에게 어떻게 생각하느냐고 묻는다. 농민들은 한목소리로 낙농 협동조합장은 콜드플레이가 비용을 지불한 망고 플랜테이션에 대해 아무 것도 모른다고 대답한다.

이곳 농민 대부분은 가축을 기르거나 땅콩, 수수, 렌틸을 재배한다. 망고 나무를 기르는 농민도 있다. 통역사 옆에 앉아 있던 망고 나무 재배 농민 한 명이 플랜테이션 사업을 기억한다며 말을 꺼내자 낙농 협동조합장이 불쑥 끼어들어 이 사람은 지금 자기가 무슨 말을 하는지 모른다고 고래고래 소리를 지른다. 불과 몇 초 사이에 간결한 눈짓으로 낙농 협동조합장과 의견을 교환한 농민은 입을 굳게 다문다. 땅콩을 재배하는 농민 몇 명이 말라비틀어진 땅콩 줄기를 가져와 책상 위에 올려놓자 낙농 협동조합장은 땅콩 잎 사이사이 붙어 있는 땅콩 껍질을 골라내 깐 뒤 마치 건포도 마냥 쭈글쭈글한 날 땅콩을 그냥 먹는다. 농민들은 현재 이곳을 덮친 가뭄이 얼마나 지독한지, 그래서 이번 해 농사를 어떻게 망쳤는지 이야기한다. 땅콩을 먹던 낙농 협동조합장은 책상 위에 쌓인 땅콩 껍질을 바닥에 쓸어 버렸다. 누군가 치울 것이다.

농민 두어 명이 땅콩을 구워 먹자고 한다. 단 몇 분 만에 낙농 협동조합의 먼지 날리는 앞마당에 모닥불이 피어오르고 짤막한 불꽃이 빠른 속도로 어둠을 가른다. 모닥불 주변에 선 남자들 중 한 명이 멍하니 모닥불을 바라보다가 순간 모닥불을 밟아 끈다. 구운 땅콩에서 나는 그을음과 연기 냄새가 역겹다. 통역사와 내가 떠나려 하자 낙농 협동조합장이 더 머물다 가라고 붙든다. 통역사가 단호하게 거절하자 남자 몇 명이 우리를 차까지 바래다준다.

차를 몰고 나서는데 화강암으로 지은 어두운 집 한 채가 나타났다. 카르나타카 주의 일부 지역에서는 나무보다 바위가 더 흔해서 농부들은 언덕에서 바위를 채취해 마을로 가져와 오두막을 짓곤 한다. 인적도 드문 고요한 마을이었지만 혹시나 하는 마음에 연두색 형광등 불빛이 먼지 나는 도로를 비추는 작은 가겟방 앞에 차를 세웠다. 계산대 뒤에 서 있는 남녀에게 말을 건네 보려고 차에서 내린 통역사가 렌틸로 만든 과자를 집어 들고 계산하면서 망고 플랜테이션에 대해 아는 것이 있는지 슬쩍 물었다. 남자가 앞으로 나서고 여자는 입을 굳게 다문다. 그런데 말을 꺼내려던 남자의 눈동자가 갑자기 흔들렸다. 뒤를 돌아보니 금반지를 낀 낙농 협동조합장이 서 있었다. 가겟방 주인은 낙농 협동조합장에게 우리가 망고 플랜테이션에 대해 물어봤다며 얼른 고해바친다. 낙농 협동조합장이 낮은 목소리로 으름장을 놓는다. "이봐요, **내 말**을 믿어요. 그러는 게 신상에 이로울 거요." 망고 플랜테이션에 대해 아는 게 있다고 말한 농부가 낙농 협동조합장 옆에 서 있다가 자기 농장을 보여 주겠다며 집으로 가자고 했지만, 지금은 칠흙같이 깜깜한 밤이다. 낙농 협동조합장이 머물다 가라고 다시 한 번 힘주어 권했지만 얼른 거절하고 가게를 뛰쳐나온 나와 통역사는 차에 올라 황급히 그곳을 떠났다.

〈분산 에너지 시스템Decentralized Energy System〉이라는 회사 웹사이트에는 아난디 샤란 〈여성 행동〉 회장의 이름이 게시되어 있다. 방갈로르 시에 본사를 둔 〈분산 에너지 시스템〉 회장은 아난디 샤란 회장의 부친인 K. S. 샤란 박사다.[20] 녹색 에너지 회사인 〈분산 에너지 시스템〉은 재생에너지원인 바이오매스로 발전한 전기를 100곳의 마을에 공급하기 위해 설립된 회사로 스위스에 본사를 둔 신뢰받는 자발적 탄소 상쇄 전문 기업 〈마이클라이머트〉가 자금을 지원한다. 〈분산 에너지 시스템〉은 바이오매스 가스를 에너지원으로 사용하는 전력 발전기를 〈넷프로NetPro〉라는 회사에서 구입하는데 〈넷프로〉는 샤란 박사의 형제가 소유한 회사[21]로 〈분산 에너지 시스템〉과 사무실을 같이 쓴다. 놀랍게도 〈분산 에너지 시스템〉에서 추진하는 온마을 사업the hundred-village venture을 인증한 인증 기관의 대표가 또 아난디 샤란이다. 아난디 샤란 회장은 망고 플랜테이션 사업이 실패한 뒤에도 상쇄권 사업에서 손을 떼기는커녕 오히려 사업을 확장했다. 아난디 샤란 회장이 운영하는 〈CER 인도 프라이빗 주식회사CER India Private Ltd.〉는 자발적 탄소 상쇄 전문 기업이 추진하는 사업뿐 아니라 유엔이 감독하는 청정 개발 체제의 타당성이나 효율성도 인증한다.[22] 샤란 가문 사람들이 한 자리에 모여 내부 거래 방식으로 이산화탄소 상쇄 관련 제품을 판매하는 것이다.

〈분산 에너지 시스템〉 방갈로르 사무실에 전화를 걸어 아무하고라도 약속을 잡으려 해 보지만 그때마다 전화를 받은 여성은 사무실에 아무도 없으니 며칠 뒤 다시 전화하라는 말만 되풀이한다. 결국 어느 날 오후 방갈로르 사무실로 무작정 찾아갔다. 불이 모두 꺼져 있고 한두 명의 직원만 조용하게 왔다 갔다 하는 모양새로 보아 사무실에는 사람이 별로 없는 것 같다. 카베리 우타이아Kaveri Uthaiah 개발 담당 연구원이 인터뷰에 응한다. 키가 크고 마른 우타이아 연구원은 대학을 갓 졸업한 여성으로 심한 감기에 시달리고 있다. 환경공학을 전공한 우타이아 연구원은 〈분산 에너지 시스템〉이 방갈로르 시에서 멀리 떨어진 인도 북동부 비하르Bihar 주에서 추진 중인 온마을 사업을 담당하고 있다. 비하르 주는 인도에서 가장 가난하고, 가장 덜 개발되었으며, 가장 무법천지인 지역이다. 지난 2년간 〈분산 에너지 시스템〉은 비하르 주에 있는 인접한 마을 세 곳에 〈넷프로〉 바이오 가스 전력 발전기 네 대를 설치했다.

〈분산 에너지 시스템〉은 마을에 안정적으로 전기를 공급할 목적으로 도입하는 발전기 설치 사업을 원활하게 운영하기 위해 단체를 설립했고 우타이아 연구원은 그 지역의 여성 자조 단체를 감독하는 일을 맡고 있다. "발전기를 설치하지 않으면 전력을 생산할 수도, 탄소를 상쇄할 수도 없을 겁니다." 우타이아 연구원은 이 사업을 진행하면서 10여 개의 기업을 새로 설립했다고 말하면서 이 사업이 생태계와 사회에 공히 기여한다며 자랑스러워한다. 사례를 보여 달라고 부탁하자 우타이아 연구원은 머뭇거리더니 정미 공장과 작업장에 대해 이야기한다. 어떤 작업장을 말하는지 묻자 우타이아 연구원은 "자료를 가져오겠다"고 한다.

우타이아 연구원은 〈넷프로〉의 바이오매스 가스 발전 기술을 소개하는 영상 자료를 가져온다. 자료를 노트북에 넣고 '재생' 버튼을 누르자 영화 〈스타워즈Star Wars〉의 영향을 받은 것이 분명해 보이는 고전풍 음악이 작은 스피커를 통해 흘러나왔다. 영상을 다 보고 나자 〈넷프로〉의 사업 목적이 명확히 이해되기는커녕 오히려 더 불분명하게 느껴진다. 홍보 영상은 실제 시설의 모습을 보여 주는 것이 아니라 3차원 그래픽 기술로 구현한 바이오매스 가스 발전소를 보여 준다. 모든 설비는 이런저런 실린더, 박스, 직사각형 모양을 이용한 이미지로 구현될 뿐 그 기계 안에서 실제로 무슨 일이 일어나는지는 전혀 언급하지 않는다. 영상에는 사용되는 연료에 대한 설명이나 이 시설이 얼마나 많은 에너지를 만드는지에 대한 설명이 전혀 없다. 내가 본 영상은 산업 홍보용 동영상이 아니라 실험적 예술 영화에 가까웠다.

비하르 주에서 진행 중이라는 새로운 사업이나 발전소에 관련된 사진을 볼 수 있는지 묻자 우타이아 연구원은 가지고 있는 게 없다고 말한다. "사진은 샤란 박사님 노트북에 들어 있는데, 박사님이 노트북을 항상 가지고 다니셔서요." 물론 샤란 박사는 여기 없다. 아난디 샤란 회장의 사촌이자 〈넷프로〉 소속 연구원인 아클라비야Aklavya가 들어와 그의 사무실에 사진이 있다고 말해 주었다. 〈분산 에너지 시스템〉이 비하르 주같이 멀고 위험한 곳에서 사업을 하는 이유를 묻자 아클라비야 연구원은 샤란 가문의 연고가 비하르 주에 있다고 말한다. "할아버지가 그곳에서 변호사로 일하셨어요. 사람들에게 존경받는 분이셨습니다. 그래서 그곳 사람들은 우리 가문 사람의 말이라면 다 듣습니다."[23] 우타이아 연구원과 마찬가지로 아클라비야 연구원도 〈분산 에너지 시스템〉이 2006년 〈세계은행〉에서 20만 달러의 자금을 지원받아 비하르 주에 발전소를 설치하게 되었다고 자랑한다.

아클라비야 연구원은 컴퓨터에서 파워포인트 프리젠테이션 아이콘을 눌러 바이오매스 가스 발전소 사진을 찾아 보여 준다. "이것이 바이오매스 가스 발전소 모습입니다. 그런데 비하르 주에 설치한 발전소 사진이 아니고 타밀나두 Tamil Nadu 주에 있는 발전소 사진입니다." 타밀나두 주는 인도 남쪽에 위치한 주다. 비하르 주에서 진행 중인 작업과 관련된 사진을 보여 달라고 계속 요청하자 아클라비야 연구원은 두 장의 사진을 더 들고 온다. 첫 번째 사진은 밝은색 사리를 입은 여성 대여섯 명이 시골 마을을 배경으로 찍은 사진이고 두 번째 사진은 회의를 하고 있는 듯한 여성 20여 명이 모여 앉은 사진이다. 우타이아 연구원이 말한 여성 자조 단체 중 하나일 것이다. 아클라비야 연구원은 이 사진들이 전부라고 말한다.

〈세계은행〉에서 자금을 지원받아 인도에서 가장 취약한 지역을 빈곤에서 구해 내는 이 근사한 재생에너지 기업을 대표하는 우타이아 연구원과 아클라비야 연구원에게 회사의 활동상을 자세하게 안내한 홍보 책자를 보여 달라고 부탁하자 〈분산 에너지 시스템〉을 소개한 문서는 전혀 없다는 대답만 돌아온다. 사무실을 나서려는데 우타이아 연구원이 이듬해에는 온마을 사업을 20여 개 지역으로 확대할 예정이라고 말한다. 고작 직원 다섯 명이 일하는 회사에서 하는 일 치고는 참으로 야심찬 계획이 아닐 수 없다. 나중에 나는 18개월 안에 온마을 사업을 20여 개 지역으로 확대하겠다고 장담하는 샤란 박사의 말이 담긴 논문을 찾아냈다. 그 논문에서 샤란 박사가 말한 대로라면 〈분산 에너지 시스템〉이 진행하는 사업비의 50퍼센트는 탄소 상쇄권 판매 자금으로 충당될 예정이다.[24] 그렇기 때문에 온마을 사업을 탄소 상쇄 기업에 더 빨리 등록할수록 돈도 더 빨리 받게 될 것이다.

샤란 가문은 탄소 상쇄권 판매 자금을 받아서 바이오매스 가스 발전소를 짓고 사회 재생 사업을 진행한다. 탄소 상쇄 사업 인증도 자신들이 직접 처리한다. 사업이 진행되는 지역은 외부인의 발길이 뜸한 위험한 곳이지만 샤란 가문이 그 지역에 미치는 정치적 영향력은 상당하다. 샤란 가문이 진행하는 사업은 자기들끼리만 내부적으로 거래하는 사업이어서 탄소 상쇄권 사업의 타당성을 의심하는 나와 같은 사람에게는 전혀 공개되지 않는다.

어쩌면 비하르 주에서 진짜로 사업이 진행되고 있을지도 모른다. 그 덕분에 비하르 주 지역의 소규모 기업이 녹색 전력을 공급받아 그 전력이 없었다면 가능하지 않았을 기회를 잡았을지도 모른다. 바이오매스 가스 발전소가 제대로 가동되어 진짜 재생에너지를 생산해 더 이상의 이산화탄소가 하늘로 방출되지 못하게 막고 있을지도 모른다. 문제는 정말 그런지 확인할 길이 없다는 것이다. 공식적인 청정 개발 체제는 참여 기업이 더 많은 문서를 제대로 갖춰 감사를 받고 인증을 받도록 조치하고 있지만 사실 문서만으로는 실제로 무슨 일이 일어나고 있는지 제대로 파악할 수 없다. 현지에서 진행되는 탄소 상쇄 사업들은 공식 '사업 착수 증명서', 본국과 주고받은 서한, 이해관계자가 발행한 추천서를 가지고 해당 사업이 이산화탄소를 제거하고 해당 지역 빈곤한 주민의 삶을 상당히 향상시킬 수 있는 사업임을 증명하려 한다. 그러나 이해관계가 얽혀 있는 사람들끼리 발행한 그런 내부 문서로는 아무 것도 증명할 수 없다.

말라발리 마을

카르나타카 주에 위치한 아주 작은 마을 헤구르Heggur에 또 전기가 나간다.

주방에 있던 마니니(가명)가 벽돌과 진흙으로 만든 작은 집의 방마다 스위치를 올렸다 내려 본다. 확실히 전기가 나갔다. 10대 자녀 두 명을 기르는 마니니는 중고 유리 플라스크 안에 짧은 노끈을 넣어 그럴싸하게 만든 등유등에 익숙하다. 평소에는 가족의 침대로도 쓰이는 좁다란 나무 의자 곁 선반에 등유등을 둔다. 성냥을 그어 심지에 불을 붙이자 주변이 환해진다. 사탕수수 수확 철에만 일자리를 얻을 수 있는 마니니의 남동생이 하루 일을 마치고 들판에서 돌아와 친구와 이야기를 나누다 말고 희미한 불빛 속에서 다른 등유등을 찾아 불을 붙인다. 마니니는 주방으로 돌아가 하던 일을 마저 한다. 60센티미터 정도 높이의 작은 도자기 난로는 열만 내뿜을 뿐 빛을 내지는 못한다. 하지만 어둠 속에서도 마니니는 뭐가 어디 있는지 다 안다. 은색 물주전자를 찾아 난로 위에서 끓고 있는 냄비에 물을 붓자 희미한 수증기가 밀폐된 방안을 채우기 시작한다.

한 시간 반쯤 지나자 다시 전기가 들어온다. 카르나타카 주의 가난한 농촌 마을 헤구르에서 이 정도면 양호한 편이다. 예닐곱 시간 또는 그 이상이 지나야 전기가 다시 들어오는 날도 있기 때문이다. 중앙 전력망에서 전송되는 전기는 대부분 600만 명이 모여 사는 북적이는 방갈로르에서 소비된다. 인도 정부가 카르나타카 주 지역에 송전선을 처음 설치한 것은 1970년대였지만 전력 공급은 원활하지 않았다. 인도가 전 세계를 무대로 활동하는 경제 대국으로 성장하고 방갈로르가 아시아 정보 기술의 중심지로 부상한 뒤로는 안정적이지 못한 전기마저 방갈로르 시민 수백만 명과 전기를 많이 쓰는 기업이 몽땅 끌어다 쓰는 형편이다.

2001년 카르나타카 주에 새로운 형태의 에너지 회사인 〈말라발리 발전 주식회사(Malavalli Power Plant Private Ltd., 이하 말라발리 발전)〉가 설립되었다. 〈말라발리 발전〉은 헤구르 마을과, 인접한 말라발리Malavalli 마을에서 독특한 사업을 시작했다. 회사 이름도 지역명에서 따온 것이다. 〈말라발리 발전〉은 추수가 끝난 들판에 남은 사탕수수 잎이나 짚, 톱밥을 비롯한 공장폐기물, 죽은 야자나무 잎, 제지나 건축용 목재로 다듬고 남은 잔가지 같은 유기 잔여물을 태우는 4,500킬로와트급 바이오매스 발전소를 설치할 계획이었다. 수천 년에 걸쳐 집적된 탄소를 뿜어내는 석탄, 석유, 천연가스와 다르게 유기물질을 태우면 식물이 살아 있는 동안 저장한 이산화탄소만 배출된다. 바이오매스 발전소는 재생에너지를 태워 얻은 전력을 전력난을 겪는 인근 마을에 공급하고, 지역 주민들의 생활수준과 경제 수준 향상, 안정된 소득을 위해 일자리를 제공하고 교육을 진행할 계획이었다.

〈카르나타카 재생에너지 개발 주식회사Karnataka Reneable Energy Development Ltd.〉 같은 공기업은 〈말라발리 발전〉이 수립한 친환경 에너지 신기술 계획을 반겼다.[25] 〈말라발리 발전〉에 따르면 인도에서 그와 같은 사업을 추진한 곳은 이 지역뿐이다.[26] 유일한 문제는 세금 감면이나 비용이 많이 들어가는 바이오매스 소각 시설 설치비 지원 같은 정부 지원이 절실했다는 점이다. 그러나 〈말라발리 발전〉은 정부 지원 말고 다른 자금원이 있다는 사실을 깨달았다. 바로 급부상 중인 자발적 탄소 상쇄 산업이었다. 대안 에너지 기업인 〈말라발리 발전〉은 〈마이클라이머트〉와 접촉해 협약을 성사시켰다.

방갈로르 시의 북적이는 회사 건물에서 만난 〈말라발리 발전〉의 세카르P. Sekhar 부장은 이렇게 말한다. "우리는 카르나타카 주에 발전소 두 곳을 추가로 건설할 계획입니다. 펀자브 지역에도 소규모 발전소 50여 곳의 설치가 예정되어 있습니다. 말라발리 발전소는 일종의 실험장입니다. 연료 공급 설비를 설치하고 연료를 넣어 가동해 보면서 연료를 가장 효율적으로 활용할 수 있는 최적의 설계법을 찾아 가게 됩니다."[27] 〈말라발리 발전〉은 〈마이클라이머트〉 말고도 미국, 캐나다, 프랑스에서 영업하는 〈지속 가능한 세계 여행Sustainable Travel International〉, 〈퓨어PURE〉, 〈클리마 문디Climat Mundi〉를 비롯한 여러 탄소 상쇄 전문 기업에서 말라발리 발전소 운영자금을 지원받았다.[28] 일반적으로 탄소 상쇄 전문 기업은 소비자에게 받은 탄소 상쇄권 판매 자금을 한데 모은 뒤 다양한 사업에 투자하는 방식으로 운영된다. 〈마이클라이머트〉는 대체로 스위스와 세계 각지에서 진행되는 재생에너지 산업 활성화 사업에 투자한다. 더 많은 정보를 얻기 위해 통역사를 대동하고 방갈로르에서 120킬로미터 떨어진 말라발리 마을로 떠났다.

화강암 언덕으로 둘러싸여 있고 물이 풍부한 만디야Mandya 지역의 푸른 농장 사이로 작은 마을들과 판자촌들이 점점이 흩어져 있다. 이곳이 〈말라발리 발전〉에서 운영하는 발전소가 있는 말라발리 마을이다. 사탕수수, 쌀, 수수, 땅콩, 코코야자가 심어져 있는 작은 밭 사이로 바퀴 자국이 깊이 파인 좁은 농로가 지나고, 마을은 들판을 지나는 먼지 날리는 도로변에 자리 잡았다. 주요 도로나 들판을 가로지르는 농수로 주변에는 땅 한 평 없는 사람들이 옹기종기 모여 사는 판자촌이 밀집해 있다. 집들은 죽은 야자나무 잎, 파란색 방수포, 검은 비닐 등을 얼기설기 뒤섞어 대충 지은 것들이다. 텐트 같은 그 집들 사이로 아이들이 뛰어 놀고 여자들은 그을음을 내는 마당에서 화롯불을 돌보거나 진흙투성이 물이 지나는 좁은 농수로에서 빨래를 한다.

마을에 사는 주민들의 살림은 그래도 나은 편이다. 물려받은 집과 수 세대에 걸쳐 경작해 온 가족 소유의 농경지가 있기 때문이다. 그러나 농경지를 쪼개 자녀들에게 물려준 사람들은 남은 것이 거의 없어 판자촌 사람들만큼이나 삶이 고달프다. 말라발리의 다른 마을에 사는 주름 자글자글한 여성 가장 치케

고와다 할리Chikke Gowda Halli는 이렇게 설명한다. "그래도 이곳은 그럭저럭 살 만했어요. 물가도 싸고 공간도 넉넉했으니까요. 아이들이 자랄 때만 해도 어떻게 살아갈지 걱정할 정도는 아니었어요." 그러나 할리가 돌보는 대가족은 이제 생존을 위해 투쟁하고 있다. 가족 대부분은 돈이 필요해 땅을 팔았기 때문에 이제는 정미소나 제분소, 운이 좋으면 바이오매스 발전소에서 일자리를 구할 수 있으리라는 실낱같은 희망을 붙잡고 살아간다.

할리의 아들 한 명은 〈말라발리 발전〉에 자기 아들의 일자리를 마련해 보려고 했었다. "그곳 사람들은 속물이에요. 뇌물을 요구한다고요. 고용된 사람들은 모두 그 사람들의 지인이거나 뇌물을 준 사람들입니다." 그때 일을 떠올리면 아직도 분이 치민다는 할리의 아들은 당시 제안받은 뇌물 액수가 3만 루피(약 620달러)였다고 한다. 이 남자로서는 도저히 모을 수 없는 금액이다. 풍상에 찌든 중년의 남자는 자기 아들이 사무직으로 일하는 것을 보는 것이 소원이지만 하루에 1달러 50센트를 받으면서 다른 농부의 농장에서 임시직으로 일할 수밖에 없는 것이 이들의 현실이다.[29]

〈말라발리 발전〉이 운영하는 바이오매스 발전소에서 일하는 행운을 잡은 사나이들을 찾아 인근에 위치한 헤구르 마을로 돌아갔다. 사카쉬(가명)는 1년 전쯤 발전소에서 일하기 시작했다. 같은 마을 주민 아말렌두(가명)가 발전소에 일자리를 얻은 뒤 몇 달 지나서였다.(뇌물을 주었다는 말은 안 했지만 내가 이야기를 아예 꺼내지 않았기 때문일 것이다.) 두 사람은 100여 명이 넘는 사람들과 함께 건물 바깥 야적장에서 잎사귀, 나뭇가지, 곡물 껍질을 건물 안 용광로로 밀어 넣는 일을 한다.

콧수염을 두껍게 기른 30대의 사카쉬는 마른 체형에 머리를 짧게 잘랐다.

깃이 달린 셔츠를 입고 테리 천으로 만든 수건을 오른쪽 어깨에 걸쳤는데 이 지역의 전형적인 옷차림이다. 사카쉬는 〈말라발리 발전〉에서 일하는 노동자의 안전 문제가 심각하다는 사실을 모른 채 일을 시작했다.[30] 역시 타월을 걸친 차림에 콧수염을 기른 30대의 아말렌두도 모르기는 마찬가지였다.[31] 두 사람은 아무런 보호 장구도 착용하지 않은 채 일한다고 말한다. 연료를 처리하는 시설에도 노동자의 안전을 보장할 장비는 구비되어 있지 않다. 〈말라발리 발전〉에 문의해 보니 용광로에서 일하는 노동자에게 필요한 안전모와 보호 안경 같은 보호 장구를 지급했다고 답한다.[32] 그러나 〈마이클라이머트〉 웹사이트에 게시된 시설 관련 사진 중에는 용광로에서 일하는 노동자의 사진도 있는데 안전모나 보호 안경을 착용한 사람은 없었다.[33] 〈마이클라이머트〉나 〈말라발리 발전〉 관계자들은 웹사이트의 사진은 미처 생각하지 못한 모양이다.

아말렌두는 야간에 일한다. 발전소 외부 야적장에 있는 사탕수수 잎, 야자나무 잎, 기타 연료원을 용광로로 나르는 일을 하는 아말렌두는 코브라를 비롯해 이 지역에 흔한 여러 종류의 뱀이 야적장에 둥지를 튼다고 설명한다. 노동자들은 야적장에 쌓인 연료원을 장갑도 끼지 않은 맨손으로 나르지만 회사가 야간 근무자들을 위한 불을 제대로 밝혀 주지 않는 바람에 맹독을 가진 뱀에게 물리는 일이 다반사다. 최근 뱀에게 팔뚝을 물려 1주일 정도 일을 쉬어야 했던 아말렌두는 쉬는 동안 임금을 못 받았다. 이 정도는 약과다. 일하다가 뱀에 물려 죽은 동료도 있다. 다들 언제 뱀에 물릴지 몰라 공포에 떤다고 사카쉬가 말한다.

한편 발전소의 설비 자체도 위험 요인이다. 노동자들은 용광로에 들어갈 나무를 파쇄기에 넣어 분쇄해야 한다. 사카쉬는 파쇄기의 입구가 '사람도 빨려 들어갈 만큼 크지만' 파쇄기 주변에는 안전장치가 전혀 없다고 말한다. 그러나

〈말라발리 발전〉이나 〈마이클라이머트〉는 이 문제에 묵묵부답이다.[34] 파쇄기 입구에 걸린 나뭇조각을 제거하다가 손을 잃은 동료들도 있다. 예방 차원의 안전 교육을 받았는지 묻자 아말렌두는 교육은 없었다고 말한다. "공장에서 일어나는 일은 모두 비밀입니다. 서구에서 사람들이 오면 공장 안으로 못 들어오게 막아요." 발전소 내부를 견학하겠다는 나의 요청을 〈말라발리 발전〉이 거절했음은 두 말 하면 잔소리다.[35]

〈말라발리 발전〉 웹사이트에 들어가 보았다. 〈마이클라이머트〉의 경우와 마찬가지로 내가 본 것과는 딴판인 바이오매스 발전소 사진이 게시되어 있다. 웹사이트는 헤구르 마을 주민 같은 지역 주민들에게 돌아가는 이득을 집중 조명한다. 탄소를 내뿜지 않는 발전소 덕분에 새로 생긴 일자리, 발전소가 지역에 가져다 준 사회적 이득과 생태적 이득이 수치화되어 그래프로 나타난다.

발전소에서 발전한 녹색 에너지는 '변전소'로 이동하며 이곳에서 '지역으로 전력을 내보낸다'고 설명되어 있다.[36] 인근 지역에 사는 농민과 노동자들은 전기의 혜택을 제대로 누려 보지 못했기 때문에 전력을 안정적으로 공급받는 것만으로도 틀림없이 삶의 질이 크게 향상되었을 것이라고 덧붙인다. 〈말라발리 발전〉의 사업을 인증한 인증 기관 중 한 곳인 〈골드스탠더드〉의 사례연구에 따르면 〈말라발리 발전〉이 운영하는 발전소는 "하루 18시간 동안 안정적으로 전력을 공급한다."[37] 그러나 이런 말로는 말라발리 지역 주민의 일상에 생겨난 변화를 정확히 표현하지 못한다. 개별 가정으로 직접 이어지는 송전선을 별도로 설치하지 않은 탓에 바이오매스 발전소에서 생산된 에너지는 중앙 전력망을 이용해 인근 마을에 전송된다. 인근 마을 여러 곳을 돌며 전력 사정에 대해 물어보니 응답자 모두 아침 6시간과 저녁 6시간, 즉 하루 최대 12시간 정도 전력을 공급받았다고 답했다. 그나마 예고 없이 전기가 나가기 일쑤였다고 한다.

새로 생긴 일자리와 관련해서는 바이오매스 시설에 400명이 넘는 주민을 직접 고용했고, 추수한 작물의 부산물을 발전소에 판매하는 지역 농민들이 연간 100만 달러의 소득을 올리게 되면서 650개의 일자리가 새로 생겼다고 주장한다.[38] 그 밖에도 검침, 고지서 발급, 징수, '불만 접수' 같은 일자리가 새로 생겼으며 특히 징수나 불만 접수 업무는 여성 자조 단체가 도맡아 처리한다고 한다. 그러나 검침, 고지서 발급, 불만 접수 일을 하는 사람은 있지도 않았다. 게다가 가정에서 사용한 전기 사용량을 검침하고, 고지서를 발급하며, 수납한 요금을 주 정부에 납부하는 체계는 이 발전소가 들어오기 전부터 이미 운영되던 것이다. 2009년 중순 내가 눈으로 확인한 내용과 회사 측에서 주장하는 내용이 상당히 다르다고 문의했더니 〈말라발리 발전〉은 검침, 고지서 발급, 징수, 불만 접수 같은 업무는 2004년 6월에서 2005년 4월까지 한시적으로 시범 운영한 업무라고 답한다. 〈말라발리 발전〉의 크리샨K. Krishan 회장은 웹사이트를 제대로 관리하지 '못했을 뿐'이라며 어물쩍 넘어간다.[39]

발전소에서 나오는 유일한 부산물인 재를 이용해 '유기비료'인 퇴비를 만들고 그에 따라 일자리가 만들어진다는 내용을 정리한 그래프도 있다. 버려진 작물 줄기나 소똥에 재를 섞어 비료로 만드는 일을 노동자 20명이 한다고 되어 있다.[40] 또한 여성 자조 단체가 지역 농민들에게 비료를 판매하는 일을 하기 때문에 발전소에서 직접 고용하지는 않았지만 발전소에 관련된 일자리가 추가로 창출되었다고 설명한다. 2009년 중순 〈말라발리 발전〉은 최근 찍은 비료 공장 사진이라면서 사진 몇 장과 비료 공장 위치가 표시된 지도를 나에게 보냈다. 지도에는 헤구르 마을에 비료 공장이 있는 것으로 표시되어 있다.[41] 손바닥만 한 헤구르 마을에서 이틀을 머물면서 농민이나 말라발리 발전소 노동자와 이야기를 나눴지만 비료 공장에 대해 이야기하는 사람은 아무도 없었다. 나 역시 마을 주변 어디에서도 그런 시설은 보지 못했다. 비료를 판매하는 여성 자조 단체에 대한 이야기도 물론 없었다. 이것들도 지금은 폐기되고 없는 시범사업일 뿐이었다고 변명할지도 모르겠다. 〈말라발리 발전〉이 주장한 대로 정말 비료를 생산했었는지도 모르지만 아무튼 나는 비료의 'ㅂ'자도 보지 못했다.

실제로 창출된 일자리에 대해 말하자면, 50명이 일한다는 〈말라발리 발전〉의 발전소 사무실에서 근무할 행운을 잡은 마을 사람은 없었다. 마을 주민들은 임금이 높은 그 자리는 외지 사람들을 위해 마련된 자리며 외지 사람들은 여기 오기 전에도 많은 월급을 받던 사람들이었다고 입을 모아 이야기했다. 마을 주민에게 제공되는 일자리는 연료를 용광로에 집어넣는 일로, 100명 정도만 필요할 뿐이었다. 그 외에 주민들이 기대했던 새로운 일자리는 작물 부산물을 모아 발전소로 실어 나르는 운송 업무였다. 〈말라발리 발전〉은 운송에 필요한 인력이 400여 명이라고 했지만 내가 만나본 운송업자 두 명은, 운송을 하긴 했지만 그렇게 많은 인원이 운송에 투입되었다는 말은 금시초문이라고 한다.[42]

〈말라발리 발전〉은 화석연료를 태우지 않고 에너지를 만드는 기업이니 적어도 생태계는 이 사업의 수혜자이길 기대했다. 그러나 발전소 덕분에 지역의 땔감 시장에 불이 붙었다. 결국 발전소가 생기기 전부터 작물 부산물이나 죽은 나뭇가지를 모아 땔감으로 사용했던 마니니 같은 사람들은 일당 1달러를 받아 생계를 꾸려 가면서 이제 땔감까지 사서 써야 하는 처지가 되었다.[43] 밥을 짓거나 씻을 물을 데우는 등 하루에도 여러 번 땔감을 사용해야 하는 가장 가난한 사람들이야말로 가장 큰 타격을 받았다. 더 많은 사람들이 땔감을 구입하게 되면 땔감을 공급하는 목재 업자는 수요를 맞추기 위해 더 많은 나무를 베어 내게 될 것이다. 게다가 사카쉬는 추가 소득을 얻기 위해 나무를 베어 발전소에 직접 목재를 팔아 봤고 다른 사람들도 그렇게 한다고 말한다. 크리샨 회장은 〈말라발리 발전〉과 '주민들이 나무를 베는 일' 사이에 '아무 관계가 없다'고 잡아떼지만[44] 아말렌두나 마니니의 남동생은 발전소가 문을 연 뒤 개간이 늘어났다고 말한다.

사카쉬는 자기는 나무를 베더라도 그 자리에 묘목을 심는다고 힘주어 말하면서 다른 사람들도 아마 그럴 것이라고 덧붙인다. 그러나 어찌되었건 일단 나무가 사라지면 토지와 물 생태계가 겪어야 할 고통이 심해진다. 유기물을 연료로 사용하게 되면 식용작물이나 토착 생태계를 밀어내고 연료용 유기물질을 재배하려는 유혹이 커진다. 말 그대로 버려지는 유기 폐기물을 이용해 전기를 생산하는 것이 유일한 해결책이지만 이런 생각은 묵살되기 일쑤다.

〈말라발리 발전〉이 운영하는 바이오매스 발전소는 〈골드스탠더드〉가 인증했다. 〈세계 자연보호 기금〉을 비롯한 작은 비정부기구들이 모여 2003년 설립한 비영리 단체인 〈골드스탠더드〉는 허가가 필요 없는 자발적 탄소 상쇄 시장에서는 가장 공신력 있는 제3자 인증 기관이다. 〈세계 자연보호 기금〉 웹사이트에 따르면 〈골드스탠더드〉는 '양질의 사업을 보증'하기 위해 설립되었다.[45] 이 목적을 완수하기 위해 〈골드스탠더드〉는 해당 사업이 지역사회와 생태계에 가져다 줄 이득을 확인하는 감사관을 파견한다. 〈말라발리 발전〉의 사업과 관련해 내가 목격한 내용을 〈골드스탠더드〉에 전달하자 대변인은 우려를 표하며 이렇게 말했다. "〈말라발리 발전〉 관련 사업에 대한 특별 조사를 광범위하게 수행하고 면밀히 검토할 것이며 탄소 저감을 위해 활동하는 독립 단체들과 함께 지속적으로 감시하겠습니다."(한편 대변인은 2008년부터 〈말라발리 발전〉에 인증서를 발급하지 않고 있다고 말했다.[46] 그러나 〈말라발리 발전〉과 〈마이클라이머트〉는 여전히 〈골드스탠더드〉가 발급한 인증 표식을 웹사이트에 게시하고 있다.) 외부인도 불과 며칠 만에 알아낼 수 있는 일을 전문성을 갖춘 감사관이 못 알아봤다니, 인증 기관이 현장에서 실제로 일어나는 일을 제대로 파악하기는 하는 건지 의심스럽다. 물론 감사관이 나태했다거나 뇌물을 받는 등 감사관 개인의 문제 때문일 수도 있다. 그러나 현실적으로 생각해 볼 때 사업을 제대로 평가하는 일, 즉 토착 생태계를 보호하고 사회의 복리를 증가시키면서 동시에 탄소까지 줄이는 사업이라는 사실을 보증하는 일이 사실상 불가능하기 때문이라는 설명이 더 이치에 맞다.

나갈레 마을

하리쉬 한데Harish Hande는 대부분의 탄소 상쇄 사업을 마뜩지 않게 생각한다. 방갈로르에 있는 〈태양 전등 회사Solar Electric Light Company〉 본사 사무실에서 만난 한데는 대뜸 이렇게 말한다. “다 쓰레기입니다. 풍력발전소며 탄소 상쇄 인증 기관이며 너나 할 것 없이 투자자들에게서 단시간에 최대한 많은 돈을 끌어 모으려고 수작을 부립니다. 이 바닥이 다 그래요.”[47] 한데는 열을 올린다. “그 돈으로 좋은 일을 할 수도 있어요. 재생에너지 사업에 보조금을 지급하는 회사가 다 나쁘다는 말은 아닙니다. 다만 그 돈이 그런 식으로 쓰이면 안 된다고 말하는 겁니다. 그건 범죄라고요.”

외부에서 투자를 받는 재생에너지 사업을 그렇게 통렬하게 비난하는 한데도 〈카본뉴트럴〉에서 투자를 받는다. 투자받은 자금은 〈태양 전등 회사〉가 태양광 패널을 제작해 대부분이 농촌의 빈곤층인 ‘전기 설비를 갖추지 못한 가구'에 전기 설비를 설치해 주는 데 쓰인다. 한데는 스스로를 환경 운동가라기보다는 사회적 기업가라고 생각한다. 주로 소규모 태양광 설비를 제작하는 〈태양 전등 회사〉는 제품을 구매하는 고객들이 지역 은행에서 대출을 받을 수 있도록 보증을 서기도 하고, 전기를 공급받지 못하는 가난한 사람들에게 최초의 설비 자금을 지원해 이들이 재생에너지로 생산한 전기를 사용할 수 있도록 도와주고 있다. 태양 전등 회사에서 판매하는 주력 상품은 20와트 용량의 태양광 패널 한 개, 붙박이 전등 두 개, 두 시간에서 네 시간 정도 사용 가능한 전력을 충전할 수 있는 배터리 한 개로 구성되어 있고 가격은 약 260달러다. 하루 수입이 2달러 미만인 사람들에게는 비싼 가격이지만 태양광 기술의 세계에서는 저렴한 가격이다. 〈태양 전등 회사〉는 전열 시설은 제외하고 전등 시설만 설치함으로써 설치 비용을 낮췄다. 한데는 이렇게 설명한다. "사람들에게 필요한 것이 무엇인지 알아봐야 합니다. 그들이 **원하는 것**이 아니라 정말 **필요한 것**을 제공해야 하니까요." 다시 말해 약간의 불편을 감수하는 대신 비용을 낮추면 세계에서 가장 가난한 사람들도 재생에너지로 발전한 전기를 쓸 수 있다.

탄소 상쇄 전문 기업의 투자를 받는 소규모 태양광 설비가 어떤 것인지 알아보기 위해 통역사와 함께 미소레Mysore 시에 위치한 〈태양 전등 회사〉의 지역 사무소에서 한 시간 거리에 있는 나갈레Nagarle 마을로 향했다. 〈태양 전등 회사〉의 수쿠마르Sukumar K. 고객서비스 부장이 안내인으로 따라 나선다. 얼굴에 곰보 자국이 선명한 수쿠마르 부장은 밝은 색 눈동자를 가진 인물로 약간 수줍음을 타는 성격이다.[48] 수쿠마르 부장은 이 지역 전체에 대한 설비 판매, 설치, 유지 보수를 담당한다고 한다. 양떼를 만나기도 하고 장식용 술이나 꽃으로 요란하게 장식하고 승객을 넘치게 태운 버스를 피해 가면서 형편없는 도로를 따라 나갈레 마을로 향한다.

제법 규모가 큰 나갈레 마을에 도착하니 한낮이다. 하늘 높이 뜬 태양이 작열한다. 맨 처음 들른 곳은 마라나야카Maranayaka라는 노인의 가게다. 수쿠마르 부장은 손님과 함께 이곳에 종종 들른다고 한다. 마라나야카 노인은 나뭇조각과 대나무를 이어 붙여 뼈대를 세운 뒤 마른 야자나무 잎으로 지붕을 얹은 옷장만한 규모의 작은 상점에서 달걀, 쌀, 설탕, 칫솔, 담배, 술, 비누, 휴대전화용 유심 카드, 밝은 색 비닐, 일회용 식용유, 염료, 인스턴트 커피 같은 것들을 판다. 곳곳에 나무 그늘이 드리운, 포장도 되지 않은 주도로 옆에 위치한 가게는 나이 지긋한 마라나야카 노인도 겨우 앉을 정도로 좁아서 손님들은 가게 바깥에 마련된 낡아 빠진 계산대 앞에 서서 필요한 물건을 손가락으로 가리켜야 한다. 마라나야카 노인은 우리를 보더니 태양광 전기로 불을 밝히는 전등을 보여 준다. 스위치를 올리자 가게 천장에 설치된 깨끗한 플라스틱 등기구 한가운데 부착된 형광등 두 개가 불을 밝힌다.

태양광 패널을 설치하기 전에는 가게에 전기가 들어오지 않았다. 그래서 밤이 되면 쓸 때마다 온실가스를 배출하는 등유등에 의존했다. 마라나야카 노인 같은 〈태양 전등 회사〉 고객이 등유 대신 태양광 전기를 사용함으로써 줄어든 탄소량만큼 탄소 상쇄권이 생기고 〈카본뉴트럴〉은 새로 생긴 탄소 상쇄권 만큼의 보조금을 〈태양 전등 회사〉에 지급한다. 〈태양 전등 회사〉는 지원받은 자금을 전기가 들어오지 않는 지역 주민들에게 3퍼센트의 이율로 대출해 주는 형식으로 태양광 설비를 설치해 준다. 덕분에 마라나야카 노인은 한꺼번에 큰 돈을 들이지 않고도 태양광 설비를 설치할 수 있었다. 대신 3년에 걸쳐 대금을 상환해야 한다. 수쿠마르 부장은 태양광 패널 한 개와 전등 두 개를 설치한 마라나야카 노인이 설치비를 3년에 나눠서 상환할 경우, 매월 갚아야 할 원금과 이자는 한 달에 소비하던 등유 값도 안 된다고 말한다. 태양광 설비의 설치비를 모두 상환한 다음부터는 설비의 수명(20년)이 다할 때까지 사실상 공짜로 에너지를 사용할 수 있다. 마라나야카 노인은 상환 기간이 6개월 남았다고 한다.[49] 그러므로 상환이 끝나는 6개월 뒤부터 17년간은 청정한 에너지를 무료로 쓰게 될 것이다.

태양광 패널이 어디에 설치되었는지 찾으려고 주변을 돌아본다. 금방이라도 쓰러질 듯한 마라나야카 노인의 가게와는 전혀 어울리지 않는 매끈한 직사각형 패널이 가게 지붕 위에 설치되어 있다. 전날 통역사는 나에게 인도에는 여러 세기가 뒤섞여 있다고 했는데 이곳이야말로 두 시대의 만남을 잘 보여 주는 현장이라 할 수 있다. 20와트 용량의 태양광 패널에서 이어진 전선이 가게 뒤편 벽의 틈새로 들어가 계산대 아래 마라나야카 노인의 발치에 놓여 있는 자동차 배터리처럼 보이는 물건으로 이어진다. 태양광을 흡수하는 배터리는 마라나야카 노인의 가게에 설치된 형광등 두 개를 서너 시간 정도 밝힐 수 있기 때문에 마라나야카 노인은 해가 진 뒤에도 가게 문을 열 수 있다.

〈태양 전등 회사〉는 매년 1만 곳에서 1만 1천 곳에 태양광 패널을 설치하는데 이는 외딴 시골 지역뿐 아니라 중앙 전력망이 들어오는 도시 지역에 설치하는 패널 수까지 포함한 것이다. 그러나 〈태양 전등 회사〉는 전기가 공급되지 않던 지역 사람들에게 판매한 태양광 설비에 한해서만 〈카본뉴트럴〉에 탄소 상쇄권을 판매하기 때문에 매년 2천 곳에서 만들어지는 탄소 상쇄권만을 판매하게 된다. 〈카본뉴트럴〉에 따르면 〈태양 전등 회사〉는 나중에 이 지역에 전력망이 설치되어 〈태양 전등 회사〉가 공급하는 전력이 필요 없어지면 본의 아니게 탄소 상쇄권을 과다 계상할 가능성에 대비해 1천 곳에서 생성되는 탄소 상쇄권을 판매하지 않은 채 보유하고 있다. 이산화탄소 상쇄 사업을 벌이는 다른 기업과는 다르게 〈태양 전등 회사〉는 자신들이 생성한 탄소 상쇄권을 부풀리는 식으로 이윤을 극대화하지 않는다. 하리쉬 한데는 인터뷰 도중 이렇게 설명한다. "탄소 상쇄권 판매 자금은 이 사업의 초기 자금으로 쓰였습니다. 사업이 안정된 뒤에는 그 자금을 신규 사업에 투입했지요. 같은 사업을 내세워 계속 자금을 끌어 모으지는 않습니다. 이산화탄소 상쇄권을 팔아서 회사에 이익을 남기지는 않는다는 말입니다." 한데는 탄소 상쇄권 판매 자금이 재생에너지로의 전환을 일궈 낼 안정적인 수단이라고 말한다. "[탄소 상쇄권] 거품이 꺼지면 투자가 끊어질까 봐 염려됩니다. (…) 그렇게 되면 태양광 설비든 풍력 발전소든 모든 사업이 끝장날 겁니다."

〈태양 전등 회사〉에 따르면 지금까지 설치한 태양광 설비의 절반은 전기를 사용하는 지역에, 나머지 절반은 전기를 전혀 사용할 수 없는 지역에 설치되어 있다.[50] 나갈레 마을은 전기를 사용하는 지역과 사용하지 않는 지역이 섞여 있다. 〈태양 전등 회사〉와 〈카본뉴트럴〉은 이미 전기를 사용하던 가정에 설치한 태양광 설비에서 발생하는 이산화탄소 상쇄권은 거래하지 않는다는 점에서 정직하게 사업을 하고 있는 것처럼 보인다. 그런데 나갈레 마을에서 나는 두 가지 의문이 생겼다. 석탄을 연료로 사용하는 화력발전소에서 발전한 전기가 있다면 굳이 태양광 발전을 통해 전기를 얻는 이유가 무엇인가? 반대로 태양광 발전으로 전기를 얻을 수 있다면 기존의 전기를 덜 사용하게 될 것인가? 내가 나갈레 마을에서 보고 들은 이야기는, 새롭게 등장해 세계에서 가장 빠르게 성장하는 산업인 청정에너지 체계를 통찰할 중요한 자료가 된다.

가게 앞에 한 무리의 어른과 아이들이 모여 있다. 어슬렁거리는 사람을 달갑게 여기지 않는 마라나야카 노인이 그들을 쫓아낸다. 가게 앞 의자에 앉아 있던 남자가 몸을 뒤로 젖혀 땅콩을 입에 던져 넣으면서 자기는 부자이므로 그냥 있겠다고 영어로 말한다. 은빛 머리칼에 금으로 만든 장신구를 두른 이 남자가 말할 때마다 씹다 만 땅콩이 입 밖으로 튀어나온다. 그렇지만 남자는 신경 쓰지 않는다. 자기 집에 태양광 패널 두 개에 전구 네 개가 달린 더 비싼 제품을 설치했다는 남자는 빛이 충분히 밝지 않아서 전기가 나갔을 때만 사용한다는 말을 불쑥 내뱉는다. 그제서야 나는 이 마을에는 전기가 들어온다는 사실을 깨달았다. 전기가 들어오지 않는 곳은 마라나야카 노인의 가게 같은 판잣집뿐이다. 게다가 마라나야카 노인의 집에도 전기가 들어오기 때문에 마라나야카 노인도 집에서는 태양광 전기를 쓰지 않는다. 옆 가게에도 태양광 패널이 설치되어 있지만 그 주인도 집에는 전기가 들어오기 때문에 태양광 패널을 들이지 않았다.

부자라는 남자의 집에 가서 〈태양 전등 회사〉의 태양광 설비를 구경하기로 했다. 파란색 사리를 입은 남자의 아내 마하데비Mahadevi가 회반죽을 바른 2층짜리 시원한 집 현관에서 우리를 맞는다.[51] 집 뒤편 정원으로 가니 지붕 위에 태양광 패널 두 개가 장식처럼 달려 있다. 태양광 패널은 사무실, 침실, 현관, 주방 이렇게 네 곳에 설치된 전등을 밝히게 되어 있다. 집 안 곳곳에 전등이 불을 밝히고 천장에 매달린 선풍기도 시원하게 돌아간다. 텔레비전, 냉장고, 주방 소형 가전 등 가전제품도 많다. 하늘에는 구름 한 점 없지만 이 중 어느 것도 태양광 패널에서 생성된 전기로 돌아가지 않는다. 밖으로 나가는데 마하데비가 현관 등을 켜서 태양광 패널이 제대로 작동하는지 보여 준 뒤 다시 끈다.

〈태양 전등 회사〉의 태양광 패널을 설치한 사람 대부분이 전기가 나갔을 때를 대비한 보조용으로 태양광 패널을 사용하는 것인지 궁금했다. 수쿠마르 부장은 아니라고 말했다. 이곳 사람들이 기존 전력망에서 발전된 전기가 아니라 태양광 패널에서 발생된 전기를 우선적으로 사용한다는 사실을 증명해 보이겠다며 다른 집으로 나를 안내한다. 문을 두드리자 20대 초반으로 보이는 남자가 우리를 조용히 맞이한다. 수레쉬Suresh라는 이름의 남자가 사는 집은 마하데비가 사는 집과 딴판이다. 방 하나와 구석에 위치한 주방이 전부인 비좁은 공간에서 수레쉬, 수레쉬의 형, 수레쉬의 부모 이렇게 네 명이 숙식을 해결한다. 벽돌과 진흙으로 지은 집에는 창문도 없다. 대신 천정에 난 직사각형 모양의 구멍 두 개로 햇빛이 들어와 우리가 앉은 자리를 비춘다.

자리를 잡고 앉자 수쿠마르 부장은 이 집이 나갈레 마을에서 〈태양 전등 회사〉의 설비를 설치한 첫 번째 집이라고 자랑스럽게 말하면서 집에 설치된 태양광 패널 한 개와 전구 두 개를 보여 준다. 태양빛이 패널에 반사되어 희미한 금속성 빛을 내뿜는다. 수쿠마르 부장은 실망했겠지만 마하데비가 말한 것과 마찬가지로 수레쉬 역시 전기가 나갔을 때만 태양광 전기로 불을 밝힌다고 한다.[52] 전기가 나가거나 흔히 말하듯 수시로 '전기가 떨어지기' 때문이다. 특히 전력 소모량이 많은 아침 시간대와 저녁 시간대에 더 잘 나간다. 나갈레 마을에서는 바로 그때 가정용 태양광 전력 설비를 이용하는 것이다. 그러나 전기가 다시 들어오면 태양광 전기로 밝히는 전등은 꺼 버린다. 나갈레에서 대화를 나눠 본 사람들은 모두 탄소를 배출하지 않는 태양광 전기의 전력이 너무 약하기 때문에 많이 사용하지 않는다고 말한다. 표준적인 태양광 설비가 최대로 가동된다 해도 라디오, 핫플레이트 같은 기본적인 가전기기는 물론 등조차 제대로 밝히지 못한다는 말이다.

나갈레 마을은 소규모 녹색 에너지 사업이 봉착한 문제를 잘 보여 준다. 전기가 전혀 들어오지 않는 마을에서는 소규모 태양광 설비가 큰 도움이 되겠지만 나갈레 마을처럼 이미 전기가 들어온 지역에서는 그 효과가 크게 떨어진다. 마라나야카 노인과 이웃 가게 주인은 가게에서만 태양광을 사용할 뿐 집에서는 사용하지 않는다. 정부에서 지역에 전기료를 보조해 주기 때문에 전기료가 저렴한 탓이다. 그래서 이 지역 주민들은 굳이 태양광을 이용해 생산된 전기를 사용할 필요성을 못 느낀다. 저전력의 태양광 설비는 등유값을 아낄 수 있는 가게에서나 사용할 뿐이다. 게다가 지역에서 공급하는 전기와 같은 수준의 전기를 공급할 수 있는 대규모 태양광 설비는 설치비가 비싸기 때문에 이미 전기가 들어와 있는 이상 태양광으로 전면 전환할 이유도 없다.

이 사업에서 문제가 되는 또 다른 핵심 쟁점은 재생에너지 설비 비용을 누가 지불해야 하는가이다. 개발도상국 농촌에 사는 가난한 사람들이 비용을 지불해야 하는가? 아니면 석탄을 연료로 사용하는 화력발전소를 건설하는 데 배정된 예산을 태양광에 투입하면 되는 정부인가? 수레쉬는 4년 전 그의 형 쿠마르Kumar의 권유로 태양광 설비를 들여놓았다고 한다. 쿠마르는 〈태양 전등 회사〉가 인근 은행에 보증을 서서 설비비를 대출받도록 도와줄 것이고 대출금은 일을 해서 상환하면 된다고 수레쉬를 설득했다. 그러나 대출을 받은 뒤 수레쉬 가족의 사정이 나빠졌다. 쿠마르가 중앙 발전소에서 나오는 전선을 지역으로 연결하는 안정적인 일자리를 얻은 것이 불행의 시작이었다. 형 쿠마르를 따라 수레쉬도 그 일을 하기 시작했는데 1년 반쯤 지났을 때 수레쉬가 전봇대에서 떨어져 왼쪽 갈비뼈가 모두 부러지는 중상을 입었다. 수레쉬는 3주 동안 병원 신세를 졌고 다시 석 달을 진통제를 맞으며 집에 누워 있었다. 가족들은 쌓여 가는 병원비를 감당하느라 악전고투했다. 크게 다치는 바람에 전선 설치 작업을 할 수 없게 된 수레쉬는 마라나야카 노인의 가게에서 몇 걸음 떨어지지 않은 곳에 있는 부모님의 식당에서 일을 돕고 있다. 식재료를 구입하고 음식을 만들고 식당을 청소하는 일을 매일 하루 12시간에서 14시간 정도 반복하지만 손에 쥐는 돈은 하루에 200루피에서 300루피(약 2달러) 정도가 고작이다. 빚에서 빠져나오기가 쉽지 않다고 말하는 수레쉬가 짜증 섞인 목소리로 이렇게 말한다. "태양광 설비 때문에 받은 대출은 고사하고 [병원비라도] 해결하면 좋겠어요. 은행에 가서 태양광 설비 때문에 받은 대출은 못 갚겠다고 말하고 온 참입니다. 그건 형 몫이지 내 문제가 아니에요."

〈태양 전등 회사〉가 진행하는 사업의 비용 문제는 개별 가정의 사정에 따라 천차만별이다. 마라나야카 노인의 경우처럼 회사에서 제공하는 대출이 유용한 경우도 있지만 수레쉬의 경우처럼 재생 가능한 녹색 에너지가 부담이 되는 사람도 있다. 수레쉬는 여동생의 결혼 자금으로 빌린 대출금을 비롯해 이런 저런 대출이 없었다면 지금쯤 자그마한 땅을 매입해 조금 더 넓은 집을 지었을 것이라고 말한다. 현재 사는 집에는 화장실도 없고 집 안에 수도 설비도 없다. 물론 사생활도 없다.

〈카본뉴트럴〉 웹사이트에서 클릭 한 번으로 탄소 상쇄권을 구입하는 서구 소비자들이 〈태양 전등 회사〉가 벌이는 사업 이야기를 들으면, 탄소 상쇄권을 구입하는 데 지불한 돈으로 인도에 재생에너지 설비가 구축되고 있고 정부의 지원이 이뤄지지 않는 곳에 유용하게 쓰이고 있다고 생각할 것이다. 그러나 (탄소 상쇄 전문 기업의 투자를 받든 아니든) 오염을 많이 유발하는 에너지를 쓸 수 없을 때만 녹색 에너지를 사용하고 통상적 에너지를 사용할 수 있을 때는 녹색 에너지 사용을 중단한다면, 그리고 녹색 에너지 설비에 투입되는 자금이 장기적인 정책을 세우지 않는 불안정하고 일관성이 떨어지는 사업에 투입된다면, 탄소 상쇄 사업은 더 청정한 에너지로 전환하는 다리가 될 수 없다. 인도의 마을 대부분에는 전기가 들어오지 않는다. 앞으로 몇 년간은 전기가 들어올 계획도 없다. 그런 지역에 전기를 제공할 방법을 연구하고 사업을 시행하는 것은 환영받아야 마땅한 인도적인 처사다. 하지만 이 사업이 환경에 큰 도움이 된다는 생각은 진실과 거리가 멀다. 청정에너지 발전 사업은 애초부터 양초나 등유 등을 대체하려는 목적으로 설계된 사업이지 석탄을 연료로 사용하는 화력발전소를 대체할 목적으로 설계된 사업이 아니기 때문이다.

케랄라Kerala 주 남부에 있는 고등교육기관인 〈경제개발 연구 센터Center for Development Studies〉의 산타쿠마르V. Santhakumar 조교수는 〈태양 전등 회사〉가 나갈레 마을에 설치하고 있는 저전력 에너지는 근본적인 한계가 있다고 말한다.[53] 인도의 전기 규제 완화 실태를 분석해 온 산타쿠마르 조교수는 이렇게 말한다. "수요를 충족시키지 못하기 때문에 효율적인 해결책도 아니라고 봅니다." 산타쿠마르 조교수의 설명에 따르면 농촌 주민 대부분의 소득 수준으로 감당할 수 있는 태양광 패널은 현재 〈태양 전등 회사〉에서 설치해 주고 있는 저전력 태양광 패널뿐이다. 문제는 저전력 태양광 패널이 일반 전력망에 비해 전력이 매우 약하다는 것이다. 그렇기 때문에 소규모 태양광 설비는 인도의 전기 생산 방식을 획기적으로 바꿀 만한 적절한 기술이 아니다. 더 포괄적이고 통합적인 재생에너지 설비 사업을 시행하지 않는다면 대부분의 사람들은 나갈레 마을 주민들과 마찬가지로 마을에 전기가 들어오게 되면 저전력인데다가 설비비도 많이 드는 소규모 태양광 설비를 바로 포기할 것이다. "단도직입적으로 말해 소규모 태양광 설비 사업으로는 화석연료에 의존하던 사람들이 재생에너지를 사용하게 만들 수 없습니다." 소규모 태양광 설비, 그리고 그와 유사한 저전력 설비는 전기를 사용할 수 없는 사람들에게는 유용할 수 있다. 그러나 수레쉬의 형과 동료들이 전력망 구축을 마치고 나면 20와트 용량의 태양광 설비는 화석연료에 자리를 내주게 될 것이다. 이미 전기를 사용하고 있는 사람들에게는 비싼 비용을 들여 태양광 설비를 설치해 전력을 얻을 이유가 없다.

더러운 에너지를 '뛰어 넘을' 재생에너지 체계를 구축하는 일은 지금처럼 주먹구구로 시행할 문제가 아니라 공동체 구성원, 지역 지도자, 인도 정부가 위원회를 구성해 폭넓은 시각을 가지고 사업을 구상하고 세계에서 가장 발전된 나라들에서 보조금을 받아 충분한 자금을 마련한 뒤 시행해야 하는 문제다. 여기에는 정치적인 이해관계도 복잡하게 얽혀 있다. 인도의 여러 마을에 필요한 전력을 모두 감당할 수 있는 규모의 재생에너지 설비를 설치해 일반 전력망이 필요 없어지게 만들 때에야 비로소 재생에너지로의 전환이 이뤄질 것이다. 그러나 공무원, 지방자치단체장, 영향력 있는 에너지 회사들은 화석연료를 사용하는 발전소에 투자한다. 2003년 제정된 "인도 전력법India's Electricty Act"은 2010년까지 인도 전역에 전력망을 구축하겠다고 약속했다. 물론 목표한 시점까지 전력망을 완전히 구축하지 못할 수도 있을 것이다. 그러나 7년이라는 짧은 기간에 인도 전역에 전력망을 구축하려면 재생에너지가 아닌 화석연료를 사용하는 발전소를 지을 수밖에 없다. 나갈레 마을에 도착하고 1주일 뒤 카르나타카 주는 석탄을 사용하는 600메가와트급 화력발전소 두 곳의 건설을 승인했다고 발표했다.[54]

오염 유발자가 치르는 비용

탄소 상쇄 사업이 이 정도로 엉망이라면 이 사업을 계속해야 하는지 묻지 않을 수 없다. 사업을 단념하는 편이 나을지도 모른다. 어쩌면 심각한 장애물 중 몇 가지는 극복할 수 있을지도 모른다. 하지만 탄소를 상쇄하는 체계는 본래 서로 균형이 맞지 않는 두 다리가 지탱하는 상황이기 때문에 장애물을 극복하기란 쉽지 않을 것이다. 탄소 상쇄 체계를 지탱하는 '기준선'과 '중복 배제 원칙'이라는 두 개념이 없다면 탄소 상쇄 사업이 발생시킨 이득을 계량화할 수 없어서 탄소 상쇄권을 판매할 수 없게 된다. 문제는 '기준선'과 '중복 배제 원칙' 확립이 불가능하다는 것이다.

기준선이란 기업이 '평소처럼 활동한다'는 전제하에 개발을 진행할 때 발생될 배출량을 예측한 수치다. 자발적 탄소 상쇄든 "교토 의정서"에 의거해 이뤄지는 탄소 상쇄든 모두 탄소 상쇄 사업으로 얼마나 많은 배출권이 발생하는지, 그래서 얼마나 많은 배출권을 판매할 수 있는지 측정하기 위해 반드시 기준선을 설정해야 한다. 기준선은 어떤 일을 하지 않았을 때 일어날 일과 그로 인해 생긴 일이 초래할 결과라는 대단히 복잡한 내용을 표현한 수치인데 사실상 거의 추정에 의거해서 결정된다.

탄소 상쇄 사업은 투명성이 결여된 사업이자 부패의 온상이다. 방갈로르에서 나는 어느 비정부기구가 자기들이 운영하는 탄소 상쇄 사업에서 실제로 창출할 수 있는 탄소 상쇄권보다 더 많은 탄소 상쇄권을 판매해 수입을 늘리려고 기준선을 제멋대로 설정했다는 이야기를 들었다.[55] 탄소 상쇄 사업의 운영 주체가 그 사업이 실제로 제거할 수 있는 양보다 더 많은 온실가스를 제거했다고 주장한다면 그것은 분명 소비자의 돈을 사취하는 행위이자 탄소를 억제하려는 노력을 망치는 행위다. "교토 의정서"에 의거해 운영되는 공식 배출 거래 체제Emission Trading Scheme도 크게 다르지 않다는 사실은 잘 알려져 있다. 공식 배출 거래 체제에서 선정한 기준선이 얼마나 부풀려진 것인지는 시행 첫해인 2006년 탄소 배출이 늘어나고 있었음에도 탄소 시장이 바닥을 쳤다는 사실로 입증된다. 그중 가장 압권은 탄소 상쇄 사업의 경우 관련 기록을 남길 의무가 없기 때문에 내가 살펴본 사업들이 적정한 양의 탄소 배출권을 설정하고 판매한 것인지 정확히 측정할 길이 없다는 것이다.

중복 배제 원칙 역시 혼란스럽기는 마찬가지다. 중복 배제 원칙은 탄소 상쇄권 판매 자금을 받지 않더라도 실현되었을 탄소 상쇄 사업을 가려내 배제하기 위해 도입된 원칙인데, 때로는 역효과를 내기도 한다. 가령 다른 투자자들로부터 투자를 받아 자금을 확보한 바이오매스 발전소가 탄소 상쇄권 판매 자금을 추가로 유치하려고 한다면 이미 다른 투자를 받아 비용을 충당하고 있으므로 탄소 상쇄권 판매 자금의 투자를 받을 자격이 없다. 다른 곳에서 아무런 자금을 투자받지 않은 사업이거나, 투자 가치가 없어서 탄소 상쇄권 판매 자금을 받지 못할 경우 사업을 영위할 수 없는 사업만이 탄소 상쇄권 판매 자금을 요청할 수 있다.(그렇기 때문에 〈분산 에너지 시스템〉이 사업을 시작도 하기 **전에 먼저** 탄소 상쇄권 판매 자금부터 받을 수 있었던 것이다.) 그러나 중복 배제 원칙에 부합하는 사업인지 아닌지 가려낼 근거가 없기 때문에, 재생에너지 회사든 일반 사업이든 모두 처음부터 자발적 체제에서 나온 자금이든 공식 체제에서 나온 자금이든 가리지 않고 탄소 상쇄권 판매 자금을 유치할 계획부터 세운다. "교토 의정서" 작성에 관여했고 런던 소재 탄소 거래 회사인 〈기후변화 자본Climate Change Capital〉에서 일하는 변호사 제임스 캐머론James Cameron은 2005년 이렇게 말했다. "당신은 탄소 배출권 사업에 투자하는 투자자들에게 거짓말을 강요하고 있습니다. (…) 투자자들은 이 사업에 투자하면 엄청난 이익을 보게 될 것이라고 말해 돈을 조달합니다. 그러나 당신은 [유엔에] 가서 그 사업들이 사업성이 없다고 말해야 하거든요."[56]

문제는 또 있다. 탄소 상쇄 전문 기업조차 자기 사업이 중복 배제 원칙을 지키고 있는지 제대로 파악할 수 없다는 점이다. 남아프리카 공화국 케이프타운에서 20킬로미터 떨어져 있는, 아파르트헤이트 시절 세워진 낡은 마을 구굴레투Guguletu에서 바로 그런 일이 벌어졌다. 트루샤 레디Trusha Reddy는 『뉴인터내셔널리스트*New Internationalist*』에 기고한 글에서 2005년 영국 소재 탄소 상쇄 전문 기업 〈클라이머트케어Climate Care〉가 지역의 에너지 자문 회사와 손잡고 절전형 형광등을 구굴레투 지역 가정에 보급한 이야기를 썼다.[57] 절전형 형광등은 일반 형광등에 비해 값이 다섯 배 비쌌으므로 그 지역 주민들의 형편으로는 절전형 형광등을 구입할 수 없다고 파악되었고 마침 구굴레투 지역에서 절전형 형광등을 판매하는 업자도 없었으므로 이 사업은 중복 배제 원칙을 충족시키는 것으로 보였다. 그러나 이산화탄소 상쇄권을 판매한 자금의 지원을 받아 구입한 절전형 형광등을 보급하고 얼마 지나지 않아 해당 지역을 포함해 광범위한 지역에 정전이 발생했다. 이 정전 사고를 계기로 이곳에 에너지를 공급하는 〈에스콤Eskom〉은 저소득 가구에 절전형 형광등 5만 개를 배포하는 계획을 포함한 에너지 효율 증진 계획을 발표하고 구굴레투 지역의 8만 6천 가구에 절전형 형광등을 나눠 주었는데 〈클라이머트케어〉가 지원하는 사업의 활동 범위와 겹치는 지역이 발생하게 되었다. 탄소 상쇄 사업은 사업 구조가 복잡한데다가 간접적으로 이뤄진다는 특성 때문에 지구온난화를 효과적으로 방지하기에는 역부족인 방법이다. 〈클라이머트케어〉가 감축했다는 이산화탄소는 〈에스콤〉이 시행한 에너지 효율 증진 사업이 감축한 이산화탄소와 중복되는 것이므로 〈클라이머트케어〉가 판매한 탄소 상쇄권은 탄소 상쇄권으로서의 가치가 없다.[58]

중복 배제 원칙과 관련된 또 다른 문제는, 이 원칙이 화석연료로 발전하는 전기를 대체할 힘이 있는 제대로 된 재생에너지 사업의 성장 속도를 늦출 수 있다는 점이다. 〈말라발리 발전〉이 가장 최근에 작성한 인증 신청서 양식을 검토하다가 중복 배제 원칙을 확인하는 난을 발견했다. 그 난에는 이렇게 기재되어 있었다. "이 사업의 영위와 관련해 새로 시행되는 정책이나 규제가 없음을 확인합니다."[59] 다시 말해 해당 재생에너지 관련 사업이 최종 인증을 받아 시행된 뒤 새로 제정된 법이나 새로 시행되는 사업이 없다는 것을 확인하는 것이다. 거꾸로 말해, 중앙정부나 주 정부에서 저탄소 대안 에너지 공급을 활성화하기 위한 정책이나 규제를 새로 시행한다면 기존의 이산화탄소 상쇄 산업은 타격을 입을 것이다. 인도 정부의 환경과 산림부Ministry of Environment and Forests는 해외 투자자를 유치할 목적으로 청정 개발 체제 담당국을 설립해 관련 사업이나 시설의 승인을 간소화했다. 인도의 청정 개발 체제 담당국은 이미 1,200개 남짓한 탄소 상쇄 사업을 승인했는데 그중에서 최종적으로 유엔의 승인을 받은 사업은 400개에 불과하다. 인도의 청정 개발 체제 담당국은 웹사이트를 통해 만일 유엔이 나머지 사업들도 승인해 준다면 거기에서 발생되는 탄소 상쇄권은 개당 10달러라는 '저렴한' 가격에 판매할 것이라고 말한다. 그 정도만 받더라도 "인도는 약 2012년까지 57억 3천만 달러를 벌어들이게 될 것이다."[60] 인도는 더러운 에너지를 계속 사용함으로써 인도 탄소 시장의 가치를 높인다. 반대로 인도 정부가 녹색 에너지를 의무화한다면 중복 배제 원칙에 부합하는 사업의 수가 줄어들어 탄소 상쇄 사업으로 인도가 벌어들이는 수입은 중국 같은 경쟁국에 비해 줄어들 것이다.

탄소 상쇄권 거래 논리에 따르면 자발적 탄소 상쇄든 의무적 탄소 상쇄든, 탄소 시장은 온실가스 배출을 감축할 방법 중 가장 비용이 저렴한 방법을 찾아내도록 유도한다. 제조업이나 발전업 같은 산업 분야에 규제를 가하면 경제가 타격을 입을 것이라고 주장하는 사람들은 이 방법이 더 효과적인 방법이라 여긴다. 공식 청정 개발 체제를 자세히 들여다보면 배출권 시장이 어떻게 움직이는지 드러난다.

HFC-23으로도 불리는 화합물 트리플루오로메탄trifluoromethane은 맹독성 온실가스로 오존을 파괴한다. 사용이 금지된 화합물 클로로플루오르카본chlorofluorocarbon(프레온가스)과 성질이 유사한 트리플루오로메탄은 에어컨 같은 가전제품에 냉매로 쓰인다. 트리플루오로메탄 사용을 중단하면 "교토 의정서"에 의거해 시행되는 공식 청정 개발 체제에서 거래할 수 있는 배출권이 생긴다. 그러나 청정 개발 체제는 트리플루오로메탄의 사용을 줄이기보다 계속 사용하도록 부추기는 것처럼 보인다. 2006년 『뉴욕 타임스』와 인터뷰한 탄소 거래 전문 변호사 마이클 와라Michael Wara에 따르면, 어느 화학 회사는 트리플루오로메탄의 사용을 줄였다며 탄소 상쇄권을 판매한 뒤 그 자금으로 기존 공장을 확장하고 트리플루오로메탄을 생산하는 공장을 새로 지었다. 이 공장들은 또 다른 탄소 상쇄권 판매 자금을 더 많이 끌어들일 바탕이 되어 회사의 수입을 늘려 줄 것이다.[61]

대부분의 사업을 인도에서 시행하는 세계 최대 탄소 상쇄 사업 시행사 〈에코시큐러티EcoSecurities〉는 진행하고 있는 사업의 80퍼센트가 트리플루오로메탄 제거 사업이라고 말한다. 2008년 여름 참석한 컨퍼런스에서 브루스 어셔Bruce Usher 사장은 탄소 상쇄권 거래 체계에 "허점이 있다"[62]고 말했다. 청정 개발 체제나 그 밖의 모든 탄소 상쇄 사업의 본래 취지는 개발도상국에 재생에너지 체계를 구축하기 위한 것이지만 사실은 그런 방향으로 운영되지 않았다고 한다. 브루스 어셔 사장의 설명에 따르면, 탄소 상쇄권을 거래하는 시장도 결국 시장이기 때문에 시장 참여자들은 비용을 최소화하면서 탄소 상쇄권을 만들어 내려고 애쓰게 되는데 재생에너지 발전 같은 사업보다는 "누구나 제거할 수 있는 트리플루오로메탄" 제거 사업이 더 손쉬운 방법이었기 때문이다. 그러다 보니 2006년까지 청정 개발 체제에서 거래된 상쇄권의 3분의 2가 트리플루오로메탄 감축 사업에서 나왔고 2006년 한 해에만 30억 달러의 투자를 받았다. 그러나 유해한 화학물질인 트리플루오로메탄을 제거하겠다고 약속해서 받은 자금으로 지은 공장에서 실제로 해당 물질을 처리하는 사업이 얼마나 많이 진행되고 있는지조차 알 길이 없다.

탄소 상쇄 사업은 기존의 경제를 뒤흔들지 못할 것이고(실제로도 그런 것 같다.) 생태계에 특별히 이롭지도 않을 것이다. 하지만 내가 살펴본 다양한 탄소 상쇄 사업은 모두 생태계에 이로운 사업이고 당장은 아니더라도 생태계를 이롭게 할 잠재력을 갖추고 있기 때문에, 더 너른 계획의 일부로서 제대로 수행된다면 장차 저탄소 에너지 기간 시설 구축에 기여할 수 있을 것이다. 그러나 문제도 적지 않다. 그 문제는 몇몇 사업만이 안고 있는 결함이라기보다는 이런 사업이 진행되는 과정 그 자체의 문제인 것으로 보인다.

비하르 주에 위치한 100개 마을에 재생에너지를 제공하려는 온마을 사업은 제대로만 한다면 사람들에게 진짜 녹색의 믿을 만한 에너지를 제공할 수도 있다. 그 사업은 경제 사업이기도 하므로 사람들에게 더 나은 교육, 더 품질 좋은 의료 서비스, 더 안락한 생활 조건을 제공할 수도 있다. 그러나 의도적이었든 어쩌다 보니 그렇게 되었든 현재 〈분산 에너지 시스템〉이 실제로 하는 일이 무엇인지 전혀 알 수 없다. 탄소 상쇄 사업이 돌아가는 방식은 완전 불투명하다.

소규모 태양광 설비는 전기를 사용할 수 없는 시골 지역 주민에게 전기를 제공해 등유등에서 나오는 이산화탄소를 제거한다는 점에서 유용한 사업이다. 이 사업은 사람들이 재생에너지에 친숙해지도록 도와주어 재생에너지를 쉽게 받아들이도록 만들 수 있다. 그런데 나갈레 마을에서 진행되는 소규모 태양광 설비 사업은 전기를 제공하긴 하지만 그 양이 매우 부족해 사람들이 이미 절약한 전력량만큼도 제공하지 못한다. 한편 화석연료를 사용하는 발전소를 대체할 만한 대규모 재생에너지 설비는 〈태양 전등 회사〉의 소규모 태양광 설비를 구매하는, 세계에서 가장 가난한 이들에게는 그림의 떡이다. 게다가 녹색에너지망을 구축하는 데 돈을 지불해야 하는 주체는 세계에서 가장 부유한 나라와 회사이지 가난한 나라의 농촌에 사는 가난한 사람들이 아니다.

바이오매스를 태워 전기를 발전하는 일 역시 탄소 중립적인 활동이므로 〈말라발리 발전〉이 운영하는 말라발리 발전소는 생태계에 이로울 수 있다. 그러나 진정으로 생태계에 이로운 사업이 되려면 진짜 버리는 유기 폐기물만을 연료로 사용해야 한다. 바이오매스 발전소가 태양에너지 같은 다른 종류의 재생에너지를 통합한 하이브리드 발전소가 된다면 생태계의 부담을 더 많이 덜어 줄 수 있을 것이다. 〈말라발리 발전〉이 운영하는 것과 같은 바이오매스 발전소는 주민들에게 좋은 일자리를 제공하고 지역사회에 기여할 잠재력이 있다. 그러나 그렇게 하려면 비용이 많이 들어 차기 사업으로의 확장을 어렵게 할 것이다.

방갈로르에 머물 때 작은 태양광 패널 회사 사장을 알게 되었다. 그 사장은 방갈로르가 인도에서는 가장 많은 전자제품이 모여 있는 곳이라고 말했다. 지난 15년 사이 방갈로르가 기술의 천국으로 떠오르자 이곳으로 인구가 집중되면서 전력난이 심각해졌고 이 문제를 해결하기 위해 방갈로르 시 정부는 주민들에게 태양열 온수기 설치를 권장했다. 내가 방갈로르에서 만난 거의 모든 사람들이 태양열 온수기를 가지고 있었다. 태양열로 데운 온수를 사용하는 일은 이곳 사람들의 생활의 일부다. 이 사람들은 태양에너지를 이용해 온수를 사용하고 있지만 탄소 상쇄권이 무엇인지 알아서도 아니고 탄소 상쇄권을 팔아서 돈을 벌려고 그러는 것도 아니다. 이 사람들이 화석연료 대신 태양에너지를 이용하는 이유는 그것이 원활히 작동하기 때문이다. 기존 전력망에서 나오는 전력을 사용하지 않아도 수도꼭지에서 온수가 나온다. 이런 사업은 복잡한 기준선을 고려할 필요도 없고 중복 배제 원칙을 지킬 필요도 없다. 인증 기관이 개입할 필요도 없고 오염이라는 추상적인 개념을 탄소 배출권이라는 구체적인 상품으로 바꿀 필요도 없다. 탄소 배출권 체제는 미국 월가나 런던 금융가에 유리하게 작용하는 대단히 복잡한 금융 제도 중 하나에 불과하다. 지구의 대기를 도박 자금처럼 사용하도록 만든 탄소 배출권 체제가 전 세계에 대량으로 펴져 나간 것은 "교토 의정서" 때문이다. 그러나 방갈로르 시가 주민들에게 태양열 온수기 사용을 장려한 것과 마찬가지로 일조량이 많은 서구 나라들이 태양열 온수기를 진짜 자발적으로 설치한다면 온실가스가 줄어들 뿐 아니라 태양열 온수기 관련 제조업, 설비업, 유지 보수업에서 일자리가 창출되는 효과도 나타날 것이다. 전 세계로 눈을 돌려 보자. 만일 서구 나라들이 실행 가능하고 지속 가능한 재생에너지망을 개발도상국에 구축하도록 자금을 직접 지원한다면 진정한 변화가 일어날 것이다. 그리고 그 변화는 우리를 진정한 탄소 상쇄에서 멀어지게 하는 지금의 탄소 배출권 체제와는 전혀 다를 것이다.

정리

자본주의, 녹색 허울을 벗고 진정한 녹색이 될 수 있을까?

이 책을 쓰기 위해 방문한 곳은 모두 처음 가 본 곳이었다. 나에게 있어 열대우림은 남반구에 위치한 유기농장만큼이나 추상적인 장소였다. 슈퍼마켓에서 유기농 사과를 구매할 때마다 사과에 붙어 있는 타원형 모양의 유기농 표식에 등장하는 다양한 나라의 이름을 골백번도 더 보았지만 유기농 식품이 재배되는 방식에 대한 정보가 부족했기 때문에 그저 그런 나라에 있는 유기농 농장이 어떤 모습일지 조금 궁금해 하다가 잊어버리곤 했다. 『내셔널 지오그래픽 *National Geographic*』 같은 잡지에서 개간된 열대우림의 모습을 담은 사진을 보며 놀라기도 했지만 그 현장을 내 눈으로 목격하게 되리라고는 꿈에도 생각해 보지 않았다. 탄소 상쇄 사업 역시 애매모호하기는 마찬가지였다. 탄소 상쇄 사업은 마치 천상의 것인 양 포장된데다가 돌아가는 방식도 너무 복잡해 파악하기 어려웠지만 그래도 기후를 지키려는 지상의 노력을 대변하는 사업이려니 하고 어림짐작해 왔다. 마침내 나는 이런 장소나 사업에 대해 상상의 나래를 펼치는 것만으로는 충분하지 않다는 결론에 도달했다. 지구를 구한다고 생각하면서 실행에 옮기는 대처법 속에 숨어 있는 맹점은 너무나도 컸다. 그래서 오늘날 직면한 심각한 생태계의 혼란에 대처하기 위해 우리가 채택한 구체적인 대처 방법들을 확인하고 정확히 이해하기 위해 취재 여행을 떠났다.

어느 곳을 방문하든 그곳이 겪고 있는 생태 문제는 그곳의 사회문제와 밀접하게 연관되어 있었다. 파라과이에서 이뤄지는 단일재배가 생태계에 미치는 악영향은 라틴아메리카 농장에서 일하는 소농민들의 경제적 전망과 떼어 놓은 채 논의할 수 없다. 보르네오섬 생태계가 직면한 격변은 토착 공동체 안에서 일어나는 분열이나 배신과 떼려야 뗄 수 없다. 마찬가지로 보르네오섬의 열대우림과 이탄 습지 파괴는 정부 관리, 플랜테이션 기업, 다국적기업의 기회주의와 부패에 결부되어 있다. 이와 같이 미국에서 멀리 떨어진 외딴 지역이든 뉴욕 주 허드슨 밸리든 어디에서나 인간과 생태계는 밀접하게 연관된다. 뉴욕의 소규모 유기농민이 토지와 물을 돌보는 방식은 인간이 자연과 얼마나 밀접하게 연관되어 있는지 잘 보여 주며 사회운동이나 공동체의 관심이 없었다면 프라이부르크의 생태 마을도 성공적으로 건설되어 운영될 수 없었을 것이다.

자연이라고 하면 투명하고 맑은 물이 넘실대는 모래사장을 떠올리거나 원시림으로 둘러싸인 산봉우리를 떠올리는 사람이 많을 것이다. 이런 장면에는 보통 사람이 등장하지 않는다. 그러나 사람은 항상 자연과 더불어 있고 서로가 서로에게 영향을 미친다. 그러므로 생태계를 보호하는 일은 인간과 자연의 연계를 끊음으로써 가능한 것이 아니라 인간과 생태계의 연관성을 철저하게 이해할 때 비로소 가능하다. 즉, 사람들을 숲이나 여타 생태계로부터 몰아내 자연을 손대지 않은 상태로 보존하자는 것은 진정한 해결책이 아니다. 자연을 엉망으로 만들지 않으면서 살아갈 필요가 있다는 사실을 받아들이고 인간과 자연이 진실되게 상호작용할 수 있는 새로운 방법을 모색해야 한다.

우리가 구입하는 물건이 변화를 이끌어 낼 수 있다는 관념이 진실된 관념인지 아닌지 항상 의혹의 눈초리를 보내야 한다. 나는 친환경 제품을 구입하는 일이 생태계에 이득이 된다고 생각하기 때문에 내가 감당할 수 있다면 되도록 친환경 제품을 구입한다. 그러나 이와 같은 소비자 행동은 그 행동이 목적하는 바를 달성할 힘이 없다. 실제로는 생태계 파괴 문제를 해결하지 못하면서 머리로는 생태계 파괴 문제를 해결하고 있다고 생각하는 괴리 현상이 현실에 미치는 파괴력은 실로 어마어마하다. 그렇기 때문에 이면에 숨어 있는 문제를 심도 깊게 파헤쳐 해결책을 찾아 나서야 한다.

새로 등장한 녹색 경제는 대부분 광고, 기업의 중역실, 정치인 사무소에서 흘러나온 수많은 가정을 내세워 사람들의 오해를 불러일으킨다. 그들의 말에 현혹된 소비자들은, 유기농 표식을 부착한 식품이 지구를 건강하게 만들고 작물로 만든 연료가 생태계에 이로우며 클릭 한 번으로 손쉽게 자신이 배출한 이산화탄소를 제어할 수 있다고 믿으면서, 녹색 운송이나 생태 건축, 재생에너지 기술은 결함이 있거나 활용하기에 값이 너무 비싸서 대중화할 수 없다고 생각할 것이다. 이처럼 대중은 성공할 수 없는 해결책이 성공적인 해결책이라고 믿도록 유도되고 명백히 실현 가능한 해결책은 해결책이 아니라고 믿게 된다. 이 책에서 진정한 유기농업, 녹색 건축, 연비가 높은 운송 수단같이 오늘날 시행되고 있는 해결책을 선정해 그 해결책이 어떤 방식으로 구현되고 있는지 살펴보았다. 그러나 정치인과 기업가, 일부 환경주의자들은 이와 같은 진정한 해결책을 구석에 밀어 놓은 채 기존의 권력 구조를 거의 위협하지 않는 해결책만을 시행한다.

대규모 유기농업은 우리의 경제 체계가 돌아가는 방식을 극명하게 드러낸다. 〈아수카레라〉가 운영하는 대규모 사탕수수 플랜테이션은 화학물질을 뿌리지는 않지만 단일경작을 하며 산업적 방식으로 닭을 기르는 가금류 농장에서 나온 닭똥을 비료로 사용한다. 유기농 작물 재배지를 확장하기 위해 나무를 베어 내기도 한다. 〈아수카레라〉에 사탕수수를 납품하는 소농민 역시 생물 다양성이 보존되어 있는 토착림을 베어 내 사탕수수 재배지로 이용한다. 게다가 공정 무역 생산자로 등록되었다고 해도 라틴아메리카의 소농민이 작물을 판매해 더 많은 돈을 번다는 보장도 없다. 이런 일들이 파라과이에서 벌어지고 있다는 것을 설탕의 제국 〈홀섬스위트너〉 파라과이 지사에서 알게 된다고 해도 그들은 아랑곳하지 않고 〈아수카레라〉에서 생산하는 사탕수수를 계속 사들일 것이다. 파라과이의 유기농 사탕수수 농장에서 벌어지는 일이 이례적인 일이라고 치부하고 싶겠지만 사실은 그렇지 않다. 전 세계에서 가장 큰 인증 기관인 〈국제 유기농 인증 기관〉의 인증을 받았으며 전 세계에서 가장 큰 유기농 설탕 공급자 중 하나인 〈아수카레라〉에서 일어나는 일은 더 큰 유기농 거래 시장에서 일어나는 일을 반영한다고 볼 수 있다. 유기농 먹을거리 시장이 주류 시장으로 부상할수록 유기농 먹을거리 재배 방식은 자신이 도전장을 던졌던 기존의 상업적 농업 방식에 더 가까워져 생태계를 파괴하는 결과를 낳을 것이다. 이것은 유기농민과 유기농 먹을거리 가공업체가 경제성을 추구한 결과로, 경제성이야말로 우리 사회를 녹색 사회로 전환시킬 가능성을 제한하는 가장 큰 요인이다.

생태적 비용과 사회적 비용을 증가시키는 작물로 만든 연료는 가장 큰 재앙을 불러오는 씨앗이다. 나는 플랜테이션 기업이 다야크족의 숲을 개간하는 현장을 직접 목격했다. 인도네시아 보르네오섬에서 만난 다야크족은 기름야자 나무를 심어 바이오디젤을 생산하려는 농업 기업 때문에 조상에게 물려받은 땅에서 쫓겨나고 있었다. 농경지를 할당받아 기름야자를 재배하는 소농민은 생산물을 반드시 〈아처 대니얼스 미들랜드〉가 지분을 가지고 있는 주요 다국적기업에게만 판매해야 했다. 숲을 개간하고 플랜테이션이 들어오는 것에 반대하는 사람들은 경찰과 군인에게 위협받고 폭행당했다. 바이오 연료를 생산하기 위해 개간하는 것이 아닐 수도 있다거나 숲 파괴 활동에 대한 보도가 과장일 수 있다는 기존의 생각은 내가 목격한 사실 앞에 무릎을 꿇었다. '녹색' 연료가 유발하는 생태적 비용과 사회적 비용은 막대하다. 우리는 숲이 사람의 손을 타지 않은 채 보존되기를 바라고 숲이 이산화탄소를 흡수하고 보관하는, 지구에 필수적인 기능을 수행하기를 바라지만 바로 그 숲이 지구온난화의 진행을 멈춘다는 미명하에 사라져 가고 있다.

절반의 성공을 거둔 사례도 있긴 하지만 기본적으로 탄소 상쇄 사업은 실패하기 쉬운 사업이다. 〈골드스탠더드〉로부터 온전한 탄소 상쇄 사업임을 인정받기를 희망하며 〈마이클라이머트〉 같은 탄소 상쇄 전문 기업에서 자금을 지원받은 말라발리 마을의 바이오매스 발전소는 서류상으로는 근사한 사업처럼 보인다. 그러나 말라발리 발전소는 웹사이트에 게시되어 있는 내용과 전혀 다르게 운영된다. 말라발리 발전소는 지역 주민에게 전력을 직접 공급하지 않지만 웹사이트에는 그렇게 한다고 게시되어 있다. 〈말라발리 발전〉과 〈마이클라이머트〉는 내가 보고 들은 내용이 사실이 아니라고 반박하지만, 바이오매스 발전소의 노동조건은 실로 열악하며 목재 업자들은 발전소가 생긴 뒤부터 발전소에서 태울 연료나 주민들이 땔감으로 사용할 나무를 팔기 위해 건강한 나무를 베어 내게 되었다. 〈카본뉴트럴〉은 전기를 사용할 수 없거나 전기 사용이 제한적인 지역의 주민들에게 절실하게 필요한 전기를 공급한다. 〈카본뉴트럴〉이 후원하는 탄소 상쇄 사업이 제공하는 전기는 이산화탄소를 배출하는 등유등을 대체한다는 점에서 효과적이다. 그러나 이 사업은 석탄을 사용해서 발전하는 전기에 비해 가격이 비싸면서도 품질이 떨어지기 때문에 경쟁력이 없다.

탄소 상쇄 사업은 국가 차원의 에너지 생산이나 재생에너지 기술을 사용하려는 국제적 차원의 노력을 헛수고로 만드는 골칫거리다. 오늘 여기에서 방금 배출한 탄소가 다른 시간대의 다른 장소에서 상쇄된다거나 제거될 것이라는 기대를 품고 탄소를 계속 배출하는 행동은 사실 매우 수상쩍다. 일단 배출된 탄소는 오늘날의 지구온난화에 기여한다. 간접적으로 탄소를 제거한다거나 앞으로 수십 년 동안 천천히 탄소를 제거한다는 사업으로는 당장 배출되는 온실가스를 줄일 수 없다. 탄소 상쇄 사업이나 탄소 배출권 창출 사업은 개발도상국에서 사용하는 에너지를 청정에너지로 바꾼다는 명분을 내세우지만 장기적인 계획을 세우지 않으며 체계적인 재생에너지 설비를 갖추지도 않는다. 이산화탄소 배출권 거래나 탄소 상쇄 사업을 통해 저탄소 사회로 무난하게 진입할 수 있다는 생각은 어리석은 생각이다. "교토 의정서"와 미국 의회가 의결한 총량 거래 방식 모두가 탄소 상쇄권 거래라는 미심쩍은 체계에 지나치게 의존한다는 사실은 안타까운 일이 아닐 수 없다.

나는 산업적 유기농업, 바이오 연료, 이산화탄소 상쇄가 생태계를 보호하는 진정한 수단이 못되며 오히려 생태계를 훼손하는 무책임한 활동이라는 사실을 깨닫게 되었다. 이 활동들은 오늘날의 경제구조와 정치 구조를 가장 적게 위협하면서 생태계를 보호하는 활동에 불과하다.

다행히 적절한 지원이 이뤄진다면 실질적인 대안으로 자리 잡을 수 있는 활동도 있다. 화학물질을 사용하지 않고 작물과 가축을 기르는 뉴욕의 소규모 지역 농민은 토양의 영양을 보충하고 생물 다양성이 풍부한 생태계를 조성한다. 이들은 수많은 역경 속에서도 생물권의 생명력을 침해하지 않으면서 인간에게 필요한 먹을거리를 재배하는 방법을 개발해 왔다. 보르네오섬에서 혼농임업을 실천하는 다야크족과 마찬가지로 진정한 유기농법을 실천하는 뉴욕의 소규모 지역 농민은 산업적 농업이 등장하기 전부터 이어져 내려온 풍요로운 농업 지식을 보존해 가고 있다. 물론 이들도 모두 자원을 추출하며 살아간다. 그렇지만 적어도 그들은 대량생산 체제에 적합하도록 생태계 전체를 평준화해 재창조하는 방법을 택하지 않았다. 대신 생태계를 돌보고 건강에 이로운 먹을거리를 재배해 사람들에게 제공할 수 있는 농경법과 사회적 기반을 창조하고 유지한다.

그렇다고 해서 그런 대안이 가진 힘을 지나치게 과장해서는 안 된다. 사람들은 뉴욕의 소규모 유기농 생산자들이 산업적 방식으로 먹을거리를 생산하는 공룡에 맞서는 존재이기 때문에 그들이 생산한 먹을거리를 구입하기만 하면 만사형통이라고 생각한다. 그러나 그들이 생산한 채소, 달걀, 고기를 소비자들이 구입하는데도 농민들은 여전히 생계비조차 벌지 못해 고군분투하고 있었다. 내가 만난 소규모 유기농 생산자 중에서 “아, 그렇죠. 이 산업은 확실히 성장하고 있는 중이에요. 진짜 근사한 일입니다”라고 말한 농민은 단 한 명도 없었다. 유기농업 부문은 분명 성장하고 있지만 농사만 지어서 얻는 소득으로 살아가는 농민은 없다. 농장을 매입할 때 받은 융자, 높아만 가는 세금, 먹을거리 가공 시설이나 유통망을 용이하게 이용할 수 없는 현실, 미 농무부와 같은 정부기관의 비협조 등 소규모 유기농 생산자가 헤쳐 나가야 할 장애물과 장벽은 너무나 많았다. 지금보다 더 많은 지원이 이뤄지지 않으면 소규모 유기농 생산자들은 최고급 농산물을 비싸게 판매하는 작은 틈새시장을 벗어나지 못할 것이고 결국 대부분의 농민들이 유기농업을 그만두게 될 것이다. 이 책을 마무리하면서 모스 피츠에게 이메일을 보내 보충 질문을 던졌다. 내가 윈드폴 농장을 방문한 지 2년이 지난 시점이었는데도 피츠는 아직도 농장을 이전할 마땅한 장소를 찾지 못했다고 말했다. 보충 질문을 받은 피츠는 농장을 매각하고 다른 일을 찾는 것이 가장 합리적인 선택이라는 것을 충분히 이해하고 있다는 내용의 문자 메시지를 보내면서 다음과 같이 덧붙였다. "하지만 다른 농부에게 농장을 넘기고 이곳을 떠나려니 그것도 마음이 편하지는 않아요."[1] 피츠가 고집하는 농경법은 최저 기준만 충족시키면 그만인 산업적 유기농법에 비해 생태계에 더 많은 이득을 가져다준다. 그러나 그 이유만으로는 유기농 생산자들이 늘어날 수 없다. 소규모 유기농 생산자들의 활동이 더 활발해지면 생태계에도 좋은 영향을 더 많이 미칠 수 있을 것이다. 그러나 우리의 정치체제와 경제체제는 소규모 유기농 생산자보다는 대형 생산자들의 편에 서 있기 때문에 그런 일은 기대하기 어렵다.

런던과 프라이부르크에서는 생태계에 이로운 주거 문화가 원만하게 뿌리내리고 있다. 내가 실제로 머물면서 경험해 보니 에너지를 극도로 절약할 수 있는 아파트는 우리 문화에 맞지 않거나 낯선 주거 형태가 아니었으며 어색하거나 불편하지도 않았다. 녹색 주택에 거주하는 수천 명의 사람들은 가족과 더불어 지극히 정상적인 삶을 영위하고 있었다. 그러나 이와 같은 성공의 이면에는 여전히 비용이라는 장애물이 도사리고 있다. 기본적으로 모든 사람이 이와 같은 새로운 형태의 주택을 지을 비용을 감당할 수 있는 것은 아니다. 게다가 프라이부르크에서조차 기존 주택이 주택 시장의 대부분을 차지하며 새로운 주택은 지극히 일부분에 불과하다. 에너지 효율을 더 높이기 위해 건물 구조를 변경하는 일은 많은 사람에게 돈 낭비로 여겨진다. 장기적으로 보았을 때 그 비용을 회수할 수 있다 해도 일반적인 주택 소유자가 감당하기에는 여전히 높은 비용임에 틀림없다. 문제는 이것만이 아니다. 독일을 제외한 나라들에서는 왜 에너지 효율이 높은 건물이 정착하지 못하는 걸까. 생태 건축과 관련된 기술이나 지식이 부족하기 때문은 분명 아니다. 생태 건축이 현재의 경제구조에서 우선시되는 가치에 맞지 않기 때문이다. 지금의 경제구조에서는 재생에너지와 오염을 적게 배출하는 건물의 가격은 높을 수밖에 없다. 그렇기 때문에 생태 건축이 널리 보급될 수 없다. 그러나 프라이부르크가 시사하는 것처럼 녹색 에너지와 녹색 주택으로의 전환을 방해하는 정치적, 경제적 장애물에 의연하게 맞선다면 언젠가는 극복할 수 있을 것이다.

자동차의 경우 주류로 부상한 최초의 친환경 자동차는 〈토요타〉가 제작한 휘발유-전기 하이브리드 자동차 프리우스다. 프리우스를 구매하려는 대기자의 행렬이 더 길어지고 있고 더 작은 자동차와 오염을 적게 유발하는 자동차에 대한 수요가 치솟고 있지만 미국의 자동차 기업들은 여전히 미온적이다. 디트로이트에 본사를 둔 세계 최고의 자동차 제조사들은 녹색 자동차로는 휘발유 먹는 하마를 판매하는 만큼의 돈을 벌어들일 수 없다는 이유로 제대로 된 녹색 자동차를 생산하지 않고 있다. 효율이 매우 높은 주택과 마찬가지로 에너지를 적게 사용하는 바른 기술은 이미 우리 곁에 있다. 제대로 된 녹색 자동차가 나오지 못하는 이유는 온실가스를 더 적게 배출하는 기술이 없어서가 아니라 자동차 기업들이 더 많은 이윤을 남길 수 있는 자동차만 판매하려고 하기 때문이다. 자동차 제조 대기업들이 친환경 자동차를 대량생산한다 해도 이 기본적인 경제 논리는 변하지 않는다. 즉 이윤을 적게 남기는 기술은 생태계에 이롭든 아니든 무조건 후순위일 수밖에 없다. 정치적으로나 경제적으로 선택할 수 있는 패가 모두 없어져야만 미국의 주요 자동차 기업이 녹색 자동차를 만들기 위해 진지하게 노력할 것이다.

한편 미국의 주요 자동차 기업이 미국 시장에서 보여 주고 있는 노력이 얼마나 효과적인지는 아직 미지수다. 〈제너럴모터스〉가 입에 침이 마르도록 칭찬하는 플러그인 하이브리드 자동차 쉐보레 볼트는 미국의 도로를 달리는 자동차 중 가장 전도유망한 녹색 자동차다. 그러나 2010년에는 고작 몇 백 대만을 판매할 예정이며 가격도 일반 자동차에 비해 비쌀 것이다. 녹색 자동차 문제를 시장에만 맡겨 둔다면 자동차 운전자들이 오염을 더 많이 배출하는 자동차를 버리고 연비가 더 높은 자동차로 갈아타는 데 수십 년도 더 걸릴지 모른다. 연비가 더 높은 자동차로의 전환이 이뤄진다고 해도 쉐보레 볼트를 내놓은 〈제너럴모터스〉가 약속하는 것처럼 세 자릿수의 연비가 보장되는 것은 아니다. 더구나 미국의 도로에서 주행하는 플러그인 하이브리드나 전기 전용 자동차가 오늘날 이산화탄소를 가장 많이 배출하는 전기 생산 방식인 석탄을 사용하는 발전소에서 생산한 전기를 사용하는 한[2] 진정한 대안이 될 수 없다.

이 문제를 해결하기 위해서는 탄소세를 도입해 배출 규제와 연비 규제를 더 강화해야 한다. 탄소세의 핵심은 거둬들인 탄소세를 청정한 재생에너지 개발에만 투자해야 한다는 것이다. 만일 거둬들인 탄소세를 기업에 주어 기업이 겪고 있는 당장의 어려움을 피하도록 돕는 다른 용도로 사용한다면 탄소세를 걷는 의미가 사라질 것이다. 〈포드〉나 〈제너럴모터스〉를 비롯한 미국 자동차 제조사는 휘발유와 경유에 부과하는 탄소세가 미국보다 훨씬 높은 유럽에서도 효율이 높은 자동차를 판매하면서 이익을 낸다. 온실가스를 줄이기 위해서는 세계 최대 오염 배출원인 미국인들이 오염을 적게 배출하는 자동차를 구입할 수 있어야 한다. 더불어 원활히 운영되는 대중교통 수단을 도입하고 정말 안전한 자전거 도로를 조성해야 한다. 대안이 있는데도 시장에서는 원활히 이행되지 않는다. 바로 이것이야말로 우리의 경제체제가 제대로 된 체제가 아님을 보여 주는 강력한 신호다.

이 책을 쓰면서 유기농산물을 인증하는 〈국제 유기농 인증 기관〉, 동남아시아에서 활동하는 〈원탁회의〉, 전 세계에서 진행되는 이산화탄소 상쇄 사업을 인증하는 〈골드스탠더드〉를 비롯한 제3자 인증 기관에 대해 알게 되었다. 제3자 인증 기관은 생산자들의 정직성을 보증함으로써 소비자들이 자신이 지불한 값에 걸맞은 상품을 구입하도록 보장하며, 생태계를 파괴하는 활동을 고발하는 환경 관련 비정부기구나 사회 관련 비정부기구들이 항의할 일이 없도록 만들겠다는 목표를 표방한다. 그러나 인증 기관들이 수행하는 역할은 그렇게 단순하지 않다.

기름야자 나무 플랜테이션이 유발한 생태적 비용과 사회적 비용에 대한 관심을 이끌어 내기 위한 활동이 유럽에서 확산되는 와중에 〈세계 자연보호 기금〉, 〈유니레버〉, 팜유를 가공식품의 원료로 사용하는 유럽의 일부 식품 가공업체, 동남아시아 팜유 생산 기업은 공동으로 〈원탁회의〉를 설립했다. 오늘날에는 대형 농업 기업 〈아처 대니얼스 미들랜드〉와 〈카길〉, 팜유 생산업을 지배하는 〈윌마인터내셔널〉, 〈세계은행〉 소속 기관인 〈국제 금융 공사〉도 〈원탁회의〉 회원으로 활동한다. 〈원탁회의〉는 자신이 기름야자를 지속 가능한 방식으로 재배하도록 독려하는 적법한 감독자라고 생각한다. 그러나 〈원탁회의〉는 회원들이 보르네오섬 열대우림을 개간하고 불태우면서 토착 주민과 소농민 공동체를 내쫓고 있는데도 그런 행위를 막기는커녕 오히려 묵인하고 있다.

이런 일이 가능한 것은 감독 기관을 자청하는 기관에 책임을 물을 더 상위의 권위 있는 기관이 사실상 없기 때문이다. 미국의 유기농 인증 체계같이 그들에게 책임을 물을 기관이 있더라도 강제로 규제를 집행할 권한이 없으므로 한계에 봉착한다. 그렇기 때문에 파라과이의 〈아수카레라〉나 인도네시아의 〈윌마인터내셔널〉 같은 회사들은 한때 다양한 토착 생태계가 자리 잡고 있던 곳의 숲을 밀어내고 재배한 먹을거리를 생태계를 보존하는 데 기여하는 먹을거리라고 주장하며 판매할 수 있으며, 〈마이클라이머트〉를 비롯한 탄소 상쇄 전문 기업은 문제가 많은 탄소 상쇄 사업을 앞세워 탄소 상쇄권을 판매할 수 있는 것이다. 제3자 인증 기관이 발급하는 '신뢰의 표식'은 실제로는 생태계를 돌보지 않지만 마치 생태계를 돌보는 듯한 인상을 줌으로써 생태 문제에 민감한 소비자들을 안심하게 만든다. 더 많은 생산자, 식품 가공업자, 건축가, 탄소 상쇄 전문 기업이 인증을 받을수록 소비자들이 선택할 수 있는 제품의 범위는 넓어진다. 그러나 인증 기관, 인증을 받는 기업, 소비자 모두 실질적인 변화가 이뤄지고 있는지는 문제 삼지 않는다.

제3자 인증 기관들보다는 공동체를 바탕으로 자체적으로 시행되는 일부 인증 프로그램이 훨씬 효과적으로 운영되고 있는 것 같다. 제3자 인증 기관은 생태계를 훼손하는 저변의 세력을 제어하기 보다는 그것들을 가두고 있는 댐에 난 균열을 봉합해 보존하는 일을 담당한다. 오늘날의 인증 체계는 생태적 피해를 유발하는 원인에 초점을 맞추는 것이 아니라 증상에 초점을 맞추기 때문에 대부분의 인증 기관이 발급한 인증서는 더 청정한 녹색 상품임을 제대로 보증할 수 없다. 생태계를 성공적으로 돌보려면 생태계를 파괴할 동기를 제거해야만 한다. 그러나 자연을 훼손해야만 보상이 돌아오는 현실이 바뀌지 않는 한 현재의 감시 체계로는 역부족이다. 생태계를 파괴함으로써 이윤을 낼 수 있다면 생태계 파괴는 지속될 것이다. 그러므로 우리는 이윤을 어떻게 정의할 것인지에 대해 다시 검토해야 한다. 인증 기관과 그들이 발급하는 인증서가 생물권을 보호해 보존할 수 있으리라고 철석같이 믿어 버리고 만다면 생태계가 직면한 재앙을 해결할 진정한 해결책을 찾을 기회를 영원히 잃게 될 것이다.

옥외 광고 게시판, 티셔츠, 각종 표식, 광고는 매장에 진열된 제품을 구입하면 생태계를 구하는 일에 기여하는 것이라면서 소비자를 유혹한다. 그 광고들을 보면 물건을 구매하는 행위를 통해 쉽게 지구온난화에서 벗어날 수 있을 것만 같다. 내가 실천할 수 있는 해결책이 있다는 생각에 안도감마저 느끼게 된다! 그러나 그런 속임수에 넘어가 물건을 구입하는 사람들 중 상당수가 '바른' 상품을 구입하는 것으로는 충분하지 않다는 사실을 알고 있거나 적어도 의심하고 있다. 사실 제조업자가 밝히는 물건의 출처는 진실한 정보라기보다는 광고에 더 가깝다. 우리는 지구를 이롭게 하는 바른 행동을 하라는 모든 광고 문구를 진지하게 받아들이도록 강요당하고 있다. 그러나 구입하기만 하면 녹색의 미래를 밝힐 수 있다는 모든 친환경 제품들은 환경문제에 관심을 보이는 소비자를 자극해 물건을 더 많이 팔아 보려는 술책에 불과할 수 있다.

녹색 제품을 만들어 내는 곳들은 천연자원을 끝없이 빨아들이는 블랙홀과도 같았다. 그곳의 기업가들은 정부 관료와 긴밀한 유대 관계를 형성하고 있으며, 정부 관료들은 자신의 권력을 남용해 자원을 제한 없이 사용하도록 용인했고, 토착 주민과 농민 공동체는 피해를 입었다. 토착 숲을 끝없이 베어 내는 광경을 목격했고, 진정한 유기농업과 탄소를 조금만 배출하는 자동차 같은 성공적인 해결책을 공격하는 장면도 목격했다. 개발도상국에서는 생태계를 망치는 행위가 경제 논리를 충족시키는 현실을 목격했고 심지어는 녹색 기업도 그런 일을 자행한다는 사실을 알게 되었다. 이런 식으로는 해로운 과거를 저버리고 새로운 길로 들어설 수 없다. 생태계에 이로운 상품이라는 선전은 진행 중인 파괴 행위를 그럴 듯하게 치장해 덮어 버릴 뿐이다.

미국의 의료 정책에서 나타나는 주객전도 현상은 우리의 정치체제와 경제체제가 제대로 된 해결책을 도입할 역량이 없다는 사실을 잘 보여 주는 또 다른 사례다. 다른 나라에서는 이미 수준 높은 건강 증진 정책이 시행되고 있고 획기적인 치료법이 나타나기도 한다. 그러나 비용 문제로 생명을 살리는 의료 서비스를 제공받을 수 없는 사람은 미국에만 천만 명이 넘고, 전 세계에는 1억 명이 넘는다. 그 결과 미국에서는 의료 비용을 감당하지 못해 파산하는 가정이 생겨났고, 비용 때문에 병을 치료하지 못하는 사람들이 육체적 고통을 무조건 참고 있으며, 때로는 치료를 받지 못해 죽음에 이르기도 한다. 개발도상국에서는 말라리아나 설사같이 쉽게 치료할 수 있는 질병조차 치료받지 못해 수백만 명이 무의미하게 목숨을 잃고 있으며, 완치할 수는 없지만 악화되지 않도록 유지할 수 있는 에이즈 같은 질병에 적절하게 대처할 수 없어 고통받는 사람도 수백만 명에 달한다. 일부 지역에서는 제약 회사가 이윤을 줄이지 않겠다고 버티는 바람에 이런 문제가 몇 년이 가도록 해결되지 않고 있다. 비용을 지불할 수 있는 사람만 치료하는 일은 경제 논리에 부합하지만 인간의 생명이 돈보다 중요하다는 일반적인 관념으로 볼 때는 비합리적이고 잔인한 행태다.

2008년에서 2009년 세계를 덮친 경제 침체는 생태계 훼손을 막기 위한 오늘날의 해결책이 얼마나 효과가 있는지 파악하는 데 유용하게 활용할 수 있는 또 다른 은유다. 은행이 부채를 갚을 능력이 없는 사람들에게까지 이른바 서브프라임 모기지론을 후한 조건으로 제공하면서 금융 위기가 싹텄다. 은행은 서브프라임 모기지론 채권을 다른 여러 채권과 묶어서 금융시장에 판매했다. 이름난 자산 평가 회사들은 그 채권들에 최고 등급을 부여해 위험은 비교적 적고 이자는 비교적 높은 상품처럼 보이게 만들었다. 때문에 엄청난 투자 자금이 앞

다투어 월가로 몰려들었다. 몇 년 동안 큰 수익을 본 투자자들이 채권을 현금으로 교환하기 시작하자, 가장 탄탄하다고 하는 금융회사조차 투기에 가까운 차입을 통해 투자를 진행하는 상황이던 미국의 금융 체계는 한꺼번에 무너졌다. 산업 전문가들은 수천억 달러에 달하는 투자 자금에 문제가 없다고 투자자들을 안심시켰지만 말짱 거짓말이었다. 결국 세계의 금융시장은 도저히 이해할 수 없을 정도로 큰 규모의 부채로 만신창이가 되고 말았다.

우리는 온실가스 문제를 쉽게 해결할 수 있다고 생각한다. 유독성 기체가 이미 재앙에 가까운 수준으로 배출되고 있는 이 시점에도 우리는 오염을 유발하는 활동을 지속하면서 별일 없을 것이라며 진지하게 생각하지 않으려 한다. 마치 금융시장 붕괴로 인해 엄청난 재앙이 닥치기 직전까지도 경제가 안전하다는 생각이 정치적으로나 사회적으로 용인되었던 것과 마찬가지인 상황이다. 생명을 죽음으로 몰아가는 활동이 가장 큰 이윤을 안겨 주기 때문에 시장과 시장이 자체적으로 벌이는 규제 활동은 약탈적인 이윤 추구 활동 대부분을 제어하지 못하고 있다. 자연을 파괴하는 행위는 큰돈이 되기 때문에 독립성이 떨어지는 규제 기관은 그런 행위를 규제할 수 없다. 유명 인사는 물론이고 정치 지도자, 기업가, 산업계를 이끄는 거물급 인사 대부분은 소비자들이 지구를 구하고 있다고 치켜세우고, 우리는 그런 말에 쉽게 넘어간다. 그러나 붕괴되기 직전의 주식시장 가치가 심하게 부풀려졌던 것과 마찬가지로 배출량이 줄어들었다는 그들의 주장이 우리를 안심시키기 위해 날조된 것이라면 지구온난화에 진 빚의 만기가 도래하는 날 우리가 겪을 고통은 예상보다 훨씬 극심할 것이다. 생태계 파괴 문제를 해결하기 위해 우리가 하고 있는 투자가 잘못된 방식으로 진행되고 있는 것이라면 우리는 엄청난 실패를 맛보게 될 것이다.

자본주의의 본성

오늘날 생태계가 직면한 위기를 해결하는 방법으로 제시되는 해결책의 이면에는 친환경 자본주의natural capitalism 또는 녹색 자본주의로 일컫는 철학이 자리 잡고 있다. 의식적으로든 무의식적으로든 여러 비영리 단체, 기업, 정부의 일부 관료들이 받아들인 친환경 자본주의는 우리가 시장을 지렛대로 삼아 생태계 파괴 문제를 해결할 수 있다고 말한다. 친환경 자본주의에 따르면 에너지를 절약하고 폐기물을 줄이며 지속 가능성이 더 높은 자재와 건설법을 활용하는 기업은, 점점 줄어들 수밖에 없는 천연자원을 두고 다투는 상대 기업에 비해 우위를 점할 수 있다.[3] 녹색 일자리를 창출하고 에너지 절약을 장려하며 재생에너지에 투자하는 버락 오바마 대통령의 정책도 이런 접근법에 바탕을 두고 있다. 다음 세대를 위해 생태계를 훼손하는 행위를 당장 멈춰야 한다고 촉구하는 사람들도 있지만 친환경 자본주의가 최상의 해결책이자 가장 현실적인 방법이라고 믿게 된 사람들은 지난 10년에서 15년 사이 더 많아졌다.

1999년 발간된 『친환경 자본주의: 또 다른 산업혁명*Natural Capitalism: Creating the Next Industrial Revolution*』은 〈로키산맥 연구소Rocky Mountain Institute〉라는 자원 정책 연구소를 설립한 로빈스 부부Amory and L. Hunter Lovins, 기업가 겸 저술가 폴 호켄Paul Hawken이 함께 저술한 책이다. 이 책은 기업 소유자나 경영인에게는 지구를 건강히 지킬 수 있는 방법으로 기업을 운영해 나가야 할 책임이 있다고 말한다. 친환경 자본주의는 사회적 책임을 다하는 기업이라는 개념을 생태계로 확장한 형태로, 이윤만을 앞세우는 것이 아니라 기업의 회계에 인간과 지구라는 항목을 포함시켜 이른바 '지속 가능 경영의 3대 축triple bottom line' [인간(사회적 책임), 지구(환경보호), 이윤(경제성장)][4]을 증진하자고 한다. 친환경 자본주의와 관련된 또 다른 주장들도 속속 등장하고 있다. 토머스 프리드먼Thomas Friedman이 쓴 『뜨겁고 평평하고 붐비는 세계*Hot, Flat, and Crowded*』, 미하엘 브라운가르트Michael Braungart와 〈포드〉 루주 공장 재설계 책임자인 윌리엄 맥도너가 공동 저술한 『요람에서 요람으로*Cradle to Cradle*』[『요람에서 요람으로』, 김은령 옮김, 에코리브르, 2003],경제 평론가 대니얼 C. 에스티Daniel C. Esty와 앤드루 S. 윈스턴Andrew S. Winston이 공동 저술한 『녹색 황금*Green to Gold*』은 생태계를 보호하려면 이윤을 희생해야 한다는 통념에 맞서 녹색 경영을 실천하면 오히려 이윤이 높아질 것이라는 주장을 편다. 따라서 생태계를 지켜 내는 길을 걷는 기업이나 나라들은 그렇지 않은 기업이나 나라와의 경쟁에서 우위를 점하게 될 것이다. 친환경 자본주의는 변화에 동참하는 자들이 큰 승리를 거머쥘 것이라고 약속한다. 그들의 계산에 따르면 생태계에 이로운 일이 기업에도 이롭다.

자본주의적 생산 양식을 도입한 이래 기업은 생산 효율을 높이는 방식으로만 비용 절감을 추구해 왔다. 그러나 친환경 자본주의는 비용 절감의 차원을 한 단계 끌어올린다. 기본적인 효율 증진은 물론이고 폐기물을 만들지 않으면서 에너지를 절감하는 자연 특유의 방식을 모방해 생산공정을 재설계하라고 조언한다. 바로 이것이 생체 모방biomimicry[5]이라고 알려진 개념이다. 거미줄을 생각해 보자. 거미줄은 군용 방탄복을 만드는 데 사용하는 합성섬유 케블라Kevlar보다 강도가 높다. 거미는 파리나 다른 곤충을 소화시켜 실을 만들지만 석유화학 제품인 케블라를 만들기 위해서는 막대한 에너지와 위험한 화학물질이 필요하다.[6] 저자들은 산업 생산이 생체 모방을 통해 생태계를 반영하게 될 것이라고 본다.

또한 친환경 자본주의가 제시한 생각 중에는 상품의 '흐름'에 관한 내용이 있는데 이는 매우 주목할 만하다. 요약하면, 우리에게 필요한 물건을 구입하는 대신 임대해서 그 물건을 사용하는 목적을 누릴 수 있다는 것이다. 먹을거리를 차갑게 하기 위한 물건인 냉장고를 임대하고 타인과의 유대 관계를 유지하기 위한 물건인 휴대폰을 빌린다.[7] 빌려 준 기기가 파손되면 제조사는 물건을 수리해 주거나 교체해 준다. 기기의 수명이 다하면 제조사는 기기를 회수해 못쓰게 된 기기의 부품을 새 기기에 재활용하거나 자원을 재활용한다. 〈제록스Xerox〉는 디지털 복사기를 관리하는 도큐먼트 센터를 운영해 고객에게 '서비스를 임대'한다. 〈제록스〉는 도큐먼트 센터 같은 사업을 통해 파손된 기기의 부품을 재활용해 제품의 노후화를 늦춤으로써 고객 서비스를 강화할 수 있다. 결국 소비자가 기존에 사용하던 제품을 버리고 계속 신제품을 사야만 이윤을 남길 수 있는 기존의 판매 방식과 다르게 필요한 서비스를 더 많이 제공함으로써 이윤을 남기는 구조가 된다.[8]

앞으로는 기존의 경영 방식이 먹히지 않을 것이라는 로빈스 부부와 폴 호켄의 지적은 옳다. "[산업 자본주의는] 자신이 활용하는 자본 중 가장 큰 자본, 즉 천연자원과 생활 체계, 사회 체계와 문화 체계에 아무런 가치를 부여하지 않는다. 그러나 그것들이 바로 인간 자본의 근간이다."[9] 이런 태도 때문에 자연의 부를 축적해 만든 현금은 기업이 가져가면서 자연의 부를 축적하는 데 따르는 비용은 생태계와 미래에 떠넘기는 현상이 생겨났고 경제학자들은 이런 현상을 비용의 외부화라고 부른다. 로빈스 부부와 폴 호켄은 그 결과 완전히 고장 난 시장이 나타났다고 설명한다.[10] 잘못된 정부 보조금과 무역 정책으로 인해 시장이 왜곡되면서 오염을 많이 유발하는 대기업에만 유리한 상황이 조성되었다는 것이다.[11] 따라서 이 시장에 참여하는 소비자는, 애덤 스미스Adam Smith가 그 필요성을 처음 주창했고 뒤이은 경제학자들이 이어받아 주장해 온, '온전한 정보'를 얻을 수 없게 된다. 우리는 식료품점에 쌓인 수많은 생선, 수도꼭지에서 콸콸 흐르는 물, 스위치만 누르면 환해지는 불빛을 비롯한 풍부한 물자 공급과 낮은 상품 가격에 현혹되어 자연의 한계를 깨닫지 못하는 경우가 많다. 그 결과 우리는 충분한 정보가 없는 상태에서 무엇을 먹을지, 어떤 집을 구입할지, 어떤 운송 수단을 이용할지 고르게 된다.

호켄은 과거에 지은 책에서 '온전한 비용을 반영한 가격 계산법'이 소비자의 정보 부족이라는 핵심적인 문제를 해결할 수 있다고 주장했다.[12] 여러 환경 단체에서 진정한 비용 계산법이라고 생각하는 이 방법에 따르면 소비재에 붙은 가격표에는 해당 제품의 생산, 유통, 폐기에 들어가는 모든 자원의 비용이 반영되어야 한다. 이를 도입하려면 정부의 규제와 개입이 필요하겠지만 일단 이 계산법이 도입되면 시장은 지금보다 더 적절하게 기능하게 될 것이다. 먹을거리, 연료, 섬유의 가격에 외부 비용이 반영되면 소비자들은 온전한 정보를 얻게 될 것이고, 생태계의 안녕을 책임지고 지킬 수 있는 제품이 가장 저렴할 것이므로 그런 제품을 구입하게 될 것이다.[13] 소비자들이 친환경 제품을 더 많이 요구하게 되면 시장에서 경쟁해야 하는 기업들은 소비자의 요구를 따를 수밖에 없을 것이다.

언뜻 보기에는 간단해 보이지만 호켄이 주장하는 온전한 비용을 반영한 가격 계산법을 실제로 수행하는 일은 생각보다 복잡하다. 감자칩 과자 한 봉지를 생각해 보자. 온전한 비용을 반영한 가격 계산법을 과자 제조 공장에서부터 적용해야 할지, 아니면 비료와 살충제가 난무하는 감자밭에서부터 적용해야 할지, 아니면 농부가 트랙터를 몰고 다니는 단계에서부터 적용해야 할지, 아니면 더 나아가 트랙터를 만들기 위해 필요한 광물을 캐는 단계로 거슬러 올라가 적용해야 할지 불분명하다. 또한 광물 추출 때문에 오염된 물을 마신 탓에 질병에 시달리는 사람들의 고통이나 철강 공장 주변 지역 주민들이 앓는 천식의 고통을 가격으로 계산해 낼 방법은 없으며, 감자칩 과자 한 봉지를 생산하는 데 필요한 석탄이나 석유를 추출하는 데 들어간 생태적 비용과 사회적 비용을 계산해 낼 방법도 없다. 이와 같은 제반 요인을 정말로 모두 가격에 반영한다면 모든 물건의 가격이 상상도 못할 정도로 비싸질 것이므로 시장이 멈춰 버릴 것이 불 보듯 뻔하다. 더불어 온전한 비용을 반영한 가격 계산법은 경제적, 지정학적 이유 때문에 국제적 차원에서 이뤄져야 한다. 말하자면 미국은 자국 기업에게 비용을 내부화하라고 강제하는데 EU나 러시아는 그런 조치를 취하지 않는다면 미국 기업은 경쟁력을 잃고 시장에서 퇴출될 것이다. 온전한 비용을 반영한 가격 계산법은 우리가 사용하고 있는 회계 처리 방식이 생태 문제를 전혀 고려하지 않는 현실을 드러내 준다는 점에서 유용하고 중요한 개념이다. 우리는 그 개념을 이용해 우리가 사용하는 상품이 어디에서 유래했는지, 그 상품의 가격과 임금이 어떤 방식으로 책정되는지 같은 핵심적인 내용을 논의할 수 있다. 그러나 그런 논의에 만족해서는 안 되며, 시장이 생태계가 앓고 있는 질병을 치유할 도구로 활용하기에는 적절하지 않다는 더 근본적인 논의로 나아가야 한다.

로빈스 부부와 호켄이 제시한 친환경 자본주의의 또 다른 핵심은 경제 방정식을 뒤집으면 생물권에서 **더 적은 자원**을 추출하면서도 기업이 성장할 수 있다는 생각이다. 이들은 화학 회사 〈듀퐁DuPont〉을 친환경 자본주의가 원만히 작동할 수 있는 사례로 제시한다. "교토 의정서"가 추구하는 목표에 공감한 〈듀퐁〉은 1990년대 말 이산화탄소 배출을 1991년 수준의 절반으로 줄이겠다고 약속했다. 〈듀퐁〉은 이산화탄소 1톤을 줄일 때마다 6달러의 순 비용이 절약되므로 이산화탄소 배출 절감이 기업에도 이익이 되는 현명한 행동이라고 말한다.[14] 저자들은 다른 기업들도 〈듀퐁〉처럼 이산화탄소를 줄이면서 비용을 절감하는 일거양득을 추구해야 한다고 설명한다. 그러나 〈듀퐁〉 같은 기업이 에너지 발자국을 줄여서 절약한 수십억 달러의 대부분은 더 많은 소비자에게 판매될 더 많은 제품을 생산하는 데 투입된다. 〈듀퐁〉이 에너지 **집약적**인 생산공정을 도입한다 해도 회사가 경쟁력을 갖추고 계속 성장하려면 생산의 **규모**는 계속 커질 수밖에 없다. 이와 같이 친환경 자본주의는 자본주의의 본질을 호도한다. 로빈스 부부와 호켄은 이렇게 말한다. "미국이 현존하는 기술만 제대로 활용해도 지금 쓰는 에너지 비용에서 매년 3천억 달러를 절감할 수 있다. (…) 그러므로 지구의 기후를 보호해야 하는 이유는 **비용이 아닌 이윤** 때문이다."[15] 하지만 그렇게 발생한 이윤이 기업의 재정 건전성을 유지하기 위해 오염을 유발하는 제품 생산에 도로 투입된다면 이들이 예언한 대로 생태계의 건강이 증진되기는커녕 오히려 더 악화될 것이다. 이와 같은 역효과는 제번스의 역설Jevons Paradox[16]로 알려져 있다. 19세기 중반의 경제학자 윌리엄 스탠리 제번스William Stanley Jevons는 효율이 더 높아지면 자원을 덜 쓰는 것이 아니라 더 많이 쓰게 되는 모순을 지적했다. 식물유전학자 겸 〈토지 연구소Land Institute〉 소장 웨스 잭슨Wes Jackson은 최근 어느 언론과의 인터뷰에서 이렇게 말했다. "〈월마트〉가 에너지 효율이 높은 새로운 전구를 매장에 설치하고 연료를 절반만 소비하는 트럭을 도입해 물건을 유통하겠다고 발표했을 때 그렇게 절약한 돈으로 무엇을 하려고 했을까요? 그들은 그렇게 절약한 돈으로 어딘가에 새로운 매장을 낼 것입니다. 참으로 어이없는 일입니다."[17]

우리의 경제체제가 이런 방식으로 기능하는 이유를 묻는 심도 깊은 질문에 대해 개인으로서의 인간이 원래 탐욕스럽고 스스로를 통제할 수 없는 존재라는 평범한 진리를 되새기며 쉽게 답하는 사람들이 있다. 분명 인간은 물질적인 풍요를 누리며 만족을 얻는 존재임에 틀림없다. 그러나 그렇다 해도 오늘날 서구 사람들이 배출하는 폐기물의 규모나 유해성은 결코 정상적이라 할 수 없을 만큼 부자연스럽다. 인간의 본성 때문이라기보다는 그렇게 행동하도록 학습되었다고 보는 것이 더 맞는 것 같다. 그리고 시장에서 자신의 몫을 확대하고자 하는 기업들은 우리에게 그런 행동 방식을 강요하면서 이익을 누렸다. 반세기 넘는 시간 동안 산업과 상업은 광고와 각종 홍보 수단을 동원해, 결과에 대해서는 신경 쓰지 말고 천연자원을 비롯한 각종 상품을 구입해 마음껏 사용하라고 소비자를 가르치고 부추겨 왔다. 소비자가 더 많은 물품을 구입할수록 기업의 이윤이 더 늘어난다는 단순한 논리였다.

그렇지 않으면 개인이 책임을 다하지 못했다고 자책하면서 위안을 삼는 방법도 있다. 굳은 신념 때문이었든 무지 때문이었든 희망사항이었든, 그런 사람들은 사회가 지금까지 존재해 온 방식 이외의 방식으로는 존재할 수 없었기 때문에 여기까지 왔다고 스스로를 다독인다. 사람들은 오랫동안 강, 바다, 하늘에 오염 물질을 쏟아부어도 되며 숲, 산, 땅 속 같은 곳에서 자원을 무제한으로 추출할 수 있다고 믿어 왔고 이 담론은 지금도 계속 유지되고 있다. 그런 믿음으로 살아 온 사람들은 지금에서야 어렴풋이 그런 일이 불가능하다는 것을 깨닫기 시작한 참이다.

그러나 지구가 우리에게 자원을 무한정 제공할 수 없다는 사실을 깨달은 선각자들이 아예 없었던 것은 아니다. 주기적으로 찾아오는 기근의 한복판에서 토머스 맬서스Thomas Malthus를 비롯한 18세기 고전 경제학자들은 자원의 희소성 문제에 대해 고심했다.[18] 시어도어 루스벨트Theodore Roosevelt는 대통령으로 재임하던 20세기 초반에 이미 자원 보존과 토지 보존을 제도화해 자연 체계를 과도하게 사용하지 못하게 제어했다.[19] 자연을 보호해야 한다는 자각을 드러낸 사례는 그 외에도 많았다. 1913년 대중잡지 『미국인과 과학*Scientific American*』은 에너지 문제를 특집으로 다뤘다. "세계의 석유가 고갈될 가능성에 대해 깊은 관심을 가져야 한다. 이 문제는 우리의 일상 도처에 도사리고 있다."[20] 『미국인과 과학』은 특집 기사에서 태양에너지, 풍력, 조력, 심지어 지구의 자전에서 발생하는 힘을 포획하는 기술에 대해 심도 깊게 취재했다. 게다가 80여 년 전 우리 모두에게 전기에 의존하는 생활을 선사한 토머스 에디슨은 친구 헨리 포드와 하비 파이어스톤Harvey Firestone에게 이렇게 말했다. "태양 에너지를 이용할 수 있는 기술을 개발하는 데 투자할 생각이야. 그보다 더 근사한 에너지원이 또 어디 있겠나! 석유나 석탄이 고갈된 뒤에야 그 문제에 대처하려고 한다면 이미 늦은 거나 다름없을 걸세."[21]

생태계 훼손을 막을 효과적인 해결책의 시행을 가로막는 걸림돌이 있다면 그것은 극복할 수 있는 문제지만, 인간의 본성이 가장 근본적인 장애물이라고 생각한다면 사실상 할 수 있는 일은 아무 것도 없다. 조지 오웰George Orwell은 '구조의 변화가 아니라 정신의 변화'[22]라는 말을 한 적이 있는데 그의 말을 받아들인다면 그저 추상적인 관념 속에 빠져 한 걸음도 전진하지 못할 것이다. 생태계 훼손에 대한 대중의 인식이 점점 커져서 대부분의 유럽 나라에서 친환경 관련 법이 시행되고 있고 제3자 인증 기관 제도도 도입되었지만, 여전히 우리는 자유 시장 자본주의 체제 속에서 살아가고 있다. 이 체제에서는 자연 체계에서 천연자원을 최대한 많이 추출하기 위해 숲에 사는 토착 주민을 몰아내는 일이나 세계에서 가장 부유한 소비자들이 잠시 사용하다 버려 매립지로 향하고 말 상품을 끝없이 공급해 이윤을 만드는 일이 반복될 것이다. 기업이 더 높은 효율을 달성한다면 사용되는 자원의 양이 줄어들므로 그만큼 천연자원을 덜 사용하게 될 것이다. 그러나 지구를 구하는 데 있어 효율이 핵심적인 역할을 담당한다 해도 그것만으로는 충분하지 않다. 온전한 비용을 반영한 가격 계산법에 최대한 근접한 계산을 수행하려면, 그리고 이산화탄소를 배출하는 일에 자금이 투입되지 못하게 하려면 산업에 대한 더 포괄적인 규제를 도입해야 하고 기존의 정치 구조와 경제구조에 대해 재성찰해야 한다.[23] 그렇지 않으면 점진적인 변화가 나타난다 하더라도 결국 내가 이 책을 쓰면서 접하게 된 해로운 결과들은 사라지지 않고 모두 그대로 유지될 것이다.

2012년이 되면 탄소 배출 규제를 받지 않는 나라들도 "교토 의정서"에 제시된 배출 감축을 이행해야 한다. 그러나 "교토 의정서"를 계승한 후속 협상이 지지부진하게 진행되는 틈을 타, 막강한 이해관계자들이 온실가스를 배출하지 못하도록 더 강력하게 통제하는 조항을 삭제하기 위해 고군분투하고 있다. 이 책을 쓰면서 내가 살펴본 이산화탄소 저감 사업들은 대부분 생태 위기를 해결하는 데 시장이 앞장서도록 하는 철학을 바탕으로 수립된 사업이었다. 그리고 그런 사업은 이산화탄소 저감이라는 목표를 제대로 달성하지 못하고 있다. 지구온난화 및 여타 주요한 생태 문제를 해결할 방법으로 제시되는 기술과 설비의 가격이 낮아져 그 기술을 활용하는 기업이 이윤을 낼 수 있을 때까지 무작정 기다리는 것은 지극히 무책임하고 위험한 행동이다. 아무리 좋은 의도를 가졌다 해도 소비라는 안경을 쓰고 생태계 훼손 문제에 대한 해결책을 찾는다면 생태계를 보호하려는 누구에게나 필요한 해결책이자 이미 활용해 온 해결책들로부터 오히려 멀어지게 된다. 경제학자 프랭크 애커먼Frank Ackerman은 이렇게 말한다. "사회를 이루고 살아가는 우리가 어떤 존재이며 자유 시장의 한계는 무엇인지 그리고 우리가 자연과 인간의 건강에 무엇을 빚지고 있는지 스스로 자문해 보아야 합니다. 이 문제는 기본적으로 도덕의 문제이기 때문에 그 해답을 경제에서 찾을 수는 없을 것입니다. 이 문제는 경제적 진리를 뛰어넘는, 경제 가설에 우선하는 문제입니다."[24] 애커먼은 시장이 생태계의 건강을 적절히 평가할 수 있다고 생각하는 사람이 많지만 사실은 그렇지 않다고 말한다. "시장과 시장에서 판매하는 물건에 환호하다 보면 어느 순간 도를 넘게 됩니다. 사람들은 시장이 실제로 할 수 있는 일보다 더 많은 일을 하고 있다는 착각에 빠져 있습니다."

체계적인 변화를 향해 나아가는 골치 아픈 사업과 다르게 간단하기 때문에 값이 비싸더라도 녹색 소비에 빠지는 사람도 있다. 그러나 정치는 녹색 소비를 악용한다. 온실가스 배출을 의미 있는 수준으로 통제하는 일, 자연의 순환 체계를 따르는 농법을 활용한 농산물 생산을 포괄적으로 지원하는 일, 태양에너지·풍력·지열·조력발전소를 건설하고 그곳에서 생산된 전기를 건물이나 자동차에 이용할 수 있게 하는 체계를 구축하는 일, 대중교통 수단에 투자하는 일, 토착 생태계 파괴를 부채질하는 경제적 조치들을 없애는 일 같은 실질적인 대책을 피해 가는 수단으로 삼는다. 코스타리카에서 개간지에 다시 숲을 조성하고 있는 것과 같은 사후 약방문식의 대책으로는 성장에 바탕을 둔 기존의 경제체제가 생태계를 훼손하는 속도를 따라잡을 수 없다.

생태계를 건강하게 만드는 활동이 변덕스러운 기업의 필요에 따라 좌시우지된다면 거품 낀 금융시장, 방향을 잘못 잡은 정부 정책, 지구온난화, 죽어 가는 바다, 생물 다양성 파괴 같은 병폐는 사라지지 않을 것이다. 온전한 비용을 반영한 가격 계산법을 보면, 현재 우리가 가치를 매기는 방법을 그대로 사용할 경우 생태계가 파탄나고 말 것임을 알 수 있다. 진행 방향을 수정하려면 우선 성장이 무엇인지 규정하는 관념부터 바꿔야 한다. 새로 규정된 성장 관념을 바탕으로 한 경제는, 성취감이나 바람 같은 인간의 만족감을 충족시킬 수 있고 지금까지 자연을 망치고 사람을 착취하는 가운데 얻어진 돈으로 확보해 온 안전을 다른 방식으로 이룰 수 있을 것이다. 의미 있는 전환을 위해서는 기존과는 다른 상품을 생산하는 정도로는 부족하며 기존과는 전혀 다른 방식으로 성공을 정의하거나, 덜 소비하는 것이 생활수준을 **향상**시킬 수 있다는 등의 대안 논리를 창안해야 한다. 오늘날 우리는 민주주의가 후퇴한 시대에 살고 있다. 우리 시대의 평범한 시민들은 참여를 통해 시민으로 거듭나는 것이 아니라 '물건을 구입'하는 것이 옳은 길이라고 설득당하고 있다. 오늘날의 친환경 시장은 수요와 공급 및 시장 우대 정책이 지구를 구할 가장 효과적인 방법이기 때문에 우리가 올바른 물건을 구입한다면 생태 문제가 해결될 것이라고 속삭인다. 그러나 미국의 경우 전체 부의 85퍼센트가 상위 20퍼센트의 부자들에게 집중되어 있고[25] 전 세계로 시야를 넓혀 보면 부의 집중도는 더 높아진다. 각자가 원하는 대로 물건을 구입한다 해도 결국 자연을 죽음으로 몰아가는 경제체제에서 이득을 가장 많이 누리는, 가장 많은 부를 소유한 사람들이 세상을 좌우할 것이다. 그러므로 가치 있는 것이 무엇이고 그 가치를 어떤 방식으로 산정할 것인지 재검토해야 한다. 지나치게 많이 생산하고 소비하며 쓰레기를 많이 배출하는 방식으로는 삶의 질을 높일 수 없으며 인간의 복리도 증진되지 않는다는 사실을 인정하지 않는다면, 우리는 지구온난화 및 여타 생태 문제들에 제대로 대처해 나갈 수 없을 것이다.

대책

진정한 녹색으로 거듭나는 길

파레 마을에서 만난 다야크족 공동체는 보르네오섬에 사는 다른 주민들처럼 혼농임업을 실천한다. 혼농임업은 기존에 조성되어 있는 숲을 그대로 활용해 먹을거리로 쓸 작물을 재배하고 연료나 건축자재를 확보하며 약으로 쓸 식물을 채취해 소득을 얻는 복잡한 활동이다. 이 복잡한 농경법이 추구하는 목표는 사람들이 숲에서 필요한 것을 얻되 미래에도 열대우림이 풍요로움을 유지하도록 다양한 생명의 그물망을 훼손하지 않는 것이다. 파레 마을을 방문했을 때 모모누스 촌장과 그의 부인 마르가레타는 농경지에서 수확한 먹을거리나 숲에 사는 나무에서 채취한 열매로 식사를 만들어 주었다. 그들이 키우는 닭이 낳은 달걀과 정어리 통조림도 먹었다. 주변의 다른 마을 사람들도 기본적으로 토착 생태계와 공존하면서 농경과 사냥을 통해 먹을거리를 얻기 때문에 파레 마을 사람들과 비슷한 식사를 한다. 안내인으로 따라온 〈왈히〉 소속 연구원은 1990년대 말 아시아에 경제 위기가 찾아오자 도시에서 극빈

층으로 살아가던 사람 중 상당수가 보르네오섬에 사는 사람들처럼 열대우림에 의존해 살아가는 가족들에게로 돌아왔다고 설명했다. "인도네시아가 1990년대 말의 경제 위기를 극복할 수 있었던 중요한 이유 중 하나였습니다. 이곳에는 풍성한 먹을거리가 있거든요. 숲이 안전망인 셈입니다."[1] 경기후퇴의 물결이 전 지구를 덮치고 있는 오늘날에도 바로 그 안전망이 작동하고 있음은 물론이다.

생물 다양성을 증진하는 일은 먹을거리를 재배하는 일만큼이나 중요한 농경 활동이다. 파레 마을의 다야크족이 실천하는 자연의 순환 체계를 따르는 농법의 핵심은 한때 누구나 향유할 수 있었지만 누구의 것도 아니었던 숲의 토지를 관리하는 일이다. 숲을 '소유'한 사람은 없지만 모든 가족이 저마다의 농경지를 관리한다. 각자가 관리하는 재배지 사이의 경계를 분명히 구분하면서 토지를 공유하는 방식은 숲의 건강과 비옥함을 유지하면서 그곳에서 살아가는 모두가 숲에 의존해 생계를 이어 나갈 수 있게 한다. 일반적으로 3년 정도 지나 토양이 고갈되면 공동체는 농경지를 더 비옥한 지역으로 옮기고 토양이 고갈된 자리는 비워 두어 재생되기를 기다린다. 그리하여 맨 처음 경작했던 장소로 다시 돌아가는 데 평균 15년이 걸린다.[2] 숲에 의존해서 살아가는 주민 대부분은 수렵과 채집을 통해 먹을거리를 얻는다. 보르네오섬에 사는 다야크족이 실천하는 혼농임업은 아주 효과적인 농경법이다. 숲에 사는 주민들은 숲에서 자신들에게 필요한 것을 얻으며 수백 년 동안 살아왔지만 무너지기 쉬운 열대우림의 균형도 깨뜨리지 않았다.

다야크족이 실천해 온 자연의 순환 체계를 따르는 농법에 반대하는 사람들은 다야크족이 토지를 효과적으로 사용하지 않는다고 주장한다. 지구상의 인구가 폭발적으로 증가하는 상황에서는 최대한 많은 농경지를 확보하는 것이

상식이다. 이 논리에 따르면 고작 몇 백 명의 사람들이 넓은 숲을 차지하고 있는 것 자체가 자원 낭비다. 숲을 개간하면 수천 명을 먹일 작물을 생산할 수 있기 때문이다. 18세기 경제학자 토머스 맬서스가 계산한 바에 따르면 지구의 수용 능력은 제한적인 반면 인간은 비교적 제약을 받지 않고 자손을 늘리기 때문에 인간은 결국 결핍에 직면하게 된다. 1960년대 말 과잉인구의 위협을 더 상세히 다룬 『인구 폭발*The Population Bomb*』에서 파울 에를리히Paul Ehrlich는 많은 사람이 굶어 죽을 것이라고 예언했고[3] 저명한 환경주의자들과 사상가들은 과잉인구에 대한 두려움에 사로잡혔다. 맬서스주의에 입각한 에를리히의 주장은 최근 다시 등장해 생태계 붕괴를 분석한 대부분의 논의를 지배한다.

인구 통제는 복잡한 문제인데다가 **특정 집단**은 아기를 가져서는 안 된다는 식의 인종 문제로 비화되기 쉽다. 어쩌면 우리는 인간의 필요와 욕구의 문제를 조금 다른 시각에서 즉, 우리가 속한 생물권에 입각해 파악해 볼 수 있을 것이다. 지구에는 많은 사람이 산다. 그러나 무엇에 비해 많다는 말인가? 과잉인구론에 따르면 우리가 소비하는 **것**이 문제다. 지구에 사람이 더 많아질수록 자원은 더 희소해질 것이다. 그러나 과잉인구론은 소비 **방식**이라는 더 중요한 문제를 고려하지 않는다. 〈세계 자원 연구소World Resources Institute〉에 따르면 평범한 미국인은 "평범한 인도인에 비해 육류와 생선은 20배, 종이·휘발유·경유는 60배 더 쓴다."[4] 가장 가난한 아프리카 나라와 부유한 나라들 사이의 소비량을 비교하면 더 극명한 차이를 보인다. 충격적인 수치임에 틀림없다. 그러나 문제의 핵심은 개발이 덜 된 나라들에 비해 서구 사람들이 훨씬 더 많은 자원을 소비한다는 사실이 아니라 자원이 필요한 사람들에게 자원이 할당되지 못하게 가로막는 우리의 경제체제와 정치체제다.

〈식량 윤리 위원회Food Ethics Council〉에 따르면 유럽과 북미에서 버리는 과일, 채소, 곡물, 육류, 기타 먹을거리만으로 전 세계에서 굶주리는 1억 명을 먹이고도 남는다.[5] 〈유엔 식량 농업 기구〉는 식량 부족의 일차적인 이유는 공급 부족에 있는 것이 아니라 경제체제와 정치체제에 있다고 보고했다.[6] 다시 말해 문제는 먹을거리 부족이 아니라 먹을거리를 구입할 돈이 없는 것이다.[7] 2007년에서 2008년 전 지구를 덮친 식량 위기는 식용으로 이용되던 곡물을 바이오 연료를 생산하기 위한 원료로 전환한 현상과 연관되어 있지만 지금 살펴본 것처럼 진짜 문제는 공급 부족이 아니라 어느 때보다 높이 치솟은 가격이다. 이 문제를 해결할 방법을 화학물질을 많이 사용하는 공장식 농업 같은 기술적인 방법에서만 찾으려 하고 사회구조의 문제에 대해서는 고려하지 않는다면 생태 위기와 사회 위기를 해결할 진짜 해결책을 활용할 수 없게 된다. 증가하는 인구를 먹여 살리기 위해 농업을 확대하는 방법도 있지만 알다시피 농업은 온실가스를 배출하고, 토양을 고갈시키며, 강과 대양을 오염시키고, 어마어마한 양의 물과 화석연료를 사용하는 활동이다. 그러므로 우리의 정치 구조와 경제구조를 완전히 뜯어 고쳐 이미 생산된 식량을 필요한 사람들에게 배분하는 구조로 바꾸는 방법을 활용해야 한다. 생태계의 생물 다양성을 증진하고, 사회적으로 정의로운 방식으로 먹을거리를 재배하고 주택을 건설하며 교통망을 운영하도록 우리의 정치 구조와 경제구조를 바꿔야 한다. 오늘날의 생태 혁명은 기술에도 의존해야 성공한다. 과거의 기술과 지금의 기술을 적절히 배합한 복잡한 농경법과 제조 방법 및 도구들이 오늘날의 생태 혁명에 필수적이다. 그러나 우리가 이루고자 하는 변화는 전적으로 이웃, 공동체 구성원, 시민, 인간으로서의 우리가 그 기술을 어떤 방식으로 활용하느냐에 달려 있다.

자연의 순환 체계를 따르는 농법은 토양을 보존하고 주변의 생물권을 지키면서 농사를 짓기 위해 수많은 토착 주민들이 활용해 온 농경법으로, 우리가 활용할 수 있는 대안에는 어떤 것들이 있는지 보여 주는 좋은 사례다. 이 장에서는 앞선 장들에서 탐색했던 대안들을 검토해 보고 바람직한 사고방식을 지닌 소비자로서 실천할 만한 해결책이 있는지 논의할 것이다. 건강한 생태계에 필수적인 생물 다양성을 증진하는 한편 풍성한 수확과 높은 삶의 질을 보장할 수 있는 지속 가능한 농경법의 사례를 살펴볼 것이다. 더 중요한 사실은 우리가 추구하는 대안들이 생태계 파괴 이면에 정치 구조와 경제구조가 자리 잡고 있다는 사실을 밝혀 줄 것이라는 점이다. 더 실질적이고 적절한 삶의 방식을 찾아 나서기 위해서는 우리가 찾은 대안들을 실행에 옮겨야 한다. 어쩌면 그런 과정을 거치면서 우리는 지구 곳곳에 자리 잡은 천태만상의 공동체, 주거지, 운송망에 공히 적용될 수 있는 사회의 기틀을 마련하게 될지도 모른다.

농업 생태학에서는 농장을 인간의 활동과 끊임없이 상호작용하는 복잡한 생명망이라고 이해할 때 비로소 생태계의 균형을 유지할 수 있다고 말한다. 농업 생태학은 생산된 작물의 가치뿐 아니라 토양을 구성하는 영양 성분의 말 없는 작용, 벌레·잡초·동물의 역할, 인간의 기여도를 모두 포함해 작물의 가치를 평가한다. 농업 생태학계를 이끄는 미구엘 알티에리Miguel Altieri 캘리포니아 주립대학 버클리 캠퍼스 곤충학 교수는 사회적으로 정의로운 활동과 농업의 번영 사이에 어떤 연관성이 있는지 잘 보여 준다.[8] 작물 재배를 역동적인 활동으로 이해하는 농업 생태학의 영역은 화학물질을 사용하지 않는 작물 재배나 지역에서 재배된 먹을거리에만 국한되지 않는다. 알티에리 교수에 따르면 "인간은 먹을거리, 섬유, 연료, 기타 상품을 생산해 소비하고 가공하기 위해 주변 생태계를 바꿔 왔는데 농업 생태계란 이와 같이 인간에 의해 변경된 물리적, 화학적 생태계와 상호작용하는 동식물 공동체를 말한다."[9] 농업 생태학은 농장을 작물 외의 다른 생물이 전혀 없도록 균질화된 생산 공간으로 보지 않는다. 농장은 끊임없는 자연 과정이 이뤄지는 공간이고 경작은 더 너른 생물학적 주기에 포함되는 활동이다. 알티에리 교수는 농업 생태학에 입각해 농사를 짓는 농장에서는 관행 농업에서 반드시 사용해야 하는 유해한 화학물질을 더 적게 투입하면서도 생산성이 상당히 증가했다는 사실을 밝혀냈다.[10] 농업 생태학은 산업화된 농업이 지구상에 존재하는 60억 명의 인구를 먹여 살릴 유일한 방법이라는 주장의 오류를 폭로한다. 알티에리 교수는 농업 생태학에 입각한 농경법을 활용하면 유기농산물 생산량이 두 배 늘어날 수 있기 때문에 유기농업이 화학물질에 의존하는 관행 농업과 경쟁할 수 있는 경쟁력을 갖추게 될 것이라고 말한다.[11]

농업 생태학에 입각한 농경법이 생태계를 보호하는 가운데 전 세계의 곡물 수요에 부응할 만큼 충분히 많은 곡물을 생산해야 한다는 문제를 해결하게 되었다면 농업 생태학이 다음으로 해결해야 할 문제는 경제적인 지속 가능성이다. 뉴욕에서 유기농산물을 생산하는 소농민의 사례에서 이미 보았듯 자연의 순환 체계를 따르는 농법을 실천하는 대부분의 소농민은 유기농산물을 높은 값을 받고 파는데도 자기 인건비조차 벌어들이지 못한다. 그러므로 농업 생태학은 생산된 유기농산물을 적절한 비용으로 제대로 가공할 가공 시설과 독자적으로 유통시킬 유통망 구축 문제도 다룬다. 그리고 일부 지역에서는 소비자가 작물 재배에 직접 참여하고 가격 결정 과정에도 참여하는데 이와 같은 소비자 참여도 농업 생태학이 다뤄야 할 영역이다. 농업 생태학에 입각한 농경법은 파라과이에서 운영되고 있는 겉만 그럴싸한 대규모 '유기농' 농장보다 더 많은 양의 농산물을 생산할 수 있는 잠재력을 가지고 있다. 중앙아메리카에서는 최근 몇 십 년 동안 농업 생태학에 입각한 농경법을 실험해 왔다. 농업 생태학에 입각한 농경법을 정착시킨 브라질의 농장을 통해 이 대안 농경법의 구체적인 모습을 살펴보자.

1980년대 초 인류학자들은 페루 안데스 평원의 지역공동체와 협력해 지금은 사라진 과거의 농업을 부활시키려는 계획을 세웠다. 케추아어Quechua language로 와루-와루스Waru-Warus 또는 와루-와른스Waru-Warns라 일컫는 고대 농경법은 정확한 연대는 알 수 없지만 대략 3천여 년 전에 시작된 것으로 알려져 있다.[12] 이들은 안데스 평원 곳곳에 흩어져 있는 농장을 찾아다니면서 와루-와루스의 자취를 추적하기 시작했다. 와루-와루스라는 농경법이 오래전에 자취를 감춘 가장 큰 이유는 몇 세기에 걸쳐 이어진 가뭄 때문이고 다음으로는 20세기 중후반에 들어 화학물질을 활용한 농경법이 도입되었기 때문이다. 콜럼버스가 신대륙을 발견하기 이전에 활용되던 농경법에 대해 더 많은 것을 알고 싶었던 인류학자들과 일부 마을 주민들은 안데스식 쟁기를 비롯한 전통 농기구를 활용해 밭을 조성함으로써 고대의 농경지를 재현했다.[13] 첫 수확의 계절이 되었을 때, 농민들은 화학물질에 기대는 기존 농경법을 활용한 재배지에 비해 전통 농경법을 활용한 재배지의 생산량이 적게는 두 배에서 많게는 14배 많다는 사실에 놀랐다.[14]

와루-와루스는 보통 약 90센티미터 높이의 둔덕에 길이 90미터, 너비 9미터 크기로 조성된 밭을 말한다.[15] '천수관개' 방식을 사용하기 위해 빗물을 모으는 수로가 밭을 둘러싸고 있다. 수로에 서식하는 조류藻類가 토양의 양분을 보충하는 데 쓰이기도 한다. 재배지를 둘러싼 수로는 악천후로부터 밭을 보호하고 홍수나 가뭄을 제어하며 고도가 3,800미터나 되는 알티플라노Altiplano 고원의 추운 밤에도 토양의 온도를 따뜻하게 유지하는 역할을 한다. 생산량이 무려 14배나 높아졌다는 인상적인 결과에 고무된 페루 정부와 여러 비정부기구들이 고대 농경법을 되살리는 계획에 참여했다.[16] 이후 20년 동안 와루-와루스 농경법은 알티플라노 고원 전역으로 퍼져 나가 오늘날까지 이어지고 있다. 유해 물질 사용을 배제하고 토양을 재생하는 방식의 농경법을 되살린 와루-와루스 재생 사업에 동참한 농민들은 더 많은 사회참여를 통해 생활도 개선해 나갔다.[17] 주민, 정부, 인류학자, 비정부기구가 참여해 이 제도를 떠받칠 탄탄한 사회구조를 형성하지 않았다면 와루-와루스 재생 사업은 더 많은 어려움에 봉착했을 것이다. 국경을 맞대고 있는 볼리비아는 페루와 자연 조건이 동일하기 때문에 와루-와루스 농경법을 도입한 시범 농장을 설립했지만 페루와 다르게 정부나 주민들이 적극적으로 참여하지 않은 까닭에 모두 황폐해지고 말았다.[18]

정부와 비정부기구가 페루 농민과 협력한 또 다른 사례는 고대의 계단식 농지를 복원한 일이다. 계단식 밭을 도입하고 나서 덩이줄기 작물인 감자와 오카Oca 생산량이 50퍼센트 증가했다. 그 덕분에 100달러이던 농민의 연소득이 이후 10년 동안 500달러로 늘어났다.[19] 온두라스 농민도 유기비료를 사용하고 다양한 작물을 섞어 짓는 방식으로 토양의 유실을 방지하며 고갈된 땅심을 회복시키는 농경법을 도입했다. 그 결과 생산량이 적게는 세 배, 많게는 네 배 늘어 텃밭에서 가족의 먹을거리나 겨우 재배하던 농민들이 지역 시장에 작물을 내다 팔 수 있게 되었다. 토지를 소유하지 못한 일꾼들의 소득도 50퍼센트가량 동반 상승했고 수십 개의 일자리가 새로 생겨났는데 그중에는 농업 생태학에 입각한 농경법을 다른 주민들에게 교육하는 일도 있었다. 도시의 빈민가로 떠난 주민들이 시골로 복귀해 버려진 농장을 재건하면서 작물을 재배하자 소득은 한층 더 높아졌다.[20] 고대의 농경법을 복원하려는 노력이 생태계를 회복시키지 못했다면, 정부 기관·환경 단체·사회정의를 추구하는 비정부기구의 더 너른 사회적 지원이나 관심이 없었다면, 무엇보다 중요한 주민의 참여가 없었다면 고대의 농경법을 복원하려는 노력은 사회적 이득으로 이어지지 못했을 것이다.

최근 브라질 남부 농업 지역에서도 비슷한 운동이 일어나고 있다. 이 운동을 주도하는 〈에코비다 농업 생태 네트워크(Rede Ecovida de Agroecologia, 이하 에코비다)〉는 농민, 정부 기관, 과학자, 환경 단체, 공동체를 바탕으로 농업 생태 체계를 구축하는 데 헌신하는 공익단체들의 연합체다. 1980년대 브라질 최남단에 위치한 파라나Paraná 주, 리오 그란데 도 술Rio Grande do Sul 주, 산타 카타리나Santa Catarina 주는 브라질의 농업이 점점 산업적 농업으로 바뀌어가는 데 반발해 대안 농경법을 찾기 시작했다.[21] 미국은 자신이 개척한 기술을 바탕으로 상업만을 강조하는 산업적 농업을 창시했고 이 농경법을 녹색 혁명이라는 이름으로 개발도상국에 전파했다. 산업적 농업은 기본적으로 화학물질을 투입해 작물을 재배하는 대규모 단일경작법을 바탕으로 삼는다. 산업적 농업은 땅을 농업을 위한 수단으로만 생각하기 때문에 토양의 건강 따위에는 관심을 갖지 않는다. 가톨릭교회와 루터교회, 노동조합, 농민, 환경 단체가 산업적 농업을 거부하는 운동을 지원했고[22] 결국 1998년 〈에코비다〉가 탄생했다.[23]

〈에코비다〉의 목적은, 열대우림을 개간하고 단일경작을 하며 화학물질을 퍼붓고 수출 지향적인 농업 기업이 브라질의 농업을 잠식하지 못하도록 방어하고 사회와 생태계를 통합하는 농업을 장려해 지역 주민들이 이득을 누리게 하는 것이다. 오늘날 〈에코비다〉는 1,500여 곳의 가족 농장과 지역공동체를 연계하는 연계망을 구축하고 있다.[24] 리오 그란데 도 술 주 정부는 한 단계 더 나아가 생물 다양성을 증진하고 사회를 통합시키는 농경법이 번성하도록 돕는 다양한 지원 방안을 수립했다.[25]

〈에코비다〉의 핵심 활동은 〈참여 인증 협회Association of Participatiory Certi- fication〉 명의로 발급되는 유기농 인증 사업이다. 미국의 경우와 마찬가지로, 인증서를 받고자 하는 〈에코비다〉 소속 농민은 우선 브라질 정부가 규정한 공식 유기농 기준을 충족해야 인증서를 받을 수 있다. 그러나 여기에 더해 〈에코비다〉 구성원들의 대표자 즉, 동료 농민, 농업 생태 관련 활동을 하는 비정부기구, 농업 생태학 전문가, 유기농 농축산물 가공업자, 유통 업자, 소비자들이 구축하고 운영하는 경영 원칙과 생산 원칙도 준수해야 한다.[26] 이해관계의 갈등으로 얼룩진 미국식 인증 방식과 다르게 〈에코비다〉 인증 방식에서는 사회의 다양한 구성원이 농민의 농업 활동을 검증하는 일에 참여한다. 〈에코비다〉의 유기농 인증 과정은 농업 기술을 교환하고 생산자와 전문가들이 해당 기술의 효율성에 대해 의견을 교환하는 장이다. 농장에 대한 평가를 마치면 〈에코비다〉는 인증서를 발급하거나, 기준에 미달했을 경우 개선할 점에 대해 조언하며, 인증에서 여러 차례 탈락하는 생산자에게는 교육을 받도록 조치한다.[27] 〈에코비다〉의 또 다른 중요한 특징은 구성원이 생산한 농산물을 적절한 가격에 매입해 지역에 판매하는 유통망의 역할도 겸한다는 점이다.

작은 범위의 지역을 중심으로 이뤄지는 활동에는 다양한 이해 당사자들이 참여할 수 있는 여지가 많기 때문에 유기농 인증서를 발급하는 일은 해당 지역 사회를 구성하는 요소로 자리 잡게 된다. 알티에리 교수가 설명한 농업 생태학의 정의에 따라 〈에코비다〉는 생태, 사회, 기술의 문제를 통합적으로 인식한다. 그럼으로써 〈에코비다〉에 참여하는 농민이나 식품 가공업자는 인증서를 받기 위해, 때로는 사기에 가까운 부적절한 행동도 서슴지 않는 미국이나 유럽의 인증 기관에 매달리지 않아도 된다. 유기**농산물** 자체에만 주목하는 서구의 인증 체계와 다르게 농업 생태학이나 〈에코비다〉의 인증 체계는 농업을 역동적인 과정이자 문화적, 생물학적으로 다양한 **과정**이라고 생각한다.

미국에서도 미 농무부 기준을 따르는 민간 조사 기관이나 인증 기관을 배제하고 더 믿을 수 있는 인증 기관을 설립하려는 운동이 벌어지고 있다. 또한 생태적인 측면을 더 많이 고려하도록 장려하는 경영 방법이 기업에 도입되어 효과를 내고 있다.

1장에서 잠시 언급한 "자연 친화 재배 인증"은 〈에코비다〉와 유사한 인증 체계로 생태계를 보존하는 활동과 사회 공헌 활동을 통합적으로 파악해 인증서를 발급하기 때문에 천연자원에 대한 책임감을 고취한다. "자연 친화 재배 인증"은 2002년 미 농무부가 공식 유기농 기준을 마련한 데 따른 대응으로 론 코슬라 대표와, 뜻을 함께하는 농민들이 주축이 되어 만들었다.[28] 미 농무부가 정한 공식 유기농 기준에는 불합리한 기준이 많았기 때문에 농민들은 많은 고통을 받았다. 이를테면 조사 비용을 낼 수 없는 농민이나 어마어마한 양의 문서 작업을 할 여유가 없는 농민, 다양한 생태계에 적합하지 않는 천편일률적인 미 농무부의 공식 유기농 기준을 따르지 않기로 결심한 농민은 유기농법으로 재배했든 아니든 자신이 재배한 농산물에 유기농 표식을 붙일 수 없었다.

관행 농업 방식도, 미 농무부의 공식 유기농 기준도 따르지 않는 농민들의 현실에 맞게 만들어진 "자연 친화 재배 인증"은, 인증을 받고자 하는 농민이 미 농무부가 제시하는 기준보다 더 수준이 높은, 자연의 순환 체계를 따르는 농법에 따라 농사를 짓도록 유도한다.[29] 인증 비용은 50달러에서 175달러 사이로 책정되는데 인증서 한 장을 발급받는 데 1천 달러는 족히 들어가는 공식 유기농 인증 비용에 비하면 무료나 다름없다. 농민들이 제출해야 하는 문서도 소규모 유기농민들의 형편에 맞게 조정되었다. 미 농무부 공식 유기농 인증에서는 제3자 인증 기관이 파견한 조사관이 단독으로 조사 업무를 수행하지만 "자연 친화 재배 인증"의 경우에는 다수의 농민 자원봉사자들이 다른 농민의 농장을 조사해 인증의 통일성을 유지하는 안전장치로 삼는다. "자연 친화 재배 인증"은 인증을 받은 생산자의 정직한 기준 준수를 독려할 뿐 아니라 지역 농민의 공동체를 구축하고 그에 걸맞은 공동체 문화를 만들고자 한다. 코슬라 대표에 따르면 "자연 친화 재배 인증"은 미국의 50개 주 전체, 그리고 해외에서도 시행되고 있다.

2장에서 잠시 언급한 미국 최대 낙농 협동조합 〈오거닉밸리〉는 미국에서 대안을 찾는 사람들이 펼치고 있는 운동의 또 다른 측면을 보여 준다. 1988년 농민 일곱 명이 모여 설립한 〈오거닉밸리〉는 이제 치즈, 달걀 등의 유제품을 생산하는 조합원 1,300명을 둔 낙농 협동조합으로 발돋움했다.[30] 〈오거닉밸리〉는 소농민에게 유기농법에 대한 교육과 전환 자금 등을 지원한다. 조합원은 미국 32개 주에 퍼져 있고 전국에 낙농 제품을 판매한다. 2008년 〈오거닉밸리〉는 5억 달러의 매출을 올렸다. 스스로를 '기업이 아닌 단체'로 소개하는 〈오거닉밸리〉의 의사 결정 구조에서는 경영진과 농민 조합원이 동일한 발언권을 지닌다.[31] 최근 발생한 두 가지의 사건을 보면 이렇게 책임을 공유하는 의사 결정 구조가 매우 효과적이란 것을 알 수 있다.

2004년 〈오거닉밸리〉는 조합원의 요청에 따라 〈월마트〉 납품을 중단했다.[32] 막강한 대형 소매업체 〈월마트〉는 〈오거닉밸리〉에 생산량을 늘리되 가격은 낮추라고 압력을 넣고 있었다. 조합원들은 〈월마트〉의 요구에 부응하려면 〈오거닉밸리〉가 반대해 온 공장 방식으로 낙농 제품을 생산할 수밖에 없다는 결론을 내렸고 그에 따라 〈월마트〉에 대한 납품을 중단하기로 결정했다.[33] 몇 년 뒤 〈오거닉밸리〉는 생태의 건강을 지키는 활동을 중단하라는 또 다른 압력을 받았고 이번에도 농민 조합원들의 힘으로 그 압력을 이겨냈다. 그러나 이번에는 외부에서가 아니라 〈오거닉밸리〉 경영진의 압력이었다. 2008년 〈코르뉴코피아 연구소〉는 유기농 인증을 받았지만 사실은 소 7천 마리를 산업 방식의 비육장에서 기르는 낙농업체 〈텍사스 데어리Texas Dairy〉가 생산한 우유를 〈오거닉밸리〉가 '비밀리에' 구입해 유통시켜 왔다는 사실을 폭로했다.[34] 비리가 드러났지만 〈오거닉밸리〉 경영진은 공급을 늘릴 필요가 있다고 주장하면서 〈텍사스 데어리〉로부터 계속해서 우유를 구매했다. 이 소식을 들은 농민 조합원들은 〈오거닉밸리〉 경영진에게 당장 거래를 중단하라고 촉구했다. 거래를 끊게 되면 〈오거닉밸리〉의 이익이 줄어들 것이 뻔했기 때문에 일반적인 기업이라면 꺼릴 만한 결정이었다. 그러나 〈오거닉밸리〉의 의사 결정 구조는 구성원의 책임을 강화하는 구조였기 때문에 농민 조합원들은 생태계 보존 같은, 이윤 외의 다른 목표에 대해서도 주의를 기울였다. 농민 조합원 케빈 잉글버트Kevin Engelbert는 이렇게 언급했다. "협동조합의 주인인 농민 조합원이야말로 최상의 파수꾼입니다."[35]

산업적 방식으로 가축을 기르는 낙농업자의 우유를 구입한 〈오거닉밸리〉는 기업은 몸집을 키워야 하고 그렇지 않으면 경쟁자에게 고객을 빼앗기고 만다는, 성장이라는 자본주의의 본질적인 명령 앞에 무릎을 꿇었다. 자본주의가 가하는 경제적 압력 때문에 생산자는 우리 모두에게 필요한 자연 체계의 정상적인 생산 속도보다 더 빠른 속도로 생산해서 이윤을 내지 않으면 안 된다. 자본주의의 경제적 압력이 짓누르는 상황에서 용기를 내어 올바른 행동을 하겠다고 나선 농민 조합원들이 없었다면 〈오거닉밸리〉는 이름만 유기농인 낙농제품을 취급하게 되었을 것이다. 경영에 적극적으로 참여하는 농민 조합원은 〈오거닉밸리〉가 스스로 정한 생태적 기준과 사회적 기준을 충족시키는 데 따르는 이윤의 손실을 기꺼이 감수한다. 다시 말해 농민 조합원들은 새로운 경제 논리를 구축해 가고 있다. 궁극적으로 라틴아메리카의 〈에코비다〉가 운영하는 인증 제도와 미국의 "자연 친화 재배 인증" 같은 참여 인증 제도, 〈오거닉 밸리〉 같은 협동조합은 건강한 생물권을 유지할 수 있는 가능성을 보여 준다. 그러나 시장에 우선하는 제도를 도입하는 것만으로는 건강한 생물권을 유지할 수 없다. 생태계가 직면한 재앙을 사소한 것으로 치부해 버리거나 생태계를 보존하려는 책임감을 개별 소비자의 행동이나 선택에 떠넘겨서도 안 된다. 약탈당하고 오염된 생태계를 개선하기 위해 광범위한 경제적, 정치적 해결책들을 수립하는 사회만이 생태계의 번영을 보장할 수 있다.

위에서 언급한 체계적인 대책들이 무엇을 말하는지 모르겠다고 여기거나 지나치게 복잡해 비현실적인 대책이라고 생각할 수도 있다. 그러나 체계적인 대책들은 낯설어서도, 복잡하거나 비현실적이어서도 안 된다. 현재의 미국 먹을거리 체계에서 실현 가능할 법한 몇 가지 전환의 사례를 상세히 그려 보이면 앞서 제시한 체계적인 대책들의 구체적인 모습을 떠올릴 수 있을 것이다. 농업 부문에 대한 이야기를 계속해 보자. 농업 부문의 경우, 활용이 가능하지만 묵혀 두고 있는 해결책들을 활용함으로써 더 높은 생태 효과와 경제 효과를 달성할 수 있다. 통상적 농축산물이 아닌 유기농 농축산물을 유통하는 유통망을 구축하고 간소화하면 유기농민들이 더 저렴한 가격으로 소비자들에게 유기농 농축산물을 판매할 수 있게 될 것이고 생태 발자국도 더 줄어들 것이다. 식품 안전 규제를 적절하게 재정비해 소규모 농민과 소규모 농축산물 가공업자가 생태적으로 건강한 농축산물을 소비자들이 만족할 만한 가격으로 더 많이 제공할 수 있도록 독려해야 한다. 물론 이러한 대책만으로는, 우리의 경제체제가 천연자원을 무제한으로 사용하면서 초래한 거대 규모의의 생태 파괴를 단숨에 되돌릴 수는 없겠지만 적어도 우리 사회가 진일보할 수는 있을 것이다.

오늘날 관행적인 방식이 아닌 유기농법으로 농축산물을 기르는 수없이 많은 농민들은 유통망이라는 주요한 장애물에 직면해 있다. 들판에서 식탁으로 이동하는 유통망을 개척하고 유지하는 일은 보통 힘이 드는 게 아니다. 〈제너럴밀스〉 같은 대형 식품 가공업체나 〈월마트〉에서 〈홀푸드〉, 영국의 슈퍼마켓 체인점 〈테스코〉에 이르는 대형 소매업체는 비용 면에서 효율이 높기 때문에, 그리고 항상 같은 수량과 단일한 품질을 유지해야 하기 때문에 수량이나 품질이 각양각색인 소규모 농민 여러 명과 거래하기보다 대형 농장 한 곳과 거래하기를 선호한다. 소농민을 배제하는 지금의 유통 체계가 소비자에게 별다른 도움이 되지 않는다는 사실을 인정하고 소농민도 쉽게 접근할 수 있는 적절한 유통 체계를 새로 구축해야 한다. 관행 농법이 아닌 유기농법으로 농사를 짓는 지역 농민들이 더 너른 시장에 진입하지 못한다면 그 농민들은 부유한 소비자에게만 자신들이 기른 농축산물을 판매하게 되고, 일반인들이 이용하는 유기농 시장에는 규정을 엄격하게 준수하지 않고 기른 농축산물만 넘쳐 나게 될 것이다. 지역의 유기농민을 돕는 지원 체계를 새로 구축해 이들이 기른 농축산물을 적절한 방식과 적절한 가격으로 유통시킨다면 생태계에 이로운 방식으로 농축산물을 생산해 유통시키는 일이 가능해질 것이다. 그런 지원 체계야말로 생태계를 보존하는 농업의 핵심 요소다.

또 다른 중요한 한 걸음은 식품 안전 규제를 대규모 농장이나 대형 식품 가공업체가 아니라 소규모 농민과 소규모 농축산물 가공업자에 적합하게 재정비하는 일이다. 규제를 재정비하면 온전히 친환경 농법으로 농사를 지어 온 지역 농민이 지금까지는 접근하기 힘들던 도축장 같은 시설을 적정 가격에 활용할 수 있다. 참으로 어이없게도 병원성 대장균 오염을 최소화할 것을 규정한 강화된 안전 규제는 오히려 병원성 대장균 같은 오염을 치명적인 문제로 확대시킨 미국의 대형 육가공업체에게 유리하게 작용한다. 산업적 방식으로 운영되는 농장의 가공 시설에서 육류가 처리되기 전에는 병원성 대장균 같은 오염은 큰 위험 요소가 아니었다. 어쨌든, 오늘날 소규모 도축장은 대형 육가공업체에서 운영하는 도축장과 동일한 규제의 적용을 받기 때문에 소규모 도축장이라도 비용이 많이 들고 복잡한 문서 작업을 해야만 하며 소규모 도축장에는 어울리지 않는 대규모 설비를 갖춰야 한다. 규제를 충족시키지 못하는 지역의 소규모 도축장은 문을 닫아야 한다. 2009년 『마더 존스』에 실린 글에 따르면 지역의 소규모 도축장이 미 농무부 기준에 맞는 설비를 갖추기 위해 지출한 금액은 평균 200만 달러다.[36] 〈타이슨〉이나 〈퍼듀Perdue〉 같은 대형 육가공업체에는 200만 달러가 껌 값이나 다름없겠지만 소규모 자영 축산농민에게는 살인적인 액수다. 소규모 도축장에 대한 규제를 별도로 운영한다면 더 많은 조사관이 활동해야 하므로 미 농부부의 행정 비용이 늘어나겠지만 우리에게는 식품 안전과 생태적으로나 사회적으로 가치 있는 농업에 투자할 책임이 있다.

많은 사람들이 지적하듯 5년마다 개정되는 미국 "농장법"은 유기농과 유기농을 넘어선 진정한 유기농을 실질적으로 지원하는 법이 되어야 한다. 미국 "농장법"은 연구 개발에 지원되는 엄청난 액수의 보조금을 이용해 관행 농업이 아닌 방식, 기존의 유기농법을 뛰어 넘는 방식으로 농사를 지을 인력을 훈련시키는 등 미국에서 이뤄지는 다양한 농업 생태 운동을 지원할 수 있고, 토지를 매입해 농사를 시작하는 농민이나 준교외 지역이 확장됨에 따라 농지를 옮겨야 하는 기존 농민에게 낮은 이율의 대출을 제공하는 등의 도움을 줄 수도 있다. 미국 "농장법"은 교육, 사회적 책임과 생태계 보존을 장려하는 연계망 구축, 세금 감면, 유기농 인증을 받지 않았더라도 관행 농업이 아닌 방식으로 농사를 짓는 농장에 대한 경제적 유인책 등 다양하고 실질적인 지원책을 활용하는 한편 대안 농업인이 활용할 수 있는 효과적이고 효율 높은 유통망을 구축하고 유지해 대안 농업인을 지원할 수 있다.

개인, 지역단체, 비정부기구, 사회단체와 환경 단체, 연구자, 학자, 과학자, 정치인, 기업가, 마지막으로 소비자를 비롯한 사회의 모든 행위자들이 이 노력에 동참해야 한다. 소비를 하지 않고 살 수 없는 존재인 우리에게는 자원이 반드시 필요하다. 그러나 생태계에 미치는 악영향을 최소화하고 나아가 생태계에 이로운 방식으로 우리의 욕구를 충족시켜야 한다. 높은 생활수준을 유지하려면 반드시 그에 걸맞게 많은 쓰레기와 오염이 유발된다는 인식을 지녀야 한다. 지구를 지키는 올바른 행동을 하려면 개인이 내린 선택의 결과에만 주목하는 것이 아니라 먹을거리, 주거, 운송이 생태계에 미치는 영향에 대해 성찰해야 한다. 우리가 소비하는 물건의 양과 질은 인간 특유의 역사적 조건이 빚어낸 문화가 결정하는 것이지 인간 고유의 품성 때문에 정해지는 것이 아니다. 인간은 새로운 행동 방식을 습득함으로써 기존에 습득한 행동 방식을 바꿀 수 있는 존재다.

사회 생태적 관점에서 볼 때 우리는 우리 사회에 더 깊이 참여해서 정치적 삶을 구성하는 행위자로서의 자신을 경험해 볼 필요가 있다. 지구온난화에서 빠져나갈 방법을 돈을 주고 살 수 있다면 큰 위안이 되겠지만 그렇게 하려고 시도하자 바이오 연료를 생산한답시고 열대우림을 개간해 그 자리에 번성하던 토착 생태계를 밀어내고 단일경작을 하는 광대한 농장으로 바꿔 유기농산물을 재배하는 결과가 나타났다. 탄소 상쇄 사업 역시 이산화탄소를 제거하는 데 실패했다. 게으른 환경주의의 참혹한 결과를 더 이야기해 봐야 의욕만 상실될 뿐이니 이만 줄이자. 사회에 더 깊이 참여하는 일은 상점에서 물건을 구입하는 것과는 차원이 다른 문제다. 녹색 상품을 구입하면서 생태계를 보존한다고 인식하게 되면 생태 문제를 해결하기 위해 더 이상 할 일이 없다는 생각으로 쉽게 빠져들기 마련이다.

보르네오섬에 머물 당시 현장 조사를 하던 어느 인류학 박사과정생을 만났다. 보르네오섬 다야크족 마을을 두 번째 방문했다는 그는 주말에 짬을 내어 웨스트 칼리만탄 주의 주도인 폰티아낙 시에 들른 것이라고 했다. 그는 나에게 자신이 머무는 다야크족 마을에 있는 기름야자 나무 플랜테이션이 공동체의 땅을 빼앗기 위해 공동체를 파괴했다고 말해 주었다. 기름야자 나무 플랜테이션을 운영하는 회사는 마을 사람들을 한 명 한 명 설득해 계약을 체결했다. 마을 깊숙이 스며든 회사 측 사람들의 꼬임에 넘어간 주민들이 급격히 늘어나 결국 플랜테이션에 반대하는 사람들은 거의 사라졌다. 그는 그렇게 많은 다야크족 마을 주민이 플랜테이션 회사에서 주는 돈을 받은 이유 중 하나는, 누구도 장차 그 숲이 사라지리라는 것을 상상조차 하지 못하기 때문이라고 말했다. 다야크족 주민들은 숲이 기름야자를 심는 플랜테이션으로 변한다 해도 언제든 숲으로 되돌아갈 수 있다고 생각한다. 열대우림의 역사는 정말 오래되었고 다야크족은 항상 그 숲과 더불어 살아왔다. 그러므로 기름야자 나무 플랜테이션이 토착 생태계를 파괴한다는 사실을 다야크족 주민들이 인식하고 있더라도 파괴된 생태계를 경험해 본 적 없는 다야크족 주민 대부분은 풍요로움이 절대로 사라지지 않을 자신들의 숲으로 돌아갈 수 있다고 믿는다는 설명이었다.

나중에 슬라보예 지젝Slavoj Žižek이 등장하는 다큐멘터리[37]를 보다가 문득 서구 사람들도 우리에게 필요한 자연을 다야크족 주민들과 크게 다르지 않은 방식으로 인식한다는 사실을 깨달았다. 우리에게 익숙한 생활 방식을 상상하는 것은 어렵지 않다. 그러나 우리에게 익숙한 환경이 사라져 버린 현실 또는 지구온난화의 영향으로 생태계가 파탄이 나 버린 현실을 머릿속에 그려 보기란 여간 어려운 것이 아니다. 재앙과 같은 수준의 생태 파괴는 우리에게 너무 추상적인 개념이기 때문이다. 허리케인 카트리나가 지나간 뒤 얼마 지나지 않아 뉴욕 시 정부에서 보내 준 피난 지도에 따르면 허리케인이 뉴욕을 강타하거나 해수면이 상승할 경우 브루클린에 있는 우리 집이 제일 먼저 수면 아래로 잠기게 된다. 피난 지도가 배포되고 얼마 지나지 않아 만난 길모퉁이의 정육점 주인은 보험회사에서 건물에 적용하는 위험 기준에 홍수에 잠길 가능성이 포함되었다고 말해 주었다. 그러나 뉴욕을 떠난 사람은 아무도 없었다. 뉴욕이 잠길 정도의 재난이 일어날 가능성이 매우 낮다고 생각하기 때문이다. 최근 일어난 생태적 재난에 대한 보도가 끊임없이 흘러나오는 순간에도 나와 내 이웃들은 지저귀는 새소리를 들으면서 잠에서 깨고 나뭇잎이 미풍에 흔들리는 것을 느끼며 태평스럽게 하루하루의 일상을 보낸다. 이런 점에서 매일 접하는 환경이 사라질 것이라는 사실을 인식할 능력이 없기는 다야크족이나 우리나 마찬가지일 것이다.

경제 선진국들의 정부와 주요 기업들은, 입으로는 세계 최고의 기후 과학자들이 알아낸 사실을 존중한다고 말하면서도 대부분 지구온난화를 악화시킬 것이 뻔한 정책과 활동을 멈추지 않는다. 그 활동에는 생태라는 주제를 부각하지만 사실은 생태계에 전혀 이롭지 않는 상품을 판매하는 활동이 포함된다. 우리는 녹색 소비 상품이 탈출구라는 사실에 쉽게 동의한다. 그러나 재앙의 규모를 감안할 때, 소비를 통해 지구온난화를 해결할 수 있다는 생각은 계란으로 바위를 치고 있으면서도 열 번 찍어 안 넘어가는 나무 없다고 믿는 어리석은 사람들 같은, 대책 없이 개념 없는 한심한 발상이다. 어쩌면 우리는 내가 파레 마을에서 만났던 다야크족과 같은 발상을 하고 있는 것이다. 그곳의 주민들은 개간 작업을 하는 인부에게서 빼앗은 동력 사슬톱을 이용해 기름야자 나무 플랜테이션을 운영하는 다국적기업과 협상할 수 있다고 생각했다. 물론 그들은 진지했지만 그들이 수립한 전략은 너무나 보잘것없었다. 녹색 소비가 생태 재앙에서 빠져나갈 전략이라고 받아들이는 우리 서구인의 태도 역시 다야크족의 태도와 하나도 다르지 않다. 그러나 우리에게는 아직 이 문제를 다른 방법으로 해결할 기회가 있다. 생태계가 직면한 재앙에서 빠져나갈 현실적인 해결책은 소비가 아닌 다른 곳에 있다. 우리는 지식과 관심도 부족하지 않으며, 그저 구입할 물건 목록을 새로 정하는 것이 아닌 현실적인 해결책과 냉철한 분별력도 갖고 있다.

우리의 발목을 잡는 것은 정치적 의지의 부족이다. 이렇게 말하면 선거 자금을 지원해 준 기업가들에게 맞설 배짱이 없는 정치 지도자들을 떠올리게 되지만 사실 정치는 정치인들만 하는 것이 아니다. 정치는 근본적인 생각의 전환을 요구하기로 결심한 대중의 손에서 나온다. 근본적인 생각의 전환은 우리를 진정한 해결책으로 이끌어 줄 수 있다. 정치적 의지를 이끌어 내기 위한 중요한 한걸음은 무엇이 실질적인 대안인지 자각하는 것이다. 석유 산업, 석탄 산업, 자동차 산업, 농산업, 제조업과 그들의 뒤를 봐주는 정부 관료들은 상황이 변하면 잃을 것이 많은 세력이다. 그러므로 이들은 녹색 사회로 전환할 수 있는 진정한 대안들을 주변부로 밀어내거나 파묻어 버리기 위해 직간접적으로 막강한 영향력을 행사한다.

생태계를 보호할 책임을 다한다는 말은 곧 시간을 낸다는 말이다. 누가 지구에 도움을 주는 활동을 하고 있는지 알아보고, 내가 그 활동에 참여하고 싶은지, 그 활동에 대한 정보를 얻고 싶은지, 자신만의 창의적인 활동을 펴고 싶은지 파악해 보는 시간 말이다. 책 말미의 〈단체 누리집〉에 이 책을 쓰면서 알게 된 단체들을 정리해 두었다. 이 목록은 현재 진행되는 활동을 집대성한 것이라기보다는 앞으로 집대성될 목록에 아주 조그만 기여를 하는 수준이지만 참고가 되기를 바란다. 오늘날 전례 없이 많은 사람들이 생태 문제를 인식하고 지구온난화와 생태계 파괴 문제를 해결하려고 애쓰고 있다. 따라서 지금 이 시간을 소중히 여기고 낭비하지 말아야 한다. 바람직한 해결책을 찾자. 지금 우리가 찾아내는 해결책이 두고두고 앞으로의 세대에 심대한 영향을 미칠 것이니 말이다.

참고 문헌

서론. 녹색 꿈

1) Heather Stewart, "High costs of basics fuels global food fights," *Observer* (UK), February 18, 2007.
2) Alex Morales, "Argentina, Venezuela, Cuba, criticize UN Food-Summit declaration," Bloomberg, June 6, 2008, http://www.bloomberg.com/apps/news?pid=20601086&sid=aoXaCUUCtoyc&refer=latin_america.
3) Food and Agriculture Organization, http://www.fao.org/fileadmin/templates/worldfood/Reports_and_docs/Food_price_indices_data.xls.
4) Paul Krugman, Robin Wells, and Martha Olney, *Essentials of Economics*, New York: Macmillan, 2007, p. 122.
5) Jesse Finfrock and Nichole Wong, "Pouring biofuel on the fire," *Mother Jones*, March/April 2009, p. 42.
6) "Food riots turn deadly," BBC, April 5, 2008, http://news.bbc.co.uk/2/hi/americas/7331921.stm.
7) Keith Bradsher, "A new, global oil quandary: Costly fuel means costly calories," *New York Times*, January 19, 2008.
8) 〈국제 산림 연구 센터〉 소속 생태학자 엘리자베스 린다 율리아니와의 인터뷰, 2008년 5월 4일.
9) Susan S. Lang, "Cornell ecologist's study finds that producing ethanol and biodiesel from corn and other crops is not worth the energy," Cornell University New Service, July 15, 2005, http://www.news.cornell.edu/stories/july05/ethanol.toocostly.ssl.html.
10) 다음 글에서 인용. Elisabeth Rosenthal, "Biofuels deemed a greenhouse threat," *New York Times*, February 8, 2008.
11) Rory Carroll, "Brazilian officials face charges over Amazon destruction caused by logging," *Guardian* (UK), September 30, 2008.
12) *How the Palm oil Industry Is Cooking the Climate*, Greenpeace International, 2007, p. 1.
13) "Katrina and global warming," Pew Center of Global Climate Change,

http://www.pewclimate.org/specialreports/katrina.cfm.
14) *Climate Change 2007: Synthesis report*, Contribution of Working Groups I, II, and III to the Fourth Assessment Report of the Intergovernmental Panel on Climate Change, Core Writing Team, R. K. Pachauri and A. Reisinger, eds. Geneva, Switzerland: IPCC, 2008, p. 37.
15) American Rhetoric, http://www.americanrhetoric.com/speeches/stateoftheunion2007.htm.
16) Tradingmarket.com, http://pr.tradingmarkets.com/chart/WFMI.
17) MSNBC, http://www.msnbc.msn.com/id/11977666/.
18) Organic Trade Association, http://www.ota.com/organic/mt/business.html.
19) Elizabeth Brewster, "Tough Times: Stuck in neutral, supermarkets continue to battle other channels for market share," *Refrigerated and Frozen Foods*, June 1, 2004.
20) "New residential sales in July 2009," press release, U.S. Census Bureau News, August 26, 2009, http://www.census.gov/const/www/newressalesindex.html. 다음 글도 함께 참고하라. "Strong gain in existing-home sales maintains upward trend," press release, National Association of Realtors, August 21, 2009, http://www.realtor.org/press_room/news_releases/2009/08/strong_uptrend.
21) Daily Green, http://www.thedailygreen.com/green-homes/latest/2987.
22) Clifford Krauss, "Big oil warms to ethanol and biofuel companies," *New York Times*, May 26, 2009.
23) Clara Jeffrey, "Michael Pollan fixes dinner," *Mother Jones*, March/April 2009, p. 33.
24) Jim La ne, "UK government sets 3.25 percent biofuels mandate from 2009-10, up from expected 3.00 percent," *Biofuels Digest*, February 2, 2009, http://www.biofuelsdigest.com/blog2/2009/02/02/uk-government-sets-325-percent-biofuels-mandate-from-2009-10-up-from-expected-300-percent.
25) "China needs new policies to kickstart biofuel sector," Thomson Financial News, http://www.forbes.com/feeds/afx/2008/06/03/afx5073275.html.
26) *Biofuels for Transportation: Selected trends and facts*, Worldwatch Institute, June 7, 2006, http://www.worldwatch.org/node/4081. 더불어 Sam Nelson, "EPA ruling allays concerns over biofuels mandates," Reuters, May 5, 2009를 참고하라.
27) Wikipedia, http://en.wikipedia.org/wiki/Svante_Arrhenius.
28) Ian Sample, "The father of climate change," *Guardian* (UK), June 30, 2005.
29) Chris Mooney, "Some like it hot," *Mother Jones*, May/June 2005, http://www.motherjones.com/environment/2005/05/some-it-hot.
30) 평소 나의 연간 이산화탄소 배출량은 5천 톤이다.
31) Anja Kollmuss, Helge Zink, and Clifford Polycarp, *Making Sense of the Voluntary Carbon Offset Market: A comparison of carbon offset standards*, WWF Germany, March 2008, p. 41.
32) Economy Watch, http://www.economywatch.com/economies-in-top/.

33) *International Energy Outlook 2009*, Energy Information Administration, Report#DOE/EIA-0484(2009), May 27, 2009, http://www.eia.doe.gov/oiaf/ieo/world.html.
34) "China overtakes U.S. as top CO2 emitter: Dutch agency," Reuters, June 20, 2007.
35) Alejandro Sciscioli, "Sweet experiment with organic sugar," *Tierramérica*, June 13, 2005, http://www.tierramerica.info/nota.php?lang=eng&idnews=927&olt=137.
36) U.S. Green Building Council, http://usgbc.org/DisplayPage.aspx/CMSPageID=1718.
37) *Inventory of U.S. Greenhouse Gas Emissions and Sinks: 1990-2007*, Environmental Protection Agency, April 15, 2009, ES-8.
38) Greenpeace, http://www.greenpeace.org/usa/news/the-orangutan-s-rainforest-hom/the-orangutan-under-threat.
39) Saqib Rahim, "White House proposes new, stricter national fuel efficiency standards," *New York Times*, May 19, 2009.
40) John O'Dell, "GM's 230 MPG estimate for Volt works, or not, depending on the drive," Edmunds.com, August 11, 2009, http://blogs.edmunds.com/greencaradvisor/2009/08/gms-230-mpg-estimate-for-volt-works-or-not-depending-on-the-drive.html.
41) Inventory of U.S. Greenhouse Gas Emissions, EPA, ES-8.
42) United Nations Framewor Convention on Climate Change, Clean Development Mechanism, http://cdm.unfccc.int/Statistics/Registration/NumOfRegisteredProjByHostPartiesPieChart.html.
43) "Lifespan of common urban trees," CBC News Online, August 11, 2005, http://www.cbc.ca/news/background/environment/trees_lifespan.html.

1장. 지역 유기농, 시장이라는 독배를 마시다

1) New York State Department of Agriculture and Markets, http://www.agmkt.state.ny.us/AP/CommunityFarmersMarkets.asp.
2) USDA Agricultural Marketing Service, press release no. 0488.09, October 2, 2009.
3) *USDA National Farmers Market Manager Survey 2006*, United States Department of Agriculture, Agricultural Marketing Service, May 2009, 7.
4) *The Organic Industry*, Organic Trade Association, 2008, 1.
5) "Organic food not healthier, study finds," Reuters, July 30, 2009, http://www.reuters.com/article/idUSTRE56S3ZJ20090730.
6) "Running dry," *Economist*, September 18, 2008, http://www.economist.com/world/international/displayStory.cfm?story_id=12260907.
7) "Farm runoff worse than thought, study says," AP, June 14, 2005, MSNBC,

http://www.msnbc.msn.com/id/8214501/.
8) Eric Chivian and Aron Bernstein, "How is biodiversity threatened by human activity?" in *Sustaining Life: How human health depends on biodiversity*, Eric Chivian and Aron Bernstein eds., New York: Oxford University Press USA, 2008, pp. 52~53.
9) Consumers Union, http://www.consumersunion.org/food/organicsumm.htm.
10) Karen McVeigh, "Organic food not healthier, says FSA," *Guardian* (UK), July 29, 2009.
11) U.S. Environmental Protection Agency, http://www.epa.gov/pesticides.
12) 리처드 파이록과의 인터뷰, 2007년 8월 7일.
13) 데이비드 휴즈와의 인터뷰, 2007년 7월 9일.
14) *Fiscal 2008 Fact Book*, Tyson Foods, p. 7.
15) Allen Salkin, "Leaving behind the trucker hat," *New York Times*, March 16, 2008.
16) 모스 피츠와의 인터뷰, 2007년 7월 5일.
17) Lesley Procelli, "The producers," *Gourmet*, October 2007, 220.
18) 모스 피츠와의 인터뷰, 2007년 7월 5일.
19) Jill MacKenzie, "Green manure cover crops for Minnesota," University of Minnesota Extension Service,
http://www.extension.umn.edu/yardandgarden/ygbriefs/H234greenman.html.
20) The One-Straw Revolution, http://www.onestrawrevolution.net/MasanobuFukuoka.htm.
21) 모스 피츠와의 인터뷰, 2007년 7월 5일.
22) 모스 피츠와의 인터뷰, 2007년 7월 6일.
23) "Certification preamble," *Regulatory Text*, National Organic Program, p. 1,
http://www.ams.usda.gov/AMSv1.0/ams.fetchTemplateData.do?template=TemplateF&navID=RegulationsNOPNationalOrganicProgramHome&rightNav1=RegulationsNOPNationalOrganicProgramHome&topNav=&leftNav=&page=NOPRegulations&resultType=&acct=noprulemaking.
24) 모스 피츠와의 인터뷰, 2007년 7월 5일.
25) 론 코슬라와의 인터뷰, 2007년 7월 17일
26) "Certification preamble," *Regulatory Text*, National Organic Program, p. 2.
27) 모스 피츠와의 인터뷰, 2007년 7월 5일.
28) Cardinal Health, http://www.cardinal.com/us/en/aboutus/.
29) Google maps,
http://maps.google.com/maps?oe=utf-8&rls=org.mozilla.en-US:official&client=firefox-a&um=1&ie=UTF-8&q=%22cardinal+health%22+Montgomery,+ny&fb=1&split=1&gl=us&ei=gcpcSoOuA4v8MM-dsa4C&sa=X&oi=local_group&ct=image&resnum=4.
30) 모스 피츠와의 인터뷰, 2007년 7월 6일.
31) 모스 피츠와의 인터뷰, 2007년 7월 6일.

32) 모스 피츠와의 인터뷰, 2007년 7월 5일.
33) 모스 피츠와의 인터뷰, 2007년 7월 6일.
34) http://grassfedmeat.net/about_fleishers.html.
35) 조슈아 애플우드, 아론 렌츠와의 인터뷰, 2007년 9월 6일. (정황으로 볼 때 7월 6일의 오기로 보인다.-옮긴이)
36) 에릭 쉘리 소장과의 인터뷰, 2007년 8월 31일.
37) Eric Schlosser, *Fast Food Nation: The dark side of the all-American meal,* New York: Perennial, 2001, 2002, pp. 137~138. [『패스트푸드의 제국』, 김은령 옮김, 에코리브르, 2001.]
38) 데이비드 휴즈와의 인터뷰, 2007년 9월 6일. (정황으로 볼 때 7월 6일의 오기로 보인다.-옮긴이)
39) Michael Pollan, *The Omnivore's Dilemma: A natural history of four meals*, New York: Penguin, 2006, pp. 189~190. [『잡식동물의 딜레마』, 조윤정 옮김, 다른세상, 2008.]
40) 같은 책, p. 70.
41) "Global warming culprits: Cars and cows," ABC News, December 13, 2006, http://abcnews.go.com/Technology/GlobalWarming/Story?id=2723201&page=1.
42) Smithfield News, http://www.smithfieldfoodsnews.com/VolumeIV_NumberI/index.html.
43) Smithfield Foods Company, http://www.smithfieldfoods.com/our_company/Timeline_Print.aspx.
44) 데이비드 휴즈와의 인터뷰, 2007년 9월 6일. (정황으로 볼 때 7월 6일의 오기로 보인다.-옮긴이)
45) Ron Strochlic and Luis Sierra, *Conventional, Mixed and "Deregistered" Organic Farmers: Entry barriers and reasons for exiting orgnic production in California*, California Institute for Rural Studies, February 2007, pp. 22~23.
46) Reference for Business, http://www.referenceforbusiness.com/history2/20/United-Natural-Foods-Inc.html.
47) Samuel Fromartz, *Organic, Inc.: Natural foods and how they grew*, New York: Harcourt, 2006, p. 189.
48) Tracy Frisch, "The missing link for locally raise meats?" *Hill Country Observer*, August 2007, p. 16.
49) 데이비드 휴즈와의 인터뷰, 2007년 9월 6일. (정황으로 볼 때 7월 6일의 오기로 보인다.-옮긴이)
50) Eric Schlosser, *Fast Food Nation: The dark side of the all-American meal,* New York: Perennial, 2001, 2002, pp. 198~199.
51) Marion Nestle, *Safe Food: Bacteria, biotechnology, and bioterrorism*, Berkeley, Los Angeles, London: University of California Press, 2003, p. 42.

52) Bonnie Azab Powell, "This little piggy goes home," *Mother Jones*, Mach/April 2009, p. 39.

53) 프랭크 존슨과의 인터뷰, 2007년 7월 9일.

54) Carol A. Jones, Hisham El-Osta, and Robert Green, *Economic Well-Being of Farm Households*, United States Department of Agriculture Economic Research Service, March 2006, p. 2.

55) 미 농무부 산하 〈전국 유기농 프로그램〉 전화 응대 직원과의 대화, 2007년 8월 23일.

56) Richard H. Mathews, "National Organic Program: Structure, responsibilities, goals," National Organic Program, PowerPoint Presentation, November 12, 2008, slide 16.

57) 같은 글.

58) 미 농무부 농업홍보국 홍보 담당자 조안 섀퍼(John Shaffer)와 주고받은 이메일, 2009년 7월 20일.

59) 같은 자료.

60) Michael Doyle, "When Congress had a chance, food safety wasn't its choice," *McClatchy*, June 10, 2008, http://www.mcclatchydc.com/227/story/40536.html.

61) USDA Economic Research Service, http://www.ers.usda.gov/FarmBill/2008/Titles/TitleVIIResearch.htm#organic.

62) Michael Pollan, *The Omnivore's Dilemma: A natural history of four meals*, New York: Penguin, 2006, pp. 161~162.

63) Kimberly Kindy and Lindsey Layton, "Purity of federal 'organic' label is questioned," *Washington Post*, July 3, 2009.

64) 피터 르콩트와의 인터뷰, 2007년 10월 16일.

2장. 국제 유기농, 스러진 혁명의 꿈

1) http://www.mapsofworld.com/paraguay/travel/transport.html.

2) "Paraguay: Zero Deforestation Law contributes significantly to the conversation of Upper Paraná Atlantic Forest," *Leaders for a Living Planet*, World Wildlife Fund, August 30, 2006, p. 2.

3) 같은 글.

4) "Economic sectors: Agriculture country profile select," *Economist Intelligence Unit Ltd.*, April 23, 2008.

5) USAID, http://paraguay.usaid.gov/environment/forest.html.

6) 같은 자료.

7) 같은 자료.

8) "Paraguay: Zero Deforestation Law," World Wildlife Fund, p. 1.

9) Farm online,

http://fw.farmonline.com.au/news/nationalrural/sugar/general/paraguay-the-worlds-largest-organic-cane-sugar-producer/62572.aspx.
10) 다리오 살디바르와의 인터뷰, 2007년 10월 30일.
11) Imperial Sugar Annual Report 2007, p. 7.
12) 다리오 살디바르와의 인터뷰, 2007년 10월 29일.
13) Nigel Hunt and Brad Dorfman, "How green is my wallet? Organic food growth slows," Reuters UK, January 28, 2009.
14) Organic Trade Association, http://www.organicnewsroom.com/2009/05/us_organic_sales_grow_by_a_who.html.
15) "UK organic food sales soar, supply fails to keep up," Reuters, March 9, 2007.
16) Kermit Pattison, "Wal-Mart loved Organic Valley's milk, so why cut off the flow?" *Inc.*, July 1, 2007, http://www.inc.com/magazine/20070701/casestudy.html.
17) Caroline Stacey, "Food Miles," BBC Home, http://www.bbc.co.uk/food.
18) http://www.carbon-label.com/individuals/label.html.
19) John Russell, "Greening the chain—we are all farmers now," *Ethical Corporation*, May 15, 2009, http://www.wbcsd.org/plugins/DocSearch/details.asp?type=DocDet&ObjectId=MzQ0NzQ.
20) ClimateChangeCorp, http://www.climatechangecorp.com/content.asp?ContentID=5828.
21) 라울 에오클레 사장과의 인터뷰, 2007년 12월 5일.
22) 다리오 살디바르와의 인터뷰, 2007년 10월 29일
23) 라울 에오클레 사장과의 인터뷰, 2007년 12월 5일.
24) 루벤 다리오 아얄라와의 인터뷰, 2007년 11월 3일.
25) Sections 205.205 and 205.206, Electronic Code of Federal Regulations, http://ecfr.gpoaccess.gov/cgi/t/text/text-idx?type=simple;c=ecfr;cc=ecfr;sid=4163ddc3518c1ffdc539675aed8ege33;region=DIV1;q1=national%20organic%20program;rgn=div5;view=text;idno=7;node=7%3A3.1.1.9.31#7:3.1.1.9.31.3.342.6.
26) NSF International, http://www.nsf.org/business/quality_assurance_international/index.asp?program=QualityAsInt.
27) Bill Alpert, "Ethical consumerism is in," *Barron's*, November 12, 2007.
28) Richard P. Tucker, *Insatiable Appetite: The United States and the ecological degradation of the tropical world*, Berkeley: University of California Press, 2000, p. 62.
29) *Guaraní Aquifer System: Environmental protection and sustainable development of the Guaraní Aquifer System*, Organization of American States Office for Sustainable Development and Environment, Water Project Series no. 7, October 2005, p. 1.
30) Electronic Code of Federal Regulations.
31) 루이스 브레네스와의 인터뷰, 2007년 12월 17일.

32) 짐 리들과의 인터뷰, 2008년 7월 28일.
33) "Production and handling preamble," Regulatory Text, National Organic Program, p. 3. USDA Agriculture Marketing Service National Organic Program을 참고하라. http://www.ams/usda.gov/AMSv.0/ams.fetchTemplateData.do?template=TemplateF&navID=RegulationsNOPNationalOrganicProgramHome&rightNav1=RegulationsNOPNationalOrganicProgramHome&topNav=&leftNav=&page=NOPRegulations&resultType=&acct=noprulemaking.
34) 조안 섀퍼를 통해 전국 유기농 프로그램 부소장 마일스 맥에보이와 주고받은 이메일, 2009년 10월 29일.
35) 다리오 살디바르와의 인터뷰, 2007년 10월 29일.
36) 다리오 살디바르와의 인터뷰, 2007년 10월 28일.
37) 다리오 살디바르와의 인터뷰, 2007년 10월 28일.
38) 다리오 살디바르와의 인터뷰, 2007년 10월 30일.
39) 아벨리노 베가와의 인터뷰, 2007년 11월 4일.
40) 플로 프레테스와의 인터뷰, 2007년 11월 4일.
41) "Paraguay introduces new varieties of sweet cane developed in Brazil," Rediex, http://www.rediex.gov.py/index.php?Itemid=190&id=327&option=com_content&task=view.
42) 라울 에오클레 사장과의 인터뷰, 2007년 12월 5일.
43) "Paraguay introduces new varieties of sweet cane developed in Brazil," Rediex, http://www.rediex.gov.py/index.php?Itemid=190&id=327&option=com_content&task=view.
44) 살바도르 가리바이와의 인터뷰, 2007년 10월 27일.
45) 로라 레이놀즈와의 인터뷰, 2007년 10월 28일.
46) D2 Draft Biodiversity and Landscape Standards: Background of the development of draft biodiversity and landscape standards, International Federation of Organic Agriculture Movements, p. 3, http://www.google.com/search?hl=en&client=firefox-a&rls=org.mozilla%3Aen-US%3Aofficial&hs=VIV&q=%22opportunistic+ecosystem+removal%22+ifoam&aq=f&oq=&aqi=.
47) QAI, http://www.qai-inc.com/3_3_0_0.php.
48) 재클린 보웬과 주고받은 이메일, 2009년 9월 22일.
49) *Certifying Operations with Multiple Production Units, Sites and Facilities Under the National Organic Program*, National Organic Standards Board Compliance, Accreditation and Certification Committee, November 9, 2008, p. 2.
50) 다리오 살디바르, 프란시스코 페리에라 농업협동조합장과의 인터뷰, 2007년 10월 30일.
51) 다리오 살디바르와의 인터뷰, 2007년 10월 30일.
52) 에베르 이바라와의 인터뷰, 2007년 11월 3일.
53) 이바라, 루이스 곤살레스와의 인터뷰, 2007년 11월 3일.

54) 곤살레스와의 인터뷰, 2007년 10월 30일.
55) 프란시스코 페리에라 농업협동조합장과의 인터뷰, 2007년 10월 30일.
56) 다리오 살디바르와의 인터뷰, 2007년 10월 30일.
57) *Shaping Global Partnerships*, FLO International Annual Report 2006/2007, 12.
58) *Certifying Operations with Multiple Production Units, Sites and Facilities Under the National Organic Program*, National Organic Standards Board Compliance, Accreditation and Certification Committee, November 9, 2008, p. 2.
59) 같은 책, p. 7.
60) Carlos Galindo-Leal and Ibsen de Gusmão Cámara, "Atlantic Forest hotspot status: An overview," in *The Atlantic Forest of South America: Biodiversity status, threats, and outlook*, Galindo-Leal and Cámara ed. Washington, D.C.: Island Press, 2003, p. 3.
61) 마리아노 마르티네스와의 인터뷰, 2007년 11월 4일.
62) 다리오 살디바르와의 인터뷰, 2007년 10월 29일.
63) Organic Trade Association, http://ota.com/pp/legislation/backgrounder.html.
64) USDA Agriculture Marketing Service National Organics Program, http://www.ams.usda.gov/AMSv1.0/nop.
65) 보웬과 주고받은 이메일.
66) 다리오 살디바르, 프란시스코 페리에라 농업협동조합장과의 인터뷰, 2007년 10월 30일.
67) Liane Kufchock, "Aurora organic milk class-action suits to be heard in St. Louis," Bloomberg, February 26, 2008.
68) USDA, http://www.usda.gov/wps/portal/!ut/p/_s.7_0_A/7_0_1OB?contentidonly=true&contentid=2007/08/0228.xml.
69) 같은 자료.
70) "USDA finds largest organic dairy perpetrating fraud," press release, Cornucopia Institute, September 13, 2007.
71) "USDA dismissed complaints against Aurora Organic Dairy," press release, Aurora Organic Dairy, August 29, 2007.
72) USDA, http://www.usda.gov/wps/portal/!ut/p/_s.7_0_A/7_0_1OB?contentidonly=true&contentid=2007/08/0228.xml.
73) 다음 글에서 재인용. Kimberly Kindy and Lyndswy Layton, "Purity of federal 'organic' label is questioned," *Washington Post*, July 3. 2009, http://www.washingtonpost.com/wp-dyn/content/article/2009/07/02/AR2009070203365.html/sid=ST2009070203371.
74) 피터 르콩트와의 인터뷰, 2008년 6월 19일.
75) 브라질 상파울로 유기농 박람회(BioFach)에서 브루노 피셔가 한 연설, 2007년 10월 16일.
76) 다리오 살디바르와의 인터뷰, 2007년 10월 29일.

3장. 생태 건축, 새로운 에너지 생산 기지

1) 존 셰익스피어와의 인터뷰, 2009년 1월 9일.
2) Bioregional, http://www.bioregional.com/what-we-do/our-work/bedzed.
Greenroofs도 참고하라. http://www.greenroofs.com/projects/pview.php?id=547.
3) The Prince of Wales, http://www.princeofwales.gov.uk/personalprofiles/residences/highgrove/.
4) 제니 오건(Jennie Organ)과의 인터뷰, 2009년 1월 9일.
5) U.S. Green Building Council, http://www.usgbc.org/DisplayPage.aspx?CMSPageID=1718.
6) European Commission,
http://ec.europa.eu/research/industrial_technologies/energy-efficient-buildings_en.html.
7) Communities and Local Government,
http://www.communities.gov.uk/planningandbuilding/theenvironment/energyperformance/.
8) Nancy Jack Todd and John Todd, *From Eco-cities to Living Machines: Principles of ecological design*, Berkeley, CA: North Atlantic Books, 1993, p. xvii.
9) Laura Nesbitt, "Earthships offer the ultimate in eco-living," *Mountain View Telegraph*, January 18, 2009.
10) LivingHomes, http://www.livinghomes.net/priceValue.html.
11) 같은 자료. 최저가 주택은 다음을 참고하라.
http://www.livinghomes.net/homesCommunities.html.
최고가 주택은 다음을 참고하라. http://www.livinghomes.net/budget.html?model=rk1.
12) Pelli Clarke Pelli Architects,
http://www.pcparch.com/#/projects/hotelresidential/the-solaire/description/.
13) City Realty, http://www.cityrealty.com/new-york-city/apartment/rentals/for-rent/the-solaire-20-river-terrace/26573.
14) 존 셰익스피어와의 인터뷰, 2009년 1월 9일.
15) Caroline Bayley, "Germany's sunny revolution," BBC Radio 4, January 10, 2008.
16) 마르쿠스 A. 노이만 박사와의 인터뷰, 2009년 1월 14일.
17) Elisabeth Rosenthal, "No furnaces but heat aplenty in 'passive houses'," *New York Times*, December 26, 2008.
18) U.S. Department of Energy, http://www.energy.gov/heatingcooling.htm.
19) Energy Consumption in the United Kingdom, Department of Trade and Industry, 23, www.berr.gov.uk/files/file11250.pdf.
20) German Federal Ministry for the Environment, Nature Conservation and Nuclear Safety, http://www.bmu.de/english/energy_efficiency/household/doc/38272.php.
21) 안드레아스 델레스케와의 인터뷰, 2009년 1월 14일.
22) 안드레아스 델레스케와의 인터뷰, 2009년 1월 14일.
23) 외르크 랑에와의 인터뷰, 2009년 1월 20일.

24) Hannes Linck, *Quartier Freiburg Vauban: A guided tour of the district trans*. Moshe Haas and Ian Harrison, Freiburg: Stadtteilverein Vauban e.V., February 2008, pp. 30~31.
25) 외르크 랑에와의 인터뷰, 2009년 1월 20일.
26) U.S. Environmental Protection Agency, http://www.epa.gov/CHP/basic/efficiency.html.
27) Hannes Linck, *Quartier Freiburg Vauban: A guided tour of the district trans*. Moshe Haas and Ian Harrison, Freiburg: Stadtteilverein Vauban e.V., February 2008, pp. 16~17.
28) 외르크 랑에와의 인터뷰, 2009년 1월 20일.
29) Hannes Linck, *Quartier Freiburg Vauban: A guided tour of the district trans*. Moshe Haas and Ian Harrison, Freiburg: Stadtteilverein Vauban e.V., February 2008, pp. 8~9.
30) 미하엘 기즈와의 인터뷰, 2009년 1월 16일.
31) Chris Goodall, *Ten Technologies to Save the Planet*, London: Profile, 2008, pp. 122~133.
32) Elisabeth Rosenthal, "No furnaces but heat aplenty in 'passive houses'," *New York Times*, December 26, 2008.
33) Chris Goodall, *Ten Technologies to Save the Planet*, London: Profile, 2008, p. 124.
34) Rieselfeld Projekt Group in Department 1, "The new district of Freiburg-Rieselfeld: A case study of successful, sustainable urban development," January 2009, 3, http://www.freiburg.de/servlet/PB/show/1180731/rieselfeld_en_2009.pdf.
35) Walter Aussenhofer, "Carbon-neutral urban development: A German role model," PowerPoint presentation, City of Freiburg Environmental Protection Agency, pp. 11~12.
36) 같은 글, p. 8.
37) 같은 글, p. 30.
38) 같은 글, p. 8.
39) Roger S. Powers, William B. Vogele, Christopher Kreugler, and Ronald M. McCarthy, *Protest, Power and Change: An encyclopedia of nonviolent action from Act-Up to women's suffrage*, New Tork: Garland, 1997, p. 104.
40) Judy Taylor, "Filming the anti-nuke movement," *Jump Cut* 24-25, March 1981, pp. 4~5, http://www.ejumpcut.org/archive/onlinessays/JC24-25folder/anti-nukeDocs.html.
41) BUND(Friends of the Earth), http://vorort.bund.net/suedlicher-oberrhein/freiburg-environment-ecology.html.
42) 토마스 드레젤과의 인터뷰, 2009년 1월 15일.
43) Richard Stone, "The long shadow of Chernobyl," *National Geographic*, April 2006, http://ngm.nationalgeographic.com/2006/04/inside-chernobyl/stone-text/2.
44) 아이케 베버 교수와의 인터뷰, 2009년 1월 30일.
45) Michael Levitin, "Germany says auf Wiedersehen to nuclear power, guten Tag to renewable," *Grist*, August 12, 2005, http://www.grist.org/article/levitin-germany/.
46) Federal Ministry for the Environment, Nature Conservation and Nuclear Safety,

http://www.bmu.de/english/climate/downloads/doc/40589.php.

47) Groshschel_Geheeb_Responsible Branding GmbH, ed., *EEG-the Renewable Energy Sources Act: The Success story of sustainable policies for Germany*, Federal Ministry for the Environment, Nature Conservation and Nuclear Safety, 2007, p. 4.

48) Frnak Dohmen, Alexander Jung, Wolfgang Reuter, and Hans-Jürgen Schlamp, "Germany's energy 'wake-up call'," *Spiegel Online*, January 10, 2006, http://www.spiegel.de/international/0,1518,394403,00.html.

49) 엘사 게지엘과의 인터뷰, 2009년 1월 14일.

50) Groshschel_Geheeb_Responsible Branding GmbH, ed., *EEG*, p. 7.

51) 같은 자료, p. 5.

52) "Feed-in tariff for grid-connected solar systems," Energy Matters, http://www.energymatters.com.au/government-rebates/feedintariff.php.

53) 롤프 디쉬와의 인터뷰, 2009년 1월 16일.

54) Dr. Tobias Bube, "The PlusEnergyHouse for every community," Büro Rolf Disch.

55) 토비아스 부베 박사와 주고받은 이메일, 2009년 1월 16일.

56) Luke Harding, "EU cautiouns after Putin and Ukraine PM outline gas agreement," *Guardian* (UK), January 19, 2009.

57) 토마스 드레젤과의 인터뷰, 2009년 1월 15일. 더불어 다음 글도 함께 참고하라. Frnak Dohmen, Alexander Jung, Wolfgang Reuter, and Hans-Jürgen Schlamp, "Germany's energy 'wake-up call'," *Spiegel Online*, January 10, 2006, http://www.spiegel.de/international/0,1518,394403,00.html.

58) Mirdul Chadha, "International renewable energy agency launched, U.S. and U.K. opt out," Red Green and Blue, January 27, 2009, http://redgreenandblue.org/2009/01/27/international-renewable-energy-agancy-launched-us-and-uk-stay-out/.

59) Worldwatch Institute, "75 countries sign onto new clean energy agency," Environmental News Network, http://www.enn.com/climate/article/39242.

60) Solar Region Freiburg, http://www.solarregion.freiburg.de/solarregion/freiburg_solar_city.php.

61) 헤다 자비스와의 인터뷰, 2009년 1월 20일.

62) German Federal Ministry of Transport, Building and Urban Affairs, http://www.bmvbs.de/en/artikel-,1872.983325/The-programme-to -reduce-CO2-em.htm.

63) *American Housing Survey for the United States: 2007,* U.S. Department of Housing and Urban Development and U.S. Department of Energy, September 2008, p. x, 1.

64) Wohnen und Arbeiten, http://www.passivhaus-vauban.de/passivhaus.en.html.

65) 외르크 랑에와의 인터뷰, 2009년 1월 20일.

66) K. John Morrow Jr. and Julie Ann Smith-Morrow, "Switzerland and the 2,000-watt society," *Sustainability* 1, no. 1, February 2008, pp. 32~33.
67) "Earth Trends," World Resources Institute, http://earthtrends.wri.org.
68) "Facts on policy: Consumer spending," Hoover Institute, http://www.hoover.org/research/factsonpolicy/facts/4931661.html.

4장. 바이오디젤, 농민의 땀과 눈물로 만든 연료

1) "Request for consideration of the situation of indigenous peoples in Kalimantan, Indonesia, under the United Nations Committee in the Elimination of Racial Discrimination's Urgent Action and Early Warning Procedures," Committee on the Elimination of Racial Discrimination Seventy-first Session, July 30-August 18, 2007, submitted July 6, 2007, pp. 58~59.
2) 같은 글, p. 58.
3) Letter from Forest Peoples Programme to the Compliance Advisor/Ombudsman for the International Finance Corporation, August 12, 2008, http://www.forestpeoples.org/documents/ifi_igo/ifc_wilmar_fpp_cao_let_aug08_eng.pdf.
4) Archer Daniels Midland 2007 Annual Report, p. 4.
5) "Customary right to land," International Development Law Organization, February 6, 2008, http://www.idlo.int/docNews/Customary%20right%20to%20land.pdf.
6) U.S. Department of Energy, http://www.afdc.energy.gov/afdc/ethanol/emissions.html.
7) 같은 자료. http://www.afdc.energy.gov/afdc/fuels/biodiesel_benefits.html.
8) European Automobile Manufacturers' Association, http://www.acea.be/index.php/news/news_detail/economic_report_passenger_car_production_stable_over_first_quarter_2008.
9) "Directive 2003/30/EC of the European Parliament and of the Council of 8 May 2003 on the promotion of the use of biofuels or other renewable fuels for the transport," European Parliament and the Council of European Union, *Official Journal of the European Union*, May 17, 2003, L 123/45.
10) Doug Koplow, *A Boon to Bad Biofuels: Federal tax credits and mandates underwrite environmental damage at taxpayer expense,* Earth Track and Friends of the Earth, April 2009, p. 22.
11) "Barack Obama and Joe Biden: New Energy for America," Obama-Biden campaign press release, August 2008, p. 5.
12) Joseph Fargione, Jason Hill, David Tilman, Stephen Polasky, and Peter Hawthorne, "Land Clearing and the Biofuel Carbon Debt," *Science* 319, no. 5867, February 29, 2008, pp. 1235~1238.

13) *Assessment on Peatlands, Biodiversity and Climate Change,* Global Environment Center, Wetlands International, 2007, p. v.

14) Eric Holt-Giménez and Isabella Kenfield, *When Renewable Isn't Sustainable*, Food First Policy Brief No. 13, March 2008, p. 8.

15) *How the Palm Oil Industry Is Cooking the Climate,* Greenpeace International, 2007, p. 1.

16) Marcus Colchester et al., *Promised Land: Palm oil and land acquisition in Indonesia: Implications for local communities and indigenous peoples,* Forest Peoples Programme and Perkumpulan Sawit Watch, November 2007, p. 25.

17) Evita H. Legowo, "Blueprint of biofuel development," PowerPoint presentation on behalf of Ministry of Energy and Mineral Resources, Republic of Indonesia, May 15, 2007.

18) Jack Santa Barbara, *The False Promise of Biofuels,* International Forum on Globalization and the Institute for Policy Studies, 2007, p. 12.

19) 옹 케 차우와의 인터뷰, 2008년 5월 5일.

20) 헤리 푸르노모 박사와의 인터뷰, 2008년 5월 6일.

21) Nancy Lee Peluso and Emily Harwell, "Territory, custom, and the cultural politics of ethnic war in West Kalimantan, Indonesia," *Violent Environments*, Nancy Lee Peluso and Michael Watts ed., Ithaca, NY: Cornell University Press, 2001, pp. 83~84.

22) Nancy Lee Peluso, "Weapons of the wild: Strategic uses of violence and wildness in the rain forests of Indonesian Borneo," *In Search of the Rain Forest*, Candace Slater ed., Durham and London: Duke University Press, 2003, p. 236.

23) *Ghosts on Our Own Land: Indonesian oil palm smallholders and the Roundtable on Sustainable Palm Oil,* Forest Peoples Programme and Sawit Watch, 2006, p. 18.

24) 아스모로와의 인터뷰, 2008년 4월 28일.

25) Eric Wakker, *Greasy Palms: The social and ecological impacts of large-scale oil palm platation development in Southeast Asia,* Friends of the Earth, January 2005, p. 27.

26) Marcus Colchester et al., *Promised Land: Palm oil and land acquisition in Indonesia: Implications for local communities and indigenous peoples,* Forest Peoples Programme and Perkumpulan Sawit Watch, November 2007, p. 46.

27) 트리 부디아르토와의 인터뷰, 2008년 5월 2일.

28) Wikipedia, http://en.wikipedia.org/wiki/Dutch_East_India_Company.

29) Marcus Colchester et al., *Promised Land: Palm oil and land acquisition in Indonesia: Implications for local communities and indigenous peoples,* Forest Peoples Programme and Perkumpulan Sawit Watch, November 2007, pp. 52~53.

30) Wikipedia, http://en.wikipedia.org/wiki/Dutch_Empire#Decolonisation_.281942.E2.80.931975.29.

31) "Suharto fears the 'Pinochet effect'," *Independent* (UK), August 17, 1999.

32) Lisa Pease, "JFK, Indonesia, CIA & Freeport Sulphur,"
http://www.realhistoryarchives.com/collections/hidden/freeport-indonesia.htm.
33) "Two wounded in Papua near Freeport's big gold mine," *Wall Street Journal*, July 16, 2009.
34) Jane Perlez and Raymond Bonner, "The cost of gold, the hidden payroll," *New York Times*, December 27, 2005.
35) 노먼 위카소노와의 인터뷰, 2008년 4월 28일.
36) 시온 알렉산더와의 인터뷰, 2008년 4월 28일.
37) *How the Palm Oil Industry Is Cooking the Climate,* Greenpeace International, 2007, p. 13.
38) Wikipedia, http://en.wikipedia.org/wiki/Transmigration_program.
39) 나지트와의 인터뷰, 2008년 4월 29일.
40) 라마트와의 인터뷰, 2008년 4월 29일.
41) Index Mundi, http://www.indexmundi.com/commdities/?commodity=palm-oil&months=300.
42) 마르나키와의 인터뷰, 2008년 4월 29일.
43) RSPO, http://www.rspo.org/About_Sustainable_Palm_Oil.aspx.
44) 자리와의 인터뷰, 2008년 4월 29일.
45) 차우와의 인터뷰, 2008년 5월 5일.
46) *How the Palm Oil Industry Is Cooking the Climate,* Greenpeace International, 2007, p. 3.
47) 같은 책, p. 3.
48) http://www.rspo.org/?q=page/16.
49) "RSPO Principles and Criteria for Sustainable Palm Oil Production," Roundtable on Sustainable Palm Oil, 2006, p. 42.
50) 같은 글, p.33, 40, 42~43.
51) 사랄라 아이카나탄(Sarala Aikanathan)과 주고받은 이메일, 2009년 9월 24일.
52) Lely Khairnur, Claudia Theile, and Adriani Zakaria, *Policy, practice, pride and prejudice: Review of legal, environmental and social practices of oil palm plantation companies of the Wilmar Group in Sambas District, West Kalimantan(Indonesia),* KONTAK Rakyat Borneo, Lembaga Gemawan, and Milieudefensie, 2007, pp. 5~6.
53) Wilmar International Ltd.,
http://www.wilmar-international.com/about_socialresponsibility.htm.
54) International Finance Corporation,
http://www.ifc.org/ifcext/spiwebsite1.nsf/0/64d0058360ce6dbc85256dd6005e35e0?opendocument;
http://ifc.org/ifctext/spiwebsite1.nsf/f451ebbe34a9a8ca85256a550073ff10/68bdeb3d4fe3b5d38525738e0050bd85?opendocument.
55) *Audit Report: CAO audit of IFC*, Compliance Advisor/Ombudsman, C-I-R6-Y08-F096, June

19, 2009, p. 19.
56) 〈월마인터내셔널〉 직원과의 인터뷰, 2008년 4월 28일.
57) 〈월마인터내셔널〉 샤론 청(Sharon Chung) 기업의 사회적 책임부서 부장과 주고받은 이메일, 2009년 1월 19일.
58) *Audit Report: CAO audit of IFC*, Compliance Advisor/Ombudsman, C-I-R6-Y08-F096, June 19, 2009, p. 2.
59) 같은 책, pp. 2~3.
60) 같은 책, p. 2.
61) 렐리 카이르누르 사무국장과의 인터뷰, 2008년 5월 2일.
62) Raya Widenoja, *Destination Iowa: Getting to a sustainable biofuels future,* Sierra Club and Worldwatch Institute, October 2007, p. 4.
63) Fiona Harvey, "Second generation biofuels-still five years away?" *Financial Times* blogs, May 29, 2009,
http://blogs.ft.com/energy-source/2009/05/29/second-generation-biofuels-still-five-years-away/.
64) Timothy Gardner, "U.S. drafts rule to lower CO2 output from biofuels," Reuters, May 5, 2009.
65) 같은 글.
66) 같은 글.
67) "Fact sheet: Rebuilding the Gulf Coast," White House,
http://georgewbush-whitehouse.archives.gov/news/releases/2008/08/20080820-5.html.
68) 헤리 푸르노모 박사와의 인터뷰, 2008년 5월 6일.
69) REDD Monitor, http://www.redd-monitor.org/redd-an-introduction/.

5장. 친환경 자동차, 만들 수 있지만 만들지 않는다

1) Alex Taylor III, "Toyota: The birth of the Prius." Fortune, February 21, 2006,
http://money.cnn.com/2006/02/17/news/companies/mostadmired_fortune_toyota/index.htm.
다음의 글도 참고하라. "Worldwide Prius sales top 1 million mark," Toyota press release, May 15, 2008.
2) Alex Taylor III, "Toyota: The birth of the Prius." Fortune, February 21, 2006,
http://money.cnn.com/2006/02/17/news/companies/mostadmired_fortune_toyota/index.htm.
3) Environmental Protection Agency, http://www.fueleconomy.gov/feg/hybrid_sbs.shtml.
4) "Oil prices fall below $65 despite OPEC's production cut; gas drops," *USA Today*, October 24, 2008.
5) "Worldwide Prius sales top 1 million mark." Chris Isidore, "GM loses sales title to Toyota," CNNmoney.com, January 21, 2009,

http://money.cnn.com/2009/01/21/news/companies/gm_toyota_sales/index.htm.
6) General Motors,
http://www.gm.com/vehicles/results.jsp?brand=gmc&evar10=homepage_vehicles_browseby brand&fromHome=true.
7) Alex Taylor III, "Toyota: The birth of the Prius." Fortune, February 21, 2006,
http://money.cnn.com/2006/02/17/news/companies/mostadmired_fortune_toyota/index.htm.
8) Micjelle Krebs, "General Motors' first plug-in hybrid," Edmunds.com, January 7, 2007,
http://www.edmunds.com/insideline/do/Features/articleId=119088.
9) Bill Vlasic and Nick Bunkley, "GM puts electric car's city mileage in triple digits," *New York Times*, August 12, 2009.
10) Scott Doggett, "Update: Range of Chevy Volt extended-range PHEV not Shortened," Edmunds.com, July 9, 2008,
http://blogs.edmunds.com/greencaradvisor/2008/07/update-range-of-chevy-volt-extended-range-phev-not-shortened.html.
11) Bill Vlasic and Nick Bunkley, "GM puts electric car's city mileage in triple digits," *New York Times*, August 12, 2009.
12) "Americans might like these fuel-sipping cars," *Business Week*,
http://images.businessweek.com/ss/08/07/0731_europe_gas_sippers/index.htm?campaign_id=msn.
13) "TNS Media Intelligence reports U.S. advertising expenditures declined 14.2 percent first quarter 2009," TNS Media Intelligence press release, June 10, 2009,
http://www.tns-mi.com/news/06102009.htm.
14) John Cloud et al., "Why the SUV is all the rage," *Time*, February 24, 2003,
http://www.time.com/time/magazine/article/0,9171,1004283,00.html.
15) Ford UK, http://www.ford.co.uk/Cars/Fiesta/FiestaECOnetic.
16) Scott Doggett, "Obama administration sparks battery gold rush as states, firms vie for $2.4 billion,' Edmunds.com, May 26, 2009,
http://blogs.edmunds.com/greencaradvisor/2009/05/obama-administration-sparks-battery-gold-rush-as-states-firms-vie-for-24-billion.html.
17) Saqib Rahim, "White House proposes new, stricter national fuel efficiency standards," *New York Times*, May 19, 2009.
18) International Organization of Motor Vehicles, http://oica.net/category/production-statistics/.
19) Plunkett Research Ltd.,
http://www.plunkettresearch.com/Industries/AutomobilesTrucks/AutomobileTrends/tabid/89/Default.aspx.
20) "Ford's Rouge redesign," *Business Week*, November 13, 2000,

http://www.businessweek.com/archives/2000/b3707132.arc.htm.
21) "Ford overhauls historic factory to be green," MSNBC, April 27, 2004, http://www.msnbc.msn.com/id/4843708/.
22) The Henry Ford, http://www.thehenryford.org/rouge/leedlivingroof.aspx.
23) 다음 책에서 재인용. Susan Strasser, *Waste and Want: A social history of trash,* New York: Henry Holt, 1999, p. 194.
24) *Model Year 2008 Fuel Economy Guide*, U.S. Department of Energy, Office of Energy Efficiency and Renewable Energy, U.S. Environmental Protection Agency, 2008, p. 15.
25) Keith Bradsher, *High and Mighty: The dangerous rise of the SUV*, New York: Public Affairs, 2002, p. 328.
26) John Cloud et al., "Why the SUV is all the rage," *Time*, February 24, 2003, http://www.time.com/time/magazine/article/0,9171,1004283,00.html.
27) Keith Bradsher, *High and Mighty: The dangerous rise of the SUV*, New York: Public Affairs, 2002, pp. 11~13.
28) Jeff Plungis, "SUV, truck owners get a big tax break," *USA Today*, December 18, 2002.
29) "Tax preferences for sport utility vehicles (SUVs): Current law and legislative initiatives in the 109th Congress," Congressional Research Service Report for Congress, March 21, 2005, p. 21.
30) Stockcharts.com, http://www.chartingstocks.net/wp-content/uploads/2009/03/ford_stock.png.
31) 존 비에라 부장과의 인터뷰, 2008년 2월 18일.
32) Ford website, http://media.ford.com/article_display.cfm?article_id=29681; http://media.ford.com/article_display.cfm?article_id=30663; http://media.ford.com/article_display.cfm?article_id=29944.
33) Ford Motor Company 2008 annual report, inside cover.
34) Laura Meckler, "Fill up with ethanol? One obstacle is big oil," *Wall Street Journal*, April 2, 2007.
35) 같은 글.
36) National Geographic, http://ngm.nationalgeographic.com/2007/10/biofuels/biofuels-interactive.
37) Ford, http://media.ford.com/article_display.cfm?article_id=21627.
38) Bryce G. Hoffman and Deb Price, "Ford bails out on hybrid promise," *Detroit News*, June 29, 2006.
39) EPA, http://www.epa.gov/fueleconomy/class-high.htm.
40) 테리 컬럼 부장과의 인터뷰, 2008년 2월 19일.
41) Jeremy Rifkin, *The Hydrogen Economy: The creation of the worldwide energy web and the*

redistribution of power on earth, New York: Jeremy P. Tarcher/Penguin, 2002, pp. 186~187.
42) Edward Taylor and Mike Spector, "GM, Toyota doubtful on fuel cells' mass use," *Wall Street Journal*, March 5, 2008.
43) Katie Merx, "In charge of Chevy Volt," *Detroit Free Press*, February 24, 2008.
44) 미구엘 차바리아와의 인터뷰, 2008년 2월 20일.
45) Bureau of Transportation Statistics, http://www.bts.gov/publications/omnistats/volume_03_issue_04/html/figure_02.html.
46) John O'Dell, "GM's 230mpg estimate for Volt works, or not, depending on the drive," Edmunds.com, August 11, 2009, http://blogs.edmunds.com/greencaradvisor/2009/08/gms-230-mpg-estimate-for-volt-works-or-not-depending-on-the-drive.html.
47) 메건 프렐링어(Megan Prelinger)와 주고받은 이메일, 2007년 5월.
48) "GM exec stands by calling global warming a crock," Reuters, February 22, 2008, http://www.reuters.com/article/latestCrisis/idUSN22372976.
49) Keith Bradsher, *High and Mighty: The dangerous rise of the SUV*, New York: Public Affairs, 2002, pp. 46~47.
50) Di Freeze, "Bob Lutz: Guts in the sky as well," *Airport Journals*, May 2005, http://www.airportjournals.com/Display.cfm?varID=0505007.
51) Eric Schlosser, *Fast Food Nation: The dark side of the all-American Meal*, New York: Houghton Mifflin, 2002, p. 26.
52) Edwin Black, *Internal Combustion: How corporations and governments addicted the world to oil and derailed the alternatives*, New York: St. Martin's Press, 2006, p. 244.
53) Eric Schlosser, *Fast Food Nation: The dark side of the all-American Meal*, New York: Houghton Mifflin, 2002, p. 16.
54) 같은 책.
55) Edwin Black, *Internal Combustion: How corporations and governments addicted the world to oil and derailed the alternatives*, New York: St. Martin's Press, 2006, p. 246.
56) 같은 책, p. 245.
57) Jim Motavalli, *Forward Drive: The race to build "clean" cars for the future,* San Francisco: Sierra Club Books, 2001, p. 26.
58) 같은 책.
59) 같은 책, pp. 11~12.
60) 같은 책, pp. 14~15.
61) Edwin Black, *Internal Combustion: How corporations and governments addicted the world to oil and derailed the alternatives*, New York: St. Martin's Press, 2006, p. 143.
62) Jim Motavalli, *Forward Drive: The race to build "clean" cars for the future,* San Francisco:

Sierra Club Books, 2001, p. 16.
63) 같은 책, p. 66.
64) 같은 책, pp. 128~129.
65) Keith Bradsher, *High and Mighty: The dangerous rise of the SUV*, New York: Public Affairs, 2002, p. 406.
66) 같은 책, p. 390.
67) 같은 책, p. 406.
68) 레지널드 모들린 이사와의 인터뷰, 2008년 2월 26일.
69) Mike Ramsey, "Chrysler to drop first hybrids, after October debut," Bloomberg, October 28, 2008, http://www.bloomberg.com/apps/news?pid=20601087&sid=aoEM.2RDUzU8&refer=home#.
70) Stephen Power, Gina Chon, and Neal E. Boudette, "Daimler opens doors to Chrysler," *Wall Street Journal*, February 15, 2007.
71) Peter Miller, "Saving energy, it starts at home," *National Geographic* 215, no. 3, March 2009, p. 71.
72) *Inventory of U.S. Greenhouse Gas Emissions and Sinks: 1990-2007*, U.S. Environmental Protection Agency, April 15, 2009, ES-3.
73) 존 저먼 실장과의 인터뷰, 2008년 2월 21일.
74) 제프 앨슨 선임 연구원과의 인터뷰, 2008년 2월 21일.
75) Pew Campaign for Fuel Efficiency,
http://www.pewenvironment.org/campaigns/pew-campaign-for-fuel-efficiency/id/8589935289.
76) Don Gonyea, "Detroit industry: The murals of Diego Rivera," NPR, April 22, 2009,
http://www.npr.org/templates/story/story.php?storyID=103337403.
77) "The Edison of oue age?" *Economist*, November 30, 2006, 33-34.
78) 스탠포드 R. 옵신스키와의 인터뷰, 2008년 3월 13일.
79) Michael Graham Richard, "F3DM: The second, smaller plug-in hybrid by China's BYD," Treehugger.com, March 18, 2008,
http://www.treehugger.com/files/2008/03/byd-f3dm-plug-in-electric-hybrid-china.php.
80) Marc Gunther, "Warren Buffett takes charge," *Fortune*, April 13, 2009,
http://money.cnn.com/2009/04/13/technology/gunther_electric.fortune/index.htm.
81) Green Car Congress, http://www.greencarcongress.com/2009/08/nissan-leaf-20090801.html.
82) Goingreen, http://www.goingreen.co.uk/store/pick_new.
83) Seth Flether, "Mitsubishi's i MiEV all-electric car goes on sale next month," Popsci.com, June 5, 2009,
http://www.popsci.com/cars/article/2009-06/mitsubishi%E2%80%99s-electric-car-goes-production.

84) Th!nk, http://www.think.no/think.TH!NK-city/Buy-a-TH!NK/Price-info.
85) Sebastian Blanco, "Think City coming to the U.S.," Autobloggreen, March 12, 2009, http://green.autoblog.com/2009/03/12/think-city-coming-to-the-u-s-info-overload.
86) Sebastian Blanco, "Think City might cost $49,500(U.S.) in Holland without leasing battery," Autobloggreen, March 30, 2009, http://www.autobloggreen.com/2009/03/30/think-city-might-cost-49-500-u-s-in-holland-without-leasin/.
87)Tesla Motors, http://www.teslamotors.com/performance/perf_specs.php.
88) Better Place, http://www.betterplace.com.
89) Ariel Schwartz, "Better Place unveils EV battery swap station in Japan," Fast Company, May 13, 2009, http://www.fastcompany.com/blog/ariel-schwartz/sustainability/better-place-takes-first-step-towards-electric-car-infrastructure.
90) Heather Rogers, "Current thinking," *New York Times Magazine*, June 3, 2007, p. 18.
91) Ronald Jones, "U.S. 'stuck in reverse' on fuel economy," MSNBC.com, February 28, 2007, http://www.msnbc.msn.com/id/17344368/.
92) "Carmakers lean toward higher gas tax to fuel small-car sales," *USA Today*, January 13, 2009.
93) Energy Information Administration, http://www.eia.doe.gov/bookshelf/brochures/gasolinepricesprimer/.
94) Michael Kanellos, "Diesel: The next big thing in America?" Greentech Media, September 23, 2009, http://www.greentechmedia.com/articles/read/diesel-the-next-big-thing-in-america.
95) European Automobile Manufacturers' Association, http://www.acea.be/index.php/news/news_detail/trends_in_new_car_characteristics.
96) Ford UK, http://www.ford.co.uk/Cars/Fiesta/FiestaECOnetic.
97) 같은 자료.
98) "Americans might like these fuel-sipping cars," *Business Week*, http://images.businessweek.com/ss/08/07/0731_europe_gas_sippers/11.htm.
99) Ben Mack, "Ford's ECOnetic Fiesta gets 65mpg. You can't have one," *Wired*, February 10, 2009, http://www.wired.com/autopia/2009/02/ford-will-give/.
100) John Voelcker, "Consumer Reports questions plug-in practicality," Hybridcars.com, January 7, 2009, http://www.hybridcars.com/news/consumer-reports-questions-plug-practicality-25392.html.
101) Chi-Chu Tschang, "China looks to coal bed methane," *Business Week*, January 3, 2008, http://www.businessweek.com/globalbiz/content/jan2008/gb2008013_784582.htm?campaign_id=rss_as.

102) U.S. Department of Energy, http://www.energy.gov/energysources/coal.htm.
103) World Coal Institute, http://www.worldcoal.org/coal/uses-of-coal/coal-electricity/.
104) Energy Information Administration, http://www.eia.doe.gov/oiaf/ieo/coal.html.
105) 같은 자료.
106) 존 모크(John Mogk)와의 인터뷰, 2008년 2월 20일.

6장. 탄소 상쇄권, 지구를 구할 양심인가 희대의 사기극인가

1) Amrit Dhillon and Toby Harnden, "How Coldplay's green hopes died in the arid soil of India," *Sunday Telegraph* (London), April 30, 2006. 환율에 대해서는 다음 웹사이트를 참고하라. St. Louis Federal Reserve, http://research.stlouisfed.org/fred2/data/EXUSUK.txt.
2) Amrit Dhillon and Toby Harnden, "How Coldplay's green hopes died in the arid soil of India," *Sunday Telegraph* (London), April 30, 2006. 다음 웹사이트도 참고하라. http://www.carbonneutral.com/casestudies/client.asp?id=880.
3) Amrit Dhillon and Toby Harnden, "How Coldplay's green hopes died in the arid soil of India," *Sunday Telegraph* (London), April 30, 2006.
4) 같은 글.
5) 같은 글. 환율에 대해서는 다음 웹사이트를 참고하라. FX Street, http://www.fxstreet.com/fundamental/economic-time-series/data/fedstl/exinus.aspx.
6) Climate Justice Now! The Durban Declaration on Carbon Trading," signed in Durban, South Africa, October 10, 2004.
7) TCNC, http://www.carbonneutral.com/project-portfolio/.
8) TerraPass, http://www.terrapass.com/.
9) Carbonfund.org, http://carbonfund.org/.
10) Myclimate, http://www.myclimate.org/en.html.
11) TCNC, http://www.carbonneutral.com/about-us/.
12) Fiona Harvey and Stephen Filder, "Industry caught in carbon smokescreen," *Financial Times*, April 25, 2007.
13) TCNC, http://www.carbonneutralcalculator.com/flightcalculator.aspx.
14) Myclimate, http://www.myclimate.org/nc/en/offsetting/co2-calculator/calculator.html?tx_myclimateiframe_pi1[type]=flight.
15) "Life span of common urban trees," CBC News Online, August 11, 2005, http://www.cbc.ca/news/background/environment/trees_lifespan.html.
16) Amelia Ravin and Teresa Raine, 'Best practices for including carbon sinks in greenhouse gas inventories," paper presented at 16th Annual International Emission Inventory Conference, May 14-17, 2007, p. 6, http://www.epa.gov/ttn/chief/conference/ei16/index.html.

17) TCNC, http://www.carbonneutral.com/project-portfolio/.
18) Natasha Courtenay-Smith, "Your Planet-Part2," *Independent* (UK), September 20, 2005.
19) United Nations Framework Convention on Climate Change, Clean Development Mechanism,
http://cdm.unfcc.int/Statistics/Registration/NumOfRegisteredProjByHostPartiesPieChart.html.
20) "Current Climate Issues," Anandi Sharan's blog,
http://bloganandi.blogspot.com/2008/12/normal-0-false-false-false.html.
21) 아클라비야 샤란 연구원과의 인터뷰, 2008년 11월 13일.
22) 카베리 우타이아 연구원과의 인터뷰, 2008년 11월 13일.
23) 아클라비야 샤란 연구원과의 인터뷰, 2008년 11월 13일.
24) "DESI to take EmPoe\wer project to 10 more locations," *Hindu*, March 18, 2008.
25) V. P. 히레마쓰(V. P. Hiremath) 카르나타카 재생에너지 개발 주식회사 부장과의 인터뷰, 2008년 11월 10일.
26) P. 세카르(P. Sekhar) 말라발리 발전 주식회사 부장과의 인터뷰, 2008년 11월 10일.
27) 같은 자료.
28) Carbon Catalog, http://www.carboncatalog.org/projects/malavalli-biomass-power-plant/.
29) 치케 고와다 할리와의 인터뷰, 2008년 11월 11일.
30) 사카쉬와의 인터뷰, 2008년 11월 11일.
31) 아말렌두와의 인터뷰, 2008년 11월 18일.
32) 크리샨 회장과 주고받은 이메일, 2009년 9월 19일.
33) Myclimate, http://www.myclimate.org/en/carbon-offset-projects/international-projects/detail/mycproject/1/95.html.
34) 델안토니오(Dellantonio)와 주고받은 이메일, 2009년 9월 15일. 크리샨 회장과 주고받은 이메일, 2009년 9월 19일.
35) 내가 목격한 사실에 대해 말라발리 발전 주식회사에 공식적인 입장 표명을 요청했지만 내가 인도를 떠난 뒤에야 공장을 둘러보라는 회신이 왔다.
36) 말라발리 발전 주식회사, http://www.mpppl.com.
37) "A case study: Malavalli Power Plant, Mysore, India," brochure, Gold Standard, p. 3.
38) Myclimate, http://www.myclimate.org/en/carbon-offset-projects/international-projects/detail/mycproject/1.html.
39) 크리샨 회장과 주고받은 이메일, 2009년 9월 19일.
40) 같은 자료.
41) 말라발리 발전 주식회사 대변인과 주고받은 이메일, 2009년 9월 22일.
42) 작물 폐기물을 운반했던 수레쉬(Suresh), 푸타스와미(Puttaswamy)와의 인터뷰, 2008년 11월 13일.
43) 헤구르 마을 주민 마니니와의 인터뷰, 2008년 11월 11일.

44) 크리샨 회장과 주고받은 이메일, 2009년 9월 19일. 마이클라이머트 또한 말라발리에서는 나무를 베어 땔감으로 파는 일이 없다고 주장한다. 델안토니오와 주고받은 이메일, 2009년 9월 15일.
45) World Wildlife Fund, http://www.panda.org/what_we_do/how_we_work/business/business_industry/offsetting/gold_standard/.
46) 재스민 하이만(Jasmine Hyman)과 주고받은 이메일, 2009년 9월 21일.
47) 하리쉬 한데와의 인터뷰, 2008년 11월 10일.
48) 수쿠마르 부장과의 인터뷰, 2008년 11월 13일.
49) 마라나야카 노인과의 인터뷰, 2008년 11월 13일.
50) 사라 알렉산더(Sarah Alexander)와 주고받은 이메일, 2009년 9월 22일.
51) 마하데비와의 인터뷰, 2008년 11월 13일.
52) 수레쉬와의 인터뷰, 2008년 11월 13일.
53) 산타쿠마르 조교수와의 인터뷰, 2008년 12월 23일.
54) "Nod for 2 thermal power plants, 10 other projects," *Deccan Herald*, November 20, 2008.
55) 한데와의 인터뷰, 2008년 11월 10일.
56) Fiona Harvey, "Stumbling block that poses threat to Kyoto Protocol," *Financial Times*, February 15, 2005.
57) Trusha Reddy, "Blinded by the light," *New Internatioanlist*, July 2006, http://www.newint.org/features/2006/07/01/south-africa.
58) Graham Erion, Larry Lohmann, and Trusha Reddy, 'The South African projects," *Climate Change, Carbon Trading and Civil Society: Negative returns on South African investments*, Patrick Bond, Rehana Dada, and Graham Erion ed., South Africa: University of KwaZulu-Natal Press, 2007, pp. 76~78.
59) *Validation Opinion for Crediting Period Renewal: 4.5MW biomass (low density crop residues) based power generation unit of Malavalli Power Plant Pvt Ltd*, Det Norske Veritas, Report no. 2008-10565, January 26, 2009, p. 6.
60) CDM India, http://cdmindia.nic.in/index.html.
61) Keith Bradsher, "Outsize profits, and questions, in effort to cut warming gases," *New York Times*, December 21, 2006.
62) 2008년 6월 9일 열린 콜롬비아대 언론대학원 국제 언론 세미나에서 브루스 어셔가 발표한 내용.

정리. 자본주의, 녹색 허울을 벗고 진정한 녹색이 될 수 있을까?

1) 모스 피츠와 주고받은 문자 메시지, 2009년 7월 27일.
2) *Inventory of U.S. Greenhouse Gas Emissions and Sinks: 1990-2007*, Environmental Protection

Agency, April 15, 2009, ES-8.
3) Paul Hawken, Amory Lovins, and L. Hunter Lovins, *Natural Capitalism: Creating the next industrial revolution,* New York: Little, Brown and Company, 1999, p. xiii.
4) "Q&A: John Elkington," Fast Company, February 11, 2008, http://www.fastcompany.com/social/2008/articles/john-elkington.html.
5) Paul Hawken, Amory Lovins, and L. Hunter Lovins, *Natural Capitalism: Creating the next industrial revolution,* New York: Little, Brown and Company, 1999, p. 10.
6) 같은 책, p. 15.
7) 같은 책, p. 134.
8) 같은 책, p. 78, 138.
9) 같은 책, p. 5.
10) 같은 책, p. 265.
11) 같은 책, p. 160, 262~266.
12) Paul Hawken, *Ecology of Commerce: A declaration of sustainability,* New York: HarperBusiness, 1993, pp. 81~82.
13) 같은 책, p. 81.
14) Paul Hawken, Amory Lovins, and L. Hunter Lovins, *Natural Capitalism: Creating the next industrial revolution,* New York: Little, Brown and Company, 1999, p. 258.
15) 같은 책, p. 243, 강조는 저자.
16) Wikipedia, http://en.wikipedia.org/wiki/jevons_paradox.
17) Jesse Finfrock, "Q&A: Wes Jackson," *Mother Jones*, October 29, 2008, http://www.motherjones.com/environment/2008/10/qa-wes-jackson.
18) Wikipedia, http://en.wikipedia.org/wiki/Malthusian_catastrophe.
19) Wikipedia, http://en.wikipedia.org/wiki/Theodore_Roosevelt.
20) 다음 글에서 인용. Heather Rogers, "Current Thinking," *New York Times Magazine*, June 3, 2007, p. 18.
21) 같은 글.
22) 다음 글에서 재인용. Malcolm Gladwell, "The courthouse ring," *New Yorker*, August 10 and 17, 2009, p. 32.
23) Jesse Finfrock, "Q&A: Wes Jackson," *Mother Jones*, October 29, 2008, http://www.motherjones.com/environment/2008/10/qa-wes-jackson.
24) 프랭크 애커먼과의 인터뷰, 2009년 2월 24일.
25) Who Rules America?, http://sociology.ucsc.edu/whorulesamerica/power/wealth.html.

대책. 진정한 녹색으로 거듭나는 길

1) 아리 무니르(Ari Munir)와의 인터뷰, 2008년 4월 28일.
2) JoAnn Kawell, "For an agriculture that doesn't get rid of farmers: An interview with Miguel Altieri," http://www.agroeco.org/doc/crp.html.
3) Paul R. Ehrlich, *The Population Bomb: Population control or race to oblivion?*, New York: Ballantine, 1968, p. 17.
4) World Resources Institute, http://earthtrends.wri.org/updates/node/236.
5) Adam Vaughan, "Elimination of food waste could lift 1bn out of hunger, say campaigners," *Guardian* (UK), September 8, 2009.
6) "Reducing food insecurity via distributive access: Land, gender rights and food," *State of Food and Agriculture 2000*, Food and Agriculture Organization of the United Nations, 2000, http://www.fao.org/docrep/x4400e/x4400e00.HTM.
7) Frederick Kaufman, "Let them eat cash," *Harper's*, June 2009, p. 51.
8) Miguel A. Altieri, "Ageoecology: Principles and strategies for designing sustainable farming systems," electronic version, not dated, p. 2, http://www.agroeco.org/doc/new_docs/Agroeco_principles.pdf.
9) 같은 글.
10) 같은 글.
11) JoAnn Kawell, "For an agriculture that doesn't get rid of farmers: An interview with Miguel Altieri," http://www.agroeco.org/doc/crp.html.
12) Miguel A. Altieri and Clara I. Nicholls, *Agroecology and the Search for a truly Sustainable Agriculture*, Mexico City: Inited Nations Environmrnt Programme, 2005, p.160. 다음 사이트의 내용도 참고하라. Organization of American States, http://www.oas.org/dsd/publications/Unit/oea59e/ch27.htm.
13) Drew Benson, "Peru resurrects ancient ways of farming," *Los Angeles Times*, August 10, 2003.
14) Miguel A. Altieri, "Applying agroecology to enhance the productivity of peasant farming system in Latin America," *Environment, Development and Sustainability* 1, 1999, p. 206, http://www.agroeco.org/doc/LApeasantdev.pdf.
15) Drew Benson, "Peru resurrects ancient ways of farming," *Los Angeles Times*, August 10, 2003.
16) 같은 글.
17) Miguel A. Altieri, "Applying agroecology to enhance the productivity of peasant farming system in Latin America," *Environment, Development and Sustainability* 1, 1999, pp. 206~207.
18) Drew Benson, "Peru resurrects ancient ways of farming," *Los Angeles Times*, August 10,

2003.
19) Miguel A. Altieri, "Applying agroecology to enhance the productivity of peasant farming system in Latin America," *Environment, Development and Sustainability* 1, 1999, p. 207.
20) 같은 글, p. 204.
21) Ari Henrique Uriartt, Sonia Regina de Mello Pereira, and Xavier Simón, *Building participative processes: The case of the "Rede Ecovida de Acroecologia" in the Southern region of Brazil*, not dated, p. 15.
22) 같은 책, p. 3.
23) 같은 책, p. 11.
24) 같은 책, p. 14.
25) 같은 책, pp. 9~11.
26) 같은 책, p. 12.
27) 같은 책, pp. 17~18.
28) 론 코슬라와의 인터뷰, 2009년 6월 26일.
29) Certified Naturally Grown, http://www.naturallygrown.org/requirements.html.
30) Organic Valley, http://www.organicvalley.coop/newsroom/press-releases/details/article/california-hens-welcomed-to-organic-valley-brood.
31) Organic Valley website, http://www.organicvalley.coop/our-story/our-cooperative.
32) Kermit Pattison, "Wal-Mart loved Organic Valley's Milk, so why cut off the flow?" *Inc.*, July 1, 2007, http://www.inc.com/magazine/20070701/casestudy.html.
33) Jim Hightower and Susan Demarco, "How to swim against the current," *Nation*, March 6, 2008, http://www.thenation.com/doc/20080324/hightower_demarco.
34) "Organic Valley halts milk purchases with Texas dairy," press release, July 17, 2008, http://www.commondreams.org/news2008/0717-02.htm.
35) "Farmers at Organic Valley assert control to maintain high ethics standards at co-op," press release, June 19, 2008, http://www.commondreams.org/news2008/0619-17.htm.
36) Bonnie Azab Powell, "This Little piggy goes home," *Mother Jones*, March/April 2009, p. 39.
37) *Examined Life Philisophy is in the street*, Astra Taylor, director, 2009.

단체 누리집

1장. 지역 유기농, 시장이라는 독배를 마시다

Agroecology and Sustainable Agriculture Program, University of Illinois at Urbana-Champaign, www.asap.sustainability.uiuc.edu
Certified Naturally Grown, Stone Ridge, New York, www.naturallygrown.org
Cornucopia Institute, Cornucopia, Wisconsin, www.cornucopia.org
Fleisher's Grass-Fed and Organic Meat, Kingston, New York, www.grassfedmeat.net
Flying Pigs Farm, Shushan, New York, www.flyingpigsfarm.com
Growing Power Community Food Center, Milwaukee, Wisconsin, www.growingpower.org
Just Food, New Youk City, www.justfood.org
The Land Institute, Salina, Kansas, www.landinstitute.org
The Leopold Center for Sustainable Agriculture, Ames, Iowa, www.leopold.iastate.edu
National Sustainable Agriculture Coalition, Washington, D.C., www.sustainableagriculture.net
New York City Green Market, www.cenyc.org/greenmarket
Rodale Institute, Kutztown, Pennsylvania, www.rodaleinstitute.org
Windfall Farms, Montgomery, New York, www.windfallfarm.blogspot.com

2장. 국제 유기농, 스러진 혁명의 꿈

Agroecology in Action, Miguel A. Altieri's website, www.agroeco.org
Alter Vida Centro de Estudious y Formacin para el Ecodesarrollo, Asuncin, Paraguay, www.altervida.org.py
Chacolinks, Oxford, United Kingdom, www.chacolinks.org.uk
Rede Ecovida de Agroecologia, Brazil, www.ifoam.org/about_ifoam/standards/pgs_projects/pgs_projects/15649.php
The Soil Association, London, United Kingdom, www.soilassociation.org

3장. 생태 건축, 새로운 에너지 생산 기지

BioRegional, Surrey, United Kingdom, www.bioregional.com

Fraunhofer Institute, Freiburg, Germany, www.ise.fraunhofer.de
Freiburg FuTour, Freiburg, Germany, www.freiburg-futour.de
Passivhaus Institut, Dresden, Germany, www.passiv.de
Rieselfeld, Freiburg, Germany, www.freiburg.de/servlet/PB/menu/1179601/index.html
Vauban District, Freiburg, Germany, www.vauban.de/info/abstract.html
Wohnen und Arbeiten (Living and Working Passivhaus building), Freiburg, Germany, www.passivhaus-vauban.de

4장. 바이오디젤, 농민의 땀과 눈물로 만든 연료

Biofuel Watch, United Kingdom, www.biofuelwatch.org
Center for International Forestry Research, Bogor, Indonesia, www.cifor.cgiar.org
Forest Peoples Programme, United Kingdom, www.forestpeoples.org
Institut Dayakologi, Pontianak, Indonesia, www.dayakology.org
KONTAK Rakyat Borneo, Indonesia, www.kontakrakyatborneo.blogspot.com
Lembaga Gemawan, Pontianak, Indonesia, www.gemawan.org
Milieudefensie (Dutch branch of Friends of the Earth), Amsterdam, The Netherlands, www.milieudefensie.nl
Sawit Watch (Oil Palm Watch), Bogor, Indonesia, www.sawitwatch.or.id
Walh (The Indonesia Forum for Environment, a branch of Friends of the Earth), Indonesia, www.walhi.or.id

5장. 친환경 자동차, 만들 수 있지만 만들지 않는다

Back Alley Bikes and The Hub of Detroit, Detroit, Michigan, www.thehubofdetroit.org
Boggs Center, Detroit, Michigan, www.boggscenter.org
California Air Resources Board, Sacramento, California, www.arb.ca.gov
Oil Change International, Washington, D.C., www.priceofoil.org
Transportation Alternatives, New York, New York, www.transalt.org

6장. 탄소 상쇄권, 지구를 구할 양심인가 희대의 사기극인가

Carbon Trade Watch, Amsterdam, The Netherlands, www.carbontradewatch.org
The Corner House, United Kingdom, www.thecornerhouse.org.uk
Durban Group for Climate Justice, http://www.durbanclimatejustice.org

Forests and the European Union Research Network (FERN), Brussels, Belgium, www.fern.org
SinksWatch, United Kingdom, www.sinkswatch.org
Transitional Institute, Amsterdam, The Netherlands, www.tni.org
University of Oxford Environmental Change Institute, United Kingdom, www.eci.ox.ac.uk/research/climate/cop07/offsets.php

일반

Environmental Support Group, Bangalore, India, http://www.esgindia.org/aboutus/aboutus.html
Food First Institute for Food and Development Policy, Oakland, California, www.foodfirst.org
Friends of the Earth International, www.foei.org
Greenpeace Argentina, Buenos Aires, www.greenpeace.org/argentina
Greenpeace India, Bangalore, www.greenpeace.org/india
Greenpeace Southeast Asia, Jakarta, Indonesia, www.greenpeace.org/seasia/id
Institute for Local Self-Reliance, Minneapolis, Minnesota, and Washington, D.C., www.ilsr.org
International Forum on Globalization, San Francisco, California, www.ifg.org
International Rivers, Berkeley, California, www.internationalrivers.org
Mongabay, online environmental magazine, Mongabay.com
Oxfam International's Climate Change Campaign, www.oxfam.org/en/climatechange
Rainforest Action Network, San Francisco, California, www.ran.org
REDD-Monitor, www.redd-monitor.org
Rising Tide North America, www.risingtidenorthamerica.org
Rising Tide United Kingdom, www.risingtide.org.uk
Via Campesina, Jakarta, Indonesia, www.viacampesina.org
Wetlands International, Ede, The Netherlands, www.wetlands.org
WiserEarth, www.wiserearth.org

찾아보기

[ㅂ]

[ㅅ]

[ㅇ]

[ㅈ]

[ㅊ]

[ㅌ]

[ㅍ]

[ㅎ]

옮긴이의 글

쉽게 얻을 수 있는 것은 없다

세상이 변했다. 가방 속에 장바구니를 챙겨 다니는 나를 보며 궁색하고 초라하다며 손사래 치던 사람들이 이제는 알뜰하다고 칭찬하는 것을 보면 그렇다. 환경 운동가 하면 개발 현장 한가운데 버티고 누워 무조건 반대만 외치는, 꼬장꼬장하고 지저분한 사람들을 연상하던 대중의 인식도 많이 바뀌었다. 이처럼 사람들의 인식이 바뀌기까지 물론 여러 요인이 개입했겠지만, 뭐니 뭐니 해도 저탄소 녹색 성장을 전면에 내세우고 대대적으로 홍보한 정부가 큰 몫을 담당했을 것이다. 4대강이니 아라뱃길이니 조력발전소니 하는 대형 토목 사업에서부터 전기료를 절감하는 가정이나 기업에 혜택을 주는 미시적인 정책에 이르기까지 정부의 입김이 미치지 않는 곳이 없으니 말이다.

사람들의 인식이 변하면서 기업도 속속 그 대열에 동참하고 있다. 방송 광고를 보면 친환경이 넘쳐난다. 유기농 먹을거리, 친환경 건축자재, 친환경 자동차같이 소비자의 생활에 밀접한 산업은 말할 것도 없고 오염의 주범으로 인식되던 에너지 기업조차 녹색 에너지의 길을 모색한다고 광고해 이미지 쇄신에 나서는 형편이다. 한편 빙하에 길을 내는 쇄빙선을 내세워 도전 정신을 광고한 어느 조선업체는 지구온난화로 인해 빙하가 녹는 상황을 염려하는 시대에 역행하는 광고라는 역풍을 맞기도 했다.

바야흐로 환경의 시대가 도래했다. 예전처럼 지구온난화가 실재하는지 아닌지를 두고 벌이는 논쟁은 사라진 지 오래다. 오늘날에는 지구온난화와 환경 문제가 전 인류가 공동으로 대처해야 할 심각한 문제라는 점에 국제기구, 정부, 기업, 일반 대중 모두가 동의한다. 이런 흐름에 발맞춰 정부와 기업은 친환경을 내세워 대중의 마음을 사로잡고자 한다. 한편 대중은 이런 기업이 제공하는 친환경 제품을 구입하는 것만으로 환경을 지킬 수 있다. 평소와 다름없이 소비하되 약간의 추가 비용을 더 지불하는 것만으로 환경을 구하는 일에 동참할 수 있게 된 대중은 도덕적 만족감을 얻는다. 그런데 친환경이라는 수사를 뒤집어 쓴 정책과 상품이 모두 명실상부한 친환경일까? 이 책은 바로 이 의문에서 출발한다.

이 책은 사람의 생활과 가장 밀접하게 연관되는 먹을거리, 주거, 운송 부문에서의 친환경 문제를 집중적으로 파헤친다. 먹을거리 부문에서는 근거리 유기농과 국제 유기농을, 주거 부문에서는 친환경 건축을, 운송 부문에서는 자동차 산업, 바이오 연료 산업, 탄소 거래 시장을 다룬다. 저자는 이 부문들의 실상이 사람들에게 알려진 바와 같은지 아닌지를 파악하기 위해 실제로 해당 부문이 가장 활성화되어 있는 지역을 찾아가 직접 취재하는 수고를 마다하지 않았다. 근거리 유기농을 취재하기 위해 미국 뉴욕 주로, 국제 유기농을 취재하기 위해 남아메리카 파라과이로, 친환경 건축을 취재하기 위해 영국과 독일로, 자동차 산업을 취재하기 위해 미국 디트로이트로, 바이오 연료를 취재하기 위해 인도네시아 보르네오섬으로, 탄소 거래 제도를 취재하기 위해 인도로 향한 저자는, 녹색 열풍의 한가운데서 사람들이 친환경이라고 생각하는 제품과 각종 제도가 허상일 수 있음을 낱낱이 보여 준다.

근거리 유기농 부문은 매년 급속한 성장세를 보이고 있고 경기 침체 속에서도 꾸꾸이 성장하고 있지만 실제로 그 시장에 참여하는 소농민들은 최저임금 정도의 소득을 올리는 것도 힘겨운 형편이다. 규모의 경제를 충족시킬 수 없는 소농민들은 시장이 성장할수록 오히려 어려움에 처하는 모순적인 현상이 나타나는 것이다. 그렇다면 규모의 경제를 실현할 수 있는 국제 유기농이 대안인가 하면 그렇지도 않다. 먼 곳에 있기 때문에 원칙을 지키지 않기가 십상이기 때문이다.

친환경 건축은 어떨까? 친환경 주택은 사람들이 생각하는 것처럼 자재가 비싸고 이런 저런 불편을 감수해야만 살 수 있는 집일까? 영국과 독일의 친환경 주택단지를 방문한 저자는 그렇지 않다고 말한다. 우선 친환경 주택이라고 해서 기존의 주택과 구조나 설비가 전혀 다른 것이 아니다. 두 번째, 자재 비용 때문에 초기 건축비는 조금 더 들어갈지 모르지만 태양광을 이용해 발전한 전기를 되파는 방식으로 해당 비용을 충당할 수 있기 때문에 장기적으로 볼 때 오히려 비용이 더 적게 든다. 만일 친환경 주택이 확산되지 못하고 있다면 문제는 친환경 주택이 값비싸고 불편하다는 점을 자꾸 강조해서 혁신을 막으려 하는 업계와 친환경 주택에 대한 지원을 제대로 하지 않는 정부의 정책에 있을 것이다.

자동차 부문도 만만치 않다. 석유를 사용하지 않고 자동차를 그만큼 원활히 움직일 수 있는 친환경 기술은 이미 존재하지만 수지가 맞지 않는다는 둥, 값이 비싸기 때문에 소비자들이 찾지 않을 것이라는 둥, 여러 가지 이유로 업계에 도입되지 않았다. 연비를 높이려는 노력 역시 마찬가지다. 그렇기 때문에 대중이 자동차 업계의 말만 듣고 기다려 준다면 친환경 자동차가 대중화되어 도로를 누비는 모습은 앞으로도 쭉 볼 수 없을 것이다. 한편 에너지는 어떤가? 바이오 연료는 석유에 비해 이산화탄소를 덜 배출하며 기존의 엔진 기술을 그로 사용할 수 있기 때문에 경제성도 있다고 알려져 있다. 그러나 보르네오섬에서 저자가 목격한 현실은 바이오 연료로 환경을 구할 수 있으리라는 기대를 여지없이 무너뜨린다. 바이오 연료의 원료가 되는 작물을 재배할 재배지 조성을 위해 기존의 열대우림을 베어내고 그곳에 대대로 살아오던 원주민들을 내쫓는다면 바이오 연료를 사용하지 않는 편이 차라리 지구 환경을 돕는 길일 지도 모른다. 또한 이 책 첫머리에 등장하는 내용대로 바이오 연료의 원료가 되는 작물은 주로 사람들의 먹을거리로 사용되는 곡물이기 때문에 바이오 연료 생산은 먹을거리 가격을 치솟게 하는 주범이다. 이산화탄소를 덜 배출하는 바이오 연료는 바람직하지만 사람들의 먹을거리로 만들어지는 바이오 연료는 사람들의 생존을 위협한다는 점에서 바람직하지 않다. 마지막으로 배출된 이산화탄소를 제거하는 탄소 거래 시장 역시 환경을 구하는 활동이라고 보기에는 무리가 있다. 유명인들이 탄소 상쇄권을 구매하면서 주목받게 된 탄소 상쇄권 시장은 "교토 의정서"에서 규정한 공식 체제와 자발적 감축 시장이 있는데 저자는 후자에 돋보기를 들이댄다. 자발적 감축 시장은 민간 시장이어서 규제가 미치지 않는다. 그러다 보니 탄소 상쇄권을 판매한 수익을 탄소 상쇄 사업에 투자하지 않거나 투자하는 시늉만 내는 경우가 다반사인데다가 탄소 거래 제도 자체에도 불합리한 점이 많아 환경을 구할 실질적인 대책이 되지 못한다.

저탄소 녹색 성장이라는 구호는 올바르다. 하지만 저탄소 녹색 성장을 달성하기 위해 정부가 내놓은 대책은 저탄소 녹색 성장과는 거리가 멀다. 윗물이 맑아야 아랫물도 맑다는 선조들의 지혜를 외면한 채 아랫물에 손을 대 수질을 개선하겠다고 한다. 지구온난화가 진행되면서 자연재해 빈도와 강도가 높아지는 오늘날, 그리고 석유 한 방울 나지 않는 나라라며 에너지 절약을 부르짖는 오늘날 정부가 그 대책이랍시고 내놓은 사업은 조력발전 사업 같은 대규모 토목 사업이다. 이런 대규모 토목 사업은 그 과정에서 해양 생태계를 파괴하는 문제를 남기는 한편 중앙 집중화된 에너지 의존도를 더욱 높이는 결과를 낳는다. 이번 여름 전국에서 동시다발적으로 전기 공급이 끊겼던 사건을 겪은 많은 이들이 분명 중앙 집중화된 에너지에만 의존하는 상황이 얼마나 위험한지 깨달았을 것이다. 개별 가정이 손쉽게 태양광 설비를 설치하도록 지원해 중앙 집중화된 에너지 의존도를 낮추고 있는 프라이부르크의 사례와 비교되는 지점이다. 정부가 내세우는 녹색은 사실상 내용 없는 껍데기일 뿐이다. 그렇다면 안 하느니만 못하다. 실상은 외면한 채 현란한 구호에만 마음을 빼앗기지 않도록 두 눈 부릅뜨고 꼼꼼히 살펴봐야 할 일이다.

인간이 파괴한 환경을 다시 회복시키는 데는 손이 많이 간다. 전보다 덜 써야 하고, 되도록 오래 써야 하며, 버릴 때도 잘 분류해서 다시 쓸 수 있는 것들은 최대한 다시 써야 한다. 생활 방식의 변화가 필요할 뿐 아니라 불편한 방향으로 변화되어야 한다. 어떤 관점에서 보면 궁색해 보이는 방식으로 생활해야 한다. 그러다보니 환경문제가 심각하다는 것을 대부분의 사람들이 인식하게 된 오늘날에도 막상 환경을 지키기 위한 실천의 속도는 더디기만 하다. 무언가 해야 한다는 마음의 부담은 지고 있지만 행동에 옮기지 못하는 사람들은 약간의 돈만 더 지불하면 도덕적 부담을 덜 수 있다는 유혹을 쉽게 뿌리치기 힘들 것이다. 기업들이 그런 기회를 놓칠 리가 없다. 그런 대중의 마음을 눈치 챈 기업들은 환경 프리미엄을 더해 친환경이라는 이름으로 가격을 높인 제품을 앞다퉈 내놓고 있다. 대중은 자신의 신체적, 정신적 안위와 환경의 안위를 위해 기꺼이 약간의 돈을 더 지불한다. 그러나 제품 광고와 제품의 실상을 파헤치는 불만제로〉나 〈소비자고발〉 같은 방송 프로그램이 사라지지 않는 이유를 생각해 보라. 친환경 아기 옷부터 친환경 자재를 써서 지었다는 아파트에 이르기까지 친환경을 내세우는 제품은 많지만 정말 친환경인지는 모를 일이다. 조금만 방심하면 눈 뜨고 코 베이기 십상인 세상이다.

물론 환경문제를 인식조차 하지 못했던 시절에 비하면 그나마 상황이 나아졌다고 생각하는 사람들도 있을 것이다. 하지만 인식만 하고 어떤 행동도 취하지 않는다면, 혹은 행동을 취하되 직접 행동에 나서는 것이 아니라 남이 만든 물건을 구입하는 방식으로 손쉽게 문제를 해결하려 한다면 문제가 해결되기는커녕 오히려 악화되더라도 알 길이 없다. 과학자들은 지구의 기온이 2도 상승하면 돌이킬 수 없게 된다고 본다. 저자의 말대로 우리는 그렇게 되어본 적이 없기 때문에 지금을 아무렇지 않게 살아갈 수 있는 것이다. 어쩌면 우리 세대에는 그런 일이 벌어지지 않을지도 모른다. 그러나 아무리 느리게 진행되더라도 적어도 다음 세대에는 그런 일이 벌어지고 말 것이다. 진심으로 미래 세대의, 구체적으로 말해 내 아이의 안위를 염려한다면 약간의 돈으로 양심을 사려 하기보다는 진심을 다해 행동에 나서야 할 것이다.

2011년 11월

추선영